Dieter Redlich

**Die Pariser *Commune***

Umschlagseiten:
Die Fotografie des Autors zeigt das Denkmal von Paul Moreau-Vauthier (1871-1936) an der nord-östlichen Außenseite des Friedhofs Père Lachaise (avenue Gambetta).
Es ist gewidmet „Den Opfern der Commune von Paris, 1871".
Ins Mauerwerk eingraviert ist ein Zitat von Victor Hugo:

*„Was wir von der Zukunft erwarten, was wir von ihr verlangen, ist Gerechtigkeit, nicht Rache."*

Es ist nicht die „Mauer der Föderierten". Diese befindet sich auf der nord-westlichen Innenseite des Friedhofs Père Lachaise, wo alljährlich im Mai die Gedenkveranstaltungen für die Opfer der Commune stattfinden.
Es hatte politische Gründe, dass kein Denkmal an der Stelle innerhalb der Mauern des Friedhofs errichtet werden durfte. So gilt die Widmung beiden Seiten, den etwa 30.000 ermordeten Kommunarden und den etwa hundert gefallenen Soldaten der Versailler Regierung.

Dieter Redlich

# **Die Pariser *Commune***

und der französisch-deutsche Krieg 1870/71

Oldib Verlag

**Bibliografische Information der Deutschen Nationalbibliothek**
Die Deutsche Nationalbibliothek verzeichnet diese Publikation in der Deutschen Nationalbibliografie; detaillierte bibliografische Daten sind im Internet über http://dnb.ddb.de abrufbar.



Oldib Verlag Oliver Bidlo
Waldeck 14
45133 Essen
www.oldib-verlag.de
Herstellung: BoD, Norderstedt

ISBN 978-3-939556-80-0

# Inhaltsverzeichnis

# Einleitung

Der Titel dieses Buches ist dem Gedankengut des Aufklärers Condorcet entlehnt. Dieser Philosoph, Mathematiker, Pädagoge, Politiker wollte in der Französischen Revolution Menschheitsideale verwirklichen und geriet, nicht zuletzt auf Grund seines Horrors vor Tyrannei und Todesstrafe, in Konflikt mit den Revolutionären. Am 7. Germinal (28. März) 1794 beging er in seiner Zelle Selbstmord.

In seiner pädagogischen Lehre trennte er zwischen „Instruktion“ und „Erziehung.“ Er war der liberalen Auffassung, dass Schulen instruieren, d.h. einerseits Grundlagenkenntnisse vermitteln und andererseits, aufbauend auf diesen, zur Fähigkeit einer sich rational herausbildenden Meinung beitragen. „Lebenslanges Lernen“ bedeutet dann, dass man befähigt ist, seine Bildung selbst in die Hand zu nehmen und keine Autoritäten mehr benötigt. Da Bildungsfragen auch Machtfragen sind, lehnte Condorcet es strikt ab, dass der Staat das Recht habe, sich in die selbstständige Meinungsbildung einzumischen.

Condorcets Gedanken – wie insgesamt der Einfluss der französischen Aufklärung – sind nicht explizit wirksam geworden in den Überzeugungen der Kommunarden. Sie sind aber latent vorhanden (z.B. in der Schulgesetzgebung der Commune).

Geistesverwandtschaft scheint besonders in dem Punkt zu bestehen, dass dem Staat keinerlei Macht zugebilligt werden dürfe, dass mündige Bürger sehr wohl in der Lage seien, sich ihre eigene Meinung zu bilden (z.B. in den Clubs), dass die Bürgerkomitees selbst in der Lage seien, sog. Kriminelle in die Schranken zu weisen und sich auch darauf verstehen, sich und das Gemeinwesen zu schützen, ob nun eine deutsche Armee oder die Versailler Armee sie bedrängen würde. Aus heutiger Sicht ist dies ein Programm, das das Gegenteil einer „Diktatur des Proletariats“ darstellt, die ja errichtet wurde, weil die Sicherung der Macht die entscheidende Schwäche der Commune war.

Nachdem beide Wege, die der Commune und der Russischen Revolution, in ihrem weiteren Verlauf aus heutiger Sicht gescheitert sind – und vermutlich nicht allein durch eine von außen gezündete Explosion, sondern auch durch innere Widersprüche, also eine Implosion, stehen wir scheinbar „so klug als wie zuvor“ vor dem Scherbenhaufen der Geschichte, die ja insgesamt recht arm an mutigen Experimenten ist – scheinbar, denn geschieht nichts, geschieht ohnehin das, was schon so machtvoll daherkommt: Unterdrückung, Hunger, Krieg etc. – m.a.W.: Die fast überall etablierte Macht verfügt über keinerlei Interesse oder Mittel, Menschheitsfragen anzugehen und zu einer Lösung zu bringen.

Dies deutet an, dass Auseinandersetzungen mit der Geschichte standpunktbezogen sind. Da Geschichtsschreibung immer im „Nachhinein" der Ereignisse stattfindet, sind, bei allen Versuchen, den Standpunkten der erzählten Geschichte gerecht zu werden, unleugbar die eigenen des Historikers und die seiner Zeit, präsent. Diese Differenz wird auch dann nicht aufgehoben, wenn, wie in diesem Fall der Commune de Paris, die ethisch-politisch-humanitären Anliegen der Commune Sympathie und Interesse wecken.

Hinzu kommt noch das weitere Interesse an der Vermittlung von Geschichte. Dieses Buch kann nur – i.S. von Condorcet – ein „Bildungsangebot" sein, sich mit Geschichte auseinander zu setzen und vor allem zu verstehen, dass ein jeder „Subjekt der Geschichte" ist, was mehr enthält als nur Informationen zu registrieren, die u.U. tot sind. Vielmehr muss es auch selbst Subjekt der Geschichte sein, es enthält den Appell zum Gestalten der eigenen Zeit und Lebensumstände. So geht es hier weniger um die Erzählung, was und wie etwas geschah, sondern um das kritische Aufspüren von Handlungsvarianten und Zielsetzungen, die auch heute für die Zukunft von Bedeutung sein könnten.

Mögen Subjekte im Nachhinein der Auffassung sein, dass sie so und nicht anders hätten handeln können als sie gehandelt haben, so entsteht immer auch der Verdacht, dass es sich hierbei um eine Ausrede oder eine Entschuldigung handelt. Die lebendige Geschichte der Menschen ist keine Kette von (deterministischen) Kausalnotwendigkeiten (die es durchaus auch gibt). Wäre dem so, müsste man alle moralischen Bewertungen aus dem Spiel lassen und sich auf seiner Passivität ausruhen.

Dass, folgen wir Condorcet, tatsächlich eine Befreiung von autoritären und selbst erarbeiteten Meinungen stattfinden kann, setzt „Instruktionen" (Kenntnisse) voraus. Im folgenden Beispiel ist sogar der Fall gegeben, dass Misstrauen gegenüber der eigenen Meinungsbildung zum Ausdruck kommt. Dies wäre natürlich in Condorcets Augen Ausdruck eines bevormundenden staatlichen oder institutionellen Bewusstseins, nämlich Macht zu gewinnen und zu bewahren.

Im Film *Das Neue Babylon* (UdSSR 1929) wird u.a. behauptet, dass die Commune „in der so genannten ‚Blutwoche' von französischen und deutschen Truppen niedergeschlagen" worden sei.[1] Der Historiker mag sich ärgern, weil er belegen kann, dass diese Behauptung „nicht stimmt." Die Inkorrektheit kann mit Unkenntnis abgetan und dem Regisseur angelastet werden. Aber der Historiker wird weiter auf eine Korrektur drängen, denn diese Behauptung verändert erheblich das Geschichtsbild dieser Zeit und ihre späteren Auswirkungen. Der Film erschafft eine Aussage, nach der die bürgerlich-republikanische Regierung zusammen mit dem Kriegsgegner Frankreichs politisch „objektiv" einen gemeinsamen Nenner gehabt hätte: Die Niederschlagung des Aufstandes der Arbeiterklasse. Das wiederum ist wahrscheinlich „nicht ganz so falsch." Sie ist aber nicht mit dem behaupteten Phänomen der „blutigen Woche" in Übereinstimmung zu bringen. Man kann immer noch hergehen und sagen, dass schließlich die Versailler Regierung zusammen mit den deutschen Truppen die Einschließung von Paris vorgenommen hätten und es nicht sosehr darauf ankäme, ob nun auch in die belagerte Stadt deutsche Truppen eingedrungen und auf die Kommunarden geschossen hätten. Schließlich sei es kein so erheblicher Unterschied, ob man passiv eine Stadt belagert und – billigend – zusieht, wie die Versailler die Kommunarden erschießen oder sich an der Liquidierung der Commune aktiv beteiligt.

Man kann, völlig analog zu der Selektion, die der Film vorgenommen hat, also mit derselben Berechtigung wie es der Film tut, aus der Geschichte dieses Krieges ganz andere Ereignisse auswählen und mit dieser Auswahl eine entsprechend andere Auffassung von der „blutigen Woche" belegen. Eine jede Auswahl wird gesteuert von einem Erkenntnisinteresse und auch von einer moralischen Auffassung, über die im Verlaufe von Auseinandersetzungen Klarheit gewonnen werden sollte.

Es ist natürlich eine „fromme Forderung", nur Meinungen zu vertreten, die man selbst überprüft hat. Man lebt nicht lang genug, um dies auf allen Gebieten leisten zu können. Man kann nicht umhin, sich anderen, glaubwürdigen Meinungen anzuschließen. Warum sollte man sich anlässlich dieses Films nicht der Meinung des Regisseurs anschließen, der doch als Marxist Menschenrechte durchsetzen und den unterdrückten Klassen beistehen will? Welche Kriterien soll man anlegen? Vielleicht reicht es schon für den gesell-

[1] Begleitheft, S. 4.

schaftlichen Raum zu erwägen, ob man Verantwortung für andere Menschen auf sich nimmt oder nicht.

Im hier diskutierten Fall des Films *Das neue Babylon* wird Verantwortung wahrgenommen und zwar auf schlechte Weise: Der Film leistet den Kommunarden, für die er sich parteilich einsetzt, letztlich einen Bärendienst. Schließt man sich dieser bestimmten Meinung des Regisseurs an, so wird zunächst ein Gegner der eigenen Position geradezu eingeladen, mit einem einzigen Dokument (z.B. dass die deutsche Armee die Versorgung der Eingeschlossenen ermöglicht hatte) die soeben gebildete Meinung zu zerstören. Damit wäre auch der Film zerstört, der sich demnach offensichtlich ein Publikum wünscht, das das richtige solidarische Gefühl im Herzen hat und ansonsten recht einfältig ist. Es muss fest glauben, dass jeder Nicht-Kommunarde ein Gegner ist. Das Publikum wird zudem so eingeschätzt, dass es nicht mit Widersprüchen in der Wirklichkeit konfrontiert werden sollte, es wäre nur verwirrt (Nahrungsmittel durchlassen, aber verfolgte Personen den Versaillern ausliefern bzw. mit Waffengewalt an einer Flucht aus der Umzingelung hindern).

Condorcet glaubte, dass es ausreiche, guten naturwissenschaftlichen Unterricht genossen zu haben, um mit dieser rationalen Grundlage (nicht religiösen und Wunder propagierenden Glauben) auch für eine solide Basis einer sozialen Gemeinschaft gesorgt zu haben. Condorcet irrt hier mit Sicherheit: Zum einen, da die Phänomene der Wirklichkeit „nicht selbst sagen, was sie sind", wie die Gegenstände in der Anti-Welt von Carrolls[2] *Alice im Wunderland*. Und selbst dort lügen die meisten oder sprechen in Rätseln. Den Phänomenen – den Objekten der Naturwissenschaft oder der Gesellschaftswissenschaften – eine „Zunge zu leihen", heißt, selbst für diese Aussagen eine Verantwortung übernehmen zu müssen, da sie geglaubt werden können. Zum anderen korreliert eine naturwissenschaftliche Ausbildung leider nicht positiv mit der anderen auf Glaubenssätzen gegründeten religiösen Weltanschauung. Menschen können mit etwas leben, was andere für unversöhnliche Widersprüche halten. Entsprechend kann man auch an einen Film nicht den Anspruch stellen, „die Wahrheit" zu sagen. Im Gegenteil, „irrige" Meinungen können sehr wohl zur Wahrheitsfindung beitragen (wie in diesem Moment die Diskussion um den Film).

[2] Charles Lutwidge Dodgson (im Übrigen war er auch ein hervorragender Fotograf, der mit dem Verfahren der Kollodium-Nassplatte experimentierte).

Man kann nicht behaupten, dass der Film die „Unwahrheit" sagt. Es liegt diesem Fall eine Desinformation vor, die den Zuschauer der Mühen enthebt, die etwas kompliziertere Wirklichkeit auch *selbstständig* entdecken zu können und sich selbst den ersten auftauchenden Widersprüchen oder Ungereimtheiten nicht stellen zu wollen. Insofern sagt diese Konstruktion des Films mehr über den Standpunkt des Regisseurs aus und es ist zu vermuten, dass selbst diese zu verstehen nicht so ganz einfach ist: Dem Regisseur[3] schien die Arbeiterklasse nicht so zu sein, wie sie zu sein hatte. Es gibt keine Klasse, die so homogen und allzeit kämpferisch ist, um ihre Interessen zu verteidigen – nur im Ausnahmefall, wenn alle Welt über sie herfällt. Dies ist in der Wirklichkeit so, darf aber offensichtlich in dem Begreifen der Wirklichkeit, in der Theorie, nicht so sein.

Im Film wird die bürgerliche Klasse visuell in einem gigantischen Kaufhaus und einem riesigen Varieté gezeigt und damit werden die scheinbar wichtigsten Symbole dieser Klasse geschaffen. Wäre es ein Merkmal eines „antisozialistischen Films", wenn dieser ganz authentisch nach Dokumenten den Sonntag, den 21. Mai 1871, einen der letzten Tage der „Blutwoche" gezeigt hätte, da die Versailler Truppen schon die Champs de Mars und den Trocadéro erobert hatten und zeitgleich auf der place de la Concorde (also in Schussweite der Versailler Kanonen) das übliche Sonntagskonzert vor sonntäglich gekleidetem Publikum stattfand und am Ende verabschiedet wurde mit „bis zum nächsten Sonntag"? Dürfen Sozialisten nicht feiern, sondern müssen, solange der Klassenkampf innen und außen tobt, immer ein schlechtes Gewissen haben, angesichts des Elends der Welt und auf keinen sich amüsieren? Ist Amüsement allein bürgerlich?

Das sind alles Antithesen, auf denen die langlebigsten Klischees beruhen. Mit solchen Antithesen wird aber in der Regel eine recht böse Politik gemacht, da unterstellt wird, dass – wie in diesem historischen Falle – ein Kommunarde ein schlechter sozialistischer Kämpfer ist, wenn er sich auch nur die Zeit nimmt, eine Zigarette zu rauchen, einen Kaffee zu trinken oder etwas Musik zu hören. Ein solcher Kommunarde ist mit Sicherheit weder ein besonders schlechter noch ein besonders guter. Daran sollte man sich

---

3 ...und es wäre zu ergänzen: nicht nur ihm, sondern auch den vielen Kommissionen, die die zahlreichen Änderungen und Kürzungen des Films wünschten und letztlich ihre Auffassung von Stalins Wunsch, was eben nicht identisch ist mit dem, was Stalin selbst wünschte, obwohl es gleichgültig zu sein scheint, da das Endprodukt ihm so gefiel.

gewöhnen, wenn man anfangen will, Klischees über Bord zu werfen.
Es ist natürlich einfacher zu wissen, wie man *nicht* schreiben soll. So sollte keine desorientierende Geschichtsschreibung erfolgen, die behauptet, einen einfachen Grund benennen zu können, warum ein Ereignis so und nicht anders geschehen sei (Falschheit von Monokausalität). Auch ist schon die Darstellung kausaler Beziehungen problematisch, da viele Ereignisse auf Grund einer Wechselwirkung geschehen – und sei es nur so, dass Handlungen der anderen Seite (irrtümlich oder zutreffend) antizipiert werden und aufgrund einer solchen Vorwegnahme die eigene Handlung erfolgt (vgl. die Fraternisierungshandlungen der Kommunarden).
Selbst dieses Beispiel mag ein wichtiges geschichtliches Motiv erhellen: Macht. Gewalt, die so oft mit Macht einhergeht, war den Kommunarden suspekt. Sie gingen sogar soweit (in vermutlichem Irrglauben, beides sei untrennbar miteinander verbunden), auch keine Macht (über Menschen) zu wollen. Das ist, ohne alle Ironie, eine edle, humane Einstellung. Sie sollte nicht vergessen werden. Die Nachwelt mag sich über vieles, was in der Commune geschah, empören oder es belächeln. Dieser zutiefst humane Gedanke ist gelebt worden und ist ohne Beispiel in der Menschheitsgeschichte.

# I. Krieg

## „Der Donnerschlag des fluchwürdigen französischen Tigers“

Hier ein furchtbarer Donnerschlag:
Der französisch-deutsche Krieg ist erklärt
Und unsre ganze fadenscheinige Kultur
Stürzt dem entsetzlichsten Dämon an die Brust!
Endlich auch bin ich betrübten Muthes, Schweizer zu sein!
Nietzsche[4]

Es gilt unsrer Kultur!
Und da giebt es kein Opfer,
das groß genug wäre!
Dieser fluchwürdige französische Tiger!
Nietzsche[5]

Was den Leser in diesem Kapitel erwartet, ist das „Hintergrundbild“, in dessen Vordergrund zeitgleich und zeitversetzt die Pariser Commune entstand und sich entwickelte. Die Metapher „Hintergrundbild“ suggeriert eine Einfachheit, die aber keineswegs gegeben ist. Allein die französischen Entwicklungen kurz vor, während und nach dem Frieden weisen eine hohe Komplexität von wechselseitig aufeinander wirkenden Faktoren auf, so dass von einem Bild, das man in Ruhe betrachten kann, nicht mehr die Rede sein kann. Hinzu kommt, dass der Leser sich seinerseits ein Bild von den Ereignissen der beiden Kriegsparteien macht und auch von den komplizierteren Faktoren der politischen Faktoren, die dieses Bild umgeben. So entwickelt sich eine Vorstellung, die – leider – weiteren Korrekturen unterworfen sein muss, wenn zusätzlich zu dieser vorliegenden Fassung noch andere Geschichtsbilder und historische Auffassungen als Ergänzung oder Widerspruch zu Hilfe genommen werden.

Ein solches Bild, man könnte auch sagen, ein solcher Begriff, den man sich von den Ereignissen macht, ist konstitutiv für die Verstehensleistung – der Zeitgenossen und der heutigen Leser. Da eine jede Darstellung von Ereig-

---

4 Nietzsche an E. Rhode vom 19. Juli 1870 in: Briefwechsel, Brief Nr. 86, S. 130.

5 Nietzsche an Franziska Nietzsche vom 19. Juli 1870; ebd., Brief Nr. 87, S. 131.

nissen notwendigerweise nicht nur etwas zeigt, sondern vielmehr ein Vielfaches auslässt oder gar unterschlägt[6], entstehen zwangsläufig Verzerrungen des erzeugten oder selbst angeeigneten Geschichtsbildes. Eine eingeschlossene und von Informationen weitgehend ausgeschlossene Pariser Bevölkerung musste sich auf viel mühsamere Weise ein Bild nicht nur ihrer eigenen Lage machen, sondern auch von solchen diese umgreifenden Ereignissen und ihrer Ursachen. Erschwert wurde all dies um das Bewusstsein der eigenen Verantwortung in diesem Geflecht für die durch Krieg und Nachkrieg entstandene Malaise. All dies geschah im Bewusstsein (und als Legitimation), letztlich mit ihrer politischen Neuschöpfung bessere und gerechtere Zustände einzurichten, als die es waren, deren Erbe sie antreten mussten. Der Krieg zwang der Commune Widersprüche auf, indem alle anderen politischen Kräfte – aus der Sicht der Commune – „nationalen Verrat“ begingen durch ihre Zustimmung zur Abtretung französischen Bodens an den Feind. Die Commune „musste“ (Problem der geschichtlichen Notwendigkeit) sich als die besseren Bewahrer der nationalen Einheit darstellen und konnte nicht dulden, dass fremde Kanonen auf eigenem Grund und Boden standen und ihre Autonomie bedrohten.

Kein Verfasser sollte dem Leser ein Bild aufdrängen. Diese Arbeit kann nur der Leser selbst leisten. Diese Leserarbeit kann in mancher Hinsicht erleichtert werden. In diesem Falle schließt sich an die Darstellung eine chronologische Skizze der Daten des Krieges an, die aber nicht nur die „Ordnung eines Skeletts“ aufweisen soll, sondern vor allem Zahlen enthält, die einer persönlichen, wertenden Einschätzung bedürfen. Es handelt sich um einen Krieg und damit um ungeheure, unersetzbare Verluste, die gerechtfertigt werden wollen. Die Resultate auch dieses Krieges sind in der üblichen Währung „Blut“ bezahlt worden. Nicht nur die Kommunarden haben sich unter anderem die folgenden und diesen immer weiter folgenden und konkreteren Fragen stellen müssen: Ist der gezahlte Preis zu rechtfertigen? Haben alle bezahlt? Haben alle gleichviel bezahlt? Und warum nicht? Warum hat der Norddeutsche Bund weniger zahlen müssen als die Franzosen?

[6] So hat es eine weltweit operierende französische Marine gegeben. Sie hat im Verlaufe des Krieges etwa 90 Frachter des Norddeutschen Bundes (NDB) aufgebracht. Das ist keine geringe Leistung in einem Kriege des 19. Jhs. Sie wird hier aber fast völlig außer Acht gelassen, obwohl auf der Hand liegt, dass ein Sieg über Frankreich maritime Rückwirkungen besonders auf die dominante britische Seeherrschaft haben dürfte.

Unternimmt man den Versuch, der Frage nach der Verantwortung für den französisch-preußischen Krieg nachzugehen, stößt man zunächst auf den Anlass: Die sog. „Emser Depesche". Die nähere Betrachtung ergibt schon ein Vielfaches an Ursachen für diesen Anlass: einerseits die Begehrlichkeiten des Second Empire (Napoleon III.), die „Rache für Sadowa", die „Sicherung der Grenzen durch Annexion des linksrheinischen Gebiets. Und andererseits findet man auf preußischer Seite den Wunsch nach einer Einigung Deutschlands, die in der kleindeutschen Lösung (ohne Österreich) gesucht wurde sowie das Hegemonialstreben eines von Preußen dominierten Europas – um nur die oft schon bekannteren Ereignisse zu nennen. Hat man eine Erklärung gefunden, so geht die Betrachtung von den historischen Ereignissen wieder zurück bis in die jüngste Vergangenheit und Gegenwart, die dann ihrerseits als hervorgerufen erscheint durch ihre rekonstruierte Vorgeschichte. Dieses Verfahren ist jedoch nichts anderes als das Aufreihen von bunten Perlen auf einen Faden: eine kindliche Tätigkeit. Die aufgereihten Perlen sind passiv, sie werden aufgereiht. Sie sind keine handelnden Subjekte, sondern nur Folgeerscheinungen von unzählig schon zuvor aufgereihten. Suggeriert wird damit: Der rote Faden der Geschichte existiere schon vor und unabhängig von den Subjekten. In diesem kindlichen Verständnis von Geschichte sind sowohl die „Verknüpfungen" der Perlen durch ihre raum-zeitliche Folge vorgegeben als auch ein Einfluss auf die Gestaltung des Fadens der Geschichte durch handelnde und Geschichte bewirkende Subjekte ausgeschlossen. So geht es zu wie bei den Religionen: Der „göttliche Plan" ist vorgegeben, Menschen dürfen ihn nur ausführen, ohne dass es ihnen selbst bewusst ist.

Als Hegel in Jena Napoleon I. durchs Stadttor reiten sah, „sah" Hegel den Weltgeist: Die Geschichte, die nach ihren eigenen unabänderlichen Gesetzen abläuft, bedient sich der Menschen, um ihren Plan Wirklichkeit werden zu lassen. Je nach gewähltem Verständnis des „Geschichtsplans" wird Bismarck die „Schuld" gegeben, den Mechanismus des Geschichtsablaufs weitergetrieben zu haben oder „Napoleon III." habe die weiteren Folgen wie den Krieg bewirkt oder „der deutsche nationale Gedanke" bahnte sich seinen Weg und bediente sich eines Napoleons und Bismarcks.

Die klassisch zu nennende Geschichtsauffassung (die der Aristotelischen Logik folgt und nicht „transklassisch“ wie z.B. von Gotthard Günther in der Kybernetik gefasst ist) geht den scheinbar natürlichen Weg und betrachtet geschichtliche Ereignisse als Objekte („der“ französisch-preußische Krieg), die „im Nachhinein“ geschrieben und bewertet werden, und zwar von einem Subjekt, dessen wissenschaftlicher Ausweis gerade darin bestehen soll, „außerhalb“ und deswegen äußerst „objektiv“ zu sein. Doch ein jeder weiß, dass kein Subjekt außerhalb eines untersuchten Gegenstandes stehen kann. Deshalb ist es unvermeidbar, dass zeitgenössische Sinngebungen (des Lesers) wie solche der handelnden Subjekte in der hier ausgewählten Zeitspanne in die Darstellung von Geschehnissen einfließen. Das authentische Ereignis wiederzugeben, ist unmöglich, da eine jede Wiedergabe standpunktbezogen ist. Dies ist nur vergleichbar mit einem Versuch der Rückzüchtung oder der genetischen Rekonstruktion ausgestorbener Spezies. Die Umwelt des rekonstruierten Wesens, die untrennbar zu ihm gehört, ist zum Zeitpunkt der Rekonstruktion eine andere, eben die des Züchters. Das hatte schon Darwin erkannt und damit die Unmöglichkeit aufgezeigt, die „ursprüngliche Natur“ wieder aufleben lassen zu können.

Die Arbeit des Historikers kann dieser „Falle“ oder Paradoxie nicht entkommen: Auch der Historiker kann nichts „Authentisches“ darstellen, da sein Interesse und seine Sinngebung auf die Darstellung Einfluss haben.

Allein schon die Häufung der Bücher zum Thema Commune belegt die Gestaltung des Materials auf Grund jeweils spezifischer Interessenlagen: 1872/73 war die Zeit der Aufarbeitung durch die Exilanten, um den Versailler-Legenden nicht den Schlusspunkt dieser Ereignisse durch die von ihr verübte „Blutwoche“ zu überlassen; 1917/18 suchte man nach den Vorläufern der Russischen Revolution, um den entdeckten „ursächlichen Fehler, der das Scheitern der Commune erklärt“, für die Oktoberrevolution vermeiden zu können. Und im Folge der 1968er war es von Interesse, eine revolutionäre Tradition zu entdecken, die eben nicht in die Geschichte der Russischen Revolution einmünden sollte und mit deren Hilfe man einen „neuen“ Standpunkt hoffte gewinnen zu können, der das Leninsche Konzept der revolutionären Kaderpartei vermeiden sollte – um nur eine Auswahl zu geben. Die o.g. „Falle“ wird besonders gefährlich, wenn der Rekonstruktionsprozess von den Ursachen der Geschehnisse handelt. Die analytisch aus den Dokumenten entdeckten Ursachen wollen den Leser jeweils davon „überzeugen“, mit der präsentierten Ursache den Ariadne-Faden ergreifen zu können. Das eingängigste Verstehen gelingt am überzeugendsten, wenn es der Alltagsphysik verhaftet ist, der Newtonschen Mechanik von Ursache und Wirkung, dem Kausalmechanismus und -determinismus, der „beweisen" kann, dass mit Notwendigkeit die Wirkung eintreten wird, die die eine oder bestenfalls eine überschaubare Anzahl von ausgemachten Ursachen erzeugt hat. Das ist aber falsch. Die Negation offenbart solche Fehler: Die handelnden Menschen erscheinen dann nicht als Subjekte, die mehr oder weniger bewusst die Geschichte „machen", die doch „ihre" ist. Ihr Handeln ist nach dieser Auffassung gleichgültig angesichts des Geschichtsverlaufs. Wenn beispielsweise den Kommunarden pauschal vorgeworfen wurde, dass sie sich als arbeitsscheues Gesindel zusammengerottet hätten, um ihre Triebe auszuleben, so liegt die krasseste Form vor, Menschen Bewusstsein abzusprechen und das vom Humanum abgelöste Triebleben im kausal-mechanischen Sinne für Störungen des Zivilisationsprozesses verantwortlich zu machen.[7] Solchen kausal-mechanischen Annahmen liegt die inhumane Absicht zu Grunde, Menschen möglichst auf einen simplen, eingängigen Faktor zu reduzieren, sie berechenbar zu machen und sie aus dem „Zivilisationsprozess" auszusondern, der dann einer „zur Herrschaft geeigneteren" Elite vorbehalten bleiben soll – „muss", wenn alles „mit rechten Dingen zugehen" soll. Es geht um Herrschaft und vielleicht schlimmer noch: um die Aufrechterhaltung des Prinzips selber. Jeder Anflug eines Gedankens, einer Tat, dieses Prinzip in Frage zu stellen oder beseitigen zu wollen, ist Anathema. Herrscher sind unter bestimmten Umständen bereit, über Partizipation, Privilegien, Liberalisierungen von Presse und persönlichen Freiheiten, Demokratie etc. mit sich reden zu lassen, dennoch sind politische Herrschaft und soziale Ungleichheit Axiome politischen und sozialen Handelns von menschlicher Herrschaft über Menschen. Ein Satz wie „Ich bin von x Millionen Franzosen zum Kaiser gewählt worden" soll den Anfang einer Kausalkette bezeichnen, dem sich die Subjekte – am besten noch einsichtig – zu fügen haben.

[7] Damit soll das Triebleben als Faktor auch von Geschichtsprozessen nicht geleugnet werden, jedoch erscheint ein vollständiges Beherrschen des gesamten sozialen Zusammenlebens recht unwahrscheinlich zu sein.

Es gab aus deutscher Sicht zwei große politische Linien in dem hier zu betrachtenden Zeitraum, deren europäisches Gewebe auf den vielen Bühnen des später dann sogenannten „Wiener Kongresses“ (Zamoyski 2008):
Zum einen Preußens Streben nach Hegemonie in Mitteleuropa und zum anderen, unter dem Dach des Deutschen Bundes, entweder eine großdeutsche – unter Einschluss von Österreich – oder eine kleindeutsche Lösung der Errichtung einer deutschen Nation zu finden. Beide waren eng miteinander verwoben und oft genug in widersprüchlichen Entwicklungen begriffen sowie von außenpolitischen Faktoren (besonders von der Haltung der russischen Regierung) abhängig. Mit der Krönung des preußischen Königs Wilhelm zum Deutschen Kaiser – und nicht, wie er es lieber gesehen hätte, zum Kaiser der Deutschen – wurden beide Fragen „gelöst“: Unter Ausschluss von Österreich wurde ein Deutsches Reich errichtet, das durch den Sieg über die seinerzeit stärkste kontinentaleuropäische Macht, Frankreich, zum bedeutendsten Hegemon Kontinentaleuropas wurde. Die Symbolik dieser Kaiserreichsgründung liegt auf der Hand: Gleichsam mit dem preußischen Kommissstiefel auf dem Nacken des unterlegenen Frankreichs wurde die Reichsgründung vollzogen. Und dies geschah nicht in Berlin, sondern im geschichtsträchtigen Schloss des Feindes: in Versailles. Dies war auch Bismarck bewusst, dessen Klugheit und Energie am Zustandekommen dieses Ergebnisses nicht zu unterschätzen sind. Mit diesem neuen historischen Faktum wurde das alte europäische prekäre Gleichgewicht, also Ungleichgewicht, der politischen, militärischen und ökonomischen Kräfte der Staaten England, Frankreich, Russland, Österreich und nun Deutschland auf weitere Zukunft weiteren Kriegen und heftigeren destabilisierenden Attacken ausgesetzt.
Nach dem Sieg der Armeen des Norddeutschen Bundes bei Sedan am 2. September 1870 war der Krieg an sich schon entschieden. Die Folgen des Sieges über Frankreich konnten die Zeitgenossen sehr genau erkennen – hierzu drei Beispiele:
1. Der französische General Wimpffen, der die Kapitulation von Festung und Armee unterzeichnen musste, erließ die folgende, hier gekürzte, Proklamation: „Soldaten! Gegen sehr überlegene Kräfte habt Ihr Euch gestern geschlagen... Mir verbleibt allein der Trost, ein unnützes Massaker vermieden

und dem Vaterlande Soldaten erhalten zu haben, von denen es in Zukunft noch gute und glänzende Dienste gewärtigen mag" (Fontane 1988: Bd. 2, 291). Wimpffen rechnete also binnen der nächsten 20, höchstens 25 Jahre damit, dass die „Schmach" dieser Niederlage getilgt werde.

2. Schon nach den Niederlagen der französischen Armee während der ersten Augusttage bei Weißenburg, Spichern und Wörth verfasste der englische Premierminister Gladstone ein Schreiben an seinen Außenminister Granville: „Die Nachrichten betäuben mich. Es ist nicht bloß eine große Schlacht verloren und gewonnen. Es ist dies offensichtlich der schwerste Schlag, den Frankreich als Militärmacht – im vitalen Aspekt von Ansehen und gutem Ruf – im Lauf von mehr als hundert Jahren erlitten hat[8]; wenn dies nicht schleunigst wieder gutgemacht wird, scheint es möglich, dass Frankreich in dieser Hinsicht vom ersten Platz gestoßen wird. Aber darüber hinaus erhebt sich die Frage, ob sich nun eine Revolution anschließen wird. Wenn es je einen von der Regierung angezettelten Krieg gab, so ist es dieser und Frankreich wird vom Urheber Rechenschaft verlangen." (Kolb 1990: 46f.)

3. Nach Kenntnis der Kriegszielforderungen, von Bismarck im August bekannt gegeben, schrieb Zar Alexander II. am 21. August an seinen „Onkel" König Wilhelm, im Interesse eines „sicheren und dauerhaften Friedens" («paix solide et durable») Großmut und Milde walten zu lassen: „Die französische Nation wird – wenn sie nach ihren Niederlagen mit Großmut behandelt wird – nur die Regierung anklagen, die ihr solch harte Prüfungen beschert hat. Aber wenn sie auf einen Sieger trifft, der entschlossen ist, sie zu demütigen und ihr Gebietsverluste zuzufügen, dann werden sich gegen ihn diese Ressentiments richten und dann würde ein Hass zwischen den Völkern entstehen, für den es kein Ende und keine Grenzen gäbe"[9] (ebd.

---

8 Kein anderes Land als Frankreich hat allein in den hundert Jahren vor 1870 größere militärische Niederlagen erlitten und Verluste hingenommen; man denke an das mexikanische Abenteuer Napoleon III. (Sieg über das Expeditionskorps, Hinrichtung des von Napoleon III. als Kaiser Maximilian eingesetzten Bruders des Habsburgischen Kaisers Franz Joseph), die extrem verlustreichen Kämpfe der französischen „Spanienarmee" und natürlich die Napoleonischen Kriege: Niederlagen von Moskau (1812/13 ca. 400.000 Verluste) und Leipzig (1813 mit 38.000 Toten und 20.000 Gefangenen) und bei Waterloo (1815 mit 7.000 Toten, 18.000 Verwundeten, 8.000 Gefangenen) – die Liste ist unvollständig. „Verluste" heißt aber, genau betrachtet, nicht allein Verluste an französischen Soldaten, sondern auch an Hilfstruppen (u.a. Preußen, Polen).

9 Man sollte angesichts dieses freundlichen Rates unter Blutsverwandten nicht vergessen,

182). Dem sog. deutsch-französischen Krieg vorausgegangen war eine Serie von Kriegen und (Geheim-)Abkommen, die Preußen die Hegemonie über ein größer werdendes Staatsgebiet gesichert hatte und damit eine mit Österreich und Frankreich rivalisierende Machtposition in Mitteleuropa: Auf Russlands Initiative hin, Preußen an einer großdeutschen Lösung (Preußens „Unionspolitik") zu hindern, wurde am 15. Juli zwischen Preußen und Österreich die sog. „Olmützer Punktation" beschlossen, nach der Preußen seinen Führungsanspruch im Deutschen Bund aufgeben musste; 1864 gab es den Krieg Österreichs und Preußens gegen Dänemark mit dem Resultat, dass Dänemark die Herzogtümer Schleswig und Lauenburg an Preußen und Holstein an Österreich abtreten musste; 1866 wurden Geheimverträge zwischen Preußen und Italien gegen Österreich sowie von Österreich mit Frankreich gegen Preußen geschlossen (Frankreich sicherte Neutralität im Konfliktfall zu und erhielt für diese Zusage Venetien von Österreich); 1866 gab es Krieg von Preußen zusammen mit einigen norddeutschen Staaten gegen Österreich, Bayern Baden, Kurhessen, Hessen-Darmstadt, Nassau, Meiningen, Reuß, Frankfurt mit der entscheidenden Schlacht bei Königgrätz (Sadowa) und dem „endgültigen" Friedensschluss von Nikolsburg und Prag.[10]

An diesen kriegerischen Konflikten sind die machtpolitischen erkennbar: Die entscheidende Hinwendung Preußens zu der sog. „kleindeutschen Lösung", die Ausnutzung national-demokratischer Bewegungen für das Ziel eines deutschen Reiches mit der sich deutlich abzeichnenden Form einer – mit erheblichen Einschränkungen – konstitutionellen Monarchie, die sich

dass beide derselben Bande angehören, die sich z.B. vor und nach dem Wiener Kongress über eine Aufteilung Polens verständigt hatte. Die zutreffende Lesart ist dann eher die: „Wenn Du mehr ergatterst, ohne dass ich, Zar Alexander, entschädigt werde, kann ich Dir bei Deinen weiteren Unternehmungen nicht mehr so viel Freiraum lassen." M.a.W., es handelt sich um eine Drohung, nicht an den „Säulen des Herakles" zu rütteln, auf denen das bislang von Frankreich gestaltete europäische Festland ruhte. Man ahnt, dass ein neuer Hegemon in Europa, Deutschland, für diesen Machtgewinn einen hohen Blutzoll zu entrichten haben wird.

10 Letzterer verhinderte eine Einmischung Russlands und stellte Kompensationsforderungen Frankreichs in Aussicht; der Vertrag enthielt den wichtigen Artikel V, nach dem für die deutschen Südstaaten Bayern, Württemberg, Baden, Hessen-Darmstadt, eine unantastbare „internationale, unabhängige Existenz" vereinbart wurde, die wenig später durch ihre militärische Beteiligung am französisch-preußischen Krieg durch die Armee des NDB verletzt wurde); 1866 geschah die Gründung des Norddeutschen Bundes und 1868 die des Zollparlaments (es enthielt nord- und süddeutsche Abgeordnete).

zu Beginn dieser Entwicklung mit Bismarcks Unterstützung die militärischen Entscheidungen ihrer Politik vorbehielt (Indemnitätskonflikt).[11] Die oben skizzierten kleineren Kriege waren noch innerhalb des wenig elastischen Rahmens von Interessensphären und Vertragswerken ohne allzu große Risiken für die preußische Politik realisierbar gewesen. Der Wiener Kongress hatte sich noch unter dem Banner zusammengefunden, das alte, feudale System der Monarchien zu retten. Damit wären Entscheidungen über Krieg und Frieden der Politik der sog. Kabinette der königlichen Höfe vorbehalten gewesen und nationale Interessen oder Berücksichtigung einer Volkssouveränität „vermeidbar". Jedoch zeigten sowohl in Preußen der oben erwähnte Indemnitätskonflikt wie die populistischen, „liberalen" Bestrebungen Napoleons III., dass eine jede Kabinettspolitik zu einem Anachronismus geworden war. Die Zeit einer (Wiener) Restauration der alten monarchischen Herrlichkeit war zu Ende. Nicht dynastische, sondern soziale Probleme und ihre Bekämpfung oder Lösung sollten in Zukunft den Verlauf der Geschichte bestimmen und bestimmten ihn schon „mit" im Krieg von 1870/71 – nicht nur in Europa.[12]

Es zeichnete sich für die europäischen Verhältnisse ab, dass das Eintreten für nationale Ziele ein wichtiger Mobilisierungsfaktor der Bevölkerung war und auch die Politik der Kleinstaaten des Deutschen Bundes nach außen und innen hin beeinflusste. In den deutschen Ländern gab es zwar Proteste gegen den Kabinettskrieg von 1870, aber nicht nur die Königreiche und Fürstentümer des Norddeutschen Bundes wussten, dass es um die Durchsetzung „deutscher Interessen" ging, auch Württemberg und Bayern (s.w.u.) gerieten in den republikanischen, zumindest parlamentarischen Strudel nationaler Rücksichtnahmen. Das heißt nüchtern betrachtet: Um die alten Herrschaftsprivilegien zu erhalten, mussten die kleinen Könige und Fürsten nationales Gedankengut aufgreifen – sie waren gezwungen „mit der Zeit zu gehen", da ansonsten die Frage nach der Legitimität ihrer Herrschaft gestellt werden würde, die nicht mit einem Hinweis auf alte dynastische Rechte oder göttliches Wirken abzuspeisen war.

Die weiteren militär-politischen Entwicklungen zogen dann nach sich, dass

---

11 Der sog. Indemnitätskonflikt meint hier den Versuch, unabhängig vom Reichstag die Finanzierung der Militärausgaben dem Thron vorzubehalten.

12 Man zähle allein die „Trikolore-Fahnen" der Nationen, um die Auswirkungen der Französischen Revolution ermessen zu können.

die an den Feldzügen beteiligten Armeen aus immer zahlreicheren Soldaten bestanden: Napoleon I. zog mit weit mehr als einer halben Million Franzosen und Verbündeten nach Moskau und konnte trotz der hohen Verluste an Menschenleben etwas über zwei Jahre später wieder eine halbe Million rekrutieren so wie auch 1870 insgesamt eine Million Franzosen rekrutiert werden konnten, ohne die wirtschaftliche Existenz des Landes zu gefährden. Die Produktivkräfte entwickelten sich parallel: Angriff und Verteidigung (Kanonen und Festungsbau) wurden als Produkte neuer Technologien revolutioniert: Der Krim-Krieg bewies u.a., dass Mobilität der Armeen (Verlegung von Eisenbahnlinien für militärische Transporte) und Kommunikation (Verlegung von See- und Landkabeln für die Telegraphie), See-, Feld- und Schützengrabenkämpfe dem traditionellen Festungsbau überlegen waren (die gewaltige Festung Sebastopol auf der Krim fiel 1855). In all diesen Punkten zeigte das russische Reich seine Schwächen und büßte einen erheblichen Teil seiner politisch-militärischen Macht in Europa ein. Diese Entwicklungen veränderten das vom Wiener Kongress eingeleitete „Ausbalancieren der europäischen Mächte“ auf der Basis der Wiederherstellung bzw. Sicherung der Monarchien. Ein nicht unwesentliches, weiteres Ergebnis des Krim-Krieges – sollte man unbeirrt an der Einheit von Politik und Moral festhalten – betraf die medizinische Versorgung: Aus der Tatsache, dass – pauschal betrachtet – zwei Drittel der Kriegstoten den ausbrechenden Seuchen (bes. Typhus) geschuldet war, entstand primär ein Problem für das Militär. Nicht humanitäre Erwägung, sondern Effizienz der Kriegführung war Anlass, sich um die hygienischen und medizinischen Aspekte des Menschen zu kümmern. Soldaten, die an Krankheiten massenhaft starben, ohne einen Schuss abgegeben zu haben und deren Zahl nicht durch eine normale Geburtenrate ersetzt werden konnte, gefährdeten die militärischen Operationen. So entstanden das Rote Kreuz (Dunant) und ein System der Pflege von Verwundeten auf den Schlachtfeldern (Nightingale). Entsprechend fällt auch dieser Punkt streng genommen unter die Notwendigkeit, dem technischen Fortschritt zu folgen. Der medizinische Fortschritt dient zwar der Entfaltung der Produktivkraft Mensch, aber seine Produktivkraft wird im Krieg zur Destruktivkraft verwandelt, die der politisch-militärischen Machtentfaltung zu dienen hat. Die Frage muss sich nicht aufdrängen, wenn das Militär für den einzelnen ein Ort der Existenzsicherung ist, aber ihre Berechtigung ist nicht abzuweisen: „Cui bono?“ – wem dienen Gesundheit,

Ausbildung und letztlich „Machtentfaltung"? Nachdem gegen Anfang Juli 1870 ein Krieg immer wahrscheinlicher wurde, bemühten sich beide Parteien über ihre diplomatischen Vertretungen um Unterstützung, zumindest um Versicherungen der Neutralität bei den Regierungen von England, Dänemark, Russland, Österreich und Italien. Besonders Frankreich suchte in Österreich und Italien nach militärischer Hilfe, die ihm jedoch verwehrt wurde. So blieb es bei Neutralitätszusicherungen.

Der Plot des Dramas „Französisch-preußischer Krieg von 1870 bis 1871" findet in einem besonderen Rahmen statt: Keine der beteiligten Mächte ist durch irgendwelche Verträge oder Abmachungen an ein weiteres Land gebunden, kann also auf keine militärische Unterstützung hoffen (s.w.u. Bayern). Andere europäische Mächte verhielten sich „neutral". Diese Neutralität war allerdings „prekär" und erlebte einige Schwankungen im Verlaufe des Krieges (England lieferte an Frankreich Kriegsmaterial, Dänemark hoffte auf einen französischen Marineeinsatz in der Ostsee etc.). Der folgende Entwicklungsstrang des Plots sah vor: (María Luisa) Isabella II. von Spanien (Isabel de Borbón y Borbón-Dos Sicilias) musste 1868 aus Spanien flüchten. Der preußische Gesandte in Madrid, von Werthern, entwickelte die Idee, dass sich um den vakanten spanischen Thron der Erbprinz Leopold von Hohenzollern-Sigmaringen (preußische Dynastie) bewerben könnte, eine Idee, die er auch dem Vater des Erbprinzen, Fürst Karl Anton von Hohenzollern-Sigmaringen, in Düsseldorf residierend, mitteilte. All dies geschah noch ohne Auftrag oder Kenntnis Bismarcks. Spätestens 1869 nach dem preußischen Sieg von Königgrätz (Sadowa) und nach der Revolution im September 1869 in Madrid, machte sich Bismarck diese Option zu Eigen. Er tat das, was Becker unter Verwendung des Clausewitzschen militärischen Begriffs der „Diversion", vorsieht: Einen militärischer Schachzug unternehmen, der Kräfte des Gegners an einem Ort fesselt, was es leichter macht, ihn an einem anderen Ort anzugreifen. Napoleons III. Politik war für Bismarck berechenbar: Neben weltweiten abenteuerlichen Expeditionen gierte Napoleon III. danach, für sein Stillhalten im preußisch-österreichischen Krieg („Rache für Sadowa") kompensiert zu werden: So wären die linksrheinischen preußischen Gebiete angemessen gewesen: Napoleon III. fühlte sich durch weitere preußische Manöver hintergangen, von denen einige schon, wenn auch kleinere, imperialistische Krisen genannt werden können und typisch für diese Phase der Industrialisierung sind: Der Einfluss

des Kapitals zur Finanzierung der Eisenbahnen, deren militärische Bedeutung jedem Zeitgenossen offensichtlich war. So war das preußische Militär in dieser Hinsicht bestens auf den Krieg vorbereitet, da schon Jahre zuvor „ein höherer Eisenbahnbeamter" den Auftrag erhalten hatte, die notwendigen Versorgungslinien für die Truppen des Norddeutschen Bundes zu „rekognoszieren", so dass dann im Kriegszustand mit 4.000 Arbeitern und Bergleuten sowie etwa 250 Eisenbahnern eine Trasse zwischen Rémilly (Dépt. Moselle) und Pont-à-Mousson (Dépt. Lorraine)[13] innerhalb von zehn Tagen gelegt werden konnte (Fontane 1988: Bd. 2, 493.).
Kleinere Beben, welche die große Erschütterung des Krieges erahnen lassen:

- Die Luxemburg-Krise (1867): Das Großherzogtum Luxemburg war Mitglied des Deutschen Bundes (unter Österreich) und des (preußisch dominierten Deutschen Zollvereins und sollte auf Grund der Entscheidungen des Wiener Kongresses (1815) zum Vereinigten Königreich der Niederlande gehören. Die Stadt Luxemburg war eine Bundesfestung mit preußischer Besatzung, deren rechtlicher Status jedoch nach Auflösung des Deutschen Bundes entfiel, dennoch blieb die Festung weiterhin von Preußen besetzt.[14]
- Der belgisch-französische Eisenbahnkonflikt: Schon seit 1845 versuchte die französische Gesellschaft *Chemin de Fer du Nord*, belgische private Eisenbahngesellschaften zu übernehmen, um Kontrolle über das Moseltal und das wallonische Kohlerevier zu erlangen; vor dem Kriegsausbruch von 1870 versuchten auch deutsche Firmen solche Übernahmen; die belgische öffentliche Meinung und militärische Einsprüche verhinderten den Streit beider Rivalen um das belgische Eisenbahnnetz.
- Der Bundesrat der Eidgenossenschaft, das Königreich Italien und der Norddeutsche Bund gründeten 1869 eine Gesellschaft zum Bau

---

[13] Beide Départements bis 1871; die Trasse verlief „taktisch günstig" von Ost nach West, südlich der Festungsstadt Metz.

[14] Sie wurde noch einmal von Bismarck benutzt, um Englands Neutralität „etwas parteilicher" für den NDB einzunehmen, indem er der Times ein Dokument von 1866 zuspielte, in dem Frankreich vorschlug, es könnte Belgien und Luxemburg erwerben und sich als Gegenleistung einer Einigung des NDB mit den süddeutschen Staaten nicht widersetzen (Kolb 1990: 32-39); damit sollte England, das die Neutralität Belgiens garantiert hatte, gegen Frankreich eingenommen werden.

der *Gotthard-Bahn*. Der Norddeutsche Bund beschließt die Unterstützung des Projekts der Gotthard-Bahn mit einem Kapital von 20 Mio. Franken. Der Vertrag wurde am 20. Juni 1870 in Varzin/Warcino (Sitz der Familie Bismarcks in Hinterpommern/Słupsk, Polen) und Berlin unterzeichnet. Der Protest Frankreichs richtete sich gegen die Verletzung der Neutralität der Schweiz.

Man wird nicht umhinkommen zuzugeben, dass der preußische Kanzler Otto von Bismarck diesen Wandel in der Politik auf seine konservative, machiavellistische Weise bestens beherrschte: Die Politik war eingebunden in die alte Kabinettspolitik, musste gleichzeitig nationale Aufbruchsempfindungen berücksichtigen, der aufkommenden Arbeiterklasse die allernotwendigsten Zugeständnisse machen und sie „damit" bekämpfen und ebenfalls den demokratischen Erfordernissen (Bewilligung des Militäretats) wie dem Drängen der Banken (die den Krieg wollten) Genüge tun.
Josef Becker ist überzeugt (s. Becker 2002), dass Bismarck mit seiner Politik der „Diversion" letztlich verantwortlich zu machen sei für die Entstehung des Krieges, denn, bei Kenntnis aller Umstände, war die Kandidatur eines Hohenzollern auf den spanischen Thron der Auslöser und gleichbedeutend mit dem Anlegen einer Lunte an das Pulverfass, das, ohne dass ein weiteres Eingreifen möglich war, zur Explosion führen musste. Damit ist aber auch gesagt, dass keine politische Maßnahme mehr ergriffen werden konnte, die Katastrophe zu verhindern. Mit Recht kann Becker in seiner Beweisführung des Bismarckschen Handelns aufzeigen, dass er seine dynastischen und nationalen politischen Ziele, wie w.o. erwähnt, konsequent verfolgte und auch erkannte, dass ein Krieg das zu diesem Zeitpunkt geeignete Mittel war, derartige Ziele zu realisieren. Ebenso kann Becker überzeugend darlegen, dass die französischen Politiker des Seconde Empire[15] nur auf die Gelegenheit warteten, das „aufmüpfige" Preußen in seiner Machtanmaßung zu dämpfen. So scheint die Kausalkette des „Brandstifters Bismarck" mit mechanischer Notwendigkeit abzulaufen. Die hier zugespitzte Alternative zeichnet sich ab: Entweder ein Deutsches Reich mittels Krieg oder kein Deutsches Reich.

---

[15] Weit eher der Ministerpräsident Ollivier, der Außenminister Gramont (den Bismarck für den dümmsten Menschen Europas hielt) und der Kriegsminister LeBœuf als der Kaiser Napoleon III.

## *„Der Auslöser": Die Emser Depesche*

> Die Annexion von Elsass und Lothringen
> wird Frankreich nie vergeben; und genau deshalb
> besteht Graf Bismarck auf ihr. Die Bedrohung durch
> die französische Rache soll in terrorem
> über den Liberalen des Deutschen Reiches sein.[16]

Als Kriegsauslöser gilt die berühmte „Depesche aus Ems" vom 13. Juli 1870, verfasst vom „Wirklich Geheimen Legationsrat" Heinrich Abeken, dem engen Mitarbeiter Bismarcks und Vertrauten König Wilhelms I. Dieser sandte aus dem Badekurort Ems, wo sich der preußische König aufhielt, an Bismarck ein Telegramm, das dieser modifizierte und das als „Emser Depesche" in die Geschichte eingegangen ist. Man sollte der Edition Beckers folgen (Nr. 854) und die beiden Texte einander gegenüberstellen:

[16] MacColl („Scrutator") 1871: 102 (Übers. d. Verf.).

| Abekens „Depesche aus Ems“ an Bismarck | Bismarcks „Emser Depesche“ |
|---|---|
| Seine Majestät der König schreibt mir: „Graf Benedetti fing mich auf der Promenade ab, um auf zuletzt sehr zudringliche Art von mir zu verlangen, ich sollte ihn autorisiren, sofort zu telegraphieren, daß ich für alle Zukunft mich verpflichtete niemals wieder meine Zustimmung zu geben, wenn die Hohenzollern auf ihre Canidatur zurückkämen.<br>Ich wies ihn, zuletzt etwas ernst, zurück, da man à tout jamais dergleichen Engagements nicht nehmen dürfe noch könne.<br>Natürlich sagte ich ihm, daß ich noch nichts erhalten hätte und da er über Paris und Madrid früher benachrichtigt sei als ich, er wohl einsähe, daß mein Gouvernement wiederum außer Spiel sei.“<br>Seine Majestät hat seitdem ein Schreiben des Fürsten bekommen.<br>Da seine Majestät dem Grafen Benedetti gesagt, daß er Nachricht vom Fürsten erwarte, hat Allerhöchstderselbe, mit Rücksicht auf die obige Zumuthung, auf des Grafen Eulenburg und meinen Vortrag, beschlossen, den Grafen Benedetti nicht mehr zu empfangen, sondern ihm durch einen Se. Adjutanten sagen zu lassen, daß Seine Majestät jetzt vom Fürsten die Bestätigung der Nachricht erhalten, die Benedetti aus Paris schon gehabt, und dem Botschafter nichts weiter zu sagen habe.<br>Seine Majestät stellt Eurer Excellenz anheim, ob nicht die neue Forderung Benedetti's und ihre Zurückweisung sogleich, sowohl unsern Gesandten, als in der Presse mitgetheilt werden sollte. | Nachdem die Nachrichten von der Entsagung des Erbprinzen von Hohenzollern der Kaiserlich Französischen Regierung von der Königl. Spanischen amtlich mitgetheilt worden sind, hat der Französische Botschafter in Ems an S. Majestät den König noch die Forderung gestellt, ihn zu autorisiren, dass er nach Paris telegraphire, dass S. Maj. der König sich für alle Zukunft verpflichte, niemals wieder seine Zustimmung zu geben, wenn die Hohenzollern auf ihre Kandidatur zurückkommen sollten.<br>Seine Maj. der König hat es darauf abgelehnt, den Franz. Botschafter nochmals zu empfangen, und demselben durch den Adjutanten vom Dienst sagen lassen, daß S. Majestät dem Botschafter nichts weiter mitzutheilen habe. |

Wie auch immer die beiden Telegrammtexte letztlich verstanden werden mögen, so ist doch deutlich, dass Bismarcks Veränderungen sich nicht auf Kürzungen beschränkten, sondern sich auch auf Inhalt und Ton der Depesche auswirkten. Nach allen bisherigen Kenntnissen ist es nachvollziehbar, dass jener oben angedeutete Mechanismus greift. Anders ausgedrückt: Bismarcks Depesche ist auf gar keinen Fall als ein letzter, verzweifelter Versuch zu werten, die Kriegsdrohung aus der Welt zu schaffen. Gleiches gilt für das französische Ansinnen, sich nicht mit den Tatsachen, der Rücknahme der Kandidatur um den Thron von Spanien, zufriedenzugeben, sondern darüber hinaus, eine auf alle Zukunft gegebene Versicherung erwirken zu wollen, dass der preußische König dies nie wieder tue. Diesen Kausalmechanismus drückt Fontane (1988: Bd. 2, 35) in Bezug auf Napoleons Ohnmacht in seiner schriftstellerischen Sprache so aus:

*So wollte er (Napoleon III., Re.) schließlich den Krieg, nicht weil er ihn wollte, sondern weil er ihn wollen musste.*

Da Fontane das gesamte Geschehen wie die meisten seiner Zeitgenossen als einen unabwendbaren Geschichtsmechanismus begriff, schließt sein Urteil auch Bismarcks politische Handlungen ein, der dann auch nur so gehandelt habe, wie es „die Geschichte" von ihm verlangte:

> „Im Übrigen darf gern zugegeben werden, dass Graf Bismarck, als er obiges Telegramm, das man ihm persönlich zuschreibt – nach aus Ems eingetroffenen Mitteilungen revidierte, die Absicht hatte, den Bruch zu fixieren, ein abermaliges Friedens-Flickwerk unmöglich zu machen. Wenigstens würde das Gegenteil ihn uns nicht minder groß erscheinen lassen. Er wusste ganz genau, dass Frankreich den Krieg entweder wollte oder ihn wollen musste, was für uns dasselbe bedeutete. Die Unvermeidlichkeit des Krieges war also gewiss und dieser Gewissheit gegenüber konnte es sich für uns nicht darum handeln, eine mit Einbuße an Ehre und Ansehen zu erkaufende Frist zu gewinnen, sondern es kam vielmehr alles darauf an, einen günstigen Moment zu erfassen. Ein solcher war für uns der 12. und 13. Juli gewesen. Momentan unvorbereitet, wurde doch diese äußerliche Ungunst durch die moralische Gunst der Situation mehr als aufgewogen und deshalb griff Graf Bismarck zu. Sein Tele-

gramm schuf nicht den Krieg, sondern zwängte ihn nur in die richtige Stunde“ (Fontane 1988: Bd. 1, 41).

Über diesen amoralischen und platten Hegelschen Idealismus Fontanes kann man irritiert sein, da er über das Niveau der Volksunweisheit „Gott denkt, der Mensch lenkt“ nicht hinausragt.[17] In diesem Geist zeigte das Brandenburger Tor am 2. September 1870 zur Feier des Sieges bei Sedan unterhalb der Quadriga das Wort „Sedan“ und darunter ein riesiges Spruchband mit der Aufschrift „Welch eine Wendung durch Gottes Führung.“ Denn, ob man eine allmächtige Vorsehung, einen göttlichen Willen oder andere metaphysische Größen annimmt, um den Menschen nicht als verantwortlich gestaltendes Wesen, sondern nur als ausführendes Organ solch höherer Gewalten, zu sehen, das von aller Verantwortung befreit ist, tut nichts zur Sache. Einer solchen Denkweise ist es fremd, sich mit der Frage auseinanderzusetzen, was denn von den Volksvertretern bzw. Herrschern über das Volk unternommen wurde, um Tod und Leiden Hunderttausender – von der um ein Vielfaches größeren Zahl der Hinterbliebenen ganz zu schweigen – zu verhindern. Andererseits gibt es genügend Belege dafür, dass die Opfer billigend in Kauf genommen wurden und zwar nicht nur für diesen Krieg von 1870/71, sondern für den eben durch diesen Krieg erzeugten folgenden, den so durchnummerierten Ersten, dem dann auch bald der Zweite Weltkrieg folgte. Nach der These Beckers war mit dem Französisch-deutschen Krieg den wahrhaft Verantwortlichen wie Bismarck sehr wohl bewusst, dass das Deutsche Reich hochrüsten musste, um den sich abzeichnenden Folgekrieg überleben zu können. Wenn die Metapher des Damokles-Schwerts angemessen ist, so versuchte Bismarck dieses über Frankreich zu hängen, indem Frankreichs Festungen geschleift und Elsass-Lothringen annektiert werden sollten. Es war aber abzusehen, dass dieses Schwert über dem Deutschen Reich hängen würde, das nicht durch eine Pufferzone von

[17] „Fontanes Bericht entstand zur selben Zeit, da Gustav Freytag behauptete, der Sieg über Frankreich enthülle ‚das Walten göttlicher Vorsehung in Zuteilung von Lohn und Strafen‘, in der Heinrich von Treitschke ihn als Triumph der deutschen Kultur über französische Arroganz und Oberflächlichkeit beschrieb und Richard Wagner (noch 1873!) unter dem Titel ‚Eine Kapitulation‘ eine patriotische Farce veröffentlichte, die die Härte der Pariser Belagerung denunzierte und sich über Leiden und Hunger der französischen Bevölkerung lustig machte. Nichts davon findet man dagegen in *Der Krieg gegen Frankreich*“ (Vorwort des Hrg. Craig, Fontane 1, XXIVf.). Das ist zwar richtig, jedoch findet man schon recht viele chauvinistische Merkwürdigkeiten bei Fontane.

Frankreichs östlichen Gebieten geschützt werden konnte und zudem durch die Militärausgaben das deutsche Volk für die weitere Zukunft belasten würde.[18] Diese aufgenommene Hypothek auf die Zukunft Deutschlands reicht nach Becker bis in die Zeit der Teilung Deutschlands in eine DDR und BRD.

Bismarck hatte sich dieses kausal-mechanistische Weltbild bewusst zu Eigen gemacht:

> „Es fällt auf, dass er in seinen Briefen und Berichten gar nicht selten von der ‚mathematischen Logik der Tatsachen' spricht oder von ‚politischer Notwendigkeit', von ‚Wahrscheinlichkeitsrechnungen', von den ‚in den Verhältnissen selbst liegenden Notwendigkeiten', von ‚natürlicher Entwicklung' und ähnlichem oder man stößt auf Ausdrücke wie ‚mathematisch klar' oder ‚klar wie ein Rechenexempel'. Bisweilen sieht er in der Politik ‚eine Wissenschaft des Relativen'. Manchmal ist auch vom ‚Schachspiel der Politik' die Rede" (Engelberg 1985: 451).

In der Chambre législative, der gesetzgebenden Kammer, kommt eher das voluntaristische als das kausale und finale[19] Denken zum Vorschein:

> „Minister Ollivier: Ich ergreife in dieser wichtigen Angelegenheit noch einmal das Wort. Die Regierung will vor allem die ganze Wahrheit sagen. Eigentliche Depeschen haben wir nicht, sondern nur diplomatische

---

[18] Wenige Tage vor den Friedensverhandlungen im Februar 1871 schrieb der französische Diplomat Mosbourg, dass die Annexion von Elsass und Lothringen Frankreich zum „Polen des neuen Deutschen Reiches" mache, dass das neue Reich extrem hohe Rüstungsausgaben tätigen werden müsse und dass es Bismarck im „Vorhinein schon bewusst gewesen sei, dass solche Frankreich auferlegten schändlichen Belastungen, die von diesem militärischen Zustand ausgingen, gleichbedeutend wären mit der Verhängung des Damokles-Schwertes über Frankreich mit der beständigen Drohung eines weiteren Krieges." (Kolb 1990: 162) In diesem Sinne auch der konservative Historiker Jacob Burckhardt: „Mit der ‚Sicherung von Elsass-Lothringen' hat man auch ohne Krieg wenigstens jeden Moment Kriegslärm, Mobilmachung und dergleichen disponibel, das heißt einen leisen Belagerungszustand in Deutschland selbst, wobei Konstitutionalismus und andere Antiquitäten plötzlich verstummen müssen" (ebd.).

[19] Das finale Denken nimmt eine höhere Bestimmung des menschlichen Seins an, eine Ziel- und Zweckbestimmung wie z.B. des Geschichtsverlaufs, das unabhängig von dem nur kausal reagierenden Menschen abläuft. Das voluntaristische meint, den Geschichtsverlauf dem Willen, z.B. eines Herrschers unterwerfen zu können. Welche der beiden Formen „vorsintflutlicher" ist, bleibe dem Leser anheimgestellt zu entscheiden.

Berichte, die zu veröffentlichen nicht der Brauch ist. Aber der Grund des Bruches sollte doch genügend dargelegt sein. (...)
Herr Thiers: Da möge nun jedermann richten!
Herr von Choiseul: Man kann unmöglich aus solchem Grunde den Krieg erklären!
Herr Garnier-Pagès: Das sind Redensarten!
Herr Arago: Wenn man dies hören wird, wird die zivilisierte Welt Ihnen unrecht geben und wenn Sie daraufhin den Krieg erklären, so wird man wissen, dass Sie ihn um jeden Preis haben wollten (Lärm rechts, Zustimmung links).
Herr Emil Ollivier: Man wollte uns demütigen und uns eine Schlappe beibringen, um sich für die Verzichtleistung des Prinzen von Hohenzollern zu entschädigen.
Herr Grévy: Wo haben Sie Beweise für diese Behauptung?
Herr Ollivier: Wenn Sie eine solche Situation vor den Augen Europas annehmen wollen, wir können es nicht. Wann hat man jemals in der Geschichte es gewagt, sich hinter unserm Rücken zu verschwören, um einen preußischen Prinzen auf den spanischen Thron zu erheben? Dies hätte allein uns schon aufs äußerste bringen sollen und wir haben noch unterhandelt und nur Zusicherungen für die Zukunft verlangt. Man verweigerte uns dieselben. Haben wir gedroht, beleidigt?" (Sitzung am 15. Juli, nachmittags; nach Fontane 1988: Bd. 1, 40ff.).

Der Ministerpräsident hält es für einen gravierenden politischen Konflikt, der durchaus militärisch „gelöst" werden könnte, wenn ein Hohenzollernprinz (der preußischen Monarchie) König von Spanien wird. Damit setzt er dynastische Interessen (des Hauses Hohenzollern) mit den nationalen von Preußen gleich. Die Französische Revolution von 1789 hatte aber u.a. auch dazu geführt, dass auch ein Napoleon III. das Prinzip der Selbstbestimmung der Völker, das er oft genug vorgab zu beachten (Lissagaray 2000: 49), auch zu befolgen hatte. Als er sich 1860 seinen militärischen Einsatz in Italien mit der Annexion von Nizza und Savoyen bezahlen ließ,[20] wurde Napoleon III. international wegen seines Verstoßes gegen dieses Prinzip kritisiert, welches auch die Zusammengehörigkeit der Nationalitäten beinhaltete. Eine

[20] Der Pariser Polizeipräfekt Pietri hatte die entsprechende Abstimmung in diesen Gebieten organisiert.

Annexion des linksrheinischen Gebietes hätte eine ähnliche Verletzung bedeutet. Anlässlich eines Besuchs des Königs von Schweden in Frankreich im August 1861 einigten die beiden Herrscher sich darauf, das nationale Selbstbestimmungsrecht auf europäische Regelungen einzuschränken. Dieser – aus unserer europäischen Sicht des 21. Jahrhunderts – leichtfertige und leichtsinnige Umgang mit Errungenschaften der Französischen Revolution und mit dem Leben einer beträchtlichen Zahl von Bürgern, erscheint unfassbar. Der folgende Abschnitt illustriert diese erschreckende Realität französischer Soldaten, die nicht wussten, weswegen und gegen wen und wo sie auf dem Globus kämpfen sollten und ihren eventuellen Tod im Kampf als „natürliches Ende“ ihrer staatsbürgerlichen Pflichten hinnahmen. Das gilt selbstredend ebenfalls für die Soldaten der deutschen Länder bis zur Zeit des wahnwitzigsten aller Kriege, dem faschistischen Krieg. In Abwandlung des Spruches von Kant über die Aufklärung muss auch über die Französische Revolution gesagt werden, dass die Menschen zwar in einem Zeitalter der Menschenrechte lebten, aber nicht in einem humanen Zeitalter – das Leben des Einzelnen galt nicht mehr als zurzeit der Vielzahl dynastischer Konflikte bzw. wurde die Vielzahl der dynastischen Konflikte mit ihren geringeren Armeestärken um ein Vielfaches aufgewogen durch die Zahl der beteiligten Kämpfer der Armeen, der Polizei, sogar der Feuerwehren und nicht zuletzt der Bürgerwehren, der Franctireurs und der sich spontan erhebenden Bürgerinnen und Bürger.
Sich (potenzielle) Kolonialvölker unbefragt seinen imperialen Zielen unterzuordnen, scheute Napoleon III. keineswegs. Unter der Losung „das Kaiserreich bedeutet Frieden“ („L'empire c'est la paix“ – 1852 verkündet) unternahm Frankreich die folgenden militärischen „Engagements“ und stürzte sich in Konflikte, die zu kriegerischen Auseinandersetzungen führten oder führen konnten.
1853 Beteiligung am Krim-Krieg gegen das Osmanische Reich, 1854 zusammen mit England die Kriegserklärung an Russland, Kolonialkrieg in Kabylien, Faidherbe wird Gouverneur von Senegal, 1855 Einnahme der Festung Sebastopol (Krim-Krieg), 1857 Großkabylien wird unterworfen, womit ganz Algerien zur französischen Kolonie wird, Unterstützung des Kirchenstaates gegen die italienische nationale Einheitsbewegung, England und Frankreich besetzen Kanton (China), 1858 Verabredung mit Cavour, später mit Viktor Emanuel (Italien) für einen Krieg gegen Österreich

(„Kompensation“: Nizza und Savoyen), Konvention über Rumänien: Treffen des Königs von Württemberg, Napoleons III. und Zar Alexander II., Entsendung eines Armeekorps nach Syrien, Besetzung von Peking zusammen mit England, 1861 Konvention von London: Frankreich, Spanien und England schicken ein Armeekorps nach Mexiko, 1861 Frankreich führt allein den Krieg in Mexiko weiter; französische Truppen besiegen Südvietnam, 1863 Kaiserreich in Mexiko, Erzherzog Maximilian wird Kaiser von Frankreichs Gnaden, Statthalterschaft in Kambodscha, 1864 Einzug Kaiser Maximilians in Mexiko, 1865 die USA erkennen die Regentschaft Maximilians in Mexiko nicht an und fordern den Rückzug aller ausländischen Truppen, 1866 zum Schutz von Kaiser Maximilian verbleibt nur ein kleines Kontingent österreichischer und belgischer Truppen; Napoleon III. schlägt Prinz Karl von Hohenzollern zum König von Rumänien vor, 1867 Zusage des Königs der Niederlande, Luxemburg an Frankreich zu verkaufen; Kaiser Maximilian wird hingerichtet, Garibaldi marschiert in Rom ein, französische Truppen besiegen sein Heer, 1869 Einweihung des Suez-Kanals, der hohe militärische Bedeutung besaß.

„Der Scrutator“ (Malcolm MacColl, 1871) schreibt, dass es wohl keinen Zweifel gäbe, dass Bismarck seine Gegner, Benedetti und Napoleon III. mit seiner „betrügerischen“ („surreptitious“) Redaktion der Depesche „überlistet“ („outwitted“, 91) habe. Er habe seine Gegner immer zuerst auseinanderdividiert, um sie dann einzeln zu schlagen, um das zu erreichen, was er, Bismarck, wollte. Der recht bekannte Spruch Bismarcks, dass „nicht durch Reden und Majoritätsbeschlüsse (...) die großen Fragen der Zeit entschieden (werden) ..., sondern durch Eisen und Blut“ (Schüßler 1925: 139f.), belegt wesentlich das, was Bismarck als praktische Umsetzung von Politik ansieht: Der Politiker analysiert die gegebenen Verhältnisse auf der Grundlage seines Verständnisses von den Bedürfnissen der Nation, der „Staatsidee“, die im Kontext der Rede lautet: Bewilligung der Gelder für den Heeresetat, um mittels des Heeres einen für Preußen günstigen Zustand zu erreichen, in dem ein „gesundes Staatsleben“ möglich ist, was Preußen durch die Wiener Verträge nicht ermöglicht wurde. Nach der Analyse muss der günstigste Zeitpunkt ergriffen werden, den unbefriedigenden Status quo zu verändern, was immer eine gewaltsame Veränderung der Realität bedeutet. Bismarcks Analyse hatte ergeben, dass es unbedingt wichtig sei, einen Verteidigungskrieg gegen Frankreich zu führen, da ansonsten das Stillhalten der größeren europäischen Mächte nicht garantiert sei. Die Analyse ergab weiterhin, dass das Seconde Empire marode war und nur allzu begierig, jeden fallengelassenen Handschuh als Fehdehandschuh aufnehmen würde. Gegenüber General Wimpffen anlässlich der Übergabe von Sedan schulmeisterte Bismarck:

> „Ich kann nicht zugeben, General, dass sich diese Dinge bei Ihnen zum Besseren geändert hätten. Es war auch diesmal wieder Frankreich, welches den Krieg wollte; lediglich um der Ruhmesmanie der Nation zu schmeicheln und dadurch mittelbar die erschütterte Dynastie zu befestigen, lediglich aus diesem Grunde wurden wir durch den Kaiser provoziert. Wir wissen sehr wohl, dass ein vernünftiger, in seinem Kerne gesunder Bruchteil Ihres Volkes diesen Krieg nicht wollte; aber auch diese ruhigeren Elemente gaben schließlich ohne sonderliches Widerstreben nach. Wir wissen auch, dass es nicht die Armee war, die vor allem zum Kriege drängte, es war vielmehr die Partei, die in Ihrem Lande die Regierungen macht und stürzt. Das Straßenvolk und die Journalisten (und dies letztere Wort betonte er), die sind es, denen wir eine Lektion erteilen müssen. Und dessentwegen müssen wir nach Paris" (Fontane 1988: Bd. 2, 283).

Die von Becker so bezeichnete „Diversion" lautet, dass die Kandidatur des Hohenzollerischen Prinzen mit preußischem Pass bei der dynastisch eingestellten Regierung Napoleons III. die Furcht vor einer „Einkreisung" Frankreichs durch Preußen und Spanien auslösen werden müsse, was denn auch genau so eintrat. Bismarcks offizielle Reaktionen waren konstant die, dass er die Relevanz der Kandidatur für die preußische Politik abstritt und die Kandidatur zu einer Privatangelegenheit des Hauses Hohenzollern erklärte. Damit schien deutlich, dass Bismarck die dynastischen Interessen für die moderne Politik irrelevant hielt, es sei denn als Trumpf, wenn der Gegner daran glaubt. Aufgrund der französischen Reaktionen zeigte sich, dass diese Karte tatsächlich als Trumpf funktionierte. Die weitere Behandlung der Kandidatur wurde entsprechend Bismarcks Vorstellungen „privat" als Angelegenheit der Hohenzollern vollzogen: Da sich der Kandidat in den Krisentagen unerreichbar in den Alpen befand, zog sein Vater, Fürst Karl Anton die Kandidatur zurück. König Wilhelm zeigte gegenüber dem französischen

Botschafter in Ems entsprechend an, dass diese Familienangelegenheit erledigt sei und man gegenüber einem Staat wie Frankreich nicht auf alle Zukunft hin Versprechen abgeben könne, ob Heiratspläne oder Bewerbungen um einen Thron unterbleiben werden. Es ist ein durchsichtiges Spiel, zum einen die Rolle des Familienmitgliedes spielen und zum anderen die des politischen Trägers.

Napoleon III. hatte die Kandidatur eines Hohenzollern für den rumänischen Thron unterstützt und sich dabei der russischen Zustimmung versichert – mit welcher politischen Intention? „Einkreisung“ des Osmanischen Reichs oder Österreichs? Auch wenn den Dynastien schon die Totenglocken läuteten, sie hatten de facto eine politische Bedeutung, auch wenn man sie „nur“, wie Bismarck es tat, als eine taktische Variante der Politik einsetzte. Es ist ein kluger Schachzug, den Gegner mit seinen eigenen Mitteln – hier: die geglaubte, „imaginierte“ politische Bedeutung einer im bürgerlichen Sinne privaten ehelichen Verbindung – zu schlagen. Somit war von vorneherein klar, dass durch diesen taktischen Schachzug der Kandidatur der französische Kaiser in Schwierigkeiten geriet und nicht irgendwelche deutschen Königs- oder Fürstenhöfe. Wilhelm I. sah sich bis zuletzt, da er die Kaiserkrone annehmen sollte, immer noch als Hohenzoller, der König „seines“ preußischen Gebietes war und bleiben wollte; dennoch wagte er es letztlich nicht, sich der bürgerlichen Politik seines Kanzlers zu verschließen, der letztlich die Richtlinien der Politik bestimmte und dem er folgen musste oder gar wollte, um in seiner königlichen Ruhe verharren zu können: Um seine konservativen, in Wahrheit schon anachronistischen Privilegien zu bewahren, muss man es billigend hinnehmen, von einer bürgerlich geführten Politik auf den (Kaiser-)Thron gehievt zu werden.

Am 12. Juli 1870 schrieb der preußische Botschafter in Paris, v. Werther, an König Wilhelm über eine Einladung des Herzogs von Gramont. Gramont war soeben vom spanischen Botschafter über das Telegramm informiert worden, in dem Karl Anton von Hohenzollern, der Vater des Kandidaten Leopold, den spanischen Marschall Prim über den Rücktritt seines Sohnes von einer Kandidatur in Kenntnis setzte:

> „Er (Gramont) fragte mich, ob sich dieses wirklich so verhalte. Ich entwickelte ihm darauf, dass Eure Königliche Majestät diese Autorisation formell nicht hätte versagen können, nachdem der Prinz von Hohenzol-

lern zur Annahme der ihm angebotenen Krone einen Beruf gefühlt habe und haben Allerhöchstdieselben bei den verwandtschaftlichen Verhältnissen des Prinzen zum Kaiser gar nicht glauben können, dass diese Thron-Candidatur in Frankreich übel aufgenommen werden würde. (...)

Der Herzog von Gramont fügte hinzu, er sehe die Entsagung des Prinzen von Hohenzollern auf den spanischen Thron als Nebensache an, denn die französische Regierung hätte doch niemals seine Thronbesteigung zugelassen. (...) Er möchte, aufrichtig gesagt, keinen Krieg, sondern freundliche und gute Beziehungen mit Preussen (...), wir müssten daher zusammen überlegen, ob es ein Mittel gebe, hierin eine befriedigende Einwirkung auszuüben, und stelle meiner Erwägung anheim, ob dazu nicht ein Brief des Königs an den Kaiser der richtige Ausweg wäre. Er appellire dabei an das ritterliche Herz Euerer Königlichen Majestät, welches dabei gewiss die richtige Eingebung verleihen würde.

Es könnte darin nur gesagt werden, dass Euere Königliche Majestät, indem AllerhöchstSie dem Prinzen Leopold von Hohenzollern zur Annahme der Krone ermächtigt hätten, nicht hätten glauben können, weder den Interessen noch der Würde der französischen Nation zu nahezutreten; der König schlösse Sich der Entsagung des Prinzen von Hohenzollern an, und zwar mit dem Wunsch und der Hoffnung, dass jeder Grund des Zwiespalts zwischen unseren beiden Regierungen nunmehr verschwunden sein würde. Solche und ähnliche Worte, die im Allgemeinen durch Publicität zur Beschwichtigung der allgemeinen Volksstimmung beitragen könnten, dürfte dieser Brief enthalten; doch möchte er bevorworten, dass von den verwandtschaftlichen Beziehungen zum Kaiser nicht die Rede sei. Dieses Argument verletze hier in eigenthümlicher Weise" (Becker 2002: Dok. 827).

Das zuletzt vorgebrachte „Argument" zeigt hinreichend die Doppelmoral der gesamten Argumentation, nach der die dynastischen Verhältnisse ganz unerwartet doch keine politische Rolle spielen sollen. Der preußische König Wilhelm dachte selbst ebenfalls nur dynastisch: Er wollte nur Krieg gegen Napoleon III. führen. Für seinen Kanzler Bismarck war das Dynastische nur ein Faktor, nur eine Karte im Spiel um die Hegemonie Preußens in der gewollten kriegerischen Auseinandersetzung, die für den Kriegsanlass dann ihren Dienst tat. Eine Parallelsituation ergab sich anlässlich der Kapitulation von Sedan, die kaum verhohlen von Bismarck ausgespielt wurde als Wiederholung seines Emser-Depeschen-Spiels zwischen politischer, staatlicher Funktion (hier der Kaiser als Verkörperung der französischen Nation, dort das Mitglied der herrschenden preußischen Dynastie) und bürgerlichem Privatmann (hier der Privatmann Napoleon, dort: der Privatmann Leopold, der „nur heiraten" wollte). Außer dem anwesenden Moltke hatte offensichtlich keiner „Sinn und Regeln des Spiels" verstanden. Die Gelegenheit, zum wiederholten Mal, Salz in die Wunden der bonapartistischen Partei zu reiben, ergab sich zu dem Zeitpunkt, da der Sieg der Armeen des Norddeutschen Bundes klar, eine ganze französische Armee in der Stadt Sedan eingeschlossen war und jedes Leben in Stadt und Festung von den mehr als 500 Geschützen des NDB innerhalb von zwei Stunden hätte beendet werden können. Also wurden Waffenstillstandsverhandlungen geführt: Auf französischer Seite hatte General v. Wimpffen, begleitet von General Faure, vom Kaiser Napoleon III. die Vollmacht zum Aushandeln der Kapitulationsbedingungen erhalten; allerdings war ihm von Napoleon III. auch General v. Castelnau mit einem Wimpffen unbekannten zusätzlichen Auftrag beigesellt worden, der erst am Ende der Verhandlungen bekannt gegeben werden sollte; auf Seiten des Norddeutschen Bundes waren Graf Bismarck, General v. Moltke und General v. Blumenthal beteiligt. Gegen Ende der Verhandlungen erklärte der französische General v. Wimpffen, dass die von Moltke vorgetragenen Bedingungen inakzeptabel seien. Daraufhin ergriff Gen. v. Castelnau das Wort:

> „Ich halte den Augenblick für gekommen, mich meines Auftrages zu entledigen. Der Kaiser hat mich beauftragt, Sr. Majestät dem König Wilhelm zu bemerken, dass er ihm seinen Degen ohne Bedingung geschickt und sich durchaus persönlich Ihm ergeben habe, aber nur in der Hoffnung, dass dies den König bewegen werde, der französischen Armee eine ehrenhafte Kapitulation zu bewilligen."
> „Ist das alles?", fragte Herr v. Bismarck.
> „Ja."
> „Aber welcher Degen ist es, den der Kaiser überreicht hat? Ist es der Degen Frankreichs oder sein Degen? In dem ersteren Falle könnten die Bedingungen bedeutend verringert werden und Ihre Sendung würde von

der größten Wichtigkeit sein!"
„Es ist einfach der Degen des Kaisers."
„In diesem Falle", bemerkte rasch und fast mit Freudigkeit General v. Moltke, „ändert es nichts an den Bedingungen." Und er fügte hinzu: „Der Kaiser wird für seine Person alles erhalten, was ihm belieben wird zu verlangen" (Fontane 1988: Bd. 2, 284).

Es ist zu befürchten, dass Castelnau die Ironie nicht ganz verstanden hat, noch die Freude Moltkes. Wenn die Person des Kaisers identisch ist mit seinem Amt, wenn also der Kaiser Frankreich ist, dann wäre für Moltke plötzlich der so schön und erfolgreich verlaufende Krieg zu Ende. Dies hätte er bedauert, denn er wollte den Krieg bis zur militärischen Vernichtung des Gegners weiterführen.[21] Auch wären die Friedensbedingungen deutlich milder ausgefallen. Castelnaus Bemerkung, es handelte sich „einfach" um „den Degen des Kaisers" ist noch ambivalent, so dass Moltke die Aussage kurzerhand auf die Bedeutung „Napoleon als Oberbefehlshaber der französischen Armee" und nicht als „Kaiser", der für Frankreich kapituliert, reduzierte, um sich den so prächtig verlaufenden Krieg nicht so unerwartet beenden zu lassen. Castelnau war kein Geistesriese, der verstanden hätte, dass die Kapitulation Napoleons das Ende des Kaiserreichs war (ob als private oder öffentliche Person) und damit keinerlei Notwendigkeit bestanden hätte, den de facto schon verlorenen Krieg schnell zu beenden. Die unübertroffene Arroganz solcher Herren, mit dem Leben ihrer Subjekte zu spielen, erschreckt und man wähnt, in einer Endlosschleife Shakespearescher Schurkenkönigsdramen gefangen zu sein. Letztlich ist für Castelnau nur die Person kriegsgefangen, weil er nicht versteht und nur innerhalb des engen dynastischen Rahmens seines Bonapartismus denken kann. Es gibt aber noch die Dynastie, wie die Kaiserin Eugènie, die das kaiserliche, politische Amt weiterführen könnte: So kommt ihm ein Ende des Krieges nicht in den Sinn – gemäß dem Motto und freudigem Ruf aller Monarchisten: „Le Roi est mort, vive le

[21] Bismarck wollte den Sieg von Sedan politisch nutzen und rasch zu Friedensverhandlungen übergehen; da dies nicht gelang, ordnete er die Beschießung von Paris an, was im Erfolgsfalle ein gleichwertiger Anlass für eine Erfolg versprechende Friedensverhandlung gewesen wäre. Dieser Gegensatz zwischen dem politischen Instrument Militär (Clausewitz) und dem sich reich technisch und unpolitisch sich gebenden Militär blieb der deutschen Geschichte bis in die Anfänge der Nazizeit als schrecklicher Konflikt erhalten (Craig, 1964: 204ff.).

roi" – Der König ist tot, es lebe der König!
Der Kriegsanlass war die von Bismarck ergriffene „Gunst der Stunde", d.h. das kalkulierte Ausnutzen besonderer Bedingungen (die Kandidatur von Leopold für den spanischen Thron), um die strategischen Ziele Preußens, die kleindeutsche Lösung und die Hegemonie einer wettbewerbsfähigen europäischen Großmacht durchzusetzen. Anlass und Auslöser erscheinen unwichtige, nebensächliche Mittel der Politik zu sein, um die Ziele zu erreichen. Dies ist gemeinhin Machiavellismus zu nennen. Ob ein gestecktes Ziel mit Blut, Krieg, Bestechung, Heirat o.Ä. erreicht werden kann, tue nichts zur Sache. Bleiben wir fiktiv und metaphorisch: „Hätte" Leopold den spanischen Thron bestiegen und „hätte" dies nur mit einem Krieg erreicht werden können, „hätte" kein Blut seinen Thron besudelt. Dieser undialektische Zusammenhang zwischen Zweck und Mittel macht die Zwecke beliebig – Heirat oder Krieg – der Thron wird bestiegen und bleibt immer sakrosankt. Ein solcher Zustand ist absurd (und in Shakespeares Königsdramen offengelegt und kritisiert). Von den bürgerlichen Zeitgenossen des französisch-deutschen Dramas scheint nur im bayerischen Parlament präzise ausgesprochen worden zu sein, wie in diesem Konflikt „gespielt" wurde – ohne dass dies allerdings Konsequenzen gehabt hätte:

> „Die Sitzung der bayerischen Abgeordneten Kammer am 19. Juli 1870
>
> Referent Dr. Jörg[22]: Die Mehrheit des Ausschusses, so begann er, habe beschlossen, die von der Regierung für Militärbedürfnisse geforderte Summe zu bewilligen, jedoch nur für Aufrechterhaltung bewaffneter Neutralität. (…) Der Ausschuss habe, im Gegensatz zu der Staatsregierung, den casus foederis nicht für gegeben finden können (…). Der Bündnisvertrag mit Preußen berühre uns bei den gegenwärtigen Verwicklungen rechtlich nicht; wir hätten allerdings nicht zu fragen und es sei ganz gleichgültig, wo materiell der Angriff erfolge und wer den Angriff mache; nur die Frage müsse uns erlaubt sein, welches die Ursache der traurigen Verwicklung sei. Diese Ursache aber liege außerhalb der Ehre und Integrität unseres Landes. (Sensation)… Nach den Mitteilungen und Aktenstücken, die Redner gelesen, hätte es den König von Preu-

[22] Dr. Josef Edmund Jörg entstammt einer Handwerkerfamilie und war in Kontakt mit dem oppositionellen Görreskreis.

ßen nur ein einziges Wort gekostet und den Völkern wären Ströme von Blut erspart worden. Das beweise am allerbesten die Depesche, welche der preußische Botschafter am Pariser Hofe über eine Unterredung zwischen ihm und dem Herzog v. Gramont und Ollivier nach Berlin geschickt habe. Aus derselben ersehe man, dass es nur eines Wortes bedurft hätte, den Frieden zu erhalten. Keines der vielen Aktenstücke, die Redner gestern und heute gelesen, habe ihn mehr erschüttert als dieses. Von da an habe der Gang der Dinge einen verhängnisvollen Verlauf genommen. Mit dem Bericht des diensttuenden Adjutanten des Königs von Preußen wolle Redner die Kammer nicht einmal in einem Auszug belästigen. Von einer Beleidigung des Königs habe er darin kein Wort finden können. Er habe u.a. eine Note gelesen, welche Graf Bismarck an den norddeutschen Gesandten in München gerichtet habe: Es sei das einzig bemerkenswerte Dokument gewesen, das er in dem Wust von Aktenstücken vorgefunden. Es schließe mit den Worten: „Se. Majestät der König von Bayern werde ein Gefühl dafür haben, dass Graf Benedetti den König auf der Straße immer wieder zudringlich und wider Willen angesprochen habe." Ihm (Redner) sei der Eindruck geblieben, dass der entbrennende Krieg seinen Ursprung einem wirklichen oder eingebildeten Verstoß gegen die Etikette verdanke. (Große Sensation)" (Fontane 1988: Bd. 1, 69ff.).

Das Ende ist bekannt: Dem Referenten wurde nicht gefolgt, Bayern und Württemberg schlossen sich dem Oberbefehl des Norddeutschen Bundes an und der blitzkriegerische Einfall in Frankreich konnte, da von langer Hand schon bestens vorbereitet, erfolgen.

Entscheidend für den politischen Erfolg bei „Feind" und „Freund" war der besondere Faktor der spezifischen Schwächen des französischen Kaiserreichs, das wie ein Mechanismus in seinen Reaktionen berechenbar war und dankenswerterweise vor aller Welt auch noch die Kriegsschuld auf sich lud. Die schwachen Bemühungen Englands und Russlands, die beiden Kontrahenten an einen Verhandlungstisch zu bemühen, stieß bei beiden auf kein Interesse, hatten sie doch selbst alles getan, den Krieg vorzubereiten und nichts, um ihn zu verhindern, was, wie in der bayerischen Abgeordnetenkammer offen und zutreffend ausgesprochen wurde, wahrhaft erschreckend ist. Einen Anlass für einen herbeigewünschten Krieg wird sich immer finden und wenn es nur ein „eingebildeter Verstoß gegen Etikette“ ist.

### *Was Preußen vom Krieg erhoffte, ist nicht zu verwechseln mit dem, was es zuvor der Welt erzählte*

„Die Wahrheit der Absicht ist die Tat“ (Hegel[23])

Es wurde schon angedeutet, dass der König von Preußen den Krieg lediglich gegen Napoleon III. führen wollte. Mit dessen Abdankung, der Ausrufung der Republik und dem Exil der Kaiserin, hätte der Krieg beendet sein können, sollen und müssen.

Wenn man die Begehrlichkeiten auf Kriegsbeute nach den ersten gewonnenen Schlachten außer Acht lässt, blieb das Wesen des vom Norddeutschen Bund geführten Krieges zumindest bis zum Zeitpunkt der Waffenstillstands- und Friedensverhandlungen identisch: Der erhoffte Verteidigungskrieg fand statt, seine offensive Führung war außerordentlich erfolgreich, die europäischen Mächte verhielten sich neutral und der Bildung eines Deutschen Reichs stand nichts im Wege. Während der Verhandlungen tauchte für den NDB die Gefahr auf, mit den drei neugegründeten französischen Armeen (Loirearmee) ein Kriegsende nicht mehr ausmachen zu können und mit immer mehr Soldaten ganz Frankreich besetzen zu müssen. Diese Aussichten waren nicht angenehm, da zunehmend mit nicht kalkulierbaren Kämpfen von Freischärlern, Nationalgarden, sich spontan bildenden und auflösenden kleinen Kampfverbänden gerechnet werden musste – also ein Guerillakrieg drohte, der für jede Armee eine zusätzliche, unplanbare Gefahr darstellt, wie es heute die Verhältnisse in Afghanistan, Irland, dem Irak, in Tschetschenien, im Kaukasus, im Gebiet der Basken etc. zeigen und damals durch den Guerillakrieg in Spanien noch deutlich in Erinnerung war.

Für Frankreich hatte sich ab dem ersten Tage das Wesen des Krieges geändert: Symptomatisch ist, dass die französische Armee mit Kartenmaterial für

[23] „...die Wahrheit der Absicht (ist) die Tat selbst“, zit. nach Engelberg 1998: 599; Engelberg bezieht sich wohl auf Hegels Grundlinien der Philosophie des Rechts, Zweiter Teil, Die Moralität, Zweiter Abschnitt. Die Absicht und das Wohl, Jena 1821, Frankfurt 1970, § 119-128.

den Weg nach Berlin ausgerüstet war, nicht jedoch mit einem solchen von Frankreich. Die französische Armee war im eigenen Land in jeder Hinsicht desorientiert. Nach dem Scheitern des geplanten Angriffkrieges ging der Krieg über in die Phase der Verteidigung des französischen Territoriums. Nachdem sich Napoleon III. in Gefangenschaft begeben hatte, wurde aus dem Verteidigungskrieg des Kaiserreichs ein solcher der Republik. Diese wollte die Hinterlassenschaft des Kaiserreichs antreten und zum einzigen Verhandlungspartner des NDB werden. Dies beinhaltete, vordringlich die sich nach der Auflösung des Kaiserreichs in Paris und anderen Städten gebildeten Communen zu „liquidieren", gleichsam als Nachweis ihrer Seriosität und Kreditwürdigkeit als Friedensverhandlungspartner für Bismarck. So erbat Thiers von Bismarck die Freilassung von Kriegsgefangenen, um die Pariser Commune zu liquidieren, was dann den erhofften Nachweis erbringen sollte, tatsächlich, also durch die Vernichtungstat, eine durchsetzungsfähige Regierung zu sein.

Die eingeschlossene Commune wollte dreierlei zugleich, den Klassenkampf gegen die republikanische Regierung führen, die Integrität der Nation retten und den nun als Aggressor ausgemachten Feind bekämpfen, der französisches Land rauben wollte. In diesem Sinne ist auch die Erklärung der französischen Sektion der Internationalen Arbeiter Assoziation zu verstehen: „Das französische Volk schließt nicht Frieden mit einem Feind, der sein Gebiet besetzt hält."

Es bestanden für die Republikaner formal mehrere Optionen des politischen Handelns: Sich als „Rechtsnachfolger", als selbsternannte Erben des Kaiserreichs, nach dem „Dahinscheiden" der Dynastie zu begreifen, war erste Wahl. Diese Option beinhaltete sowohl den Kampf gegen den linken Konkurrenten, die Commune, als auch, damit untrennbar verbunden, die Konzessionsbereitschaft gegenüber Bismarck. Dieser honorierte diese Haltung, indem er Kriegsgefangene en masse freiließ, aus denen Thiers seine Armee gegen die Commune schmieden konnte. Das klassenkämpferisch-ideologische Motiv überwog das nationale: Es wurde eine neue Armee zum Kampf gegen die Commune geschaffen, statt mit derselben Energie aus der Loire-Armee einen ernst zu nehmenden Gegner der „Landräuber."

Diese zweite Option hätte eine Verständigung mit der Commune vorausgesetzt, die nie von Versailles, aber mehrfach von der Commune gesucht wurde.[24] Bis zuletzt wurden solche politischen Initiativen der Commune frustriert. All dies besagt, dass es keinesfalls selbstverständlich ist, das Erbe der Dynastie antreten zu müssen. In Europa herrschte die Auffassung vor, dass der Kriegsgrund vom Kaiserreich geschaffen worden war. Dieser Kriegsgrund entfiel mit dem Wegfall des Kaiserreiches. Wenn der Kaiser in seinem Wahn einen Krieg anzettelt, bei einem ungünstigen Verlauf zum Gegner überläuft und die kaiserliche Familie flüchtet (sich in die Gefangenschaft begibt oder wie die Kaiserin nach England flüchtet, um dort das weitere Geschehen „auszusitzen"), besteht keine Notwendigkeit, das verhasste Erbe antreten und den nun ungeliebten imperialen Krieg fortführen zu müssen. Es ist natürlich völkerrechtlich etwas kompliziert, „hätte" die III. Republik die Feindseligkeiten einseitig eingestellt, dennoch wäre dies nicht unmöglich auch völkerrechtlich zu lösen. Interessanterweise, rein formaljuristisch und völkerrechtlich betrachtet, existierten auf beiden Seiten der Kriegskontrahenten nicht mehr die Regierungen, die den Krieg erklärt hatten. Der Norddeutsche Bund hatte unter dem preußischen Oberbefehl nicht nur die – nicht zum NDB gehörenden – Heere von Bayern und Württemberg, sondern er selbst war aufgelöst im Deutschen Kaiserreich. Ebenfalls war das Seconde Empire – im wörtlichen Sinne – „verschwunden" und sein Erbe von einer provisorischen Regierung angetreten worden. Es wundert doch sehr, dass diese erheblichen politischen Veränderungen weder eine Überlegung wert waren, noch dieser neue Sachverhalt zu irgendwelchen Konsequenzen führte, selbst nicht in der Geschichtsschreibung.

Die dritte Option, die wohl der kenntnisreiche Engels im Sinne hatte, wäre die: Aufgrund der Analyse der Ressourcen des unbesetzten Frankreichs[25] hinsichtlich der rekrutierbaren Jahrgänge, ihrer Ausbildungszeit, Versorgung und der Beschaffung von Kriegsmaterial, wäre es unter einer geeigneten Führung keinesfalls aussichtslos gewesen, den Krieg gegen den NDB mit recht guter Aussicht auf Erfolg fortzuführen. Aber, wie schon gesagt, die politischen Prioritäten wurden von der „Regierung der nationalen Verteidigung" anders gesetzt.

[24] Es gab viele Delegationen nach Versailles, die alle ohne Erfolg nach Paris zurückkehrten: Freimaurer, Vereinigung der Handwerkskammern, Verband der Juristen etc.

[25] Zurzeit des Waffenstillstands am 26. Februar 1871 waren die folgenden Provinzen nicht besetzt und natürlich auch nicht die weiter im Westen bzw. Süden gelegenen (von Nord nach Süd und weiter nach Osten): Calvados, Mayenne, Maine et Loire, Deux-Sèvres, Vienne, Indre, Cher, Nièvre, Saône et Loire.

### *Der Kriegsgrund entfällt, der Krieg wird weitergeführt, die Kriegsziele werden verändert*

Die Kriegsziele Frankreichs ergeben sich vage aus einer Vielzahl von inoffiziellen Äußerungen. Dem dänischen Gesandten gegenüber bemerkte Gramont im Juli, dass Preußen so sehr wie nur möglich verkleinert werden würde („amoindrir le plus possible la Prusse“; Kolb 1990: 76), worunter zumindest der alte Wunsch zu verstehen ist, die linksrheinischen Gebiete zu annektieren; besonders die Kaiserin tat sich mit imperialen Gelüsten hervor, mit z.B. ihrer Drohung, dass ihr Sohn nicht regieren würde, wenn nicht zuvor Rache für Sadowa geübt worden wäre, worunter sie ebenfalls zumindest die Annexion der linksrheinischen Gebiete verstand (Lissagaray 2000: 49).
Die Kriegsziele des Norddeutschen Bundes waren anfangs klar und beschränkt auf einen Sieg über die französischen Truppen und ausdrücklich nicht gegen das französische Volk oder gegen Frankreich gerichtet, so in der Erklärung König Wilhelms. Aus dieser Erklärung geht hervor, dass der französische Kaiser verantwortlich gemacht wird für die „Aggression zu Land und zur See“ (vom 11. August ergänzt durch die Erklärung des Kronprinzen aus seinem Hauptquartier in Nancy vom 19. August).
Clausewitz wünschte sich in seiner Theorie „Vom Kriege“ (Clausewitz 1990: 36), „dass wir uns den Krieg unter allen Umständen als kein selbständiges Ding, sondern als ein politisches Instrument zu denken haben. Andererseits ist dieses Instrument eben kein totes Ding wie das Messer zum Schneiden des Brotes.“ Das befürchtete auch Clausewitz und nannte den Krieg ein „Chamäleon“ (ebd.). Dennoch sei es anzustreben, den Krieg als Kriegsmaschine unter das Diktat der Politik zu stellen. Die militärische Realität des Krieges 1870/71 beeinflusste recht nachhaltig das politische Geschehen, was generell zu kritisieren ist. Insbesondere veränderte der Krieg heimlich die politischen Ziele, weswegen der NDB Interesse an seiner Fortführung hatte. Der Katalog der von Deutschland erstrebten Gewinne aus dem Krieg ist Ausdruck von geweckten Begehrlichkeiten: Aus dem Krieg gegen die französische Nation wurde ein Krieg um Annexionen und um Sicherungen der Grenzen für die Zukunft – ein ganz gar ominöses Ziel, das einen gehörigen Anteil Irrationalität enthält oder einen Anflug von Megalomanie, Größenwahn, denn es unterstellt, einige Dezennien in die Zukunft blicken zu können.

Sowohl einige Republikaner der provisorischen Regierung und die Mehrheit der politisch links stehenden Pariser Bevölkerung als auch der deutsche Generalstab befürworteten eine Verlängerung des Kriegsgeschehens. Die einen sahen ihr Heil in den neuen Armeen und die letzteren wollten die Gründung eben solcher Armeen an ihrer Versorgung durch den unbesetzten Teil Frankreichs verhindern. Bismarck musste Kaiser Wilhelm dazu überreden, der politischen Lösung eines baldigen Friedensschlusses zuzustimmen. Auch drängte die Republikaner die Situation in Paris: Alle Täuschungsmanöver über die wahren Lebensmittelreserven konnten einen baldigen Zusammenbruch der Versorgung nicht länger geheim halten. Die Kapitulation war Ende Januar absehbar. So gab es auf beiden Seiten auch ein Interesse, möglichst bald die Friedensbedingungen der anderen Seite kennen zu lernen, um politisch nach innen und außen sowie auch militärisch handlungsfähig zu bleiben. Beide Seiten unternahmen unterschiedliche diplomatische Manöver, um den Gegner mit ihren jeweiligen unantastbaren Grundsätzen einzuschüchtern oder zu erschrecken.

Der Präsident der provisorischen Regierung der nationalen Verteidigung, Jules Favre, verkündete am 6. September 1870 öffentlich: „Wir werden uns niemals weder von einem Zollbreit unseres Territoriums noch von einem Stein unserer Befestigungen trennen“ (Nous ne céderont ni un pouce de notre territoire, ni une pierre de nos forteresses; Kolb 1990: 228).[26] Diese Einstellung verhinderte zunächst jede Verhandlung und führte zu dem wiederholten Pathos, den Krieg bis zum Äußersten weiterführen zu wollen („à l'outrance“). Im Nachhinein, bei Kenntnis der weiteren Umstände, ist es natürlich leicht zu sagen, dass zu jenem Zeitpunkt vermutlich wesentlich mildere Friedensbedingungen „hätten“ erzielt werden können. Die Republikaner wollten aber nur solche ideologischen, politischen, patriotischen Signale geben, um sowohl bei den europäischen Mächten[27] als auch bei wei-

[26] Derselbe Favre sah wenig später anlässlich eines Abendessen u.a. mit dem amerikanischen Offizier Burnside, „völlig ein“, dass ein besiegtes Frankreich sich den Verlust von Elsass gefallen lassen müsste (im Hauptquartier des NDB in Versailles Anfang Oktober; Kolb 1990: 249f.).

[27] Anlass zu diesem Glauben bot die oft versicherte Übereinstimmung der fünf Mächte auf dem Wiener Kongress: Hier wurde deutlich zwischen Frankreich und dem unbändigen Imperator Napoleon I. unterschieden und auch: „not making war on France, but only

ten Teilen der Bevölkerung Sympathie zu wecken für ihre Bereitschaft, dann, bei Ablehnung durch die „Okkupationsarmee" und ihrer politischen Führung, durch eben diese gezwungen worden zu sein, den „Kampf aufs Äußerste" führen zu müssen.
Bismarck „argumentierte zurück" (am 15. September 1870 gegenüber englischen Diplomaten) mit der hypothetischen Variante des alttestamentarischen ius talionis, dem „Recht" des „Auge um Auge, Zahn um Zahn":

> „Es ist unmöglich, nicht in Betracht zu ziehen, welche Haltung Frankreich uns gegenüber eingenommen hätte, wenn das Resultat des Feldzuges umgekehrt gewesen wäre. Hätte es auch nur einen Augenblick gezögert, die völlige ‚disintegration' Deutschlands zu verfügen? Und sie (die Franzosen) verlangen nun von uns, Geld entgegenzunehmen, das wir nicht brauchen und Frankreich genau so zu lassen, wie es bei Kriegsbeginn war. Ich bitte Sie, sagen Sie bei Ihrer Rückkehr nach Paris, wir seien weder Kinder noch Narren" (Kolb 1990: 233).

So schnell wird aus einem Befreiungskrieg vom Joch der Dynastie Bonapartes ein räuberischer Krieg.
Der Wunsch süddeutscher Staaten nach „sicheren Grenzen" (Kolb 1990: 121) – gemeint war das, was heute „Pufferzone" genannt wird, also die Annexion von Elsass-Lothringen – ist natürlich genauso unsinnig und illusionär angesichts des militärtechnologischen Fortschritts: Der mobile Krieg führte militärische Entscheidungen auf dem Schlachtfeld herbei und machte Belagerungskriege (Bau von Festungen) auf Grund der Entwicklung der Artillerie zu einem Anachronismus, wie es gerade dieser Krieg von 1870/71 selbst bewiesen hatte (und zuvor schon der Krim-Krieg). Deswegen konnten befestigte Grenzen oder auch Pufferzonen nach 1871 nur die Illusion von territorialer Sicherheit bieten. Ab diesem Zeitpunkt waren „moderne Versionen des römischen Limes" wie Maginot-, Siegfriedlinie (Westwall), Atlantik-Wall etc. obsolet, da nicht kriegsentscheidend und schon gar nicht kriegsabschreckend oder gar -verhindernd.
Die Annexionswünsche widersprachen den ursprünglichen Kriegszielen des NDB und Bismarck machte deutlich, dass er von diesen nichts mehr hören wolle, da es auch nie so gemeint gewesen sei. Damit wurde ein jedes Frie-

on French preponderance" (Zamoyski 2007: 133).

densverhandlungs-Gerede über den „heiligen Boden Frankreichs" von den militärisch durchgesetzten Realitäten für überflüssig erklärt.
Bismarck machte diese neue Position mit seinen Zirkularen vom 13. und 16. September und zuvor mit seiner Presseanweisung vom 12. September klar: Man habe nicht Krieg gegen Napoleon und seine Dynastie geführt, da es sich gezeigt habe, dass „die immense Majorität" des französischen Volkes, den NDB zum Krieg gezwungen habe (Kolb 1990: 230). Also müsse vom Volk auch die Rechnung bezahlt werden; die Minorität, die gegen den Krieg war, mit den Republikanern identifiziert, verhindere einen Friedensschluss, da sie sich strikt gegen Annexionen ausspräche und somit Verhandlungen sabotiere. Bismarck deutete wenig später Favre gegenüber an, was „Realpolitik" hieße: Friedenbedingungen werden gemessen an der Zahl der Opfer. Je länger der Krieg, desto höher auch die Zahl der Opfer des NDB und entsprechend härter die Kompensationsforderungen – eine interessante Überlegung, die verdiente, „Blut-und-Boden-Arithmetik" genannt zu werden, wenn tote Soldaten in Quadratmetern annektierten Gebietes umgerechnet werden.

### *Erste, ergebnislose Vorfriedensverhandlung im September 1870*

Am 20. September 1870 wurden zwischen Bismarck und Favre Gespräche über Kapitulationsbedingungen und solche eines Waffenstillstands im Schloss von Ferrières geführt. Favre war auf eigene Initiative angereist und berichtete anschließend ausführlich der provisorischen Regierung. Es war der vorletzte Tag vor der Einschließung von Paris durch die Truppen des NDB. Die Regierung hatte das vordringliche Interesse, sich ihrer Legalität durch eine neu gewählte Nationalversammlung zu vergewissern. Am 8. September wurde beschlossen, die Wahlen auf den 16. Oktober anzusetzen, aber am 24. September wurde der Termin „auf unbestimmt" vertagt. Unter anderem war hierfür ein Waffenstillstand vonnöten. Diese Verhandlungen bzw. Gespräche unter vier Augen berührten schon die Kriegsziele des NDB, da zunächst u.a. unklar blieb, ob im Elsass und in Lothringen gewählt werden durfte. Die Unterredungen wurden nicht schriftlich festgehalten, aber ihre von Favre gemachten Aufzeichnungen später ausgetauscht und kommentiert. Bismarck präzisierte in seinem Kommentar zu Favres Bericht, dass es nur um einen Waffenstillstand gegangen sei und wiederholte die territorialen Forderungen. Obwohl ursprünglich einem Waffenstillstand abgeneigt, willigte Bismarck ein und stellte einen Katalog von Bedingungen auf, so u.a. die Fortdauer der Feindseligkeiten bei Metz, die Übergabe von Straßburg und keine Wahlen im Elsass. Favre lehnte ab und wollte erst die Zustimmung zu einem Alternativvorschlag bei seiner Regierung einholen. Bei seiner Rückkehr fand Favre jedoch Paris in Aufregung vor, da überhaupt keine Verhandlungen und schon gar nicht über Annexionen mit dem Feind zu sprechen erwünscht waren. Entsprechend wurden in der Mitteilung an Bismarck vom 22. September die Waffenstillstandsbedingungen pauschal abgelehnt.

### *Ein „halber Waffenstillstand"*

Anfang Oktober wurden auf Grund der Vermittlung von General Burnside, einem Veteranen des amerikanischen Bürgerkriegs, zwischen Bismarck und Favre die Kontakte zur Lösung der Wahlen zur Nationalversammlung wieder aufgenommen. Bismarck schlug vor, dass die Wahl in allen, auch den besetzten Landesteilen stattfinden könnte, mit Ausnahme von Elsass und Lothringen sowie dem belagerten Metz; für den Wahlgang sollte ein Waffenstillstand von 48 Stunden herrschen zur Vorbereitung der Wahl, also ein (unspezifizierter) „halber Waffenstillstand". Am 9. Oktober verfasste das Kabinett der Regierung der nationalen Verteidigung eine Note an Bismarck, in der gefordert wurde, Metz, Elsass und Lothringen in den Waffenstillstand einzubeziehen. Zu dem „halben Waffenstillstand" wurde nichts gesagt. Der weitere Austausch von Noten brachte keine Ergebnisse.

### *Zweite, ergebnislose Vorfriedensverhandlung im September 1870*

Nach der Kapitulation von Sedan am 2. September 1870 und der drohenden Kapitulation von Metz ergriffen der im Kasseler Exil befindliche Napoleon III., die im Londoner Exil sich aufhaltende Kaiserin und der mit seiner Armee in Metz eingeschlossene Marschall Bazaine Initiativen zu Friedensverhandlungen. Der gefangene Napoleon III., der sich bislang jeder politischen Einmischung enthalten hatte, äußerte sich in einem Memorandum an Bismarck dahingehend, die in Metz festsitzende Rheinarmee zu erhalten, um sie als Sicherung gegen eine in Frankreich ausbrechende Anarchie einzusetzen. Bismarcks Interesse an einem Verhandlungspartner war jedoch primär dessen politische „Kreditwürdigkeit“. So antwortete Bismarck in dem Sinne, dass von einem Eingehen auf einen für Frankreich günstigen Frieden angesichts der Forderungen des NDB keine Rede sein könnte, m.a.W., dass es keinen Anlass gab, mit der ungeeigneten Person Napoleon III. zu verhandeln.

Die Kaiserin schickte den Staatsrat Théophil Gautier im Oktober nach Versailles. Laut eines Schreibens von Gautier (Kolb 1990: 265f.) wurde eine „Friedensbasis“ diskutiert bzw. von Bismarck diktiert: Schleifung der Festung Straßburg, ihre Umwandlung in eine „freie Stadt“, Zahlung einer Kriegsentschädigung und Abtretung Cochinchinas (Südvietnam) und eventuell das Elsass als neutraler Staat. Auch dies wies Bismarck zurück. Als Gautier in Versailles eintraf, hatte sich die Situation vor Metz schon so verschlechtert, dass eine Kapitulation unmittelbar bevorstand, so dass Bismarck die Friedensvorstellungen der Kaiserin als unrealistisch zurückwies.

Bazaines Vorstellungen, die Rheinarmee in einem „Kerngebiet“ Frankreichs für die Dauer des Krieges gleichsam „zu parken“, lehnte Bismarck ebenfalls ab. Bismarck wollte Friedensverhandlungen und keine doch recht dubiosen Teillösungen des Krieges. Die Kaiserin unternahm im Dezember noch einmal einen Versuch, einem Friedensvertrag zuzustimmen, der die Annexion von Elsass und Lothringen beinhaltete. Bismarck war zu dem Zeitpunkt jedoch nicht mehr bereit zu helfen, das Kaisertum zu restaurieren. Durch diese „Fühlungnahme“ der Kaiserin blieb Bismarck auch während der Verhandlungen mit Favre lediglich eine „Karte“ im machiavellistischen Spiel, insofern der kaisertreu gesinnte Marschall Bazaine, der in Metz noch nicht kapituliert hatte, eventuell doch noch ein „kreditwürdiger“ Verhandlungspartner hätte sein können.

In diesen Zusammenhang gehört auch die sog. „Regnier-Episode“: Der selbsternannte Restaurator des Kaiserreichs, Regnier, hatte über einen angeblichen Kontakt mit der Kaiserin und einem wirklichen mit Bazaine versucht, den Friedensvermittler zwischen Bismarck und den Bonapartisten zu spielen, was auf diesem etwas abenteuerlichen Weg jedoch keine Aussicht auf Erfolg hatte.

Eine Annexion Elsass-Lothringens wurde zwar in der deutschen Presse, sobald keine Invasionsgefahr mehr für deutsche Länder bestand, diskutiert, aber mit Sicherheit nicht von Bismarck schon vor dem Kriegsausbruch bedacht oder in die Presse lanciert. Dennoch wurde schon Mitte August ein fait accompli geschaffen, indem ein Verwandter Bismarcks, Graf von Bismarck-Bohlen und ein Herr von Bonin je einem Generalgouvernement von Elsass und Lothringen mit Sitz in Haguenau, dann Straßburg, präsidieren sollten, um die Annexion vorzubereiten. Den entsprechenden Inhalten der von Bismarck genehmigten Presseveröffentlichungen lagen König Wilhelms „Allerhöchste Kabinettsordres" vom 14.8.1870 zu Grunde.

### *Erste gescheiterte Waffenstillstandsverhandlung*

Nach längerem Taktieren Bismarcks, wer endgültig als Partner von Friedensverhandlungen in Frage käme und nach internen republikanischen Auseinandersetzungen zwischen Gambetta und Thiers, der nun das Mandat für Waffenstillstandsverhandlungen erhielt, fanden die ersten Gespräche zwischen Thiers und Bismarck ab dem 1. November 1870 statt.
Diskutiert wurde u.a. eine Lösung für die Wahlen in Elsass und Lothringen; Konsens wurde erzielt, dass dort keine Wahlagitation stattfinden sollte und Mitglieder der Provinzen von der Regierung berufen werden sollten. Thiers legte eine von Bismarck erbetene Liste zur Versorgung von Paris vor, jedoch wurde diese vom König und den Militärs abgelehnt. Thiers lenkte ein, jedoch waren für Favre und Ducrot (Vertretung für General Trochu, dem provisorischen Präsidenten) die Lebensmittellieferungen an Paris unabdingbar. So scheiterte diese Verhandlung am 6. November. Nach Kolb (1990: 287) lag der Grund darin, dass nach der Erhebung der linken Bewegung, die im März 1871 den Kern der politischen Führung des Commune-Aufstandes vom 31. Oktober bildete, von Thiers eine Verschärfung der politischen Situation befürchtet wurde, wären die Zugeständnisse der provisorischen Regierung an Bismarck beschlossen worden. In einer Denkschrift hatte Moltke als Gegenleistung für Lebensmittellieferungen militärische Kompensationen gefordert (z.B. Übergabe von Pariser Forts).

Die militärische Situation im Süden wurde für den NDB nach ersten Erfolgen der von Gambetta geschaffenen Loire-Armee bedrohlich. Die Kapitulation von Metz am 29.10.1870 setzte jedoch genügend Kräfte frei, die Loire-Armee zurückzudrängen und den Ring um Paris zu festigen, so dass auch der provisorische Regierungssitz in Tours bedroht war und die Regierung nach Bordeaux auswich. Bismarck war ebenfalls mit erheblichen Problemen konfrontiert: Nur mühsam konnte das Konzept des Kaiserreiches durchgesetzt werden. Zeitgleich verschärfte sich die internationale Situation, da Russland die Pariser Verträge von 1856 einseitig kündigte, was die Signatarstaaten zum (militärischen) Eingreifen verpflichtet hätte. So erhoffte Bismarck einen sehr schnell zustande kommenden Friedensvertrag und drängte auch auf eine baldige Beschießung von Paris, in der vergeblichen Hoffnung, dass die Einsicht in die Ausweglosigkeit umschlagen würde in einen Kapitulations- bzw. Friedenswillen.
Die Versorgungslage in Paris war aussichtslos und die Hoffnung auf eine Befreiung durch die Loire-Armee nach ihren Niederlagen am 11.-12. Januar 1871 (Le Mans), am 18.-19. Januar (St. Quentin) und am 15.-17. Januar (Lisaine) illusorisch.
In dieser Situation fasste Favre am 23. Januar den Entschluss, mit Bismarck wieder in Verhandlungen zu treten. Er wollte keinen Präliminarfrieden, der von der provisorischen Regierung unterzeichnet würde und keine Besetzung von Paris durch deutsche Truppen. Was erreicht werden sollte, war die Wahl zur gesetzgebenden Versammlung und die Lebensmittelversorgung von Paris – dies seine Vorstellung im Ministerrat.
So kam es am 28. Januar 1871 zunächst nur zu einem Waffenstillstand, unterzeichnet von Favre und Bismarck. Diese Konvention enthielt nach Engels (MEW 17, 1870-1872; 1973: 254) eine „unerhörte Bedingung“: Vom Waffenstillstand war der unbesetzte Süden, in dem die Loire-Armee von Bourbaki operierte, ausgeschlossen. Damit ließ die Versailler Regierung zu, dass die deutsche Kriegführung diese Armee ohne Unterbrechung weiter bekämpfen und vernichten bzw. über die Grenze in die Schweiz drängen konnte, um dort aufgelöst zu werden. Damit wäre die letzte militärische Substanz vernichtet. Paris, schon ausgehungert, kapitulierte, eine Zahlung von 200 Mio. Francs mussten innerhalb von zwei Wochen gezahlt, Pariser

Forts ausgeliefert, die Nationalgarde sollte nicht entwaffnet und schließlich eine neue Nationalversammlung gewählt werden. Das Ende des Waffenstillstands zögerte sich etwas hinaus und schließlich unterzeichnete am 26. Februar 1871 der neu gewählte Präsident Thiers den Präliminarfrieden, der von der Assemblée Nationale gebilligt wurde.[28] Am 10. Mai 1871 erfolgte schließlich in Frankfurt der „Definitivfrieden." Vor der Unterzeichnung des Definitivfriedensvertrages gab es am 15. und 16. März in Ferrières bzw. separat in Rouen mit dem französischen Finanzminister abschließende Verhandlungen über die Zahlungsbedingungen der Kriegsentschädigung. Ab dem 28. März befanden sich die Unterhändler in Brüssel, wo es neben den Zahlungen der Kriegsentschädigung um den künftigen Grenzverlauf ging. Thiers Wunsch, eine größere Armee als die zugestandenen 40.000 aufstellen zu dürfen, entsprach Bismarck, der wenig Sympathie für die Commune hatte. So wurden Thiers 150.000 Mann bewilligt.[29] Die weiteren Friedensbedingungen:

Die Festung Belfort und das sie umgebende Land blieb französisch bis zur Wasserscheide von Rhône und Rhein, dafür erhielt Deutschland einen Ausgleich in Lothringen.

Die lothringischen Hüttenwerke bleiben in französischem Besitz (bei Moyeuvre, Ars und Hayange); dank der Argumentationshilfen des saarländischen Industriellen Wendel, der Bismarck vor einer die deutsche Wirtschaft schädigende Stahlüberproduktion warnte, zeigte sich Bismarck einsichtig und verzichtete.

Dies wurde kompensiert durch elsässische Industrien, die vom französischen Markt ausgeschlossen werden sollten.

Die beiden Départements Haut-Rhin und Bas-Rhin, ganz Elsass, die vogesischen Kantone Saales und Shrimeck und ein Drittel von Lothringen gingen in deutschen Besitz über – insgesamt etwa 15.000 qkm mit 1.694 Kommunen und 1,6 Mio. Einwohnern.[30]

Frankreich verlor etwa 20% seiner Gruben und Metallverarbeitung neben chemischer und textiler Industrie, die sich um Mulhouse konzentrierte. Es mussten zudem 5 Mrd. Francs Kriegsschuld gezahlt werden (als Geld oder

28 Der hier gewählten Systematik folgend, die Entwicklung zum Friedensschluss abzuschließen, sind die Pariser Commune-Ereignisse ausgeklammert.

29 Im Folgenden: Milza 2009: II, 396ff.

30 Sie konnten sich bis zum 1. Oktober 1872 entscheiden und würden in jedem Fall ihren Besitz behalten.

Waren). Bis zur Begleichung dieser in vier Raten zu entrichtenden Summe blieben Teile Frankreichs besetzt. Der zu diesem Zeitpunkt des Einverständnisses über die Friedensbedingungen erfolgte Einmarsch Versailler Truppen in Paris löste die Stimmung der Verhandlungspartner. Bismarck entschuldigte sich für sein hartes Vorgehen und versprach Erleichterungen bei der Ausführung der Bestimmungen.

### *Wahl zur Nationalversammlung*

Am 8. Februar 1871 fanden die Wahlen statt. Sie verliefen ruhiger als erwartet, da Gambetta dazu aufgerufen hatte, die Zeit des Waffenstillstands zur Stärkung der militärischen Kräfte zu nutzen, dies u.a. als Reaktion auf die von der provisorischen Regierung vorgenommene Einschränkung der Wählbarkeit.[31] Dies war ein Verstoß gegen die Vereinbarung von „freien Wahlen". Gambetta konnte von seinem aussichtslosen Versuch „überzeugt" werden und die Wahl ergab dann eine „beruhigende" Mehrheit für einen Friedensschluss: 50 (potenziell oppositionelle) „rote" und 100 „blaue" Republikaner, etwas mehr als 500 Monarchisten, davon nur 10 Bonapartisten, ca. 1/3 Legitimisten und 2/3 Orleanisten (Kolb 1990: 358). Die Nachwahlen ergaben weitere Stimmen für die Republikaner: von 114 Sitzen fielen 99 an Republikaner.

Am 12. Februar konstituierte sich die Nationalversammlung, am 13. übergab Favre die Macht an die neue Regierung, am 17. wurde Thiers zum Präsidenten gewählt mit dem Recht seine Minister zu wählen und am 19. wurde der gesetzgebenden Versammlung das Kabinett vorgestellt, die eine Kommission von 15 Mitgliedern wählte, um die Friedensverhandlungen zu unterstützen.

Am 21. Februar endete die Frist des Waffenstillstands. Bismarck hatte schon ein solches Wahlergebnis erwartet, aus dem die (gemäßigten) Republikaner als Sieger hervorgehen würden. So hatte er eine Verlängerung der Waffenstillstandsfrist bis zum 24. Februar erwirkt. Ab dem 21. Februar wurde wieder verhandelt und am 26. Februar der Präliminarfrieden unterzeichnet, der am 1. März in Paris ratifiziert wurde. Die Gründung der Pariser Commune

31 Keiner war wählbar, der seit dem Staatsstreich vom 2. Dezember 1851 Kandidat eines öffentlichen Amtes war.

am 18. März gefährdete die Unterzeichnung des endgültigen Friedensvertrages. Dennoch konnte am 10. Mai der Definitivfrieden in Frankfurt unterzeichnet werden.

### *Resümee*

Nicht ohne Ironie lässt sich dieser oben skizzierte komplizierte Geschichtsverlauf betrachten: „In Wahrheit" haben die Truppen des NDB die republikanisch gesinnten Franzosen von dem korrupten und viele Völker mit Krieg überschüttenden Abenteurer Napoleon III. befreit. Um zu einem Frieden zu kommen – oder kommen zu müssen – angesichts sich verändernder internationaler politischer Konstellationen, erschien Bismarck letztlich die provisorische Regierung der nationalen Verteidigung geeignet, das Erbe Napoleons III. anzutreten. So zeigte sich, dass der Klassenkampf „in Wahrheit" von diesen Republikanern weitaus blutiger und erbarmungsloser geführt wurde als je zurzeit der Napoleonischen Herrschaft. Dies kommt u.E. zutreffend in einer Äußerung Moltkes zum Ausdruck, der, nachdem er Bismarcks Absichten richtig verstanden hatte, warum dieser Friedensschluss in letzter Konsequenz doch richtig und gut für das Kaiserreich war, nun seinerseits seine Offiziere beruhigen musste, die den endgültigen, militärischen Sieg über Frankreich erfechten wollten: Es käme darauf an, so Moltke, „das jetzige Gouvernement (sc. die Regierung der nationalen Verteidigung; Re.) zu erhalten und vor der Gefahr einer Emeute sorgsam zu behüten" (Kolb 1990: 349). Das Gespenst des Kommunismus, des Aufwerfens der sozialen Frage, musste in Frankreich und anderswo verscheucht werden. Der Wiener Kongress wollte die Legitimität von Macht wesentlich durch die Restauration der gottgefälligen Monarchien gesichert sehen, beschützen und soziale Bewegungen des Volkes prinzipiell ächten – es sei denn, das Volk war „einsichtig" und unterstützte die Obrigkeit. Dennoch wurden die nationalen Bewegungen für ein geeintes Deutschland, für ein Polen, ein Belgien, Italien etc. als politischer Faktor nicht unterschätzt. Die Einigkeit, quer durch alle Lager, ob sie im Krieg befindlich waren oder nicht, ob sie sich Republikaner oder Legitimisten nannten oder Liberale, diese Einigkeit lebte über all diese Grenzen hinweg vom entschlossenen Kampf gegen die rote Fahne, die die Kommunarden als Symbol einer sozialen Weltgemeinschaft aufgesteckt hatten – eine ganz neue Herausforderung an das Denken und politische Handeln.

*Beute und Hass I*

Der Friede galt für absolut gesichert, unsere Soldaten zählten die Tage bis zur Rückkehr, in der Heimat selbst aber vereinigten sich alle Herzen im Danke gegen Gott, der uns über Erwarten Sieg und Ehre gegeben hatte. Auch in manchem schönen Liede fand dieser Dank seinen Ausdruck, aus deren stattlicher Reihe wir nur eins an dieser Stelle wiedergeben: Ein Lied verfasst von J.C. Arndt, Oberpfarrer in Wernigerode:

„Auf! Auf! – Borussia rief's mit Macht;
Treu stellt Germania sich als Wacht,
Mit hunderttausend Blitzen
Den deutschen Rhein zu schützen.
Doch König Wilhelm fromm und gut
Den Streitern erst zu wissen tut:
Helm ab zum Gebet!
(...)
Es fällt Paris, der Krieg ist aus,
Das Heer zieht beuteschwer nach Haus:
Das Deutsche Reich, Lothringen,
Auch Elsaß heim sie bringen;
Doch Kaiser Wilhelm treu und gut...
(Fontane 1988: Bd. 4, 794f.).

*Beute und Hass II*

Volksgesang

Heil, Heil dem Kaiser!
König Wilhelm!
Aller Deutschen Hort und Freiheitswehr!
Höchste der Kronen,
Wie ziert dein Haupt sie hehr!
Ruhmreich gewonnen

Soll Frieden dir lohnen!
Der neu ergrünten Eiche gleich,
Erstand durch dich das deutsche Reich:
Heil seinen Ahnen,
seinen Fahnen,
die dich führten, die wir trugen,
als mit dir wir Frankreich schlugen!
Feind zum Trutz,
Freund zum Schutz,
allem Volk das deutsche Reich zu Heil und Nutz!
/: Die letzte Zeile wiederholt :/
(Nietzsche 1977)[32]

Abbildung 1: „Moralité de la guerre" von Bertall (Charles Albert Arnoux), Titelseite des Satireblattes Le Grelot, Nr. 18, Paris, 13. August 1871

Vom Wert des Krieges von Bertall

„Na, mein armer Sauerkrautfresser, wie geht's?" Und dir, mein armer Hurrapatriot?" „Das Spiel ist aus: Du hast einen Kaiser gewonnen, ich habe einen verloren. Das alles gibt uns nicht unsere eigenen, besser gemachten Beine zurück."
Bertall (Charles Albert d'Arnoux), Moralité de la guerre; 1871 .

Die forschen national-chauvinistischen Gedichte und die Karikatur suggerieren, dass Kriege keinen „Grund" (i.S. von Hegel) in nationalen Eigentümlichkeiten oder Charakteren haben. Beide, Kunst wie Kritik, heroisieren und ironisieren den gemeinen Soldaten. Beide decken nicht auf, dass hinter den Rücken der Gemeinen schon die noch

32 Briefwechsel, Brief an Carl von Gerstorff, Nr. 176 v. 14. Dez. 1871, S. 254f.; vgl. auch Brief Nr. 104 an Franziska und Elisabeth Nietzsche v. 23./24. Okt. 1870 aus Basel: „Gestern als die Mittagszeit kam und ich hungerte, gieng [sic!] ich in die drei Könige und aß dort ohne befriedigt zu sein. Monatlich wollen die dort im Abonnement 75 frc. Das ist mir zu viel: allerdings ist eine halbe Flasche Rotwein eingerechnet. (...) Das Fatalste in den 3 Königen war mir übrigens die durchherrschende französische Gesinnung und Sprache an der großen Tafel".

schlimmeren Folgen des neuen Krieges drohen. Die Kommunarden mussten erfahren, dass weder ihre Landsleute in der Versailler Regierung noch die preußisch-deutsche Politik ihnen zur Seite steht, einen Ausweg aus der existenziellen Bedrohung zu finden. Die Kommune war gezwungen, eigene Erklärungen und soziale Handlungen zu versuchen, die eine prinzipielle Negation des Schauspiels, das sich vor ihrem Paris (und anderen Orten in Frankreich abspielte) bieten könnte.

Etwas ändern müsste sich allerdings schon, weil etwas nicht stimmen kann, wenn diejenigen, die selbst unter sozialer Diskriminierung leiden, die Kommunarden, die immerhin einen respektablen Versuch unternommen hatten, solche Verhältnisse zu ändern, von ihresgleichen verteufelt werden. Die sogenannte freie Presse zeigte ihre Korruption wie der kriegsbegeisterte Oberpfarrer, obwohl beide in Bezug auf ihre Schafsherde doch eine aufklärend-schützende Aufgabe hätten wahrnehmen müssen.

Man kann mit historischen Fakten argumentieren. Eine allein auf Fakten gestützte Argumentation führt jedoch kaum zu einer verwertbaren Erkenntnis: Man kann den Pariser Friedensschluss von 1814 anführen, der die Absichtserklärung enthält, nach der die Sieger über Napoleon I. versichern, die Integrität des Staatsgebietes, so wie es unter der alten Monarchie bestanden hatte, zu erhalten mit der Begründung, dass ein mächtiges und großes Frankreich in Europa wichtig sei. Mit dieser Begründung verlöre aber das Frankreich der Dritten Republik Nizza und Savoyen – von den außereuropäischen Kolonien ganz zu schweigen – aber diese zu thematisieren, wäre einem Angriff auf Großbritannien gleich gesetzt worden. Haben die heutigen separatistischen Bewegungen in Frankreich – um ein weiteres Beispiel anzuführen – die Korsen und Basken, etwa keine historisch „unanfechtbaren" Begründungen, um daraus Ansprüche für ein eigenes Gebiet abzuleiten? Warum also wird das französische Staatsgebiet von vor 1789 oder für die Deutschen nicht das Reich Ludwig des Deutschen (es war 843 allerdings recht klein) oder das des Heiligen Römischen Reiches Deutscher Nation von 1157 oder 1254 zum Maßstab? Die territorialen „Lösungen" verachten den Frieden, den Menschen zum Leben brauchen. Das Selbstbestimmungsrecht von Nationen und Völkern ist ein wichtiges Prinzip, Willkür Einhalt zu gebieten. Wer dies verletzt und dem nächsten, schon sich abzeichnenden Krieg Vorschub leistet, darf sich nicht Bewahrer der Zivilisation nennen – weder 1871 noch heute. Man mag argumentieren, dass mit dem Friedensschluss in Versailles doch diese Runde der insgesamt doch eher bescheidenen Kriegsführung des Norddeutschen Bundes mit Frankreich zu einem nicht unrühmlichen Ende gekommen sei. Dem ist allerdings keineswegs so. Die neuen Kriege – bleiben wir bei Frankreich – existieren schon als „Gespenst“: 1885 organisierte Bismarck noch die sog. Berliner Konferenz, die sich kolonialpolitischen Problemen widmen sollte. 1887 „gründete“ die französische Politik ihr „französisches Indochina“. 1954 besiegten die Vietminh in Dien Bien Phu die Franzosen und die USA übernahmen die Kontrolle in Südostasien. Zwischendurch besetzten die Japaner noch im September 1940 dieses Land und gewannen die Unterstützung der Vichy-Regierung. Und damit ist dieser historische Parforceritt nicht zu seinem Ende gekommen. Nach dem Debakel in Dien Bien Phu, brach der sog. antikoloniale Algerienkrieg aus, der unvorstellbare Grausamkeiten und politische Ziellosigkeit beinhaltete. Die Franzosen hielten sich an Parolen (Französisches Algerien) und sorgten dafür, dass der Terrorismus Frankreich selbst ereilte. Man könnte aus der Geschichte lernen, wenn man wollte. So finden wir uns auf Schlachtfeldern wieder. Wir schauen uns um und sehen keinen Hoffnungsstrahl. Die Commune wollte leben.

## II. 1 Die Commune – das Gespenst

Wenn die Machthaber Furcht vor der
Ausübung der Macht haben,
Wer hat dann die Macht?

*Abbildung 2: Das rote Gespenst: „Rengaînez votre pantin, mon brave homme, le truc est usé, il n'effraye plus personne" („Mein Lieber, steck Deinen Hampelmann wieder weg; der Trick ist schon verbraucht, er erschreckt keinen mehr."). Alfred Le Petit; Le spectre rouge, Le Grelot vom 10. November 1872.*

Eine Vorschau auf das, was man in diesem Kapitel erwarten kann: Zunächst gibt es ein Angebot, die Ereignisse chronologisch zu ordnen und in die des Krieges zu montieren. Damit erscheinen fast von selbst die Wechselwirkungen, die auf interessantere Weise einen Zugang zu den Erklärungen eröffnen. Nicht ohne Grund wird dem institutionellen „Korsett" ausführlich Raum gewährt, da Institutionen und der neue, revolutionäre Umgang mit ihnen, erste Antworten geben dürften. Leider ist die Realität etwas „sperrig": Es gibt eine Vielzahl von institutionalisierten Entscheidungsträgern, die alle ein Ziel haben – wie es in der 1968er Revolte genannt wurde – „basisorientiert" zu sein. Dies führt zu ganz erheblichen Schwierigkeiten für die Commune, denn sie kann sich nicht in einem luftleeren Raum Zeit lassen, utopische Gebäude zu errichten. Das war den Kommunarden bewusst, dennoch bleibt der Zwiespalt zwischen militärischer Erfordernis und demokratischer Willensbildung dramatisch wie eine Erörterung besonders der Institutionen Exekutivkommission, Militärkommission und des alles umgreifenden Wohlfahrtsausschusses, belegt werden kann. So ist es denn notwendig, etwas detaillierter die ebenfalls komplizierte Konstruktion der realen militärischen Macht, der Nationalgarde, darzustellen.

## *Krieg und Revolution*

Am 18. Januar 1871 wurde der preußische König in Versailles zum deutschen Kaiser gekrönt. Das Datum sollte symbolisch sein und war es auch: Es war das Krönungsdatum Friedrichs, des ersten Königs von Preußen (geb. 1701 in Königsberg). Die Ansprache „ans deutsche Volk", ohne Enthusiasmus von Bismarck verlesen, gab der Hoffnung Ausdruck, dass das Volk die Entschädigungen (Elsass und Teile von Lothringen sowie fünf Mrd. Goldfrancs) genießen werde, zumal nun die Grenzen gegen wiederholte Angriffe durch Frankreich gesichert seien – all dies im Namen des nationalen Wohlstandes, der Freiheit und Zivilisation.

Am 28. Januar, wenige Tage später – „wenn ein Reich das andere verjagt"[36] – wurden Verhandlungen zu einem Präliminarfrieden aufgenommen und vereinbart, allgemeine Wahlen in Frankreich durchzuführen. Deshalb trat eine Waffenruhe ein, die zweimal verlängert wurde und am 12. März endete. Am selben Tag, dem 28.1.71, wurde die Kapitulation von Paris unterzeichnet mit den Folgen, dass nicht nur Paris von einem Aufstand bedroht war, sondern auch innerhalb des republikanischen Lagers

[36] „Quand un empire chasse l'autre": so die Überschrift zum Kapitel 19 von Milza 2009 I.

Proteste aufkamen. Der linke Gambetta der Regierung der nationalen Verteidigung (der immerhin im Süden noch eine Armee befehligte) protestierte öffentlich und demissionierte schließlich bedrängt von anderen Republikanern.

Am 8. Februar fand die Wahl statt. Vier Tage später trat die Nationalversammlung in Bordeaux zusammen (von den 645 Abgeordneten waren allein 400 Monarchisten[37]) und wählte Thiers zum Präsidenten. Zwei Tage später benannte Thiers sein Kabinett.

Am 21. Februar traf Thiers in Begleitung von 15 weiteren Abgeordneten in Versailles ein, um die letzten Bedingungen des Präliminarfriedens zu erörtern.

Am 26. Februar wurde der Präliminarfrieden unterzeichnet.

Am 27. Februar schon versuchten sowohl die Nationalgarde von Paris als auch Thiers die in Paris verbliebenen Kanonen sicherzustellen. Trotz der Kompromissversuche von Clemenceau, zwischen der Nationalgarde und Thiers zu vermitteln, kam es zum Konflikt. Der immer wieder genannte „Auslöser" des Bürgerkriegs war das Problem des Verbleibs der Kanonen. Hinzu kamen weitere „Krisenauslöser": Die Nationalversammlung von Bordeaux hatte beschlossen, das Moratorium für die Mietrückstände zu beenden, die Einklagbarkeit von Unternehmensvermögen (abwesender Eigentümer) zu ermöglichen und einige kritische Zeitungen zu verbieten, was gegen die Existenzgrundlage eines sehr großen Teils der Pariser Bürger gerichtet war.

Ab dem 1. März herrscht Frieden zwischen Frankreich und dem Deutschen Kaiserreich.

Am 10. März wurde auf Vorlage von Thiers entschieden, die Verlegung des Regierungssitzes nicht von Bordeaux zurück nach Paris zu verlegen, sondern für den 20. März nach Versailles.

Am 13., 14. und 15. März waren die Versuche gescheitert, die Kanonen für

[37] Der etwas wilde Linke, der in die Nationalversammlung gewählte Garibaldi, trug sein übliches Kostüm: roter Blouson, Poncho und Kapuze. Man rief ihm im Sitzungssaal zu, den Hut abzunehmen. Garibaldi erwiderte, dass er hier schließlich von gewählten Priestern und Bischöfen umgeben sei, von denen keiner verlangte, dass sie ihre Kappen und Mützen ablegten. Auf einen weiteren Angriff, dass er bei Mantena gegen Franzosen gekämpft habe, erwiderte er, dass er in seinem Leben oft für und oft gegen französische Heere gekämpft habe, aber immer für Gerechtigkeit. Dann verließ er die ehrwürdige Versammlung und zog sich auf seine Insel Caprera zurück (Milza 2009: I, 423).

> den französischen Staat, die Regierung der nationalen Verteidigung, sicherzustellen.[35] Damit war Thiers herausgefordert – insbesondere gegenüber der monarchistischen Mehrheit in der Nationalversammlung – sich als Haupt einer staatsfähigen und handlungsfähigen Regierung zu beweisen.

Der Historiker einer viel beachteten Geschichte Frankreichs, Thiers, hatte den Plan entwickelt (und einigen Kabinettsmitgliedern anvertraut), das „Modell Windisch-Grätz" auf Paris anzuwenden. Alfred I. zu Windisch-Grätz hatte schon als Stadtkommandant von Prag seine Erfahrungen mit dem sog. Pfingstaufstand vom Juni 1848 gemacht, den er blutig niederschlagen ließ. Während des Oktoberaufstands in Wien erhielt er vom Kaiser von Österreich, Ferdinand I., „der Gütige" (1835-48) einen ähnlichen Auftrag, diesmal gegen aufständische Wiener vorzugehen. Kaiser und Hof hatten am 7. Oktober Wien verlassen und waren nach Olmütz geflüchtet. Windisch-Grätz entledigte sich des Auftrags „mit Erfolg" dergestalt, dass er Wien belagerte, beschoss und erst nach dem Beschuss die Stadt eroberte, sie dann verwüstete und zweitausend Tote hinterließ – darunter den Abgeordneten der Frankfurter Nationalversammlung Robert Blum, der wie so viele andere standrechtlich erschossen wurde.
Als 1848 in Palermo und etwas später in Messina ein Volksaufstand um eine demokratische Verfassung ausbrach, ließ Ferdinand II., König beider Sizilien (1810-59), die beiden Städte beschießen und verdiente sich damit den Titel „König Bomba." Auf beide Ereignisse bezog sich Thiers in einer Rede vor der Abgeordnetenkammer:

> „Sie wissen, meine Herren, was in Palermo vorgeht. Sie alle erbeben vor Schauder, wenn Sie hören, dass achtundvierzig Stunden lang eine große Stadt bombardiert worden ist – von wem? Von einem fremden Feind, in Anwendung des Kriegsrechts? Nein, meine Herren, von ihrer eigenen Regierung. Und weswegen? Weil die unglückliche Stadt ihre Rechte forderte. Und für die Forderung ihrer Rechte erhielt sie achtundvierzig

[35] Für die Durchführung dieser Aktion waren u.a. die schon während der Revolution von 1848 einschlägig für ihr rücksichtsloses Vorgehen bekannten Generäle Clément Thomas und Lecomte verantwortlich, die wenig später von Nationalgardisten ohne Verfahren erschossen wurden.

> Stunden Bombardement [...] Erlauben Sie mir, an die Meinung Europas zu appellieren. Es heißt der Menschlichkeit einen Dienst erweisen, wenn man sich erhebt und von vielleicht der größten Tribüne Europas widerhallen lässt einige Worte der Entrüstung gegen solche Taten" (MEW 19, 1973: 323).[36]

Das ist Machiavellismus, der zynische Umgang mit einer Moral der Menschlichkeit. In Thiers Worten Vertrauen zu setzen, war gefährlich. Die Parallele zu Thiers' Belagerung, Beschießung, Verwüstung und Liquidierung der Kommunarden ist frappant: Thiers wagte den „sicheren, Erfolg versprechenden" Weg: Statt die politische Macht seiner Regierung in Paris zu behaupten, erklärte er ganz Paris zum Feind. Der erste Weg hätte bedeutet, sich mit Sicherheit auf Barrikadenkämpfe und einen Guerillakrieg einlassen zu müssen, ohne dabei über verlässliche Truppen zu verfügen. Diese konnte er nur außerhalb des Einflusses der aufrührerischen Pariser Bevölkerung für seine Zwecke trainieren. Den Regierungssitz in Versailles zu errichten, ist weniger Ausdruck der Flucht, sondern eher der eines „taktischen Rückzugs" im Sinne des französischen Sprichwortes „reculer pour mieux sauter" (zurückgehen, um besser, dann mit Anlauf, springen zu können). Der Streit um die Kanonen erscheint in diesem Licht als Test der Zuverlässigkeit seiner Generäle (die ihm vor der Aktion unzutreffende Informationen und Einschätzungen der Lage gegeben hatten) und Truppen (die den Fraternisierungskampagnen der Pariser Bevölkerung erlagen). Umgekehrt könnte nun behauptet werden, dass die Pariser Commune nicht „in die Falle ging", aber nach dem Auszug der Regierung sich plötzlich „in der Falle befand". Die Hälfte der Umzingelung von Paris wurde vom deutschen Heer bewerkstelligt. Sobald Thiers' Armee den Ring zusammen mit den Deutschen schloss, war Paris zur Falle geworden. Dies wurde spätestens dann offenkundig, nachdem die ersten Ausfallversuche erfolgt waren, diese und alle weiteren scheiterten. Verhandlungen zwischen der Commune und der Regierung wurden immer wieder von letzterer entschieden abgelehnt.
Die Machtfrage war für die Commune wie für Thiers in ihren jeweiligen Gebieten im weitesten Sinne demokratisch entschieden. Nur die Frage der Gewalt war zu Beginn des Rückzugs auf Versailles noch zugunsten der

[36] Marx ergänzt (ebd.): „Achtzehn Monate später befand sich Thiers unter den wütenden Verteidigern des Bombardements von Rom durch eine französische Armee."

Commune ausgefallen: Sie verfügte über zahlreiche zuverlässige Nationalgardisten. Dass Thiers auf seinem Rückzug aus der stärksten Festung des Pariser Gürtels, Mont Valérien, seine Truppen abzog, war „ein Fehler," den aber die Commune nicht zu nutzen verstand. Die Zeit, während der die Commune wesentlich damit beschäftigt war, die Versorgung, Verwaltung und Ordnung der Zwei-Millionen-Stadt angesichts von Flucht und Sabotage der städtischen Angestellten zu organisieren, konnte von Thiers zur Stärkung seines Gewaltpotenzials genutzt werden. Die Commune vernachlässigte ihre militärischen Anstrengungen angesichts der von ihnen genau beobachtbaren drohenden Gefahr. Dieses Verhältnis entschied dann die Machtfrage von Frankreich und damit die der Commune. In dieser Bürgerkriegssituation, in der der Commune von Versailles diktiert wurde, dass allein die Anwendung von Gewalt die Machtfrage entscheiden werde, bedeutete Verzicht auf (Gegen-) Gewalt zugleich die Aufgabe der Macht. Das Gesetz des Handelns wurde von der Versailler Regierung ausgeübt – die Commune verzichtete.

Hier verdichtet sich der Zusammenhang von Krieg und Republik: So wie die Armeen des NDB die Franzosen von dem Regime Napoleons III. befreit hatten, so unterstützten sie die ihnen genehme bürgerliche Republik. Thiers konnte schon vor und unmittelbar nach dem Präliminarfrieden auf die Unterstützung des Deutschen Reiches rechnen. Die Kriegsgefangenen wurden befreit. Aus ihnen konnte Thiers die Soldaten auswählen, die er für die Eroberung von Paris benötigte. Zudem konnte er damit rechnen, dass der von den Deutschen gehaltene östliche Teil des Belagerungsringes in seinem Sinne funktionieren werde: Wer von den Parisern die Stadt durch die deutsche Linie verlassen wollte, wurde von ihnen an die Versailler Regierung ausgeliefert.[37] Das Gewaltpotenzial der Commune war auf die eingeschlossene kampfbereite Bevölkerung und die – immerhin reichlich – vorhandenen Waffen begrenzt. Die Versailler Republik erhielt ohne Unterlass alles, was sie in quantitativer und qualitativer Hinsicht zur Stärkung des militärischen Potenzials benötigte – von den außenpolitischen und kommunikativen Möglichkeiten sowie denen der Nahrungsmittelversorgung ganz zu schweigen.

[37] Bis zur Unterzeichnung des Friedensvertrags waren die deutschen Linien noch passierbar, was natürlich auf Thiers Druck ausüben sollte.

Die Commune wollte alles und hatte doch für Weniges nur 73 Tage Zeit. Dieses „Wenige" war jedoch so viel, dass bis heute fast alle sozialen und revolutionären Bewegungen davon zehren können. Dennoch ist vieles nur in Ansätzen erkennbar, was die Beschreibung und Analyse erschwert, aber die ideologische Vereinnahmung erleichtert, denn die Commune konnte nur ein Torso sein, so dass ein jeder, der sich mit ihr auseinandersetzt, auf seine Weise den Torso vollendet und sein Urteil fällt. Dies ist unvermeidlich.

Für Marx bestand die vornehmliche Leistung der Commune darin, den Nachweis erbracht zu haben, dass es bei der sozialen Revolution nicht ausreiche, einfach den Staatsapparat zu übernehmen, sondern dass dieser gründlich zerschlagen werden müsse, so dass endlich Ausbeutungs- und Klassenverhältnisse, die die soziale Gleichheit der Menschen behindern, verschwinden.

Ein Staatsapparat muss sich in Institutionen manifestieren. Es gibt keine Gesellschaftsform, die ohne Institutionen bestehen kann, seien es die Polizei oder das Inzestverbot. So erscheint eine jede Gesellschaft aus einem stützenden „Skelett," den Institutionen, zu bestehen, was ihr eine Generationen überdauernde Festigkeit verleiht. Aus der Sicht des Soziologen Gehlen haben Institutionen die sozial-biologische Funktion, die dem „Mängelwesen Mensch" im Vergleich zu den Tieren bewusst gewordenen Defizite zu beheben. So wird es immer eine Polizei geben müssen, da ansonsten ein körperlich schwaches Individuum allen Schutz verlöre.[38] Dies ist nun kontradiktorisch zu dem, was Marx verstanden wissen wollte. Nach Marx haben alle bisher in der Menschheitsgeschichte vorfindbaren Staaten das Eigentümliche an sich, dass Herrschaft von Menschen über Menschen mittels der Institutionen abgesichert wird. Der soziale Kern des Marxschen Gegenentwurfs sieht vor, dass – am Beispiel der Polizei argumentiert – diese Institution nicht dadurch eine „soziale" wird, dass die Herrschaft des Menschen über Menschen nun z.B. von Sozialrevolutionären ausgeübt wird. Ob ein Polizist sozialdemokratischer Revolutionär oder Anhänger der orleanisti-

[38] Dies ist die *petitio principii*, der Fehlschluss, von Gehlen: Behauptet wird zwar, dass der Mensch von Natur aus unbestimmt und unsicher sei und er deshalb der Institution bedarf; in Wahrheit ist es umgekehrt so, dass die so gefasste, letztlich auch brutal-terroristische Institution am erfolgreichsten agiert, wenn das Subjekt in dieser Unsicherheit gehalten wird – wie es spätestens der Faschismus gelehrt hat.

schen Partei ist, ändert nichts an der Sache und der Funktion der Institution Polizei. Wenn also der Staat weiterhin den Charakter der Herrschaftsausübung innehat, bleibt die Polizei immer noch ihrem Wesen nach exekutierendes Organ dieser Herrschaft. Nun soll aber keine Herrschaft des Menschen über den Menschen stattfinden und deshalb muss der Staat seiner Herrschaftsfunktion verlustig gehen. Dies war der Kern der politischen Überzeugung der Commune.

Der idealistische Ausweg aus diesem – scheinbaren – sozialen Dilemma, angesichts von Verbrechen und allen möglichen Schädigungen von Bürgern durch Bürger, doch auf ein Repressionsinstrument nicht verzichten zu wollen, leistet nach Kant die „Vernunft." Demnach sei selbst eine Gesellschaft von Teufeln immerhin eine Gesellschaft, verfüge also über ein „soziales Band," eine Gemeinsamkeit, ein soziales Interesse. Dieser Kantsche Idealismus eignet sich offenbar sehr gut zur Legitimierung prinzipieller Ablehnung von Macht und Gewalt und natürlich von Staat überhaupt und allen Institutionen wie es der den Kommunarden bekannte Anarchist Déjacque formulierte:

> „Revolution, ja: aber welche? Die, die eine Macht durch eine andere Macht, einen Menschen durch andere Menschen ersetzt? Eine noch traurigere Geschichte! Wir alle haben das Recht und – zum günstigen Augenblick – die Pflicht, zu handeln, uns der Muskeln zu bedienen, die uns die Natur gegeben hat, um durch Gewalt die Ketten der Sklaverei zu sprengen, die uns durch Gewalt an Hals und Handgelenke genietet wurden. Einzeln vermögen wir wenig, gemeinsam – sind wir stark. Was uns fehlt, um erfolgreich zu handeln, was die allerwenigsten besitzen, ist die Idee; ist der Glaube, die Leidenschaft, der Fanatismus, ohne welche man keine Berge versetzen kann, keine Wunder bewirken kann" (Déjacque 1980: 32).

Während der „Herrschaft" der Commune, die von ihren Gegnern als eine Gemeinschaft von Dieben, Räubern und Mördern diffamiert wurde, kannte Paris kaum Kriminalität: In den zwei Monaten gab es 3.500 Anzeigen wegen irgendwelcher Vergehen wie Diebstahl, unterschiedlicher Gewalttätigkeiten, Vagabundentums, Prostitution. Die Straßen von Paris waren noch nie so ruhig und sicher wie in dieser Zeit (Milza 2009: II, 268). Selbst die

Versailler Presse konnte für die erste Zeit der Commune keine Hetze gegen das „Verbrechersystem" starten, obwohl sie von der Gleichung „classe laborieuse, classe dangereuse"[39] (die arbeitende ist die gefährliche Klasse) als ihrer Grundüberzeugung ausging. Die vorrevolutionäre Pariser Polizei war verhasst, da sie als Unterdrückungsinstrument gegen die Arbeiter eingesetzt wurde. Ein ausgedehntes Spitzelsystem zur Überwachung der „Clubs", der Versammlungen, der öffentlichen Äußerungen auf der Basis fehlender gesetzlich garantierter Sicherheiten führte dazu, sie personell durch die Nationalgarde und die nachbarschaftlichen „Überwachungskomitees" (comités de vigilance) zu ersetzen.
Diese Institution kann aber noch nicht im Marxschen Sinne als „zerschlagen" gelten, wenn nicht ihr gesamter Charakter verändert wird (vgl. das Kapitel II.2).

### *Die revolutionären Institutionen*
### *Das Comité central*

Das Comité central der Nationalgarde ist die Versammlung der Delegierten der Nationalgarden, die in ihren Bezirken gewählt worden sind. Es ist das Exekutivorgan der Föderation aller Nationalgarden. Das Comité central bestand aus 32 Delegierten und 3 „Beobachtern" des französischen Zweigs der Internationalen Arbeiterassoziation (AIT). Am 3. März verabschiedete das Comité seine Statuten und am selben Tag wurde zum Oberbefehlshaber General d'Aurelle de Paladines bestimmt, was als Provokation seitens der Provisorischen Regierung empfunden wurde, so dass nach Protesten und Meutereien am 15. März Garibaldi vom Comité zum Chef gewählt wurde. Dieser lehnte allerdings ab, so dass nach den Wahlen vom 15. März Lullier gewählt wurde.[40]
Dieses Komitee existierte in Paris offiziell seit dem 15. März 1871. Schon im Februar gab es Versammlungen von Nationalgardisten (im Vauxhall) mit dem Ziel, ein Zentralkomitee aller Einheiten der nach Stadtteilen organi-

[39] Dies ist der Titel von Louis Chevaliers Buch (Paris 1958), in dem er die Politik des Zweiten Kaiserreichs gegenüber der Arbeiterklasse beschreibt.

[40] Auch in der Delegiertenversammlung gab es geringfügige Änderungen der Zusammensetzung und Zahl.

sierten NG zu schaffen. Am Ende des Monats wurde dann das Provisorische Zentralkomitee eingerichtet und auf einem Plakat vom 4. März behauptete es, 200 Bataillone zu repräsentieren – evtl. zu dem Zeitpunkt eine etwas übertriebene Zahl.[41] Die Nationalgarde der bürgerlichen Stadtbezirke hielt sich bis zuletzt fern von diesen „roten Umtrieben," so dass allein schon ihre Zahl fehlte. Das Comité central bemühte sich ab dem 20. März, die Bürgermeister der vakanten und widerspenstigen Arrondissements durch Commune-freundliche zu ersetzen, einige Bürgermeister hatten sich auch nach Versailles abgesetzt. Die Gegner aus den sog. bürgerlichen Bezirken scharten sich um eine Organisation „Freunde der Ordnung" (Amis de l'Ordre), deren Demonstration am 26. März von der Nationalgarde aufgelöst wurde.

Der Charakter des Zentralkomitees war – neben der militärischen Funktion – politisch und sozial. Die Gardisten erhielten ein Entgelt[42], das gerade ihr Existenzminimum sicherte. Angesichts der durch die Belagerung verursachten extrem hohen Arbeitslosigkeit war diese Zahlung eine Form der „Sozialhilfe."

Organisatorisch war das Komitee verbunden mit dem französischen Zweig der Internationalen Arbeiter Assoziation (AIT) und dem der rivalisierenden republikanischen Föderation der Nationalgarde (s. Conrady, in: Behne 1921: 140). Es liegt auf der Hand, dass das Zentralkomitee schon vor der Gründung der Commune – zu Recht – befürchtete, dass entweder die Armeen des NDB oder die Regierung der nationalen Verteidigung ihre Entwaffnung betreiben würden. Damit wären die Existenzen der etwa 200.000 Gardisten bedroht und nicht nur ihre demokratischen Errungenschaften (s.w.u.), sondern am Ende gar die Institution der Nationalgarde selbst. Am 19. März verkündete das Zentralkomitee auf drei Plakaten, dass eine Wahl zum Rat der Commune stattfinden werde und das Zentralkomitee diesem zu wählenden Rat dann Platz machen werde. Dennoch blieb während der Zeit der Commune das Verhältnis der Politik zu „ihren bewaffneten Kräften" des Öfteren konfliktbeladen. Das Zentralkomitee hatte viele Möglichkeiten des politischen Einflusses allein dadurch, dass es z.B. auch über die Bürgermeister der Stadtteile oder die Arbeiterorganisationen (AIT) Einfluss

[41] Nach Jellinek, 1937: 103. So waren es 215 statt der 270 Bataillone der Nationalgarde vor dem 15. März. Ihre Delegierten repräsentierten 1.325 Kompanien.

[42] Nationalgardisten erhielten pro Tag 1,50 frcs. ,den doppelten Betrag, wenn sie „außerhalb der Mauern" waren und einen Verheiratetenzuschlag von 75cts.

nehmen konnte. So sind einige Errungenschaften, die weiter unten den Komitees des Rates zugerechnet werden, in Wahrheit dem Comité central zuzuschreiben: Verlängerung des Moratoriums nicht gezahlter Mieten und Schuldscheine, Rückerstattung bestimmter Pfänder durch die zentrale Pfandleihe („Mont-de-Piété), Verbot der Exmittierung von Mietern, Befreiung der unter der provisorischen Republik Inhaftierten, Wiederherstellung der Pressefreiheit, Abschaffung der Militärgerichtshöfe und andere soziale Maßnahmen, die noch die provisorische Regierung eingeführt hatte und die Anlass zu den Unruhen waren, die zur Erhebung des 18. März geführt hatten. Das Zentralkomitee hatte es sich gleich bei seiner Gründung zur Aufgabe gemacht, die Streitkräfte zu reorganisieren, aber ohne Resultat.

Es ist aus mehreren Gründen nicht gerade einfach zu sagen, was denn nun die Nationalgarde war. Wie so oft ist es über die Negation etwas leichter, einem Verständnis näherzukommen. Man weiß, was die Nationalgarde nicht wollte: Während des Kaiserreichs war die Nationalgarde nach den zwanzig Arrondissements organisiert. Deren Bataillone bildeten eine Legion. Die Kommandeure der Legionen unterstanden dem Befehl des Innenministers. Dies rückte die Nationalgarde in die Nähe einer „Polizei der zweiten Linie," was auf den Widerstand der Nationalgarde stieß und in ihrer späteren Verfasstheit vermieden werden sollte. Im Paris z.Zt. Napoleons III. arbeitete der Innenminister mit dem militärischen Hauptquartier und der bewaffneten Polizei der Polizeipräfektur zusammen. Diese Kooperation entspricht im Grunde einer Zusammenfassung aller bewaffneten staatlichen Kräfte wie sie heute in manchen Staaten in Notstandsgesetzen vorgesehen ist. Man ersieht an dieser Konstruktion, dass der Staat des Kaiserreichs von einem permanenten Notstand ausging. Beides, die Verfasstheit der Nationalgarde und ihr Repressivcharakter gegen die Bevölkerung, sollten mit der revolutionären Erhebung negiert werden und wurden negiert.

Eine andere Methode, über die Rezeption der Bürgerwehren von der französischen Revolution bis zur Commune z.B. mithilfe des prominenten Sozialisten Jean Jaurès zu einem besseren Verständnis einer sozialen/sozialistischen Miliz zu gelangen, ist schon deshalb nicht erfolgreich, weil auf dieser Rezeption schon der Schatten des Ersten Weltkriegs zu sehen ist. Wenn Jaurès vom neuen Typus der Armee, der Bürgermiliz, spricht und ihr „Gesetzeswerk" konzipiert, fallen Merkwürdigkeiten und Ungereimtheiten auf: So sollen in einem Konfliktfall (gedacht ist „natürlich" an einen Krieg zwi-

schen Frankreich und Deutschland) ein Schiedsgericht den Konflikt beseitigen, über dessen Zusammensetzung und geforderter Unparteiischkeit wenig Erhellendes zu Tage kommt. Nach Jaurès sollen die Bürger ab ihrer Kindheit an den Waffen geübt werden und in den Ostprovinzen (sic!) ihre Waffen in ihrem Haus aufbewahren etc. Dies alles zeugt eher vom Charakter einer Militarisierung der Gesellschaft und lässt wenig Kritisches und sozial Neues erkennen. Dieses Kritische hätte aus der Verarbeitung der Niederlage der Nationalgarde gewonnen werden müssen, die ihren Auftrag, die Commune zu beschützen, nicht erfüllt hatte. So erfährt man bei Jaurès wenig über revolutionäre Aufgaben einer Nationalgarde bzw. Miliz, sondern man findet eher den alten Glauben an die Idee der „nackten Arme", welche die Bürger vorgeblich beschützen könnten; dass diese „Arme" weder den professionellen Armeen des NDB noch der 3. Republik Thiers' Widerstand leisten konnten, wird im Pathos erstickt.
Versuchen wir also, uns anhand der Reflexion eines Beispiels der Sache zu nähern: Das Zentralkomitee ließ auf der Bataillonsebene Delegierte wählen, die sich „Wachsamkeitskomitees" nannten und sich in den Arrondissements Fragen und Problemen unterschiedlicher Art widmeten. Es scheint nicht der Fall zu sein, dass dies eine Wahrnehmung polizeilicher Aufgaben war im Sinne des oben erwähnten Kriteriums „Repressionsinstrument." Die Nationalgarde wollte keine Polizei sein, heißt dann „im Sinne des Systems des Seconde Empire", dass sie in der Tat etwas Neues darstellte. Damit wäre auch die alte Polizei zerschlagen und eine bewaffnete Institution ganz anderen Charakters geschaffen: Eine neue Institution, die ohne Repression den Frieden unter den Bürgern wahrte und sich vordringlich sozialen Problemen widmete.
Nun ist aber die Nationalgarde eine militärische Einrichtung und in der Commune sollte prinzipiell jeder fähige Bürger Gardist sein, der seine eigene Waffe hatte und die Kanonen, Mitrailleusen und andere Waffen, die die derzeitige Kriegführung erforderte, mit anderen Gardisten in seinem Arrondissement teilte. Das macht die Nationalgarde zunächst zu einer Miliz. Mit Definitionen kommt man allerdings nicht weit. Bestenfalls sind Definitionen Krücken, die weggeworfen werden müssen, sobald man wieder in der Lage ist, selbstständig zu denken. Es ist schon schwierig, Guerilla, Franctireurs, sich spontan formierende Gruppen von Bürgern etc. von Milizen zu unterscheiden oder sie ihnen zuzuordnen. Auch den Preußen war die Bür-

gerwehr des Landsturms – eine Miliz – ein „gutes Ding“, wenn sie im Interesse des preußischen Staates[43] gegen die Dänen kämpfte. Sobald das vorbei war, wurde sie schnell als Reservearmee dem preußischen Heer einverleibt. Es gab „Sozialbanditen“ (Hobsbawm 1981) und am anderen Extrem der Erscheinungsformen kennt man in unserer Zeit faschistoide und religiös motivierte Milizen (Shultz und Dew; Dees) und ganz andere Formen wie staatlich finanzierte Privatarmeen[44], die ebenfalls Milizen genannt werden – das Spektrum ist groß und inkohärent.

Aus den Dokumenten gewinnt man den Eindruck, dass jeder Bürger immer ein bewaffneter sein sollte, was die Negation des staatlichen Gewaltmonopols bedeutet. Der bewaffnete Bürger ist nicht als Individualist zu betrachten, sondern als Typus, als ein Gemeinschaft konstituierendes und von der Gemeinschaft geprägtes Element der Bürgerschaft. Er denkt, fühlt und handelt in persönlicher Abwägung und in Übereinstimmung oder Dissens mit seiner sozialen Umgebung. In diesem Falle ist es seine lokale Gruppe der Nationalgarde, in der diskutiert und Konsens hergestellt wird. Die von den Kommunarden verwendete Metaphorik ist die der „Familie.“ Entsprechend dieses gesellschaftlichen Kerns entstehen Meinungsbildung und Handlungsweisen. Die „Gefahr“ dieser Überzeugung liegt darin – und wurde in den Kämpfen der Commune manifest – dass diese Metapher der Familie wörtlich und konkret-situativ verstanden wurde. Das heißt, dass die eigene Familie, die Straße, in der man wohnt etc. Ausgangspunkt jeder Aufgabe war, die man sich selbst oder die der Gegner einem stellte. Der Nationalgardist äußerte sich als „Teil des Ganzen“, im Konfliktfall jedoch zog er sich auf die Verteidigung der eigenen Straße zurück und kämpfte nicht dort, wo es aus taktischen und strategischen Gründen erforderlich war, um das Ganze (die Commune) und damit das Einzelne (z.B. seine Straße) zu schützen.[45]

---

43 Als Napoleon I. auf seinem Russlandfeldzug deutsche Länder besetzte, organisierte Freiherr von Stein eine Freiweilligenmiliz, die Landwehr, die von der Landesverteidigungswehr, dem Landsturm, unterstützt wurde. „All dies im Namen des Königs von Preußen, aber ohne seine Kenntnis, geschweige denn Autorisierung“ (Zamoyski 2007: 28). „Basisdemokratische“ Wahlmodalitäten wurden ebenfalls bei der Landwehr eingeführt.

44 Vgl. die Firma, die unter dem Namen „Blackwater“ besonders im Irak ihre Geschäfte machte.

45 Die Nationalgarde „wird sich so organisieren, dass sie das Land besser als es die stehenden Armeen bislang nicht vermocht hatte, beschützen – sie wird mit allen denkbaren Mitteln die bedrohte Republik verteidigen“ („sera organisée de manière à protéger le pays mieux que n'ont pu le faire jusque là les armées permanentes et à défendre, par tous

Die Nationalgarde als Miliz bildete das Ensemble der freien Bürger. Sie war „entprofessionalisiert" – sogar resistent gegen Professionalisierung. Moderne Armeen, wie schon zum Teil zurzeit des französisch-deutschen Krieges, sind Berufsarmeen, die in ihrer weiteren Entwicklung dem Trend des „Outsourcens" folgen und den Krieg zum Geschäft von privaten Dienstleistungsbetrieben machen (s.o.). Es gab 1870/71 zwar eine Reiterei, Pioniere, Kanoniere etc., doch waren solche Fähigkeiten relativ rasch zu erlernen. Aus damaliger Sicht stellte eine rasch aufgestellte Miliz, was ihre Kampfkraft betraf, kein militärisches Problem dar, denn – z.B. – die scheinbar so gut ausgebildeten Absolventen der Militärschule wie Saint Cyr[46] hatten doch soeben im Krieg gegen den NDB bewiesen, dass sie hoffnungslos versagt hatten. Wir wissen, dass ein Versagen kein Beweis dafür ist, dass militärische Bildung überflüssig ist (vgl. die Reformen des preußischen Militärs). Wenn also wohl mit Sicherheit dem ersten Marxschen Kriterium zuzustimmen ist, dass die Institutionen Militär und Polizei zerschlagen wurden, so bleibt doch fraglich, ob der zweite Teil, nun diese Institutionen mit neuen, revolutionären Inhalten zu füllen, bejaht werden kann. Das Neue, Revolutionäre müsste ja den Bedürfnissen der neuen herrschenden Klasse und den Erfordernissen ihrer Wirklichkeit genügen. Es mag ja Begeisterung auslösen, endlich einmal in der blutigen Menschheitsgeschichte ein ganz und gar „unmilitärisches Militär" vorzufinden, aber diese Begeisterung wird schnell verfliegen, wenn dieses Militär selbst und die Menschen, die die Miliz vor den mordlüsternen Feinden schützen soll, ihre primäre Aufgabe überhaupt nicht erfüllen kann, nämlich ihren Bürgern Schutz zu geben – trotz all der vielfach von den Kommunarden bewiesenen Tapferkeit. So offenbarte schon die erste Sitzung des Rates der Commune den Konflikt zwischen Militär und Regierung: Kriegsminister und Minister der – so genannten „Ex-Präfektur" – der Polizei waren für einen Angriff gegen die Versailler Regierung. Das den Weg nach Versailles beherrschende Fort Mont-Valérien – so behauptete fälschlich der Kommandant der Nationalgarde, Lullier – sei von

---

les moyens possibles, la République menacée"); 4. März 1871 – in Ablehnung des von Thiers zum Oberbefehlshaber der Nationalgarde eingesetzten Aurelle de Paladines. Proklamation des Comité central de la garde nationale; am 10. März verkündete eine weitere Versammlung die Abschaffung der stehenden Heere; Noel, 1978, Bd.1: 137 (Übers. d. Verf.).

46 Das Motto der berühmten von Napoleon I. gegründeten Schule lautete: „Sie bringen sich das bei, was sie zu Sieger macht" (ils s'instruisent por vaincre").

Kommunarden besetzt. Dennoch wollte das Comité central den Kampf nicht aufnehmen, da die Nationalgarde mit etwas ihr „Näherliegendem", den Wahlvorbereitungen, beschäftigt sei. Dies bezeichnet Jellinek (1937: 133) als „in der Geschichte bislang noch nie dagewesene Selbstverleugnung einer (revolutionären) Regierung."

Die Probe aufs Exempel geschah in der zweiten Maiwoche, als sich mit der Räumung des Fort d'Issy die desolate Verfasstheit der kämpfenden Commune offenbarte (Lissagaray 2000: 264 ff.): Die institutionellen Versuche, die schwelenden Konflikte zwischen dem Rat der Commune und dem Comité central zu lösen, verschlimmerten die Gesamtsituation: So war schon neben der politischen Führung der Commune, dem Rat und seinem Kriegsministerium und dem Exekutivkomitee einerseits und der militärischen Führung der Nationalgarde, dem Comité central andererseits das Comité de salut public geschaffen worden, das für alle militärischen Entscheidungen den verantwortlichen Oberbefehl erhielt; zudem war zu dem Zeitpunkt entschieden worden, dem Comité central „politische Kommissare" zuzuordnen. Keine Institution wurde über die Räumung des Fort d'Issy informiert, es existierte keine zweite Verteidigungslinie hinter dem Fort, das Komitee der Artillerie hatte keinen Ersatz an Kanonen vorgesehen, die Institution der Legionen war nicht in der Lage, Verteidigungskräfte aufzubieten. So entstand eine groteske Situation, in der sowohl über Kleinigkeiten (Einsatz der politischen Kommissare, Kompetenzen der Generäle etc.) wie über Schuldzuweisungen (das bekannte emotionale Schuldzuweisungs-Verantwortlichkeits-Entlastungsvokabular des „Verrats") Aufregung erwuchs, während die Truppen Versailles anfingen, sich im inneren Ring der Stadt festzusetzen und der Tod der Commune nur noch durch Barrikadenkämpfe hinausgezögert werden konnte. Natürlich dürfen nicht die realen Unterschiede der Kräfteverhältnisse bei all diesen militär-politischen Urteilen vergessen werden: Die Versailler Armee verfügte auf Grund der freundlichen Unterstützung Deutschlands an vorzeitig freigelassenen Kriegsgefangenen über etwa 130.000 Kombattanten, während die Commune nie mehr als 30-40.000 Kämpfer zur Verfügung hatte.

Inhaber der Macht war das Comité central der Nationalgarde. Dies nicht nur, weil diese Institution auch mit den Gewehren die Gewalt besaß, sondern weil sie von den Mitgliedern der Commune getragen wurde. Macht bezeichnet als soziologischer Begriff diese wechselseitigen Abhängigkeiten von Regierung und Regierten. Die direkte Demokratie veränderte die Abhängigkeit prinzipiell zu Gunsten und zum Vorteil eines Vertrauensverhältnisses. Dennoch wollte das Comité central die politische Macht an den Rat der Commune (conseil) abgeben, nachdem es am 18. März die Macht provisorisch übernommen hatte. Dieser Wunsch nach dem Segen der formalen Legalisierung durch Wahlen für eine Institution einer zivilen Regierung ist schon etwas merkwürdig. Das Comité war im Besitz der Macht und dachte auch nicht daran, sich je der Macht des Rates der Commune unterzuordnen. Es wurde jedoch noch merkwürdiger: Das Comité fasste ebenfalls den Beschluss – nachdem es in der Praxis schon zur einzigen bewaffneten Organisation geworden war – diese Organisation, also das Militär selbst, abzuschaffen. Das ist paradox, denn schließlich befindet sich die Commune im Kriegszustand. Eine Erklärung zu geben, entbehrt nicht der Arbeit des eigenen Urteils. So ist es evtl. möglich, mit dem Marxschen Urteil der Sache näherzutreten: Der direkte Gegensatz des Kaisertums war die Kommune.[47] Dieses Urteil ist ambivalent. Als „Kompliment" an die Kommunarden gerichtet, bedeutet es, dass sie alles getan haben, um die Repression der arbeitenden Schichten in ihr Gegenteil zu verkehren. Sie hätten demnach einen Befreiungskampf geführt. Andererseits ist herauszuhören, dass das Eigentümliche der Commune nicht in der Negation allein liegen kann. Allerdings ergibt es einen gewissen Sinn, das Paradoxon lösen zu können: Demnach wäre es den Kommunarden bewusst gewesen, zum Beispiel eine jede Form des Repressiven, Autoritären, Diktatorischen etc. auf den Scheiterhaufen der Geschichte zu werfen. Exemplifiziert an der Entscheidung, nun doch nicht gegen Versailles zu Felde zu ziehen, hatte damals die ideologische Bedeutung, dass man doch nicht den Versaillern oder anderen Kommunen – womöglich mit Gewalt – eine selbstbestimmte Form des sozialen Lebens aufnötigen könne. Dies wiederum unterstellt den Kommunarden eine Freiheitskonzeption, die schon fast der des doch so viel späteren Sartre verblüffend ähnelt:

> „In der Tat erzeugt eine reale Ursache eine reale Wirkung und das verursachte Seiende ist durch die Ursache ganz und gar in der Positivität verhaftet" (dies ist die etwas ältliche Kausalitätsauffassung des Determinismus, die bei Sartre „Ekel" auslöst; Re.) und er fährt fort: „Insoweit aber

[47] Marx, Der Bürgerkrieg in Frankreich, geschrieben im April/Mai 1871, MEW 1973: 338.

der Fragesteller in Ansehung des Befragten eine Art von nichtendem Schritt nach rückwärts machen können muss, entgeht er der Kausalordnung der Welt" (schlicht gesagt: „man" kann sich ja den kausal-verstrickten Verhältnissen des „Es-war-immer-schon-so-und-geht-nicht-anders" zumindest im Geiste lösen) und, so geht es weiter, bis: „Der Mensch stellt sich, wenigstens in diesem Falle, als ein Seiendes dar, das das Nichts in der Welt anbrechen lässt, insofern es sich selbst zu diesem Zweck mit Nicht-Sein belastet" (was soviel bedeuten soll wie: in der Negation der kausalen Welt und eingedenk der Tatsache, dass das Ich dazu gehört, ist diese Negation doppelt wirksam: auf die Welt und das Ich bezogen; wie es dann – falls diese „Nichtungen" funktionieren – anschließend „wirklich" sein wird, ist eine zu tiefgründige Frage).[48]

Dieser Exkurs über Sartre ist etwas umständlich, aber evtl. fruchtbar für das Unternehmen, der paradoxen Politik des Comité central einen Sinn abzugewinnen und die Handlungen der Kommunarden verstehen zu lassen. Die völlige Negation des Repressionsinstrumentes par excellence, des Militärs, enthält die (Sartresche) doppelte Negation: Abschaffung des Militärs und damit zugleich die Abschaffung der eigenen Miliz mit der nun aus dieser Freiheit sich ergebenden Perspektive eines ganz und gar anderen, nie zuvor dagewesenen Typus: Der bewaffnete Bürger, der alles hat, um sich gegen Feinde wehren zu können, braucht keine Befehlshaber, keine Intendantur,

[48] *Das Sein und das Nichts* (L'être et le néant, 1943), dt. Hamburg 1989, 64. Neudeck (1987: 108) drückt dies noch etwas „handfester" aus: „Jeder Mensch hat seine Würde darin, dass er dazu angelegt ist, ein freier Mensch zu sein und zu werden. Jeder Mensch ‚soll in überhaupt keiner Weise von einer Macht regiert werden, die nicht von ihm kommt.' Das ist das Pathos einer Freiheitsphilosophie, die ihresgleichen in der europäischen Zeitgeschichte nicht kennt. Darin ist erst Sartre der wirkliche Anti-Hegel; für ihn sollen die Menschen oder ‚les citoyens', nicht mehr – wie es dem ‚Deutschen Denken' (Camus) gemäß ist – aus Einsicht in diverse Notwendigkeiten stillhalten, Schwenk-Marsch machen oder gemeinsam ein Lied grölen und dem Führer folgen wollen. Das alles lehnt Sartre mit der äußersten Unerbittlichkeit ab: ‚Die Demokratie, so wie man sie heute kennt, bedeutet, dass die Macht von einer sehr kleinen Gruppe über die überwältigende Mehrheit der Menschen ausgeübt wird. Diese Demokratie ist also eine Form, die Menschen zu brechen, wie schon das Königtum und die Aristokratie. Den Menschen wird eine bestimmte Lebens- und Existenzweise aufgezwungen, sie müssen so oder so sein und das unter Strafandrohung. Man ist verpflichtet das zu tun, was die Institutionen fordern. Die Institutionen sind aber immer die Erfindung einer bestimmten kleinen Gruppe von Spezialisten, von einer oder von zwei parlamentarischen Kammern.'" (Neudeck, Interviews).

keine Kriegspläne etc. – es ist die vollkommene „Nichtung" all dessen, was Krieg, Angriff und institutionalisierte Aggressivität bedeutet – ein in der Tat ganz neues, „originelles" Konzept.

So erscheint denn Marxens Spruch nicht mehr als Kompliment an die Politik der Commune gerichtet zu sein, die eine „revolutionäre" (immer auch „negierende") Veränderung der Realität und der Menschen ist. Wenn an die Bedrohung durch die Versailler Armee gedacht wird oder an die nicht eben ruhmvolle und erfolgreiche Bekämpfung der preußisch-deutschen Belagerer von Paris, sondern wenn vielmehr an die materielle und soziale Grundlage der künftigen Gesellschaft gedacht wird, ist diese Form der Selbstentwaffnung höchstens eine historisch neue Form des kollektiven Suizids. Über künftige soziale Zielvorstellungen gibt es bezeichnenderweise keine Äußerungen. Utopien der alten Gelehrten und Schriftsteller mussten verworfen werden, um der „Falle" der negativen Bestimmung durch das Gegenteil zu entgehen.

Es ist manchmal merkwürdig, dass die große Furcht vor dem Kausalmechanismus immer nur die positiven, in der empirischen Wirklichkeit vorfindlichen Phänomene registriert. Nehmen wir den Autor des literarischen Werkes über die Commune: „Une année terrible", Victor Hugo und entnehmen einem Gedicht eine Metapher, mit dem Milza sein Werk schließen lässt:[49]

> Que votre aveuglement produit leur cécité…[50]
> Dass eure Verblendung ihre Blindheit erzeugt…

Es geht zunächst um das Problem der sog. „bestimmten Negation": Aus der Tatsache, dass das Militär des Seconde Empire ein korruptes, unfähiges etc. Instrument der politischen Exekutive ist, folgt keineswegs der Schluss, dass ein jedes Militär (im Allgemeinen) vollkommen negiert also aufgelöst gehört. Wie oben gesehen folgt aus der Negation des bestimmten Staates (Regime Napoleons III.) keinesfalls, dass ein jeder Staat, im Allgemeinen, abgeschafft werden müsse. Des Weiteren: Das soziale Paradies wird nicht da-

[49] Zit. nach Milza 2009: II, 479f.; Hugo, Poésies XII, Paris 1872, À ceux qu'on foule aux pieds.

[50] Hugo bezieht sich auf den brutalen Vernichtungskampf der Thierschen Versailler gegen die Kommunarden während der „Blutwoche" (Hugos Titel der Schrift lautete La semaine sanglante), der mit Notwendigkeit zur Hassreaktion führt und die Zukunft der nichtmonarchistisch Gesinnten belastet.

durch erreicht und erhalten, dass alles, was in der Vergangenheit der Menschheitsgeschichte z.B. sich als ursächlich repressiv oder diskriminierend ausgewirkt hatte, vernichtet wird (absolute Negation). Überdeutlich und polemisch dargestellt, müsste die Sache erwogen werden, dass es wohl Ausdruck eines faulen Denkens und Handelns ist, alles, was zum Beispiel staatlichen Ursprungs war, dadurch zu vernichten, dass man gleich den gesamten Staat abschafft. Denn, was ist aus dieser nihilistischen Sicht die Existenz der nationalgardistischen Miliz nichts anderes als die Beibehaltung eines Repressionsinstrumentes? So scheint im Comité central, dem diese „faule Auffassung" unterstellt wird, permanent das schlechte Gewissen auf, etwas zu tun und zu repräsentieren, das eigentlich des Teufels ist – lieber auch die Nationalgarde abschaffen und stattdessen brüderliche Umarmungen einüben. Das ist hier böse gedacht und geschrieben, aber vielleicht wirft es doch einen Blick auf diese Paradoxien, die von einer äußerst nervösen Furcht gesteuert werden, etwas in „Freiheit" zu wollen, das doch allem Anschein nach von Übel ist.

Dieses Denken und Handeln ist aus dem Grund „faul" zu nennen, da es der Anstrengung enthebt, nicht abstrakt-metaphysisch daherzukommen und blumenkindermäßig zu rufen, dass man alles kaputt machen soll, was einen kaputt macht. Die Entscheidungen darüber, was nun zerstört oder mit neuen Inhalten gefüllt werden müsse, ist nun einmal eine zeitraubende und anstrengende Geschichte, die auch nicht in der Theorie allein vorweggenommen werden kann. Die Furcht vor dem Kausalmechanismus entpuppt sich als Angst, nicht im obigen Sinne (absolut) frei sein zu können, da doch das Versailler Militär (Ursache) den Kommunarden aufnötigt, eine Miliz zu haben (Wirkung). Gäbe es nur irgendwo in Frankreich eine Regierung, die keine bewaffnete Macht zum Angriff auf die Commune trainiert, wäre man „frei", denn die Kommunarden werden in ihrer Logik auf gar keinen Fall den Sturz einer solchen Regierung unternehmen.

Diese oben dargestellte simple Logik liegt dem Spruch zugrunde, nach dem „der Feind meines Feindes mein Freund ist": Die Negation z.B. eines bestimmten Staates wie dem des Deuxième Empire wird schon mit der provisorischen republikanischen Regierung vollzogen; auch die Träumereien der Orleanisten sehen die Negation der Bonapartisten vor – allein deshalb sind weder die (Versailler) Republikaner noch die Orleanisten „Freunde" der Kommunarden. Es mag taktische Gründe geben, sich auf dem Weg der Besiegung eines Feindes, sich mit solchen Gefährten zu verbünden, aber nach einem Sieg werden die Differenzen zwischen den Bündnispartnern aufbrechen. Dass die Commune alle anderen Republikaner und Monarchisten gegen sich vereinigt sah, belegt nicht die Logik der Differenzen, sondern die irrationalen Ängste quer durch sehr unterschiedliche politische Parteiungen vor dem einen Gegner: dem Gespenst der Commune, „Gespenst" deshalb, weil es (noch) nicht so real ist wie es vom Gegner propagiert wird und auch noch nicht „beißen" kann, aber Furcht erzeugt, doch irgendwann einmal von ihm gebissen zu werden. Diese Ängste sind Ausdruck der „Verblendung" besonders der republikanischen (Versailler) Gegner der Commune. Sie kritisieren das Kaiserreich, aber die Vorstellung, dass soziale Ungleichheiten beseitigt werden sollen, ist ihnen ein noch größeres Übel. So erzeugen sie in ihrer mörderischen Verblendung die Blindheit der künftigen Sozialisten, den Hauptfeind in den bürgerlichen Republikanern zu sehen. Dem deutschen Publikum ist dieses erzeugte und dann übernommene politische Bewusstsein ebenfalls gut bekannt: Gemeint ist die Vereinnahmung der rechten (präfaschistischen) Freikorps durch die sozialdemokratische Regierung – Stichwort: Pabst-Noske (Gietinger) und die sog. „Sozialfaschismusthese", der von den Sozialdemokraten verratenen Kommunisten.

### *Le conseil de la commune – Der Rat der Commune*

Nach den Wahlen vom 26. März konstituierte sich der Rat der Commune mit seinen 80 Sitzen[51] im Hôtel de Ville, dem Rathaus, mit den Worten: „Au nom du Peuple, la Commune de Paris est proclamée."[52] Der Rat trat sein Mandat ohne Programm an. Erst am 19. April wurde ein Manifest an das französische Volk im *Journal officiel* veröffentlicht, im Rathaus angeschlagen und mit dem Ballon in die Provinz gesendet:

---

[51] In Wirklichkeit gab es nur 70 Delegierte, die ihr Mandat annahmen; einige hatten sich sofort oder in der Folgezeit nach Versailles abgesetzt. Die soziale Zusammensetzung der Delegierten: 25 Arbeiter, 12 Handwerker, 4 Angestellte, 6 Kleinunternehmer, 3 Advokaten, 3 Mediziner, 2 Kunstmaler, 12 Journalisten und je ein Apotheker, Veterinär, Ingenieur, Architekt. Nachwahlen fanden am 16. April statt. Da es zu der Zeit keine politischen Parteien gab, kann nur eine grobe „politische Zuordnung" vorgenommen werden: 14 Internationalisten (IAT), 20 „Jacobiner", 9 Blanquisten.

[52] „Im Namen des Volkes wird die Commune von Paris ausgerufen."

> „Was verlangt es (Paris)? Die Anerkennung und Festigung der Republik, der einzigen Regierungsform, die mit den Rechten des Volkes und der gesetzmäßigen und freien Entwicklung der Gesellschaft vereinbar ist; die auf alle Gemeinden Frankreichs ausgedehnte unbedingte Selbstverwaltung der Kommune, jeder die Unverletzlichkeit ihrer Rechte und jedem Franzosen die volle Entfaltung seiner Fähigkeiten und Anlagen als Mensch, Bürger und Arbeiter sichernd.
> Die Selbstverwaltung der Kommune wird nur durch das Recht auf Selbstverwaltung begrenzt, das für alle anderen dem Vertrag beigetretenen Gemeinden gleich ist, deren Zusammenschluss die französische Einheit sichern muss" (Bruhat 1971: 164).

Des Weiteren enthielt das Manifest die Mitteilung, dass dieser freiwillige Zusammenschluss eine Abgrenzung von den monarchischen und parlamentarischen Regierungsformen bedeutete und dass deshalb als Novität lediglich eine Zentralverwaltung aller Kommunen ins Auge gefasst werde. Die Commune verkündete, dass mit ihrer Existenz „das Ende der alten gouvernementalen und klerikalen Welt, des Militarismus, der Bürokratie, der Ausbeutung, des Börsenwuchers, der Monopole, der Privilegien, denen das Proletariat seine Knechtschaft, das Vaterland sein Unglück und sein Missgeschick verdankt" (ebd.),[53] eingeleitet und das politische Ziel des Rates der Commune die Verwirklichung dieses Ziels sei. Das Manifest mag sehr wenig deutlich, eher deklamatorischen Charakters sein, aber dem Rat muss die begründete Absicht unterstellt werden, dass die Konkretionen nicht „von oben" gesetzt werden dürfen, sondern sich aus dem dialektischen Prozess der Bürgerdiskussionen mit dem Rat ergeben werde. Allerdings wurde die Öffentlichkeit von den Sitzungen des Rats der Commune ausgeschlossen mit der Begründung, dass man sich im Kriegszustand befände. Dennoch wurden die Protokolle der Sitzungen veröffentlicht. Analog zu dem im Manifest erklärten Föderalismus könne eine revolutionäre Regierung – also eine Regierung der Revolution – nicht eine für die Bürger, sondern nur von und mit den Bürgern sein. Diese Arbeit sollte in den – zunächst – neun

[53] Milza (2009: I, 160) verweist auf die „Vorläufer" dieses Manifests, allein aus dem Jahr 1870 entstanden vergleichbare Programme in der „Liga des Südens" (vom 26.9.1870; „Ligue du Midi": Verband von etwa einem Dutzend Departements), in der Liga des Südwestens, der Liga der Bretagne etc., deren Manifeste von keinem als Auflösung der französischen Nation verstanden wurden.

Kommissionen[53] stattfinden, unbeschadet der anderen Institutionen der sozial-politischen Willensbildung, den Klubs, den Zeitungen, den Untergliederungen der Nationalgarde etc. Was dann der Rat der Commune jeweils beschloss, wurde als Dekret veröffentlicht und von den Ratsmitgliedern unterzeichnet.

### *Das ausführende Organ des Rats der Commune: Die Exekutivkommission*

Zu Beginn der Arbeit des Rates der Commune wurde beschlossen, eine „Exekutivkommission“ einzurichten, die später um eine „legislative Kommission“ ergänzt werden sollte. Es kam jedoch nie dazu.[54] Die Exekutivkommission sollte Kenntnisse der einzelnen Kommissionen erlangen und diese Kenntnisse dem Rat zugänglich machen. Allerdings gelang dies nur unzureichend. Ihre Mitglieder waren: Eudes (1. Kommission), Tridon (dito.), Vaillant (5.), Lefrançais (2.), Duval (Polizeipräsidium), Pyat (2.; auch Herausgeber der Zeitung „Le vengeur“), Bergeret (Hauptquartier der Nationalgarde am Place Vendôme). Drei Mitglieder garantierten die enge Verbindung zur Nationalgarde: Duval, Eudes und Bergeret.
Es existierten ungefähr sechzig eingeschriebene Mitglieder aller Kommissionen (Milza 2009: II, 127) die regelmäßig an den Sitzungen teilnahmen; allerdings gab es Überschneidungen, dass eine Person Mitglied in mehr als einer Kommission war, was später korrigiert wurde. Solche Überschneidungen ergaben sich auch aus den Aufgabenfeldern: Sie waren nicht so deutlich abgrenzbar, wie es eine tabellarische Erfassung suggeriert. Auch der Einfluss der anderen Organisationen wie die der Frauen, der Zeitungen, der Klubs etc. waren ursächlich an der Entstehung von Beschlüssen, die zu Dekreten wurden, beteiligt. Dies war auch so erwünscht, denn die Wirkung der Beschlüsse der Commune musste ja lokal erfahrbar werden und dort waren alle Institutionen aktiv. Der Arbeitsaufwand für alle Delegierte war entsprechend gewaltig: permanente Tagungen, kaum Ruhezeiten, – da überall die

[53] Mit der übergeordneten Exekutivkommission sind es 10.

[54] Die Aufgaben der legislativen Kommission wären die folgenden gewesen: Umsetzung der Form der direkten Demokratie, Sammeln der Reform- oder Gesetzesvorschläge, die von der „Basis“ kamen etc. (Rougerie 2009: 65).

Präsenz der Delegierten gefordert war.

### *Die Kommissionen der Exekutive*

So wurden die folgenden neun Kommissionen gebildet, aus deren Reihe einige Leiter (die hier erstgenannten Delegierten) zugleich Mitglieder der „Exekutivkommission" waren. Diese neun Exekutivkommissionen des Rates der Commune waren mit den folgenden verantwortlichen Delegierten und Mitgliedern besetzt:
(1) Krieg: Cluseret mit Delescluz, Tridon, Avrial, Ranvier, Arnould[55], Piat (Eisenbahn); viele Änderungen in der Kommission;
(2) Finanzen: Jourde mit Beslay, Billioray, V. Clément, Lefrançais, Pyat;
(3) Versorgung/Ernährung: Viard mit Varlin (Intendantur der Nationalgarde), Parisel, V. Clément, Arnould, Champy;
(4) Außenpolitik: Grousset mit Melliet, Ch. Gérardin, Amouroux, Vallès, Johannard;
(5) Erziehungswesen: Vaillant mit Courbet, Verdure, Miot, Vallès, J.B. Clément;
(6) Justiz: Protot mit Gambon, Dereure, Clémence, Langevin, Durand;
(7) Polizeiwesen: Rigault mit Cournet, Vermorel, Ferré, Trinquet, Dupont,
(8) Arbeit und Handel: Frankel[56] mit Theisz (Postwesen; sein Mitarbeiter Camélinat: Münze), Malon, Serrailler, Longuet, Chalain;
(9) Öffentliche Dienste: Andrieu mit Ostyn, Vésinier, Rastoul, Arnaud, Pottier[57] (Debock war zuständig für die Staatsdruckerei).
Dem Vorschlag, eine zehnte Kommission „Propaganda" zu beschließen,

[55] Ein Beispiel einer Biographie für die Fähigkeiten und Belastungen eines „Abgeordneten": A. Ch. Aug. Arnould, Sohn eines liberalen Professors, schlug eine administrative Laufbahn ein, dann journalistisch tätig (Gefängnisstrafen), dann Bibliothekar, vom IV. und VII. Arr. in den Rat der Commune gewählt, tätig in Kommissionen mit Aufgaben betreut wie: Außenpolitik, Arbeit und Handel, Subsistenzwirtschaft, Erziehungswesen, mitverantwortlicher Redakteur des *Journal Officiel*; nach dem Ende der Commune Flucht in die Schweiz, korrespondierte mit Vallès, wurde Vertrauter und Testamentsvollstrecker Bakunins, veröffentlichte in Brüssel eine *Histoire populaire et parlementaire de la Commune de Paris*; nach der Amnestie kehrte er nach Paris zurück und verfasste unter dem Pseudonym A. Matthey ein Buch zum Buddhismus (Noël 1978: Bd. I, s.v.).

[56] Was den Delegierten Leó Frankel, ungarischer Abstammung, betrifft, so waren sich Marx und Bakunin einig, dass er im rechten sozialistischen Geist ungeheuer viel erreicht hatte.

[57] Im Folgenden: Jellinek 1937: 226ff.

wurde nicht entsprochen, so dass aus den gefundenen Dokumenten der Provisorischen Regierung kein Kapital geschlagen werden konnte.

### *Veränderungen der Exekutive*

Da die Arbeit der Exekutive unter Friktionen personeller und sachlicher Art (Zuständigkeiten und Überschneidungen der Aufgabenbereiche) litt, wurde ein Vorschlag erarbeitet, nach dem jede Kommission einen von ihr autorisierten Delegierten vor dem Rat der Commune vertreten soll. Dies wurde am 20. April beschlossen. Gedacht war, dass der Rat die neun kompetenten Delegierten für das Exekutivkomitee benennt, diese jeden Abend in ihren Kommissionen sich den Mehrheitsbeschluss „abholten" und dem Rat der Commune in geheimer Sitzung Rapport gaben. Dies allerdings stieß auf Widerstand, denn die beiden Prinzipien, dass einerseits der Rat wissen wollte, was überhaupt in den neuen Kommissionen geschah und andererseits diese Delegierten in ihren Kommissionen als Kontrolleure des Rates empfunden wurden, schienen in dieser Konstruktion miteinander unvereinbar zu sein (Milza 2009: II, 240f.).

Der Rat bemühte sich, die Delegierten für die Kommissionen nach ihren fachlichen Kompetenzen zu wählen, so war besonders die fünfte nur mit pädagogisch und künstlerisch ausgebildeten Fachleuten besetzt; die achte, zuständig für soziale und wirtschaftliche Probleme wurde in die Hände ausschließlich von Mitgliedern der Internationalen Arbeiterassoziation (Marxens Internationale: AIT) gelegt, obwohl diese Gruppierung im Rat nur eine Minderheit darstellte.

Parallel zu der Exekutive der Commune existierten auf der unteren Eben die Kommissionen der Arrondissements, die z.T. eine Wiederbelebung der ehemaligen „Wachsamkeitskommissionen" waren oder, seltener, auf der Basis der Kommissionen der Legionen gegründet wurden. Letztere kümmerten sich um alle lokalen sozialen Belange, von der Lebensmittelversorgung bis zur Einrichtung des neuen Schulwesens.

Schon vorab verdient die Übernahme der Zwei-Millionen-Stadt durch die Kommissionen uneingeschränkte Bewunderung: Da die meisten ehemaligen städtischen Bediensteten, von Versailles unter Druck gesetzt, ihren Arbeitsplatz verlassen hatten, oft nicht ohne wichtige Utensilien mitgenom-

men zu haben, war es eine ungeheure Leistung, Paris funktionstüchtig weiterzuführen.
Die „kurze Geschichte" der Kommissionen verzeichnete erhebliche Veränderungen: Besonders die wichtigste, erste Kommission wurde aus mehreren Gründen mehrfach neu gebildet: Einflüsse des Zentralkomitees der Nationalgarde (neu: Bergeret, so auch Eudes, der Befehlshaber der im Kampf befindlichen Nationalgarde war) spielten in ihr eine Rolle, was zu häufigen Streitereien führte.

(1) Milizwesen

- Abschaffung der Einberufungen zum Militärdienst: Jeder fähige Bürger ist Mitglied der Nationalgarde (29. März).
- Einrichtung einer Kommission der Barrikaden.
- Dekret über die effizientere Rekrutierung von Kampfeinheiten (dennoch blieb die Freiwilligkeit des Dienstes unberührt).
- Dekret über die Abgabe der Waffen und Aussetzen der Besoldung von Nationalgardisten, die sich Befehlen widersetzten; sie sollten auch ihre Bürgerrechte verlieren.
- Anweisungen betreffend Kleidung der Gardisten, Verbot von Trunkenheit, Prüfung der militärischen Kompetenzen von Offizieren.
- Revolutionärer letzter Aufruf zum „Kampf mit nackten Armen" (am selben Tag vom Comité de salut public ebenfalls ein Aufruf „zu den Waffen") – allerdings gab es keinen ausgearbeiteten Verteidigungsplan.

(2) Finanzen

- Verhandlungen mit der Banque de Paris (ausführlicher s.w.u.); Beslay wurde Unterhändler für die Banque de Paris.
- Verhandlungen in London über die Veräußerung von Depotpapieren (gescheitert).
- Eine Kommission unter Jourde widmete sich den finanziellen Operationen: Registratur, Domänenbewirtschaftung, Erhebung der direkten und indirekten Steuern und Zoll.
- Es wurde keine neue Steuergesetzgebung ins Auge gefasst.
- Einsetzung eines Rechungsausschusses zur Kontrolle der Ausgaben aller Delegierten; bei Veruntreuung öffentlicher Gelder droht ein

Kriegsgerichtsverfahren; Beschränkung der Gehälter kommunaler Angestellter auf 6.000 Frs. im Jahr.

- Erlass gegen politische Ämterhäufung zur Verhinderung von Bürokratie.

(3) Versorgung/Ernährung

- Die Lebensmittelversorgung der Stadt wurde sichergestellt[58] (Leistung der „Versorgungskommission"); die Preise für Brot und Fleisch wurden fixiert.
- Einrichtung ausreichender Pensionen für Kriegsversehrte bzw. Versorgung der Hinterbliebenen und Waisen.

(4) Außenpolitik

- Kontakte zu anderen Ländern (s.w.o. Großbritannien) und den anderen Kommunen Frankreichs.

(5) Erziehung, Kunst, Kultur

- Abschaffung des Budgets für Religionsgemeinschaften (religiöse Überzeugungen blieben Privatangelegenheit, so das Manifest vom 23. März).
- Beschluss über eine Untersuchungskommission zur Beschlagnahmung von Kirchengütern (ohne praktische Ergebnisse).
- Schulwesen:[59] Trennung von Staat und Kirche (Laizisierung), was schon seit dem 18.Jh. auf der Agenda republikanisch-aufklärerischer Politik stand; Begründung: Klerus war immer Komplize bei den vom Staat begangenen Verbrechen.
- Der Schulbesuch ist obligatorisch und unentgeltlich; Einrichtung der ersten koedukativen, berufsorientierten Schule als eine von zwei experimentellen Musterschulen der beruflichen Bildung (ehemaliges Jesuitenkolleg in der rue Lhomond und eine Mädchenschule in der rue Dupuytren); bedürftige Schüler erhielten kostenlos Schul-

[58] Thiers hatte etwas voreilig verkündet, dass er Paris von jeder Versorgung abschneiden werde. Solange der Friedensschluss noch nicht in Frankfurt unterzeichnet war, ließen die deutschen Truppen die Versorgungsfahrzeuge passieren, was natürlich die Versailler Regierung unter Druck setzen sollte (Milza 2009: II, 259).

[59] 1870 hatte ein Drittel der Schulfähigen keinen Unterricht (Broschüre La Commune et l'école, o.J.).

speisung, Lernmittel, Bekleidung und Schuhe.

- Der Unterricht sollte wissenschaftsorientiert sein, d.h. ausgehend von Beobachtungen der (positiven) Naturphänomene methodisch zu Experimenten leiten.
- Abschaffung der öffentlichen Budgetierung von Religionsgemeinschaften und Trennung von Kirche und Staat (es gab viele Durchsuchungen und Verhaftungen von Angehörigen des Klerus).
- Gründung einer Kommission, die Vorschläge zur Umgestaltung des Bildungswesens sammelte.
- Marie Verdure und Élie Ducoudray verfassten Konzepte für eine Vorschule.
- Gründung einer „Föderation der Kunst und Künstler" durch Courbet (Mitglieder waren u.a. Dalou, Daumier, Corot, André Gill, Manet, Monet); Ziel der Föderation: die freie Ausbreitung der Kunst ohne staatliche Bevormundung; Bewahrung der Kunstschätze.
- Subvention und Theatermonopole werden aufgehoben.
- Zerstörung der Vendôme-Säule (s. Kap. II. 8).
- Feste der Revolution: Öffnung der Gärten, der Museen, Theater, Bibliotheken etc.

(6) Justiz

- Dekret über Verschwörungen und Geiselnahme – verhaftet wurde u.a. der Erzbischof von Paris Mgr. Darboy: Wer sich in Komplizenschaft mit der Versailler Regierung befindet, wird ins Gefängnis überführt; innerhalb von 24 Std. wird eine Jury den Beschuldigten vernehmen und nach weiteren 48 Std. ihr Urteil sprechen; diese Gefangenen gelten als „Geisel der Commune"; für jeden von den Versaillern ermordeten Bürger wird die dreifache Zahl von Geiseln hingerichtet; jeder Kriegsgefangene erscheint vor der Jury und es wird über seine Freilassung oder Geiselnahme entschieden.
- Demokratisierung des Justizwesens: Richter sind verantwortlich und absetzbar (wurde von Protot, der persönliche Vorbehalte hatte, noch nicht umgesetzt); dasselbe gilt für den Beschluss der kostenlosen Rechtspflege.
- Kostenlose Ausstellung von Dokumenten (Schenkungen, Testa-

mente etc.).

- Abschaffung der Käuflichkeit der Ministerialämter.
- Legalisierung unehelich geborener Kinder, Adoption von Kriegswaisen durch die Commune.
- Institution der Ehe ergänzt um die „freie Eheschließung" (gegenseitiges Einverständnis der Partner, sofern sie das mündig sind, Frauen mit 16 J., Männer mit 18 J.).
- Erschwernis von Hausdurchsuchungen; Beamte, die ohne Grund verhaften, müssen selbst mit einer Anklage rechnen; dies betraf auch das Gefängniswesen.
- 6. April: öffentliche Verbrennung der letzten beiden Guillotinen unter den Rufen „Weg mit der Todesstrafe".

(7) Polizei

- Zuständig für die allgemeine Sicherheit und die sozialen Belange der Bürgerschaft (gegründet am 14. Mai): Vorgehen gegen Prostitution und Trunkenheit (Betrunkene wurden für zwei Stunden auf der Wache festgehalten und der Wirt musste eine Spende für die Armen entrichten).
- Die ehemalige Polizei („préfecture de police") wurde umbenannt in „Bureau central"; es gab kaum Klagen über irgendwelche Übergriffe durch die neue Polizei.
- Amnestie für politische Vergehen, die vor der Errichtung der Commune begangen wurden.
- Einführung von Personalausweisen zur Kontrolle über Versailler Spione und Mitgliedschaften in der Nationalgarde – allerdings war es schon zu spät (14. Mai) für eine Umsetzung des Beschlusses.
- Einrichtung einer Geheimpolizei unter Rigault (commission de la sûreté générale).

(8) Arbeit

- Einrichtung von Arbeitsvermittlungsstellen in den Rathäusern der Arrondissements.
- Verbot von Geldstrafen oder Einbeziehung von Löhnen in den Betrieben und Verwaltungen.
- Verbot der Nachtarbeit in Bäckereien; jeder Verkauf war unter An-

drohung empfindlicher Strafen (Konfiskation) verboten.

- Förderung (z.B. durch Kredite) von Produktionsgemeinschaften der Produzenten aller Berufe; so wurde z.B. die Vergabe öffentlicher Aufträge (Uniformen) nach langen Diskussionen und Qualitätsprüfungen nur solchen Produktionsgemeinschaften erteilt; dies betraf auch Tabakmanufakturen und die nationale Druckerei.
- Konfiskation verlassener (da die Besitzer nach Versailles geflüchtet waren) Betriebe[60] und ihre Übergabe an Produktionsgemeinschaften; dies hatte zur Folge, dass solche Betriebe von den Arbeitern besser geführt wurden und Konkurrenz durch gegenseitige Hilfe verwandter Gemeinschaften ausgeschlossen wurde; ein Schiedsgericht sollte nach Rückkehr der Besitzer die Höhe der Entschädigung festsetzen.
- Diese Gemeinschaften waren nicht profitorientiert und folgten auch dem Modell Proudhons, des Austauschs von Ware gegen Ware.
- Es wurde eine Unterkommission gebildet, statistisches Material auch über entsprechende Initiativen zu sammeln, eine Analyse des Zustandes der verlassenen Werkstätten zu verfassen, eine Satzung solcher Produktivgenossenschaften zu entwerfen; es wurden auch Regeln für die Arbeitsbedingungen von Frauen in eigenen Kooperativen beschlossen, die seitens der „Frauenvereinigung" und finanziell von den Rathäusern der Arrondissements Unterstützung erhielten.
- Reorganisation der Handwerker- und Arbeitskammern: Zunehmend mehr Arbeiter und Berufszweige organisierten sich in Korporationen und konnten so z.B. von einer Untersuchungskommission der Commune zusammengerufen werden, um Erfahrungen auszutauschen und Verbesserungen vorzunehmen.
- Reorganisation der Steuern, des Handels und der Industrie; letzteres besonders in Hinsicht der Ausbildung der Arbeiter.
- Kampf gegen Arbeitslosigkeit[61] und Ablösung der kaiserlichen Ar-

60 Es gab am Ende nur wenige Dutzend requirierter Betriebe und es handelte sich um kleine Betriebsgrößen; Großbetriebe wie z.B. der Metallbetrieb Cail waren nicht für eine Beschlagnahme vorgesehen.

61 Vermutlich waren von den 600 Ts. registrierten Arbeitern 80% arbeitslos; von diesen allerdings empfingen als Nationalgardisten etliche die minimalen Subsistenzmittel. (Bro-

beitsämter, die Zwangszuweisungen vorgenommen hatten.

- Verkürzung des Arbeitstages auf 10 Std.; zunächst nur in den Werkstätten der Instandsetzung von Artillerie im Louvre realisiert (Frankel versuchte, den 8-Std.-Tag durchzusetzen[62]).
- Nicht geleistete geschäftliche Verbindlichkeiten (Wechselfälligkeiten) können zinslos über drei Jahre gestaffelt beglichen werden.

(9) Öffentliche Dienste[63]

- Das Postwesen wurde aufrechterhalten auch für Bestimmungen außerhalb von Paris, was sehr viel Geschick erforderte angesichts der vielfältigen Versuche seitens Versailles die Post zu behindern. (vgl. Milza 2009: II. 261f.).
- „Es ist gerecht, dass das Privateigentum seine Opfer bringt": Erlass über den entschädigungslosen Verfall des über die Monate Oktober bis April nicht gezahlten Mietzinses.
- Leerstehende bzw. verlassene Häuser wurden zu Gunsten wohnungsloser Bürger (z.B. wegen des Versailler Bombardements) requiriert.
- Die bisherigen und kooperationswilligen kommunalen Angestellten werden von der Commune übernommen.
- Reorganisation der Pfandleihe: Pfänder wie bescheidene Haushaltsgegenstände und Arbeitsgeräte mussten den Eigentümern unentgeltlich zurückgegeben werden, wenn die Auslösesumme 20 Frs. nicht überstieg;[64] die Pfandleihe selbst sollte in ein Kreditinstitut

schüre *L'œuvre social de la commune, o.J.*). Lissagary (2000: 227ff.) bringt genauere Daten zur Orientierung einer Beurteilung von Arbeitslosigkeit: 600.000 arbeiteten für einen Firmeninhaber; nach der Flucht des Kapitals nach Versailles blieben noch 1870/71 114.000 Beschäftigte übrig, von denen 62.500 Frauen waren. Die Einlagen der Banque de Paris wurden zum geringen Teile genutzt, quasi Arbeitslosenhilfe an die Arbeitslosen zu zahlen, was sich für die Zeit der Commune auf eine Summe von 257.630.000 Francs belief.

62 Broschüre über *Léo Frankel*, den „Ersten Arbeitsminister der ersten Arbeiterregierung". o.J.

63 Nur ein Viertel der Angestellten blieben in Paris (Bruhat 1971: 176).

64 Die Summe belief sich auf ca. 323 Ts. Francs; diese Maßnahme der für die Bürger unentgeltlichen Einlösung ihrer bescheidenen Pfänder ist schon vorher und auch später durchgeführt worden zum Beweis der „Menschlichkeit" der jeweiligen Regierungen. Der Delegierte der Finanzkommission erklärte: „Das Leihhaus abschaffen, hieße das Eigentum antasten. Das haben wir aber noch nie getan." So blieb es vorläufig beim status quo.

für die lokalen Gemeinschaftsorganisationen umgewandelt werden;

- Erste Versuche bei den Schulleitungen, Frauen und Männer hinsichtlich der Bezahlung gleichzustellen.
- Gesundheit: Geschaffen wurde eine Institution der öffentlichen Hilfe (Assistance publique) für die Pflege der Verwundeten, für die Versorgung durch Ärzte und Krankenhäuser (die unter der Flucht der Ärzte und des Krankenpersonals litten und auch darunter, dass die Commune „laizisierte“) und Seuchenprävention.
- Die Assistance publique gab auch materielle i.S. von solidarischen Hilfestellungen an Bedürftige und folgte dem Prinzip: Keine karitative Hilfe, sondern eine materielle Unterstützung bei gleichzeitiger Stärkung von Mut und Selbstvertrauen (Milza 2009: II, 282).
- Kommunalisierung der Eisenbahn (die verbliebenen Angestellten wollten das Netz paralysieren).

### *Die Institution der Diktatur? – Le Comité de Salut public*

Angesichts der bedrohlichen militärischen Situation wurde am 28. April der Antrag gestellt, eine autoritäre Leitung aller Verteidigungsanstrengungen einzurichten. Am 1. Mai wurde das Komitee eingerichtet, musste jedoch bald wieder geändert werden, da sich die in es gesetzten Hoffnungen nicht erfüllten (Kritik von Delescluz am 9. Mai). Auch die zweite Fassung vom 15. Mai brachte nicht die erwünschte Änderung einer unmittelbar wirksamen Regierungseinwirkung auf das militärische Geschehen:

- Dekret über das Verbot solcher Zeitungen, die Sprachrohre der Versailler Regierung waren (18. Mai).
- Mangel des Ausschusses war sein fehlendes politisches Programm;
- Zwei Appelle: gegen „goldene Litzen“ und „gelehrte Militärstrategie“ und der Appell „Jeder in seinem Viertel“, was eine übergreifende Militärstrategie und -taktik behinderte.
- Beschluss vom 10. Mai, das Privathaus von Louis Adolphe Thiers zu demolieren (am 12. Mai).[66]

---

(Bruhat 1971: 166)

[66] Thiers verlangte von seiner Nationalversammlung eine Entschädigung von 1,6 Mio. Frs. Es wurden ihm 1,053 gewährt. (Milza 2009: II, 298)

Ein Problem ist nicht dadurch erledigt,
dass man seine Lösung niedergesäbelt hat (sabré).
Victor Hugo[67]

Das Wort „sabrer“ hat im Deutschen die beiden Bedeutungen von „niedersäbeln“ und „verpfuschen“. Die möglichen Bezüge zu dem Verlauf der Pariser Commune sind ebenfalls nicht eindeutig: Wenn vom „Säbel“ (sabre) die Rede ist, sind die Erschießungen, Hinrichtungen, Verbannungen etc. der Kommunarden durch die Versailler Regierungssoldaten gemeint, was sich auch unmittelbar anbietet. Damit wäre etwas Heroisches von Victor Hugo gemeint, dass die Lösung der sozialen Frage nicht *niederkartätscht*[68] werden kann, dass der Versuch der Commune nur der erste war und es weitere geben wird, solange die Frage nicht befriedigend gelöst ist.

Ist die Bedeutung „verpfuschen“ diejenige, die dem Leser Sinn gibt, so wäre die Commune gemeint, welche die Lösung eines zentralen menschlichen Problems verpfuscht hat und auch dieser Fehlschlag bedeutet, dass das Problem weiterhin seiner Lösung harrt. Welche Lesart auch immer vorgezogen wird, es scheint deutlich, dass Victor Hugo sich der Doppelsinnigkeit seines Ausdrucks gewiss war und trotz der Doppelsinnigkeit den gemeinsamen Nenner hervorheben wollte. Zu vermuten ist gar, dass beide Varianten zusammen als „wahr“ gedacht werden müssen, um zumindest Hugos Verständnis der Ereignisse, an denen er gestaltend teilgenommen hatte, nachvollziehen zu können.

Den Doppelsinn des Ausdrucks unterstellt als zutreffende, wahrscheinliche Analyse des Ganzen, dass die Kommunarden keine „Deppen“ waren, die die große historische Aufgabe im Munde führten und es ansonsten vorzogen, ihren Rotwein zu trinken. Sie hatten „sabres“, „Säbel“, modernste Gewehre und andere tödliche Waffen. Allerdings: Wenn – nach vorsichtigen Schät-

[67] «On n'est pas quitte avec und problème parce qu'on a sabré la solution.» *Depuis l'exil*, Victor Hugo, Depuis l'exil / Actes et Paroles, Abschnitt IV, Paris 1876; das Zitat ist entnommen Hugos Brief an MM. Meurice et Vacquerie gesendet aus Brüssel am 28. 4. 1871: „In der Krise kommt es schon vor, dass der Zugang zur Weisheit offen ist. Den Knoten zu zerhauen, geht aber nur auf friedliche Weise, da ansonsten keine Verständigung entsteht.“ Übers. vom Verf.

[68] Mit der Kartätsche wurde ab Anfang des 17. Jhs. ein mit Bleikugeln gefülltes dünnwandiges Artilleriegeschoss verstanden.

zungen (Milza 2009: II, 319) – nur die Hälfte der Kanonen brauchbar waren, die überhaupt zur Verfügung standen (und nicht in den Werkstätten), wo sie sein sollten und ausreichend mit Munition versorgt (und nicht z.B. bei irgendwelche Barrikadenkämpfer, die Berge an Munition bei sich horteten), kann dies nur ein „gefährliches Verpfuschen" der überlebenswichtigen Aufgaben von Paris und der geliebten Freiheit, Gleichheit und Brüderlichkeit genannt werden. Das betrifft aber nicht nur den nahe liegenden Egoismus der Kommunarden, ihre Straße verteidigen zu wollen. Die gesamte militärische Struktur war so beschaffen – man denke allein an die höchsten Zuständigkeiten beim Rat der Commune, beim Exekutivkomitee, bei der Exekutivkommission, an die Ebene der Legion etc. – dass eine Kampfgruppe der Nationalgarde damit rechnen musste, von bis zu acht Weisungsberechtigten Befehle empfangen zu können (Jellinek 1937: 297), die vermutlich kaum auch nur annähernd ähnlich gelautet haben dürften. Zu Recht warnt Milza (2009: II, 272) davor, nicht die Sozialperspektive des 20. Jhs. mit der von ihr erheblich unterschiedlichen des 19. Jhs. zu verwechseln. Es ist auch von daher sehr problematisch, so komplexe Gebilde wie die Commune mit der Oktoberrevolution und den sozialistischen Ländern zu vergleichen. Eines hat der Sozialismus des 20. Jhs. immerhin mit dem der Commune gemein: Das Scheitern, das wohl ebenfalls ein „Verpfuschen" genannt werden muss. Bleiben wir weiterhin in Victor Hugos Bild und werfen einen Blick auf die „Säbel" des 20. Jhs., so wird man das Einlassen auf das Wettrüsten so einschätzen müssen, dass sich Parallelen hinsichtlich des Umgangs mit allein dem atomaren Waffenarsenal aufdrängen: Was ihre Pflege, Lagerung, Produktion, Entsorgung und Umweltbelastung angeht (man denke nur an Tschernobyl). In beiden Systemen, wenn hier nur in erzwungener Verkürzung provozierend argumentiert werden darf, fanden Implosionen des alternativen Machtsystems statt, wenn auch sehr unterschiedlicher Natur. Wir scheinen noch weit entfernt davon zu sein, die verantwortlichen Faktoren solcher Implosionen benennen zu können, die ja immanent im System zu suchen sind, was schon die Gefahr aufzeigt, die real von außen einwirkenden Faktoren zu vernachlässigen. Es ist eine Aufgabe der Geschichtswissenschaft, ansonsten kaum aus der Geschichte „gelernt" werden kann und es betrifft nicht nur moderne Gesellschaftsformationen.

## *Les bonhommes: „honnêtes, trop honnêtes?"*[69] *Die allzu gutmütigen Menschen?*

Der Anspruch der Commune, wie er in der schon zitierten „Erklärung an das französische Volk" formuliert wurde, ist bescheiden und unbescheiden zugleich. Es heißt dort, dass diese kommunale Revolution von der Bevölkerung am 18. März begonnen worden sei, die damit eine neue Ära der experimentellen, positiven, wissenschaftlichen Politik eingeleitet habe.[70] Zu erläutern ist, dass diese Kennzeichnungen der Politik bei den Zeitgenossen einen bestimmten Signalwert besaßen, deren Bedeutung sich in negativer Abgrenzung von den ansonsten vorherrschenden Begriffen ergibt. So wird „expérimentale" dekodiert als „diese Politik kann nur ein Beispiel für andere Communen sein" und zwar in dem Sinne, dass das Pariser Modell nicht einfach kopiert werden kann und sollte; dies gilt auch rückwirkend für die Pariser Commune selbst: Sie ist nicht vollendet, perfekt o.Ä. wie etwa ein utopischer, rein ideeller Entwurf; „positiv" gewinnt seine Bedeutung ebenfalls aus dieser Ablehnung von Metaphysischem: Nicht irgendwelche Ideen von Freiheit etc., die als ewig und allgemeingültig angesehen werden, sollen über die politische Verfasstheit von Gemeinwesen Auskunft geben, sondern das tägliche, empirisch („positiv") feststellbare und geäußerte Bedürfnis der Bürger; auch die Wissenschaftlichkeit bedeutet, dass jeder vernünftige Bürger in der Lage sein muss, selbst für andere einsichtig begründen zu können, was für ihn und das Gemeinwesen „gut" und „nützlich" ist.

Gemessen an diesem Anspruch fällt an den oben zusammengestellten Listen einiges auf, das erklärungsbedürftig ist und ursächlich die so bezeichnete Implosion des Systems zu verantworten haben könnte.

Der Rat der Commune ist die Regierung, obwohl sie es nicht wollte. Das Comité central der Nationalgarde ist die „Schattenregierung", obwohl sie auch noch als Schatten verschwinden wollte. Beide Seiten benutzen die schon bekannten „Zauberworte", mit denen sie – in berechneter Wirkung auf die Kommunarden – eifersüchtig ihre „Freiheit" verteidigen wollen. Das Volk ist unbestritten der Souverän. Ihm wird de facto von beiden Formen

[69] „liebenswürdig, zu liebenswürdig?", (Milza 2009: II, 256, Zwischenüberschrift).

[70] La révolution communale, commencée par l'initiative populaire du 18 mars, inaugure une ère nouvelle de politique expérimentale, positive, scientifique (Broschüre, La démocratie en marche, o.J.).

der Gespenster-Regierungen die volle Verantwortung für das gesamte Geschehen zugeschoben. Dann haben wir mit der Commune im besten Sinne des Wortes eine Anarchie.[71] Betrachten wir aus dieser Perspektive die Liste, so sieht man, dass einige wenige Komitees nicht nur ununterbrochen gearbeitet haben, sondern auch ganz hervorragende Leistungen vollbracht haben. Noch genauer betrachtet, muss besonders von herausragenden Persönlichkeiten geredet werden. Was wäre von der Liste – fast ihrem gesamten „sozialen" Teil – noch übrig geblieben, hätte es nicht den Ungarn Leó Frankel gegeben? Was wäre von der Kampfkraft der Nationalgarde zu berichten, ohne den Einsatz der polnischen Brüder Dombrowski und Wroblewsky? Und das Erziehungs- und Hospitalwesen ohne die Frauen Dimitrieff und Louise Michel? Dies ist natürlich kritisch anzumerken, da es in einer anarchistischen Gesellschaft nicht darum gehen kann, dass die Gemeinschaft selbst von einigen herausragenden Individuen profitiert, sondern dass alle nach ihren Möglichkeiten ihre individuelle und kollektive Freiheit verteidigen und sichern – ob sie erkämpft wurde oder in den Schoß fiel, tut nichts zur Sache. Die soziale Realität der Commune ist, gemessen an ihren Ansprüchen, allem Anschein nach noch sehr durchsetzt von privatistischen Entscheidungen: Man beachte die in dieser kurzen Zeit häufigen Wechsel der Ämter, die Rücktritte, die „verbale Inkontinenz" und den demonstrierten „Neobyzantinismus" (Milza 2009: II, 275). Alles geschah in diesem leichten „Klima der Gutwilligkeit" (Rougerie 2009: 93).

Von der ersten Marxschen Kritik bis heute fällt eher auf, was nicht geschah und was inkonsequent gar entgegen dem Wortlaut ausgeführt wurde, als das, was tatsächlich realisiert wurde: Wenn schon einmal enteignet wurde, dann „mit Bedauern" und immer mit angekündigter Kompensation, wenn verurteilt wurde, dann heilte die soziale Realität die angekündigte Strafe, bevor sie je stattfand, wenn schon Berge belastender Dokumente gefunden wurden, verzichtete man auf ihre propagandistische Ausbeutung, wenn man einige Dominikaner zur Geisel genommen hatte und ihnen dann die Freiheit gab und sie ermunterte, möglichst schnell wegzulaufen, diese dann aber in ihrem bewährten Gänsemarsch langsam das Gefängnis verließen und dann doch einige von ein paar „Soutanen-Hassern" erschossen wurden, wie ist dies dann zu bewerten? Was die „Regierungstätigkeit" angeht, so nahm

[71] Der Zusammenhang von Proudhonismus und Anarchismus (Bakuninscher Prägung) als Resultate bürgerlicher Freiheitsbestrebungen wäre schon eine eigene Untersuchung wert.

man sich Zeit, jedes Detail historisch und philosophisch zu diskutieren, während die Versailler in Paris eindrangen; man tat so, als gäbe es kein Morgen, keine Zukunft (Horne 1981: 397).

Wenn man nun hergeht und all dies als „Fehler der Commune" auflistet, so muss man schon den Maßstab offen legen, an dem gemessen bestimmte Phänomene „Fehler" genannt werden können. Aus bolschewikischer Sicht sind dies natürlich alles unverzeihliche Fehler, weil die sozialistische Zielvorstellung so nicht realisiert werden kann. Aber die Geschichte hat die Bolschewiken belehrt, dass ihr Vermeiden dieser besonderen Fehler kein Heilmittel gegen ihr eigenes Scheitern war. Sie haben dann wohl das „Falsche" gelernt. Leider hilft dies nicht herauszufinden, was nun das „Richtige" sei, das aus der Geschichte gelernt werden könne. Es ist zu vermuten, dass dies nur jede Generation erneut und nur für sich beantworten kann, was auch nicht gerade erheiternd ist.

## II. 2 Revolutionäre Demokratie

### Volksabstimmung: Auf dass das Volk abstimme, künftig nicht mehr abstimmen zu wollen – eine Lektion in Sachen Demokratie

Worum es in diesem Kapitel geht: Es gibt „deutsche“ und „französische“ Besonderheiten in Bezug auf das, was unter „Demokratie“ verstanden und praktiziert wird. Als 1871 das Deutsche Reich gegründet wurde, bemerkte Bismarck: „In erster Linie kommt die Nation... Alles, was nachher folgen mag, liberale, reaktionäre, konservative Verfassung – meine Herren, ich gestehe ganz offen, das kommt mir in zweiter Linie, das ist Luxus der Einrichtung, der an der Zeit ist, nachdem das Haus fest gebaut dasteht“ (Vorländer 1999: 70).

Der monarchische Staat baute das „Haus Deutschland“, die Bürger mögen sich darin einrichten und wohl- oder nicht wohlfühlen. Der Hausherr erlässt die Gesetze, an die sich die Bewohner halten können oder gegen die sie protestieren oder an denen sie gar beteiligt werden können. Aber sie dürfen nicht vergessen, „Mieter“ zu sein, sie könnten ihres „Wohnungsberechtigungsscheins“ verlustig gehen. Der deutsche demokratische „Mieter“ benötigt eine Rechtsschutzversicherung.[72]

Ganz anders die anglo-amerikanisch-französische Tradition: Hier ging der Kampf darum, wer die Nation ist, die Jakobiner, der Erste Konsul, die Republikaner etc. Denn mit der Französischen Revolution machten die Jako-

[72] Dies ist nicht als rhetorische Übung oder Wortspielerei gedacht. Setzt man den Vorgänger zum deutschen Kaiserreich, das schon zitierte Heilige Römische Reich Deutscher Nation in Beziehung zu seinem Nachfolger, so fallen zwei Aspekte des Identischen und Nichtidentischen auf: Der Vorgänger war ein Gebilde, das seine Staatlichkeit im Recht suchte und seine Aufgabe darin sah, eben dieses gegen die Partikularinteressen der Fürsten durchzusetzen. Die kaiserliche Macht war das Recht und nicht die Armee. Das soziale Band der Bürger sollte die Rechtssicherheit darstellen. Kämpfende Einheiten wurden von den Kaisern nur aus Anlässen äußerer Bedrohung von den Fürsten – ich übertreibe: „erbettelt“. Dies in Relation zu Bismarcks Ausspruch gesetzt, lässt die weitere deutsche Geschichte als eine aufscheinen, da der Staatsbürger als „beseelter“ Soldat zu dienen habe, um Deutschland zu einer europäischen – nicht viel später – zu einer Weltmacht, gar „der“ Weltmacht, zu verhelfen (vgl. hierzu Craig, *The Politics of the Prussian Army 1640-1945*, 1964; vgl. auch Zamoyski, der das Verhalten der preußischen Gesandtschaft auf dem Wiener Kongress nachzeichnet: Bei dem Schachern um Kriegsbeute wurden die Berechnungen der Preußen allseits als anstößig empfunden, da sie nicht an Hektaren Land interessiert waren, sondern an der Zahl der einzuverleibenden „Seelen“. Eine Statistikkommission musste eigens geschaffen werden, um diesem preußischen Wunsch entsprechen zu können, Zamoyski 2007: 386, 396).

biner klar, dass die Nation durch das *Volk* repräsentiert sei. Das Volk ist der Souverän, der Hausherr und dies wurde nie vergessen. Die „Hausordnung", die Verfassung, ist für die französische Tradition etwas Sekundäres gegenüber dem *Subjekt*, dem Volk oder selbst dem Monarchen, dessen Wille gelten und realisiert werden soll. Wie dieses Streiten um die Souveränität sich entwickelt, ist Thema. Wer über den uns fremden Standpunkt etwas für den eigenen Standpunkt abgewinnen kann, könnte im Folgenden in der Geschichte der Commune von Paris Anregungen finden und vielleicht zu Vorschlägen kommen, die die autoritären Setzungen der deutschen Tradition vermeiden und zu lebendigeren Formen der Demokratie für die lebendigen Wesen, die Bürger, führen.

Charles Louis Napoléon Bonaparte besuchte die Artillerieschule von Thun, sein Vater verbot ihm die gewünschte Teilnahme am Russisch-Türkischen Krieg, stattdessen schloss er sich italienischen Aufständischen an, musste nach Frankreich fliehen, wo er 1836 seinen ersten Putschversuch unternahm. Zur Strafe musste er nach Amerika ziehen, von wo er ein Jahr später zurückkehrte und von der Schweiz aus ins Londoner Exil ging. 1840 unternahm er seinen zweiten Putschversuch und wurde zu lebenslanger Festungshaft in Ham (zwischen Paris und Reims) verurteilt. Sechs Jahre später gelang ihm die Flucht nach England. Nach der Februarrevolution 1848 kehrte er nach Frankreich zurück und gewann die Präsidentschaftswahl. Am 2. Dezember 1851 führte er erfolgreich einen Staatsstreich durch und ließ sich am 21. Dezember durch ein Plebiszit zum Diktator „wählen". 1852 erfolgte ein weiteres Plebiszit, das die Wiederherstellung des Kaisertums ermöglichte,[73] sodass er am 2. Dezember 1852 als Napoleon III. zum Kaiser der Franzosen gekrönt wurde.

### *Ist Napoleon III. ein Kaiser der „Demokratie"?*

Diese Frage zu beantworten, erfordert einige Umwege und historische Rückgriffe, da alle verwendeten Begriffe wie Demokratie, Plebiszit, Wahl (-verfahren) ihre historisch bedingte Bedeutung haben und in unterschiedlichen sozialen Verhältnissen eingebettet sind, was ihre Definition erschwert. Die Bibliotheken sind voller Werke über „Demokratie" – was allein doch zu

[73] Fast 8 Mio. Ja- und nur etwa 250.000 Neinstimmen.

denken gibt, da die Sache wohl nicht so einfach zu sein scheint. Der historische Bezug auf die griechische Herkunft des Wortes scheint auch nicht viel zu bringen, immerhin hätten dann Historiker und Politiker in den vergangenen 2000 Jahren nicht viel geleistet. Übersetzt bedeutet der Begriff lediglich „Herrschaft des Volkes". Die Griechen stimmten auf dem Marktplatz oder in Theatern auf Volksversammlungen (ekklesia) über wichtige Fragen ab und das Ergebnis wurde politisch umgesetzt. Jeder konnte sich öffentlich und frei äußern. Aber…

### *Wer ist das Volk?*

Wer war das Volk in der griechischen Antike? Die Demokratie war eingeschränkt auf die freien Bürger, die in der Regel nur ein Zehntel der ansässigen Bevölkerung ausmachten. Somit blieben ausgeschlossen die Frauen, die „Unfreien" (Sklaven), die Fremden, um nur die größten sozialen Gruppen zu nennen. In der Tat wurde also nur von einem sehr kleinen Teil der in dem Staatsgebiet lebenden Menschen über das Schicksal aller dort lebenden entschieden.

Die demokratische Praxis bestand in der Ausübung der sog. „direkten Demokratie", d.h. die freien Bürger stimmten unmittelbar und öffentlich ab. Dies wurde schon damals u.a. von den Philosophen Platon und Aristoteles kritisiert, da zu ihrem Leidwesen dann nicht die „Besten" und „Gebildetsten" über das Schicksal des Gemeinwohls entschieden, sondern der Pöbel. Dieser Aspekt der Demokratie ist seitdem als Vorurteil aufbewahrt geblieben: Das Vorurteil gegenüber dem vermeintlich ungebildeten Teil des Volkes, der zudem noch – damals wie heute – korrelierte mit ihrem unterprivilegierten Sozialstatus, ist gängiges „Argument", die direkte Demokratie abzulehnen.[74]

So haben wir uns heute an ein Repräsentativsystem gewöhnt, das mittels Parteien oder Wahlmännern den Willen des freien Bürgers – also indirekt, eben „repräsentativ" – zum Ausdruck bringen soll. Dies wäre aber von den

[74] Und überhaupt von politischer Partizipation, wenn man an den Kolonialismus denkt: Entkolonialisierungen erfolgten in der Regel erst dann, wenn das ehemalige Mutterland der Überzeugung war, das betreffende Volk sei in puncto Bildung und demokratischen Usancen „reif" für eine politische Selbstständigkeit.

Griechen als „undemokratisch“ abgelehnt worden.
Ein weiteres, altes Argument für die repräsentative Demokratie ist ein quantitatives. 2000 freie Bürger passen auf einen Platz oder in ein Theater und es ist noch Verständigung möglich, nicht jedoch die etwas mehr als 81 Mio. im heutigen Deutschland. Hingegen gab es im Paris von 1870/71 ca. eine Mio. Wahlberechtigte, die direkte Demokratie ausübten. „Repräsentative Demokratie“ gibt sich den Anschein notwendig zu sein, wenn die Zahl der Abstimmungsberechtigten größer ist als der zentrale Platz eines Staates fassen kann. Dann soll also mittels Stimmzettel für Parteien oder Kandidaten gestimmt werden, die dann auf eine gesetzlich festgelegte Zeit eine Art „Vertrauensvorschuss“ erhalten, bestimmte Ziele für das Staatsvolk umzusetzen. Das Beispiel Paris 1871 entlarvt dieses Argument als ein Scheinargument. Warum gibt es also bei uns keine Modelle, so dass etwa an einem Wahltag die Wahl entsprechend organisiert werden könnte?[75] Warum kann es in der Schweiz funktionieren, ohne dass diese Tatsache das Argument entkräftet? Man sieht, dass das „quantitative Argument“ einen ersten Angriff schon nicht überlebt. Dem „qualitativen Argument“, das ebenfalls seit der Antike bis heute Geltung beansprucht, wird es nicht anderes ergehen: Zuerst galten Frauen als intellektuell unfähig, politische Entscheidungen zu treffen und sich überhaupt auf vernünftige Weise bewegen und denken zu können, dann die Klasse der Industriearbeiter, dann solche sozialen Gruppen wie die Landarbeiter und Kleinbauern, die so viel arbeiten mussten, dass sie keine Zeit zum Nachdenken hätten etc. Unterschiedliche Methoden wurden bis in die Neuzeit hinein erfunden, um den Zusammenhang von Besitz und Bildung als überprüfbare Kriterien (man denke an das Zensuswahlrecht) für den Ausschluss von unerwünschten Personen vorzunehmen. Man sieht, dass der Demokratiebegriff seit seinem Ursprung bis heute ein politischer Kampfbegriff ist, mit dem je nach Interesse eine Stabilisierung von Herrschaft durch Ausgrenzung unerwünschter Bevölkerungsteile erzielt wird.

---

75 Die Verwendung des Internets ist keine öffentlich ausgeübte direkte Wahl; hier entstehen ganz besondere Gefahren. Ein Beispiel dürfte überzeugen: Sind Wähler angesichts eines erfolgten Verbrechens doch mit Sicherheit auf Grund der Empörung eher geneigt, sofort für dieses Verbrechen die Todesstrafe einzuführen, womit zugleich der zentrale Gedanke des Strafrechts, die Rehabilitationsmöglichkeit für Gesetzesverletzer, abgeschafft wäre. Empörten Gemütern ist dies gleichgültig. Umgekehrt ließe sich eine Korrektur der beschlossenen Todesstrafe ungleich schwieriger als ihre Abschaffung bewerkstelligen.

Zurück zur Ausgangsfrage nach dem Volk: Das klassische Modell, das im 5.-4. Jh. vor unserer Zeitrechnung im Perikleischen Athen entwickelt wurde, verstand unter Volk die freien Bürger. Wie war ihr sozialer Zusammenhang, die Struktur ihrer Gemeinschaft denn vor der „Einführung der Demokratie" beschaffen? Nicht anders als fast weltweit alle primitiven (ursprünglichen) Gesellschaften organisiert waren: als Stämme (Phratrien). Ohne auf die historischen Details zu nahe einzugehen (man lese besonders die Neuorganisation, die Kleisthenes vornahm), bildeten diese Stämme mit ihren jeweiligen Schutzgöttern in einem bestimmten Siedlungsgebiet eine Art „brüderliche Gemeinschaft."[76]
„Die" Athener, das „Stadtstaatsvolk" der Athener, bildete die Gesamtheit einiger solcher Stämme. Der Legende nach war Athen „in grauer Vorzeit" ein Königreich mit einer Führungsschicht aus Aristokraten gewesen. Da es keinen Aufstand der unteren Schichten gegen die Monarchie gegeben hatte und auch reine Menschenliebe selten in der Menschheitsgeschichte zu verzeichnen ist, wenn es um Macht geht, muss die Frage lauten, was die Aristokraten wohl dazu bewogen haben mag, die staatliche Macht mit den Stämmen aus dem Küstengebiet, den agrarischen Gebieten und der Stadt selbst zu teilen?

> „Demokratieentstehung [als] fortschreitende Erweiterung des Kreises der politisch Berechtigten ist nur dort zu erwarten, wo sich die Polis [der antike Stadtstaat, Re.] oder präziser: ihre (noch) führende Schicht neuen, in der Regel militärischen Aufgaben zuwendet, die das übliche Maß genossenschaftlicher Tätigkeit etwa bei Nachbarschaftsfehden übersteigen. Die erfolgreiche Bewältigung dieser Aufgaben erfordert dann die militärische und politische Rekrutierung breitester Teile der freien Bevölkerung als Gefolgschaft der führenden Mitglieder der Polis und vorerst auch in deren primärem Interesse. Sie werden aber dann, gerade wenn sie militärisch erfolgreich sind und bleiben wollen, von den Rekrutierten politisch ‚überrollt'. Sie müssen nämlich, um ein dauerhaftes Interesse der Gefolgschaft am Erfolg der Führer zu erreichen, mit dem konkreten

[76] Heute vielleicht am ehesten noch in Afghanistan aufzufinden sind: Paschtunen, Tadschiken, Hazara, Usbeken – um nur die größten und damit einflussreichsten zu nennen. Jedes Individuum wird unmittelbar „gewertet" nach seiner Zugehörigkeit zu einem Stamm; der Stamm ist auch der Ort der brüderlichen Gemeinschaft (gut dokumentiert sind auch andere Stammesstrukturen, wie z.B. die der Schotten oder Polynesier).

finanziellen Gewinn auch das symbolische Kapital verteilen, das in der Form von Macht und Herrschaft im Laufe des gemeinsam errungenen Erfolgs in der Polis angesammelt wurde. So wird allmählich aus der Gefolgschaft weniger Mächtiger eine Gemeinschaft von vielen an der Macht Beteiligter, deren Mehrheit schließlich in den politischen Entscheidungen den Ausschlag gibt. Dem Namen nach ist eine solche Gemeinschaft dann eine Demokratie" (Eder 1995: 28).

Diese sog. attische Demokratie war also auf der Basis zeitgenössischer sozialer Strömungen und Interessen entstanden und weder seinerzeit noch heute ein Modell, das unverändert adaptiert („exportiert") werden könnte. Es enthält jedoch Merkmale, die in der Folgezeit, je nach den gesellschaftlichen Umständen, modifiziert wurden und sich als bedeutsam herausgestellt haben. Spricht man also von „Demokratie" und ihrer langen Geschichte, ist es flacher Idealismus zu meinen, die heutige Demokratie etwa in Deutschland sei eine kontinuierliche Weiterentwicklung der griechischen aus der Zeit von Solon oder Perikles oder Kleisthenes, als hätten die Griechen einen Samen gesetzt, der sich bis heute auf Grund innerer humaner Eigenschaften gleichsam naturgesetzlich in die uns bekannte Form entfaltet habe; man darf also den Zusammenhang von Herrschaftssystem und zeitgenössischen wirtschaftlichen und sozialen Interessenkonflikten (z.B. der antiken Sklavenhaltergesellschaft) nicht verschweigen. Davon wird aber gerne geschwiegen und stillschweigend das „moderne" System der Repräsentativdemokratie als unmittelbar einsichtig, vernünftig und als Krönung, Vollendung in der Nachfolge der griechischen Kultur dargestellt.
Von besonderer Bedeutung in diesem Zitat ist der aufgezeigte Zusammenhang von politischer Partizipation und Krieg: In Shakespeares Macbeth wird das alte Hin- und Herwogen von kämpfenden Heeren beschrieben, dessen Ausgang von der Schicksalsgöttin Fortuna entschieden wird – übersetzt heißt dies: Zufällige und natürliche Umstände wie Beschaffenheit des Geländes, Stand der Sonne, Wagemut und Cleverness des Feldherren etc. sind Faktoren, die zu einem Sieg beitragen, ihn aber nicht erzwingen können. Die moderne bürgerliche Zeit setzt besonders auf den technologischen Vorsprung (*Othello*) und die Wissenschaften (Reiterei, Artillerie, Festungsbau, Maschinengewehr etc.), um Erfolg kalkulierbar zu machen (entscheidend für kolonialistische Kriege) oder aber man setzt auf eine Vergrößerung

des Heeres bis hin zu einer allgemeinen Mobilisierung und Rekrutierung des Staatsvolkes (die legendäre *levée en masse* der Französischen Revolution). Mit dem „Bürger in Uniform" ist der Bürger geschaffen worden, der sowohl ein potenziell gefährlicher Bürger des Staates und *für den* Staat geworden ist (s.w.o. das französische Modell der Nationalgarde), da er sein Gewehr auch auf die Machthaber seines Staates richten kann. Insofern ist zwingend geboten, ihn zum Teilhaber zu machen. Genau dies versuchte auch Napoleon III. mit seinem letzten Plebiszit.

Wirksam geworden sind seit der Antike die Merkmale der „direkten Demokratie"[77], die „aktive und passive Wahl" (Einheit von Rechten und Pflichten), das Konzept des „Gemeinschaftsinteresses" der freien Bürger,[78] das „imperative Mandat" (Wählbarkeit und Abwählbarkeit von ausführenden Organen), was ökonomische Voraussetzungen impliziert: Die Zahlung von Tagungsgeldern, um ohne wirtschaftliche Nachteile allen Bürgern die Teilnahme an den Versammlungen zu ermöglichen – ein für die Folgezeit ambivalenter Gewinn aus der Geschichte des englischen Parlaments.

Ebenfalls wirksam geblieben sind aus der Sicht der alten aristokratischen Herrschaftseliten Misstrauen, Argwohn und Furcht vor den „unteren Schichten."

(Historisch) „Neu" sind Formen, die die Griechen für sich als „undemokratisch" abgelehnt hätten wie „Gewaltenteilung" und jede Vermittlungsinstanz zwischen den individualisierten Bürgern und der staatlichen Gemeinschaft, so das Repräsentativsystem selbst mit seinen Institutionen wie Gerichten, Parteien, Wahlmännern, Lobbyisten, seinen Volksvertretern, die letztlich nur ihrem Gewissen verantwortlich sein sollen, also nicht allein den Wählern.

---

77 Im Sinne der Negation als Formen der Freiheit (liberté): Befreiung vom Stammesdenken und -gefühl und als Position eine Entwicklung hin zum Verständnis von Individuen als „Atome" der staatlichen Gemeinschaft.

78 Fraternité – Brüderlichkeit und solidarité – Solidargemeinschaft jenseits der engen Grenzen des Stammes bis hin zu einem Bewusstsein des Weltbürgertums.

Es ist eine Binsenweisheit, dass sich ein Volk nicht nur von Generation zu Generation in seiner Zusammensetzung und besonders auch hinsichtlich seiner Interessen verändert. In der repräsentativen Demokratie sind wir es bei den Politikern gewohnt, dass sie sich weder ihrem Parteiprogramm (sollte ein solches überhaupt existieren) noch dem sog. Fraktionszwang, noch ihren eigenen Aussagen vor der Wahl verpflichtet fühlen, zur Not mit der Begründung, dass sich schließlich die Umstände verändert hätten. Wie geht eine „ideale“ oder direkte Demokratie mit solchen Anforderungen von außen oder innen um? Können solche Notwendigkeiten die Souveränität des Volkes gefährden, gar aufheben? „Demokratie“ sei „Herrschaft des Volkes“ – wie ist es konkret um den Souverän, das Volk der Pariser Commune, bestellt? Man kann an der Praxis der Pariser Commune ablesen, dass sie wesentlich inspiriert war von dem Gedankengut Rousseaus und Montesquieus, die sich ihrerseits überwiegend an der griechischen und nicht der römischen Antike philosophisch-ideologisch orientierten. Die Commune leitete ihre Angelegenheiten über einen „Rat“, dessen Selbstverständnis dergestalt war, dass er Initiativen aus der Bevölkerung aufgriff, in Ausschüssen die zu treffenden Maßnahmen diskutieren ließ und in der Regel einhellig einen Beschluss fasste, der sofort veröffentlicht wurde und mit den Namen der zustimmenden Ratsmitglieder unterschrieben war. Kernstück dieser Demokratie war das imperative Mandat: Wer für eine Aufgabe gewählt wird, erhält einen bestimmten Auftrag (z.B. den Barrikadenbau zu organisieren oder das Postwesen funktionstüchtig zu machen). Erfüllt diese Person den Auftrag nicht oder aus irgendwelchen Gründen nicht zur Zufriedenheit der Wähler, wird er angehört, muss Rechenschaft ablegen und kann jederzeit abgewählt oder auch wieder „vorläufig“ und „vorbehaltlich“ in seiner Funktion bestätigt werden. Der Souverän war die männliche, wahlberechtigte Bevölkerung[79] von Paris, die sich von den Idealen der Brüderlichkeit, Freiheit (des

[79] Die Commune benutzte einerseits noch die alten Wahlregister aus der Kaiserzeit, die Frauen von der Wahlbeteiligung ausschlossen. Andererseits emanzipierten sich die Frauen und ihrer politischen Gleichberechtigung stand nicht mehr viel im Weg. Die alte Regelung, dass die Wahlberechtigung abhängig gemacht wurde davon, wie lange der Wähler in Paris sesshaft war (eine der Finten aus der Kaiserzeit, um Bevölkerungsteile auszugrenzen), wurde aufgehoben. Auch die „Naturalisierung“ von Bürgern ausländischer Herkunft geschah durch einen einfachen Beschluss des Exekutivausschusses der Com-

Individuums) und der Gleichheit (nur ansatzweise der sozialen Gleichheit) leiten ließ. Der demokratische Prozess war direkt, d.h. nicht indirekt über eine Willensbildung von Parteien oder Lobbys. Man musste sich zusammenraufen, um zu wissen und wissen zu lassen, was für die überwiegende Mehrheit akzeptabel war.

„Das" Volk ist eine Abstraktion, die unzutreffend als ein konstanter Faktor betrachtet wird, weil es ständig äußeren Einflüssen wie Arbeit, Medien usw. erliegt, die, verarbeitet, zu ganz anderen Wünschen und Bedürfnissen sich entwickeln können und nicht nur individuell (z.B. Konsumwünsche), sondern auch Gruppierungen des Volkes (z.B. Mode) und oft auch die gesamte Gemeinschaft erfassen (z.B. bei Katastrophen). Das heißt, dass das, was als „allgemeiner Wille des Volkes" bezeichnet wird (Rousseaus „volonté générale") – im Unterschied zu den einzeln oder gruppenweise sich äußernden Veränderungen (Rousseaus „volonté de tous") – und auf den Volksversammlungen geäußert wird, in der Rückwirkung jedes ausführende Organ und die Gesamtheit der einzelnen Bürger leiten soll. Es gibt keine Schranken des Allgemeinwillens.[80]

Ist das (Staats-) Volk der „Souverän", stellt sich die Frage nach dem Inhaber der Macht nicht (im Sinne eines Verhältnisses von Herrschern und Beherrschten), denn es wäre ja sinnlos nach Herrschaft zu fragen, wenn doch „alle Gewalt vom Volke ausgeht" und diese Gewalt nur auf Abruf an Personen oder Institutionen verliehen wird, mithin die Möglichkeit des physischen Zwanges, die ja in jedem Machtverhältnis – allerdings keinesfalls notwendigerweise, aber latent – gegeben ist (ob nun vom Militär, Polizisten oder Nachbarn ausgeübt, tut nichts zur Sache),[81] widerspricht nicht dem Machtverhältnis, bei dem Herrscher und Beherrschte in der direkten Demokratie unterschiedslos eins sind. Dies hat Saage im Zusammenhang mit der Bewegung der Leveller absolut klar formuliert:

> „Die Leveller waren davon überzeugt, dass politische Herrschaft auf den vernünftigen Willen ursprünglich Gleicher und Freier bei Wahrung ihrer Geburtsrechte (Birth-Rights) zurückzuführen sei und zwar durch einen

mune.

80 So kannte schon die griechische Demokratie kurze Amtszeiten, da allein schon der Zeitraum, für den die Organe gewählt werden, die Gefahr enthält, dass Auftrag und seine Ausführung im Laufe längerer Perioden auseinanderklaffen können.

81 Hierzu besonders Reemtsma (2008), Macht und Gewalt.

Vertrag, den sie auch ‚Agreement' nannten. Ein solcher Vertragsentwurf setzte nicht politische Herrschaft voraus, sondern konstituierte diese erst. Ist staatlich verfasste Herrschaft aber der Ausfluss des Willens freier und gleicher Individuen, so können die von ihm begründeten politischen Über- und Unterordnungsverhältnisse im Gemeinwesen nicht mehr als ‚natürlich' im Sinne des Aristoteles gelten" (Saage 2005: 82).

Wenn diese Grundüberzeugung von der Souveränität des Volkes zutrifft, dürften – für unseren Kontext des französisch-preußischen Krieges und des anschließenden Bürgerkrieges, beide bewirkten eine Belagerung von Paris – die politisch-militärischen Maßnahmen zur Abwendung der Gefahr keine Befürchtungen auslösen können, dass die Souveränität Schaden nehmen könnte. Das sagt sich natürlich heute im Nachhinein und in der Theorie so leicht, wobei jedoch die Lern- und Erfahrungsgeschichte des „Pariser Staatsvolks" außer Acht gelassen wird.[82]

*Was macht die Souveränität eines Volkes aus?*

Das Sprichwort „Wes Brot ich ess', des Lied ich sing'" bringt den größten Teil der Abhängigkeiten des Menschen vom Menschen auf den Punkt, der nicht nur politischer und ideologischer, sondern sozialer und ökonomischer Natur ist.

Die Ursprünge des englischen Parlaments zeigen die zunehmende Befreiung des Volksvertreters von wirtschaftlichen und sozialen – und damit auch ideologischen Abhängigkeiten. Die Einführung von Diäten (Sitzungsgeldern) ermöglichte es erst, dass sich auch lohnabhängige Bürger ins Parlament wählen lassen konnten. Zuvor waren die Landlords so „freundlich", die Bürger von der Last der manchmal wochenlangen Abwesenheit von ihren Arbeitsplätzen zu befreien und das Mandat für sie auszuüben. Politisch aktiv zu sein, setzt voraus, dass diese politische Tätigkeit bezahlt werden muss, sodass ansonsten nur die Reichen die Politik für die Armen ma-

82 So könnte eine direkte Demokratie sich sogar einen König leisten (s. die konstitutionelle Monarchie Großbritanniens) und eine französische direkte Demokratie einen Napoleon III., sollte der Souverän Volk sich mit einer zeitweiligen politischen Impotenz zufriedengeben (Näheres hierzu s.w.u.).

chen können. Die moderne Repräsentativdemokratie hat hier große „Fortschritte“ gezeigt, indem den Volksvertretern äußerst komfortable finanzielle Sicherheiten geboten werden und ihre Unabhängigkeit auf angenehme Weise erhalten bleibt. Die Commune von Paris war der Auffassung, dass die Höhe der Zahlungen für politische Tätigkeiten nicht den Durchschnittslohn des arbeitenden Teils der Bevölkerung überschreiten dürfte. Zudem durfte ein Volksvertreter nicht mehr als ein Amt innehaben (wie schon in der griechischen Antike).

Nun entstehen politische Auffassungen nicht nur aus der Auseinandersetzung mit den gegebenen wirtschaftlich-sozialen Abhängigkeiten. Wer eine hohe Miete zahlen muss, ändert die allgemeine und seine besondere Abhängigkeit nicht dadurch, dass er den Hauseigentümer kidnappt oder noch Schlimmeres unternimmt. Dasselbe trifft auf den Lohnabhängigen im Verhältnis zu dem Fabrikherrn zu. Wäre dem so, wäre alles schön einfach, denn dann müssten alle Lohnabhängigen oder alle Mieter einer Meinung sein und wir befänden uns im Paradies der allgemeinen sozialen Harmonie. Dieses äußerst schwierige Problem der sozialen und ökonomischen Gleichheit angehen zu müssen, ergab sich zwangsläufig für die Commune: Nach der anfangs durch Flucht der bürgerlichen Regierung der Pariser Bevölkerung in den Schoß gefallenen Macht und der daraufhin sich ergebenden Notwendigkeit, das Überleben der Bevölkerung zu sichern, und zwar auf andere und bessere, eben „revolutionäre“ Weise, stieß die politische Gestaltung der Commune auf die sozialen Probleme (Mieten, Arbeitslosigkeit usw., um nur die dringendsten zu erwähnen) und löste sie „vorsichtig sozialistisch“. Das heißt, dass die von geflüchteten Fabrikbesitzern stillgelegten Betriebe von der Commune etwas zögerlich wieder der Arbeit geöffnet, aber weiterhin als Privateigentum der alten Eigentümer angesehen wurden, denen die Commune eine Entschädigung in Aussicht stellte. Dies führt zu einer weiteren Frage: Ist das Volk noch der Souverän, wenn es von den sächlichen und institutionellen Verhältnissen beherrscht wird, die doch von ihm selbst (politisch) hergestellt worden sind?

Besonders aufschlussreich, da exemplarisch, ist hier das Verhältnis der Commune zur Staatsbank (Bank von Frankreich). Grundlegende Fakten seien hier möglichst knapp dargestellt:

Die Staatsbank wurde 1800 als ein Privatunternehmen gegründet und besaß seit 1848 das Privileg, als einzige Institution auch Banknoten zu drucken. Sie besaß einen vom Staat gewählten Gouverneur, dem zwei Vizegouverneure zur Seite gestellt waren. Ihre Generalversammlung umfasste die Aktienbesitzer (z.B. 1860 13.767), darunter die Größen von Industrie und Finanzwesen, auf die sich das Kapital der Bank von 182.500.000 Francs in Aktien zu je 1.000 Fr. verteilte (deren Wert sich innerhalb der folgenden zehn Jahre versechsfachte).

Nach Aussagen des Vizegouverneurs der Bank, des Marquis de Plœuc, vor dem Untersuchungsausschuss nach dem Sieg der Versailler, befand sich in der Bank ein Kassenbestand von 2,18 Mrd. Frs., darüber hinaus 800.000 Frs. in nicht emittierten Banknoten. Außerdem verfügte die Bank am 18. März über ein Guthaben der Stadt Paris von 9,4 Mio. Frs. Insgesamt sah der Kassenbestand der Bank am 20. März folgendermaßen aus: 77 Mio. bares Geld, 166 Mio. Banknoten, 899 Mio. Staatspapiere, 120 Mio. beliehene Werte, 11 Mio. Barrengold, 7 Mio. hinterlegte Schmucksachen und 900 Mio. hinterlegte Wertpapiere – insgesamt also 2,18 Mrd. Francs. Die Bank besaß zudem auch die Druckstöcke für Banknoten.

Die Bank war ausgebaut wie eine Festung, von 430 Nationalgardisten des XII. Bataillons geschützt. In Paris gab es neben der Staatsbank noch andere Kassen wie das Finanzministerium, das über Silbervorräte verfügte. Die Beamten der Versailler Republik verschleppten alles, was an Werten transportiert werden konnte, eilends – und ungehindert – nach Versailles. Die Bestände der Bank von Frankreich blieben jedoch – vorläufig – erhalten.

Die Commune benötigte ab dem Moment ihrer Proklamation dringend Geld. Allein für die Bezahlung des Kriegswesens (Sold der Nationalgarde, Versorgung mit militärischen Gütern, Militärlazaretten usw.) musste sie sofort Geld beschaffen. Die Kommunarden, die bei der Bank „vorstellig" wurden, speiste man mit unsinnigen Sprüchen ab („die Tresorschlüssel sind in Versailles"), woraufhin die Delegierten der Commune darauf verzichteten, die Tresore mit Gewalt zu öffnen. Die Kommunarden setzten lediglich

durch, dass ein Delegierter der Commune, Charles Beslay, die Sache der Commune in der Bank vertrat. Er wurde von ihr eingebunden.
Wie die Bank mit den Kommunarden umsprang, legte der Vizegouverneur, Marquis de Plœuc, dem Versailler Untersuchungsausschuss am 9. August 1871 dar:

> „Wenden Sie gegen mich keine Gewalt an", sagte ich zu ihm (François Jourde, Mitglied des Zentralkomitees der Commune; Re.). „Sie wollen die Interessen der Arbeiter vertreten; wenn die Arbeiter eine Zwanzigfrancsnote haben und Sie gegen mich Gewalt anwenden, wird diese Note nur noch den Papierpreis wert sein und Ihr werdet alle ruiniert sein. Sie nehmen eine Verantwortung auf sich, die Sie als kluger Mann selber begreifen müssen" (Duncker 1969: 355).

Die Bank von Frankreich hielt beständigen Kontakt zur Versailler Regierung und wurde schließlich von Versailles ermächtigt, selbstständig zu handeln in der Gewissheit, dass all ihre Entscheidungen gutgeheißen würden. Es blieb aber nicht allein bei der Kommunikation zwischen Versailles und Staatsbank. Es wurden auch Millionenbeträge nach Versailles überbracht, um die dortige Aufrüstung gegen die Commune zu finanzieren. Dem nicht genug, noch am 27. März ließ der Marquis de Plœuc 32 Klischees zur Herstellung von Banknoten nach Versailles schaffen. Insgesamt erhielt die Versailler Regierung von der Bank 257,79 Mio. Francs für ihren Kampf gegen die Commune und die Commune gerade mal 16 Mio. Fr.
Die wirtschaftliche Macht der Bank von Frankreich, für den einzelnen Bürger, für Frankreich, für den internationalen Verkehr, kann – gemäß dem zeitgenössischen Bewertungssystem, an den Gold- und Silberbeständen gemessen werden: Im Friedensschluss zu Frankfurt wurde zwischen Deutschland und Frankreich vereinbart, dass auch 5 Mrd. Goldfrancs gezahlt werden mussten. Bis zur Tilgung dieser Summe würden deutsche Truppen Teile von Frankreich als „Pfand" besetzt halten.
Diese erhebliche Summe konnte ohne wirtschaftliche Nachteile für Frankreich sogar vorzeitig gezahlt werden. Die Staatsbank zahlte dem Schatzamt innerhalb weniger Monate 1,47 Mrd. Francs und das Lösegeld für Paris von 210 Mio. Francs, ohne dass eine spürbare Geldentwertung eintrat. Damit liegt auf der Hand, dass weder die Reparationszahlungen, noch die Versail-

les überreichten Summen und schon gar nicht die Zahlungen an die Commune irgendwelchen volkswirtschaftlichen Schaden anrichteten. Andererseits entstand der „Inka-Raub-Effekt“:[83] Das französische Gold, das über die deutsche Wirtschaft geschüttet wurde, hatte bei den Deutschen die Spätphase der „Gründerzeit“, die „Gründerjahre“, zunächst einen Boom, dann aber in Folge den Börsenkrach von 1873 ausgelöst.

Man kann es sich leicht machen und die Frage nach der Souveränität des Volkes – in diesem Fall der Kommunarden – so beantworten, wie z.T. die oben verwendete Sprache suggeriert: Sie war noch nicht in vollem Umfange existent, denn „sich abspeisen lassen“ auf solche degradierende und süffisante Weise (insofern die Aussage auch nur zum Teil stimmt), lässt kein selbstbewusstes Gegenüber eines Revolutionärs erkennen. Natürlich verrät das Verhalten der Kommunarden auch, dass sie wenig von (politischer) Ökonomie und den Mechanismen der Geldwirtschaft verstanden. Aber auch im Jahre 2008 des global abrollenden Börsenkrachs wurde deutlich, dass sog. „Wirtschaftsweise“ und Direktoren von Banken nicht allzu viel von der Wissenschaft „Finanzwirtschaft“, die offensichtlich eben nicht als Wissenschaft gelehrt und betrieben wird, verstehen und so wird auch der Bankier von 1871 mit größter Wahrscheinlichkeit eine nur graduell bessere Kenntnisse gehabt haben als die Kommunarden. Dennoch, die Kluft wird beachtlich gewesen sein, denn der Konflikt zwischen Bank und Rat der Commune wurde nie entschieden. Die Commune blieb weiterhin Bittstellerin, wenn sie Bargeld bekommen wollte.[84]

Es muss aber nicht unbedingt die finanzpolitische Ignoranz der Revolutionäre gewesen sein, die sie davor zurückscheuen ließ, die Bank von Frankreich ganz einfach in ihren Besitz zu nehmen. Wenn der Ingenieur Charles Beslay in seinen Memoiren sich damit rechtfertigt, dass im Grunde alle politischen Richtungen der Commune auch sein Verhalten in der Bank gutgeheißen hätten, ist das nicht einfach mit einem „Rechtfertigungsversuch“

33 Das von Spanien massenhaft geraubte Gold aus Süd- und Mittelamerika hatte in Spanien zur Vernichtung des heimischen Wirtschaftslebens durch die Auslösung einer zerstörerischen Inflation geführt.

84 Ein solches Wissen stand seinerzeit allerdings schon mit dem Werk der politischen Ökonomie *Das Kapital* von Karl Marx zur Verfügung; der erste Band erschien 1867, aber das Werk war 1871 noch nicht auf Französisch erschienen. Dennoch konnte Marx über die französische Sektion der sog. „Ersten Internationalen Arbeiterassoziation“ (IAA) vom fernen London aus Ratschläge erteilen. Für ihn war denn auch der „heilige Respekt vor der Bank von Frankreich“ ein Kardinalfehler der Commune.

vom Tisch zu wischen. Die Kommunarden hatten nicht „Respekt“ vor der mächtigen Institution Bank von Frankreich. Sie hatten vor gar keiner Institution und Person Respekt. Aber sie verfolgten private und in ihren Klubs diskutierte und somit allgemein geteilte politische Überlegungen, die nicht zu Dekreten formuliert und öffentlich angeschlagen wurden. Diese vielleicht diffusen Meinungen können somit als Ausdruck einer Hilflosigkeit angesehen werden – wie in diesem Fall – vor der allmächtigen Bank. Damit sei das Verhalten der Commune gegenüber der Bank nicht gerechtfertigt oder entschuldigt. Im Gegenteil, es war – wie gesehen – tatsächlich eine Art der „Beihilfe zum Selbstmord“, die Bank weiter wirken zu lassen, da man sie nicht kontrollierte und es ihr so ermöglichte, Gelder an Versailles zu geben, mit denen die Kanonen und Gewehre angeschafft werden, die der Commune den Tod brachten.

Auch diesen Kommunarden stellte sich die oben formulierte Frage, ob sie in ihrem Handeln so „souverän“ sein *konnten* (wie sie vielleicht gerne *wollten* oder meinten zu sein), den unwiderruflichen Bruch mit der Versailler Regierung dadurch herbeizuführen, dass sie das „Allerheiligste“ der bürgerlichen Versailler Regierung attackierten, obwohl (oder gar „weil“) sie sich der Gefahr bewusst waren.

Von der ersten überschwänglichen Minute des Machtbesitzes bis zur letzten des Todeskampfes ist die Commune stimmig in ihrer politischen Handlungsweise, dass gleichsam „vor dem Richterstuhl der Geschichte“ (man muss es wirklich so hochtrabend sehen) auf keinen Fall die Commune Verbrechen oder Inhumanitäten begehen dürfe und sie im Unterschied zu allen bekannten düsteren Kapiteln der Menschheitsgeschichte ein neues schreiben werde, das von dem Grundgedanken „Alle Menschen sind Brüder“ geprägt ist. Dieser Sieg der Durchsetzung von Menschheitsidealen verlangte ab dem 18. März 1871 ihre erste Bewährung angesichts der Kräfte, die jetzt wieder zu herrschen versuchten unter der Trikolore von 1789 und die sich mit dem Namen „Republik“ schmückte – eine Republik, die in ihrer Regierung bewusst wieder die Elemente hätschelte, die Frankreich in den Krieg mit Preußen geführt hatten, die weltweit (Mexiko, das heutige Vietnam, Algerien etc.) Franzosen in koloniale Abenteuer schickte und das arbeitende Volk drangsalierte, eine Republik, die unter ihrem schon als „Schlächter“ bekannten Präsidenten Thiers Abgeordnete aufnahm, die weiterhin die Monarchie (der Bourbonen wie Bonapartisten und Orleanisten) einführen wollten und weitere Gestalten, die nicht nur den Krieg gewollt hatten, sondern ihn auf Grund ihrer „Verderbtheit“ (persönliche Bereicherung) auch noch landesverräterisch agierten (Preisgabe von Elsass und Teilen Lothringens) und bei der ersten Gefahr mit ganzen Armeen kapituliert hatten (Metz, Verdun). Die „ersten Kontakte“ mit der Versailler Regierung schienen der Grundüberzeugung der „Verbrüderung“ Recht zu geben: Als gleich am ersten Tag der Commune, dem 18. März, die Versailler Regierung aus Paris alle Kanonen abtransportieren wollte, konnte dies, ohne dass es zum Blutvergießen kam, dadurch verhindert werden, dass die Versailler Linientruppen von dem Freiheitsgedanken der Commune überzeugt werden konnten und sich mit den Kommunarden verbrüderten.

Dieser „klassisch-falsche Lernprozess“ verstärkte die Überzeugung, dass doch „alle Franzosen Brüder“ seien und deshalb ein Bürgerkrieg vermeidbar wäre. Und dieses Mal sollte auf die „revolutionäre“ Weise, die korrupte und reaktionäre Versailler Regierung durch Verbrüderung mit ihren Soldaten isoliert und die Macht von der Gewalt getrennt werden. Im Sinne des Menschheitsideals könnte so die gewaltfreie Macht mit der Volkssouveränität verbunden werden, um sie damit letztendlich aufzuheben. Dies sind Gedanken, die den sog. „utopischen Sozialisten“ eigen und in dem Modell von Proudhon enthalten sind und damals die zahlreichste Gruppierung der „Linken“ in ihren Debattierklubs begeisterten. Diese so freien Gedanken sind jedoch Bedingungen des wirklichen Denkens, die das Denken und Empfinden einschränkten angesichts der Realität, die darauf aus war, ihre Macht mit allen zur Verfügung stehenden Gewaltmitteln durchzusetzen und den Menschheitsfreunden den Garaus zu machen. Den Versaillern jedenfalls war es Recht, sowohl ihre Staatsbank unangetastet zu wissen, sich ihrer im mörderischen Kampf gegen die Commune zu bedienen und zugleich die Kommunarden als Räuberbande, die sich an öffentlichem und privatem Gut vergreife, diffamieren zu können.

Aus dieser Sicht ist der „Respekt vor der Staatsbank“ als politisches Signal zu einer Verbrüderung mit allen arbeitenden Menschen, Soldaten und Bauern zu werten, selbst wenn sie unter feindlichen Regierungen leben und für sie arbeiten, obwohl es natürlich aus heutiger Sicht eine politische Dummheit darstellt, was allerdings bestenfalls nur einer Handvoll von Zeitgenossen damals klar war.

Die Kommunarden waren nicht „frei“, „souverän“, sich von diesem

Wunschdenken zu lösen. So klingt es schon fast rührend, wenn man heute die im *Journal officiel* vom 4. Mai 1871 offen gelegte Bilanz der Commune liest, die zeigt, wie sorgfältig, penibel bis auf den letzten Centime, die Einnahmen und Ausgaben aufgelistet werden und mit dem sichtlichen Stolz abschließen, ein Guthaben von 875.827,50 Fr. erwirtschaftet zu haben (es muss allerdings auch erwähnt werden, dass lediglich ganze 1.000 Fr. für das Unterrichtswesen bereitgestellt wurden).

Die Kommunarden waren „frei", sich positiv oder negativ zu diesem – hier abschätzig – genannten „Wunschdenken", zu diesem hohen moralisch-politischen Anspruch zu verhalten. Das heißt, sie konnten Fehler machen, denn keiner und keine (politische) Gruppierung kann sich davon befreien.

### *Das Militär (1)*
### *Die Einführung der Demokratie für das Militär durch das Militär*

Wenn irgendeine Institution das Paradebeispiel für eine autoritäre Struktur ist, dann ist es zweifelsohne das Militär. Denn was ist die Organisierung von Gewalt, wenn nicht ohne Einschränkung ausgerichtet auf die Unterbindung des (gegnerischen) Willens und dies nicht anders denkbar zu sein scheint, als auch die einzelnen Willen den eigenen Kräften dem unbedingten Gehorsam der militärischen Führung zu unterstellen. Das Militär ist schließlich seit Clausewitzens grundlegender Erkenntnis nichts anderes als ein ganz besonderes Instrument – neben anderen – der politischen Führung, das bedingungslos dem Willen dieser Führung zu gehorchen hat.

Nun ist aber die Commune de Paris, ein Produkt der Nationalgarde, womit all das zuvor Gesagte auf den Kopf gestellt wird.[85] Es mag gut und demokratisch zugehen, wenn der Bürger sich auch in Uniform als Souverän fühlt, aber kann er dann mit seiner Institution „Militär" überhaupt einen erfolgreichen Kampf gegen eine bestens ausgebildete Versailler Linientruppe bestehen und siegen?

Auch hier in Kürze einige Bemerkungen zu der französischen Nationalgarde, bevor solche Fragen nur annähernd zufrieden stellend beantwortet werden können und man sich dem krassen Widerspruch stellen kann: Ist eine militärische Unterordnung des Bürgers vereinbar mit seiner Souveränität?

[85] So sollten ja allerdings Revolutionen sein, wenn sie ihren Namen verdienen wollen.

Ist es seitens einer Commune ihren Bürgern zumutbar, mit zwei getrennten „Seelen", dem politischen Bewusstsein (strategische Fragen nach dem politischen Ziel des militärischen Einsatzes) und dem taktischen Verhalten (zugespitzt ausgedrückt: blinder Gehorsam gegenüber der politischen Zielsetzung) leben zu müssen?

Die so genannte „garde nationale" – eine Bürgermiliz – hat ihre Ursprünge im Jahr der Französischen Revolution 1789 und wurde nach den turbulenten Herbstereignissen in allen Kommunen Frankreichs eingerichtet mit der Funktion, für „Ruhe und Ordnung" zu sorgen. In Paris unterstützte sie (im Unterschied zur Provinz) während der Belagerung durch die Preußen die regulären Aufgaben des Militärs („Linienregimenter") und der Polizei. Nach 1871 wurde sie abgeschafft.

Die Nationalgarde war keine „mobile" Einheit, sondern „ansässig" in ihrer Kommune. Nur in Ausnahmesituationen, wie bei dem englischen Angriff auf Walcheren im Jahr 1809, bildete sie die zweite Angriffs- und Verteidigungslinie der regulären Truppe. Auf Grund des Gesetzes vom 1. Februar 1868 wurde angesichts einer erwarteten preußischen Bedrohung der Hauptstadt aus Teilen der Nationalgarde eine „mobile" Kampfeinheit gebildet, die sog. Mobilgarde (garde nationale mobile) und seit dem französisch-preußischen Krieg mit dem Dekret vom 14. Oktober auch die „sesshafte" Nationalgarde für den Krieg mobilisiert. Seit ihrem Ursprung von 1789 war die Verfassung der Nationalgarde „demokratisch". Die Gardisten selbst wählten ihre Offiziere und Unteroffiziere (dieses Recht wurde zuletzt noch am 2. September und 16. Oktober 1870 bestätigt). Nur wohlhabende Bürger leisteten ursprünglich diesen freiwilligen Dienst an der Gemeinschaft und erhielten eine finanzielle Zuwendung, die der Bezahlung von drei Arbeitstagen gleichkam. Seit 1789 war den jeweiligen Regierungen diese Institution genehm, sofern sich die Nationalgarde ihren Anweisungen fügte (was sie auch gegen die revoltierenden Arbeiter 1830 und 1848 tat).

Die Erfahrungen der bürgerlichen Gesellschaft mit der politischen Orientierung der Nationalgarde im Jahre 1792 und der Mobilgarde von 1848 (die sich auch aus der Arbeiterklasse rekrutierte) stießen allerdings schon vor den Waffenstillstandsverhandlungen der republikanischen Erben des II. Empire auf Misstrauen, da sich die soziale Zusammensetzung der Nationalgarde verändert hatte: In Paris bestand sie inzwischen überwiegend aus radikalisierten Anhängern der Arbeiterschaft, die zudem in Folge der durch die Be-

lagerung erzwungenen Arbeitslosigkeit und der allgemeinen politischen Radikalisierung einen politischen Faktor darstellte, der bei den Waffenstillstandsverhandlungen unbedingt berücksichtigt werden musste, wollte man einen Aufstand verhindern. 1871 bei Gründung der Commune de Paris blieb das Bild der Nationalgarde erhalten: Die vorwiegend aus Arbeitern aus den Vororten von Paris gebildeten Nationalgarden galten als „unsichere Kantonisten" und gerieten mit den bürgerlichen Nationalgardisten in den schon von früher erfahrenen sozialen Konflikt, der sich allerdings rein zahlenmäßig zu Ungunsten der bürgerlichen Schichten entschied, so dass in Reaktion hierauf, alle bekannten bürgerlichen Vorurteile gegen die Arbeiterklasse reaktiviert wurden (kurz zusammengefasst galten sie als „unzivilisiertes, räuberisches Chaotengesindel"). Diese Abneigung auf Grund des Klassendünkels verstieß jedoch gegen das alte und hochgehaltene Prinzip der sich selbst verteidigenden Bürgerschaft (s.o. „Rechte und Pflichten" des Souveräns Volk).
Zur Zeit des französisch-preußischen Krieges hatten noch die letzten Gesetze des sterbenden Kaiserreichs eine militärische Ausstattung und Förderung der Nationalgarde vorgenommen: Dies geschah im Herbst 1870 nach der Zerschlagung von zwei Armeen (Sedan am 2. September und Einschließung der Armee von Metz). Besonders auf Grund des preußischen Vordringens auf Paris geschah eine vom Kaiserreich beschlossene Vergrößerung der Nationalgarde, um gleichsam als Reservearmee den Preußen standzuhalten, nachdem alle Linienregimenter versagt hatten. In Paris vergrößerte sich der Bestand von 25.000 Mann – auf diese Zahl hatte Napoleon III. sie noch vor dem Krieg reduziert – zunächst um weitere 60 Bataillone und schließlich wurden bis zum September 254 Bataillone mit 300.000 Kämpfern unter dem General Trochu gezählt.
Zu erwähnen wäre noch ein an sich gesondert zu behandelndes Gebiet der Kriegsgeschichte: die Bildung von Freischärler-Legionen aus jedem der zwanzig Stadtteile (Arrondissements), die sich freiwillig den Nationalgarden zuordneten (mit klingenden Namen wie „Rächer von Flourens"[86] oder „Schützen von Belleville"[87]). Es gab entsprechend des neuen militärischen Auftrags Einheiten der Kavallerie, der Artillerie, der Pioniere und der Feuer-

86 Gustave Flourens, Mitglied der Commune de Paris, wurde im April 1871 von Versailler Soldaten in Rueil-Malmaison ermordet.

87 Belleville, Stadtteil von Paris, Arbeiterhochburg.

wehr. Ihre Bezahlung betrug 1,50 Fr. am Tag mit einer zusätzlichen Ernährungshilfe, die von den jeweiligen Bürgermeistereien geleistet wurden.

Die demokratische Verfassung der Nationalgarde wurde in ihren Statuten vom 10. März (veröffentlicht am 21. März 1871) festgeschrieben:
Die Generalversammlung („Assemblée générale“) der Nationalgarde setzt sich zusammen aus den Delegierten
a) des „untersten Kreises“ der hierarchischen militärischen Struktur: aus dem „Kreis der Kompanien“

- pro Kompanie wird ein Delegierter für die Generalversammlung gewählt und zwar unabhängig von seinem militärischen Rang und
- pro Kompanie ein Offizier und
- der Kommandant des Bataillons ist vertreten; alle Delegierten sind von denen, die sie gewählt haben, auch absetzbar;

b) des „mittleren Kreises der Bataillone“ (mehrere Kompanien bilden ein Bataillon):

- ein Delegierter für die Generalversammlung;
- zwei Delegierte pro Kompanie, unabhängig von ihrem militärischen Rang;
- ein delegierter Offizier für die Generalversammlung;
- der Bataillonschef;

c) des „Kreises ‚Rat der Legion'“ (in jedem Stadtbezirk – Arrondissement – gab es einen ‚Rat der Legion'):

- drei Delegierte aus dem Kreis der Bataillone, unabhängig von ihrem militärischen Rang und
- alle Bataillonschefs.

d) Die „Spitze der militärischen Hierarchie“ bildete das Zentralkomitee. Mitglieder des Zentralkomitees waren:

- drei Delegierte aus jedem Stadtbezirk (Arrondissement), unabhängig von ihrem militärischen Rang, gewählt vom „Rat der Legion“ und
- ein Bataillonschef pro Legion, gewählt von seinen Kollegen.

Diese, auch auf den zweiten Blick, recht komplizierte Struktur enthält einige ungewohnte demokratische Bestimmungen. Das direkte und imperative Mandat (Delegierte werden für bestimmte Aufgaben gewählt und sind an ihrem Auftrag gegenüber den Wählern gebunden) ist schon angesprochen. Die jederzeitige Rechenschaftspflicht und Absetzbarkeit sind ebenfalls thematisiert worden. Es kommt aber noch Neues hinzu: In der Präambel der veröffentlichten Fassung der Statuten (21. März 1871) wird das Prinzip der kommunalen Autonomie der Commune reklamiert und jede Einmischung in Angelegenheiten der Kommunen, aus denen die Republik Frankreich gebildet werden sollte, zurückgewiesen.[88] Weiterhin wurde beschlossen, dass die Nationalgarde die einzige militärische Formation sei und alle anderen aufgelöst werden. Schließlich enthalten die Statuten eine Mixtur aus allgemeinen Aufgaben (hier: Verteidigung der Commune de Paris), die sich aus der „Komposition" – oder Addition? – der lokalen Basis (in den Stadtbezirken) der militärischen Einheiten ergibt.

Wie auch immer diese demokratische Struktur des Militärs gewertet werden mag, sie offenbart zwar einerseits bedenkenswerte Anregungen für eine demokratische Verfassung, zeigt aber auch andererseits deutliche Schwächen auf, wenn es darum geht, eine effektive Verteidigung der Commune zu garantieren. Die Realität hat dann auch leider gezeigt, dass Nationalgardisten sowohl die gestellten Aufgaben vernachlässigten, die die Commune allgemein betrafen (vor allem die Besetzung und Sicherung der Forts und Schanzwerke sowie der Ringmauern) und auch während des Kampfes ihren Posten verließen, nicht um überhaupt zu desertieren, sondern um „lieber" ihr Quartier, ihren Stadtteil zu verteidigen. Gleiches gilt für die Kommission, die den Barrikadenbau durchführen sollte. Sie hatte es nie geschafft, einen Plan aller Barrikaden der Stadt, die zusammen ein Verteidigungssystem bilden müssten, aufzustellen, geschweige denn in die Tat umzusetzen. „Stattdessen" heißt es in den Statuten vom 10. März pathetisch:

> „Wir sind die unerbittlich feste Barriere, die gegen jeden Versuch errichtet wurde, die Republik zu stürzen. Wir wollen nicht mehr fremdbestimmt leben, wir wollen keine Monarchien, noch Ausbeuter oder Unterdrücker irgendeiner Art, die, wenn sie Ihresgleichen als Eigentum behandeln, sie zur Befriedigung ihrer schlimmsten Neigungen benutzen. Die französische Republik, danach die universelle Republik… Die freien Bürger herrschen über sich selbst nach eigenem Gutdünken…"

[88] La République, étant le seul gouvernement de droit et de justice, ne peut être subordonnée au suffrage universel.

Was den quantitativen und qualitativen Aspekt der Nationalgarde von Paris angeht, gibt es in der Literatur erhebliche Differenzen. Rein nominell ging die Commune de Paris selbst davon aus, dass sich 300.000 Nationalgardisten in Paris befinden (erste Proklamation des Zentralkomitees an das Heer). Das Dekret der Commune vom 29. März verkündete die Auflösung des stehenden Heeres (der sog. Linientruppen), so dass sich die Stärke der Nationalgarde um eine nicht bekannte Zahl hätte erhöhen müssen wegen der in Paris verweilenden anderen Truppenteile. Am 3. Mai spricht die Commune jedoch von nur 162.250 Soldaten und 6.507 Offizieren. Andererseits spricht der Kriegsdelegierte der Commune, General Gustave Cluséret, am 5. April von nur 41.500 Kämpfern. Allerdings müsste man in jedem Fall die Besatzungen der Außenforts von Paris hinzuzählen, deren Stärke zwischen 12 und 15.000 Mann betrug. Vorsichtig geschätzt verfügte die Commune zu Beginn der Kämpfe über etwa 80.000 Nationalgardisten, eine Zahl, die schnell nach der ersten Niederlage (3.-4. April) schmolz.[89]
Was die Bewaffnung angeht, so zählte der Artilleriepark 1740 Geschütze und Mitrailleusen;[90] von den Geschützen waren allerdings nur 320 gefechtstüchtig (dies die niedrigste Zahl; exakte Daten gibt es nicht).
Letztere Information sagt schon einiges über die Qualität der Bewaffnung und die der Truppe aus: Um die militärische Disziplin stand es nicht zum Besten wie auch nicht um die Ausbildung der Offiziere, deren militärtheoretische Kenntnisse bezweifelt werden dürfen – ein Nachteil des Wahlsystems. Auch Kampferfahrungen machen aus einer Armee noch keinen ernst zu nehmenden Gegner. Es waren die Erfahrungen mit der eigenen korrupten und unfähigen militärischen Führung im französisch-preußischen Krieg, welche die französischen Linientruppen demoralisierten (Tombs 1981: 12f.). Entscheidend für die Schwäche der französischen Armee war zudem, dass ihre Soldaten so „abgerichtet" waren, dass jede Eigeninitiative vollkommen unterdrückt war – dies im Unterschied zu den preußischen Truppen (s.w.u.). All diese militärischen Nachteile, die im französisch-preußischen Krieg offenbar wurden, blieben auch unter dem Festungsgeneral Trochu, eingesetzt von der Republikanischen Regierung, um die Verteidi-

89 Eventuell hinzuzurechnen wären je ein Bataillon bestehend aus Kindern und Jugendlichen (bewaffnet, uniformiert und kaserniert in der Prince-Eugène-Kaserne am Place du Château-d'Eau) sowie eins aus Frauen gebildet (Milza 2009: II, 220).

90 Frühes Modell eines schweren Maschinengewehrs.

gung der von den Preußen eingeschlossenen Festung Paris zu befehligen, erhalten. Objektiv betrachtet diente Trochu mit seiner schlampigen Einstellung zum Militärwesen und seiner Gleichgültigkeit gegenüber der Nationalgarde und ihrem Willen, Paris und Frankreich von den Preußen zu befreien, erheblich dazu bei, dass die Kampfesfähigkeit der Nationalgarde noch weiter untergraben wurde und er es damit letztlich der Versailler Regierung erleichterte, ihren Vernichtungsfeldzug gegen die Commune zu gewinnen und ihre Vorstellung von der Wiederherstellung der Ordnung zu verwirklichen und er eben nicht dem ursprünglichen Auftrag, den Krieg gegen den Norddeutschen Bund zu führen, nachkam (Paradis 2008: 102; 302).

Jedoch muss bei der Beurteilung – wie hier einer undisziplinierten Armee – Vorsicht geboten sein. Ein und dasselbe Phänomen (panische Flucht vor dem Feind, Disziplinlosigkeit, Ungehorsam gegenüber den Offizieren usw.) kann unterschiedliche Gründe haben und je nach Deutung auch entsprechend vermieden werden – wie z.B. die Abwesenheit von der Truppe, die ab Mai möglicherweise 20% der Nationalgardisten ausmachte (Paradis 2008: 317-321), denn sie war nicht unvermeidbar und widerspricht auch nicht logisch etwa einem Nachlassen des revolutionären Eifers.

Für die meisten französischen Kolonialkriege hatte es ausgereicht, einfach die waffentechnische Überlegenheit anzuwenden, um zu „siegen." Viele dieser Offiziere haben solche Erfahrungen gemacht und hatten es so leichter, sich an dem Mythos der „grande armée" berauschen zu können, bis sie von den Soldaten des Norddeutschen Bundes in die Realität zurückgeholt wurden. Die Disziplinlosigkeit der Kommunarden gegenüber der neuen Versailler Armee ist noch kein hinreichender Grund für ihre Niederlage. Noch im Gedächtnis aller Franzosen musste der recht erfolgreiche Kampf der spanischen Guerilla gegen die napoleonischen Truppen vom März 1808 (der allgemeine Aufruf zum Aufstand erfolgte im Dezember 1808) gewesen sein.[91]

Andererseits zeigte das Beispiel der von Grund auf neu geschaffenen Versailler Armee durch Thiers, dass innerhalb weniger Wochen durch eine sorgfältige Auswahl der ideologischen Einstellung der Soldaten, ihre materiell gute Behandlung und ein ständiges Einüben von Disziplin und Kampftechnik, eine für Thiers Zwecke brauchbare und erfolgreiche Kampftruppe aufgestellt werden konnte. Zahlen sagen natürlich nicht alles, dennoch: Die Ver-

[91] Sehr beeindruckend in Goyas Gemälden (wie 1810 *Die Erschießung der Aufständischen vom 2. Mai 1808*) und in den Zeichnungen (*Desastres de la guerra*, 1810-1814).

sailler Armee verlor bei den Pariser Barrikadenkämpfen insgesamt 7.600 Mann an Toten, Verwundeten und Verschollenen, wohingegen die Commune – um eine vorsichtig geschätzte mittlere Größe anzugeben – 20.000 Kämpfer verlor (eingeschlossen der von den Versailler Truppen begangenen Massenmorde an Gefangenen und „Verdächtigen", auch an Frauen und Kindern). Erinnert man sich an die Zahlenverhältnisse aus dem französisch-deutschen Krieg, so sieht man dieselben Relationen, nur dass diesmal die neue staatliche Armee von Thiers „preußische Siege" davontragen konnte.

Welchen Vorwurf soll man den Kommunarden machen? Welcher wird ihnen auch nur annähernd gerecht? Worin bestand ihre „Unfreiheit", obwohl sie doch alles taten, um Souverän ihrer selbst im Namen von Paris, von Frankreich und der Menschheit zu sein?

Viele Faktoren sind hier ausgeblendet, die weitere Facetten der sozialen und historischen Situation dieser Revolution bildeten. So sind die Folgen der Isolation der belagerten Stadt darzustellen und zu erklären, dann die Interessen der norddeutschen-preußisch-deutschen Politik, schließlich das politische Verhalten der anderen wichtigen europäischen Mächte, insbesondere Englands und Russlands, um nur einige äußere Faktoren zu nennen, die in die Revolution hineinspielten, ob die Kommunarden dies nun wollten oder nicht.

Greift man die unmittelbar wirkenden und wichtigsten äußeren Einflüsse auf, wie die Kriegssituation mit Deutschland, die Abriegelung der östlichen Hälfte von Paris durch die deutschen Truppen und der übrigen Teile durch die Versailler Regierungstruppen der „Nationalen Verteidigung", muss zugestanden werden, dass sich auch die Demokratie nicht aus sich selbst heraus und aus der Anhäufung der historischen Kenntnisse und der revolutionären Theorien (nur ein Stichwort: die Sozialutopie Proudhons) entfalten lässt. Zu bedenken ist, ob es einen unlösbaren und nicht („vor der Welt" und den „Idealen der Menschheit") verantwortbaren Widerspruch darstellt, in der denkbar äußersten Bedrohung der physischen Vernichtung, die neuen Demokratieformen schlicht auszusetzen. Marxens Reaktion ist klar und einleuchtend: Die Nationalgarde „hätte" sofort nach der Flucht der Regierung der Nationalen Verteidigung nach Versailles, diese, da sie in keiner Hinsicht in der Lage war, sich militärisch zu verteidigen, erobern müssen. Und auch, wenn sie Versailles verlassen musste, um irgendwo in Frankreich sich niederzulassen, hätte sie verfolgt werden müssen, um die Macht der Commune(n) zu sichern. Also ihre physische Existenz zu sichern, hätte nach Marx das erste Gebot sein müssen. Dies „hätte“ auch mit den recht schwachen Kräften der Nationalgarde (s.o.) erreicht werden können, wenn allein die vorhandene „revolutionäre Kampfeslust“ entfacht und genutzt worden wäre (Duncker 1969: 381).

Dahinter steht der Klischees zerstörende Gedanke, dass es nichts „Heiliges“ gibt, dass auch ein tiefster, humaner Wunsch nach Souveränität und Demokratie, wie sie von der Commune verwirklicht wurde, nicht unangesehen der Wirklichkeit – und das heißt: nicht gegen die Wirklichkeit – durchgesetzt werden kann. Dahinter wiederum verbirgt sich die Einsicht, dass das Gesetz des Handelns leider in der Regel von brutalen, die Menschenwürde verachtenden Kräften attackiert wird und deren Bekämpfung den Einsatz autoritärer Mittel erfordert. Und vor allem: Wenn die Existenz nicht gesichert ist – was nur durch die militärische Erringung der Macht in Frankreich bewirkt werden kann – sind alle Theorien und Ideale leer und nichtig – eitles Zeugs.

Der Faschismus hat gezeigt, dass er nur durch den mit aller Gewalt durchgeführten Krieg besiegt werden konnte. Entsprechend konnte die von Thiers geschaffene Tötungsmaschine nicht durch brüderliche Umarmungen gehemmt und bekehrt werden. All dies hatte die Commune auch schon geahnt, ohne allerdings danach zu handeln. Der Gründung des sog. „Wohlfahrtsauschusses“ lagen ähnliche Überlegungen zu Grunde.

*Politik*
*Der Wohlfahrtsausschuss*
*oder:*
*„Den Souveränitätsgedanken wie das Haupt der Meduse auf dem Schild vor sich her tragen“* [92]

„Le Comité de salut publique“ der Commune ist eine Wiederbelebung der gleichnamigen Institution aus dem Jahr 1793 (Beschluss des Konvents vom 6. April). Damals sollte er den unfähigen Verteidigungsausschuss ersetzen. Dessen Aufgaben bewältigte er tatsächlich zügig und zur allgemeinen Zufriedenheit der französischen Revolutionäre. Die Nationalversammlung erklärte am 10. Oktober die Regierung Frankreichs als „revolutionär bis zum Friedensschluss“ (Antrag des Mitglieds des Wohlfahrtsausschusses Saint-Just); das folgende „Dekret über die Revolutionsregierung“ (4. Dezember) zentralisierte alle Kräfte der Republik in diesen Ausschuss in Verbindung mit dem „Sicherheitsausschuss“, so dass offensichtlich in Folge dieser Maßnahmen der Kampf der europäischen Koalition gegen die Revolutionäre siegreich geführt werden konnte und auch die sog. „Föderalistenrevolte“ (Revolte von ca. 2/3 der Departements gegen den Sieg der „Linken“ – Montagne und Jakobiner – über die Girondisten) und der Aufstand der Vendée (wo sich die reaktionären Kräfte gesammelt hatten) niedergeschlagen sowie schließlich auch der Kriegshafen Toulon zurückgewonnen werden konnte.

Der Sicherheitsausschuss (Comité de Sûreté générale) hatte die Aufgabe, die innere Sicherheit zu überwachen und die Polizeigewalt auszuüben. Nach dem Sieg über die Girondisten war er für die Ausübung des Terrors (La Terreur) der Jakobinerherrschaft verantwortlich (z.B. mittels des Gesetzes gegen Verdächtige vom 17.9.1793). Beide Ausschüsse kooperierten und hielten allabendlich gemeinsame Sitzungen ab und unterzeichneten mehrheitlich die Verhaftungsbefehle.

Ohne zu detailliert auf die Vorgeschichte einzugehen, dürfte das Unbehagen der Commune auf Grund allein geringer Kenntnisse hiervon ausreichend

92 Meduse ist eine Gestalt aus der griechischen Mythologie. Als einzige von drei Schwestern, den Gorgonen, war sie sterblich. Um sie vor der Sterblichkeit zu schützen, wurde jeder, der sie anschaute, zu Stein verwandelt (diesen Vergleich zum Vor-sich-Hertragen der Menschfreundlichkeit der Kommunarden zieht Lissagaray 2000: 252).

verständlich sein: Einerseits schien die Institution des Wohlfahrtsauschusses die Rettung zu sein, indem militärdiktatorische Maßnahmen zur Sicherung der Commune ergriffen würden. Andererseits wollte man „aus der Geschichte lernen“ und keinesfalls diktatorische Willkürmaßnahmen ergreifen.[93]

Es musste schon Dramatisches geschehen, um die edlen – was nicht ironisch zu verstehen sei – demokratischen Ideale zugunsten der Rettung der physischen Existenz der Commune außer Kraft zu setzen: Am 30. April, während einer feierlichen Versammlung von Abgeordneten aus den Départements vor dem Rathaus (Hôtel de Ville), hörten die Anwesenden Rufe, dass das Fort d'Issy – *das* wichtige Tor, *der* Schlüssel zum Zentrum der Stadt – nicht besetzt sei. Das Fort d'Issy war tagelang von großkalibrigen Kanonen beschossen worden, die Laufgräben der Kommunarden vor dem Fort fast eingeschlossen, ihr Kommandant hatte keine Verstärkungen erhalten, er zog seine Gardisten zurück, ohne die Besatzung des Forts über diesen Rückzug zu informieren, einige meuterten angesichts des heftigen Beschusses durch die Versailler, so dass der Rückzug aus dem Fort lediglich vor Ort beschlossen wurde, nachdem die dortigen Kanonen unbrauchbar gemacht wurden – wie sie meinten. Nur wenige verblieben, um wenigstens die Ehre zu retten. Ein Versailler Offizier gab ihnen eine Viertelstunde sich zu ergeben, ansonsten würden sie erschossen. Sie antworteten nicht und die Versailler wagten dennoch nicht vorzudringen. Erst gegen Abend wurden die Verteidigungspositionen wieder von den Föderierten besetzt, die Funktionsfähigkeit der Kanonen wiederhergestellt.

Schon am 28. April hatte es einen Antrag gegeben, ein „Comité de Salut public“ zu schaffen, allen anderen Kommissionen überzuordnen, um auch dafür zu sorgen, dass die „Köpfe der Verräter rollten“, da die Exekutivkommission, der die Kriegsführung unterstand, unfähig war. Glaubt man Lissagaray (2000: 251), hatte kein Mitglied des Rates (Conseil de la Commune) genauere Kenntnisse des historischen „Comité de salut public“ von 1793, außer der, dass ein Wohlfahrtsausschuss die Bürger geradewegs zur Guilloti-

[93] Der „Große Wohlfahrtsausschuss“ der Jakobiner mit seinen zwölf Mitgliedern, unter ihnen die berühmten Carnot, Saint-Just und Robespierre, vereinigte alle exekutive Gewalt auf sich und hatte mit der Erklärung der Menschenrechte von 1789 nicht mehr viel gemein, da er entschied, wer „Feind des Volkes“ sei und unter die Guillotine gelegt werden sollte.

ne[94] führte und so reagierte man auf dieses Wort als ein Reizwort, die Diktatur einzuführen. Die Annahme des Antrags auf Einrichtung eines Comité de salut public spaltete zum ersten Mal die Commune in eine Mehrheits- und Minderheitsfraktion (am Ende gab es 45 Stimmen pro und 23 contra) und schwächte sie, zumal am nächsten Tag die abweichenden Meinungen mit ihren Begründungen im „Journal officiel" veröffentlicht wurden.
Louis Charles Delescluze, Mitglied des Rates der Commune, danach der Exekutiv-Kommission und der Kriegskommission, verlautbarte nach der Räumung des Fort d'Issy, dass er immer schon eine einheitliche politische Direktive verlangt habe, was aber vergebens gewesen sei. Da einerseits der Rat nun den Wohlfahrtsausschuss beschlossen sowie Funktionsträger bestimmt habe, aber andererseits keine gemeinschaftlichen Handlungen erkennen ließ, blieb es unklar, welche Aufgaben der Kriegskommission nun verblieben. Es sei klar gewesen, dass die Kriegsführung Aufgabe des Zentralkomitees der Nationalgarde sei, dass er aber nicht wisse, ob dieses überhaupt etwas tue. Denn nähme sie ihre Aufgabe ernst, müssten alle Verteidigungsmaßnahmen zusammengefasst werden. Angesichts dieser Zustände müsse der Wohlfahrtsauschuss schon als vernichtet gelten, allein schon durch das Gewicht der Erinnerungen, mit dem man ihn belaste und so könne er noch nicht einmal Aufgaben übernehmen, wie sie irgendeine einfache Exekutivkommission wahrnimmt. Sein Protest traf wohl das Wesen der Maßnahmen, die die Commune so oft halbherzig beschloss, in der vorherrschenden Besorgnis, die demokratischen Errungenschaften zu verlieren und sich damit von dem Volk und der neuen, großen, demokratischen Idee zu entfremden[95] und ebenso halbherzig Maßnahmen durchführte.
Alles entscheidend, auch für das spätere Verständnis, ist die Erprobung in der Praxis. Die Praxis von 1871 hat u.a. gezeigt, dass, selbst wenn ein Offizier (s.o. Verlassen des Fort d'Issy) anschließend abgesetzt wird und der Schaden für die Commune insgesamt schon eingetreten ist, dieser nicht „professionell" handelnde Offizier, noch nicht einmal harte, persönliche Konsequenzen erleiden musste: Er wurde nicht als „Verräter" hingerichtet –

[94] Am 9. April wurde die Guillotine, das „Werkzeug des Terrors und der Unterdrückung am Place Voltaire feierlich verbrannt.

[95] Noch böser äußert sich der Commune-kritische Émile Zola (*Le Sémaphore de Marseilles* vom 14. Mai 1871), der dem Comité sein schlimmes Ende meint vorhersagen zu können: Der Rat der Commune hält das Comité wie eine „Bulldogge, die Passanten zu beißen abgerichtet ist, an der kurzen Leine, an der sie ersticken wird".

denn dies widersprach der allgemeinen, humanitären Gesinnung. Auch kein Nationalgardist, der etwa entgegen dem Befehl, im Fort d'Issy dem Bombardement standzuhalten, flüchtete, wurde hingerichtet. Dies ist selbstverständlich kein Plädoyer für standrechtliche Erschießungen. Es geht hier um eine politische Diskussion und damit um die Erörterung, ob vorausschauendes Denken, zu dem nun einmal Menschen fähig sind, zu moralisch universal gültigen Urteilen kommen kann und diese auch der menschlichen (historischen, politischen, sozialen etc.) Wirklichkeit angemessen sind, mit der Perspektive, menschenwürdigeres Leben auf unserem Planeten zu erreichen. Dazu gehören Konfliktsituationen wie Kriege und ihre praktische Lösung. Hinter dieser politischen Diskussion steht das alte philosophische Problem: Die Frage nach dem Zusammenhang von Mittel und Zweck. Wenn wir ablehnen, dass das „Mittel den Zweck heiligt", dass also die autoritäre Kriegsführung gerechtfertigt ist, um das Ziel „Sieg über den Feind" zu erreichen, haben wir leider noch keine positive Antwort für die Bewältigung der wirklichen Situation gefunden. Die römische Praxis der „Dezimierung" – die Erschießung jedes zehnten Legionärs bei „Insubordination" (Befehlsverweigerung, Fahnenflucht etc.) – mag seine „Erfolge" gehabt haben, hat aber wenig mit den Bemühungen um eine Humanisierung des Krieges zu tun, die, so paradox der Ausdruck erscheinen mag, doch in der Menschheitsgeschichte nachweisbar ist (man denke an die Versorgung von Verwundeten). Eine Dezimierung ist keine Lösung (sie enthält dasselbe Maß an Willkür). Es gibt andere Verfahren, allein, während der Commune gab es in der Regel keine Konsequenzen und dies hatte Konsequenzen für die Commune.

Das Leben der Nationalgarde auch unter dem Beschuss der Versailler Regierung bestand allerdings nicht nur in ihrer militärischen Aufgabe, mit der sie etwa Tag und Nacht beschäftigt war. Die erwähnte Publikation der begründeten Voten für bzw. gegen die Errichtung des Wohlfahrtsausschusses griff auch in die Realität der Gardisten ein, insofern sie in den Bistros, in den Klubs, mit den Nachbarn diskutiert wurden und Rückwirkungen auf die individuelle Meinungsbildung und schließlich das praktische Verhalten auch im Kampf zeitigte. Die Atmosphäre in Paris während der norddeutschen und Versailler Belagerung schaffte soziale Nähe gekoppelt mit intensivsten politischen Auseinandersetzungen. Soziale Nähe und Politik waren eins. Das Bistro ist der traditionelle französische, männliche Treffpunkt, wo

die allgemein- und tagespolitischen Probleme erörtert werden und Meinungsbildung entsteht.[96]
Dies ist in der sog. Postmoderne kaum vorstellbar und vielleicht eher noch mit der klassischen griechischen Antike vergleichbar, wenn die mußevollen, freien (da von Arbeit befreiten) Bürger in ihrer überreichen Freizeit als Lebensgestaltung Fragen der Moral und Politik des Gemeinwesens diskutierten. Noch viel lebendiger ging es in Paris zu und es war auch erwünscht, dass dies geschah, da das Selbstverständnis der Pariser Regierung darin bestand, eine lebendige „Regierung des Volkes" zu sein und zwar schon dadurch, dass sie Kritik und Anregungen des Volkes aufnahm und diese zu Verlautbarungen, Einrichtungen, Gesetzen etc. gestaltete, womit sie zu einer „Regierung für das Volk" werden konnte.
Ein Zwischenresümee zu ziehen, ist sehr schwierig: Die revolutionäre Tradition der Bürgermiliz (1793) mit ihrem Verfahren der (Ab-)Wählbarkeit von Offizieren muss als Grundüberzeugung der französischen Revolutionäre zur Kenntnis genommen werden. Die Frage muss allerdings erlaubt sein, warum überhaupt noch Offiziere benötigt werden, wenn doch im Konfliktfall jeder Offizier seine Vorrangstellung verlieren kann? Denn ein Befehl, der einzelnen Nationalgardisten in der Situation des Gefechts als unsinnig erscheinen mag, kann dennoch im Sinne einer diese Situation übergreifenden taktisch-strategischen Planung richtig sein und z.B. an anderer Stelle viele Leben retten. Wie hängen also die beiden – und zwar nicht identischen – Begriffe von Gleichheit (ein Ideal) und Rangunterschied (mit Sicherheit kein Ideal, sondern ein soziales Ordnungsprinzip) zusammen? Schließen sie etwa einander aus, wie man auf den ersten Blick meinen möchte? Die begriffliche Verkürzung auf „autoritär-antiautoritär", wobei letzteres identisch mit „freiheitlich" sein soll, erzeugt ein falsches Bewusstsein. Hierzu ein kurzer Exkurs mit Friedrich Engels:

> „Nehmen wir als Beispiel eine Baumwollspinnerei. Die Baumwolle muss mindestens sechs aufeinander folgende Operationen durchlaufen, bevor sie die Gestalt des Fadens annimmt, Operationen, die – zum größten

[96] Aus dieser Tatsache macht die Versailler „Ordnungspartei" das Maximum an Desinformation und Verunglimpfung der Commune (in manchen Geschichtsbüchern kann man heute noch die Nachwirkungen feststellen): Demnach seien die Nationalgardisten ständig betrunkene und randalierende Typen gewesen (Milza 2009: II 244).

Teil – in verschiedenen Sälen vor sich gehen. Außerdem braucht man, um die Maschinen in Gang zu halten, einen Ingenieur, der die Dampfmaschine überwacht, Mechaniker für die laufenden Reparaturen und viele ungelernte Arbeiter, die die Produkte von einem Saal in den anderen zu schaffen haben etc. Alle diese Arbeiter, Männer, Frauen und Kinder sind gezwungen, ihre Arbeit zu einer Stunde zu beginnen und zu beenden, die von der Autorität des Dampfs festgesetzt ist, der sich keinen Deut um die individuelle Autonomie kümmert" (MEW Bd. 18, 1973: 305-308).

Friedrich Engels bekämpfte mit diesem Aufsatz die zeitgenössische Strömung des Anarchismus, indem er ihr Verständnis von Freiheit auf die Weise kritisiert, dass die objektiv vorhandenen Bedingungen, unter denen sich frei wähnende Menschen leben, außer Acht gelassen werden. Diese Bedingungen sind nicht nur ökonomischer Natur,[97] sondern, weil Arbeitsteilung herrscht, in allen Bereichen der Gesellschaft; folglich sind auch individuelle Handlungen und individuelles Denken in diesem Sinne nicht frei: Erklären die Versailler der Commune den Krieg, ist die Commune nicht mehr „frei", sie muss z.B. ihr Geld u.a. für die Herstellung von Gewehren ausgeben und ihre kollektive Intelligenz zum überwiegenden Teil auf diesen aufgezwungenen Krieg verschwenden. „Freiheit" mit „Autonomie" gleichzusetzen, ist, zu Ende gedacht, Unsinn. Daraus folgt, dass die Bedingungen sozialen und individuellen Denkens und Handelns berücksichtigt werden müssen, ansonsten den Individuen und der Gesellschaft bzw. Commune Unheil geschieht.[98]

Auf einer höheren begrifflichen Ebene hat sich der Gegensatz von „Gleichheit" und „Autorität" als fehlerhaft herausgestellt. Vordergründig meint man den idealistischen Gedanken der individuellen und kollektiven „Autonomie der Vernunft" aus den Geschehnissen seit Gründung der Commune herauslesen zu können. Die erste Ankündigung nach der Wahl des Rates der

[97] Engels beginnt seine Argumentation mit den Worten: „Nehmen wir einmal an, eine soziale Revolution habe die Kapitalisten entthront, deren Autorität heutzutage die Produktion und die Zirkulation der Reichtümer lenkt" (ebd.).

[98] Das gilt selbstverständlich auch für eine Zeit, in der keine Versailler angreifen oder für Bedingungen, die nicht-militärischer Natur sind sowie für Grenzen des Denkens, wie sie in den ideologischen Strömungen der Zeit verbreitet sind: royalistische, proudhonistische, blanquistische, anarchistische, marxistische etc.

Commune vom 28. März ist kennzeichnend für diese Denkweise: „Bürger, Ihr seid Herren Eures Schicksals.“[99] Aus dieser Formulierung folgt zwangsläufig der Fehlschluss: Ein jeder Mensch, als Vernunftwesen, ist dadurch ausgezeichnet, dass er autonom denkt und handelt, also Gesetzgeber seiner selbst ist. Daraus folgt, dass auch sein wirtschaftliches und politisches, letztlich auch militärisches Handeln und Denken autonom sei. Es hat sich aber gezeigt, dass selbst bei Annahme des ersten Satzes (Autonomie des Denkens) die Auseinandersetzung mit der Versailler Regierung der „Nationalen Verteidigung“ keine von den Kommunarden frei gewählte Bedingung, sondern eine von außen auferlegte Bedingung des Denkens und Handelns ist – genauso wie der Stand der Waffentechnik (Chassepot-Gewehr, Kanonen, Barrikaden etc.) Bedingungen des Kampfes sind, die nicht „autonom“ gewählt sind.

Allerdings ist auch der erste Satz nicht zutreffend: Allein die Tatsache, dass es überhaupt eine Diskussion um das Wort „Wohlfahrtsausschuss“ gegeben hat, zeigt, dass ein fast 90-jähriger Zeitunterschied noch unverändert Wirkung auf das (politische) Denken hat, obwohl in diesem Zeitraum (Industrialisierung, Kommunikation, außenpolitische Konstellationen etc.) ungeheure Umwälzungen stattgefunden haben und die Commune von 1871 sich radikal von der Commune de Paris neunzig Jahre zuvor unterscheidet. Die Metapher, dass wir „Zwerge sind, die auf den Schultern von Riesen“ stehen (u.a. von Bernhard von Chartres, Johannes Salisbury und Isaac Newton verwendet), besagt schließlich, dass unsere Sichtweise abhängig ist von den Vorleistungen vergangener Wissenschaftler; sie besagt aber nicht, dass sie durch diese Abhängigkeit vollständig determiniert ist und sie besagt auch nicht – um bei der Metapher zu bleiben – ob die „Riesen“ eventuell ein sehr wackliges Fundament ausgesucht hatten, was sich später als sehr verhängnisvoll herausstellen könnte.

Mit all dem ist also keinesfalls die Freiheit des Handelns bis hin zu einer revolutionären Umgestaltung der sozialen Verhältnisse in Abrede gestellt. Im Gegenteil: Reduzieren wir die aufgeworfene Problematik auf eine mathematische Abstraktion, so ergibt sich folgendes Bild: Wenn die militärischen Aktionen der Commune, Ausfälle aus der Stadt Paris zu unternehmen, alle gescheitert sind; und dieser Misserfolg unabhängig vom Gegner (NDB oder Versailler Truppen) eintritt; andererseits es aber den Versailler Truppen auf

[99] «Citoyens, Vous êtes maîtres de vos destinées.» (vom 29. März; Sagave 1995: 88).

Anhieb gelungen ist, die Festungswerke von Paris zu stürmen, legt dies den Schluss nahe, dass es in hohem Maße unwahrscheinlich ist, militärische Erfolge in einem rein auf Verteidigung ausgerichteten Kampf einen Krieg zu gewinnen. Mit anderen Worten: Selbst eine erfolgreiche Verteidigung der Stadt vor dem Fall des Tores von d'Issy hätte „vernünftigerweise" keinen abschließenden Sieg erwarten lassen können. Mathematisch betrachtet heißt dies weiterhin, dass beide Seiten, die Versailler wie die Commune „um einen Wahrscheinlichkeitsgrad" kämpften und der nach wenigen Kämpfen bald erreichte Grad zum Gesetz wurde, dem beide unterstanden. Das Gesetz „hätte" anders lauten können, „wären" die Barrikaden eine „Wunderwaffe" gewesen. Unter diesem Gesetz sind in diesem kurzen Zeitraum die Anstrengungen der Kämpfer, ihre Ausrüstung, Begeisterung etc. als Konstante anzusetzen. Dieses mathematisch-stochastische Gesetz existiert nicht unabhängig von den wirklich durchgeführten Kämpfen. Die Kämpfe werden von realen Menschen durchgeführt und ihren realen Hilfsmitteln, den Gewehren wie den Kriegsplänen. Wie sie diese durchführen, mit welchen Mitteln usw., gestaltet die Faktoren, die diese Gesetzmäßigkeit ausbilden.

Wenn Marx (und in seiner Folge Duncker 1969: 381) in seinem Rat an die Kommunarden vorschlug, doch bitte den revolutionären Elan einzusetzen, um die Versailler zu besiegen, so darf daraus nicht geschlossen werden, sie hätten ihn nicht besessen. Er hatte einfach nicht ausgereicht, einen anderen Grad der Wahrscheinlichkeit eines Sieges herbeizuführen. Und nach einer gewissen Anzahl von Niederlagen konnte auch die „revolutionärste" Begeisterung keine Änderung des von den Subjekten selbst geschaffenen Gesetzes ihres Handelns bewirken. Die neu trainierte und gepflegte Versailler Armee war überlegen. Der Wohlfahrtsausschuss ist nicht in Erwartung eines Versailler Angriffs beschlossen wurden, sondern nach der Serie der ersten Niederlagen. Selbst wenn der Wohlfahrtsausschuss „hätte" konsequent handeln können, hätte die Zeit nicht ausgereicht, die erhoffte Wirkung zu erzielen. Jede Notwendigkeit – in diesem Falle die gesetzmäßig eintretende Niederlage der Commune – enthält „Freiheit": So „hätte" die für die Planung und Durchführung der Barrikaden eingerichtete Kommission eine nahezu perfekte Verteidigung schaffen können, was zumindest den schnellen Sieg der Versailler „hätte" verlangsamen können. Aber auch diese Kommission arbeitete auf dieselbe Weise wie die Kriegskommission und dann der Wohlfahrtsausschuss, unterstand also einer sehr allgemeinen Gesetzmäßigkeit der Organisierung von Verteidigung und Angriff der Commune. Jede Freiheit enthält auch Notwendigkeiten. Dieser Satz gilt ebenso und folgt aus den oben gemachten Ausführungen.

### *Das Militär (2)*<br>*Demokratie ausgerechnet vom preußischen Militär lernen?*

Noch 1855 äußert sich Friedrich Engels über die Qualitäten der preußischen Armee im europäischen Vergleich überwiegend negativ. Er macht besonders die Rekrutenausbildung, in der „Rohheit und Brutalität… gekoppelt mit pedantischem Geist“ (MEW Bd. 11, 1984: 442) herrschten, für diesen Zustand verantwortlich. Allerdings vermerkt Engels positiv das für europäische Verhältnisse ungewöhnlich hohe Niveau der Offiziersausbildung. Die Verordnung Nr. 2 zur preußischen Militärreform untersagte zwar die körperliche Züchtigung, schuf jedoch noch keine neue Realität. Die Offiziersprüfungen sahen Kenntnisse im Rechnen und Schreiben vor sowie Geometrie, Geographie, Geschichte und „Planzeichnung“ neben praxisnäheren Kenntnissen (Verschanzungen, Statistik, Kartenzeichnen etc.). Diesen, für die damalige Zeit neuen, bürgerlichen Leistungsansprüchen, entsprach die Möglichkeit für „Gemeine“ bei Nachweis entsprechender Kenntnisse auch die Offizierslaufbahn einschlagen zu können.

Diese Entwicklung in Preußen besonders nach den Niederlagen durch die Armeen Napoleons I. beschleunigt, weg von einer „Kriegskunst“ adeliger Dilettanten und hin zu einer wissenschaftsorientierten Ausbildung in Politik und Naturwissenschaften, ermöglichte Preußen die Chance, trotz regionaler Zersplitterung des Staatsgebietes und einer relativ kleinen Bevölkerungszahl das Ziel einer mitteleuropäischen Großmacht ins Auge zu fassen. Demokratische Reformen wie von Clausewitz und Scharnhorst in der „Militärischen Gesellschaft“ kritisch erörtert und publiziert sowie an der Militärakademie gelehrt, trafen sich mit Großmachtstreben.[100]

Auch Preußen verfügte wie Frankreich über eine Volksmiliz, die Landwehr (Landsturm). Diese war für Clausewitz ein wichtiges demokratisches Element gegenüber dem stehenden Heer, den sog. Linientruppen. Die Land-

[100] Bekenntnisdenkschrift von 1812 auf Anregung von Scharnhorst und Gneisenau verfasst (in: *Ausgewählte militärische Schriften*, 1981: 128f.).

wehr wurde in Preußen zunächst im Zuge der Landwehrverordnung (21.11. 1815) und schließlich mit der Heeresorganisation (1856, 1860) dem (stehenden) Heer (ca. 130.000 Mann) zugeordnet. Dies wiederum bedeutete, dass bis zum Erreichen der Gesamtstärke des Heeres von etwa 500.000 Mann ein etwas längerer Zeitraum eingerechnet werden musste, woraus folgte, dass die preußische Armee „erfolgreicher" Angriffs- statt Verteidigungskriege führen konnte – wie es der französisch-preußische Krieg von 1870/71 dann auch zeigte. Clausewitz sah im Landsturm die aktive Verteidigungskraft in einem Land, das wie Preußen bewundernswerte, moderne Festungen besaß, von wo aus bei einem Angriff die Linientruppen das Gefecht suchen konnten (Clausewitz 1990: 181ff.). Die von Clausewitz ausgefeilten strategischen und taktischen Bestimmungen dieser Truppe lassen das Bild einer modernen Guerilla entstehen, die in kleineren Einheiten selbstständige Entscheidungen über aktuelle Erfordernisses des Kampfes treffen sollten gemäß der oben beschriebenen „kriegerischen Tugenden" (Clausewitz 1990: 161).[101] Eine solche Truppe mit solchen Kampfformen entspräche laut Clausewitz den derzeitigen politischen Erfordernissen:

> „Der Krieg der jetzigen Zeit ist ein Krieg aller gegen alle. Nicht der König bekriegt den König, nicht eine Armee, die andere, sondern ein Volk das andere und im Volke sind König und Heer enthalten" (ebd. 215).

Nicht unerwünscht ist Clausewitz der „Nebeneffekt", dass eine derart formierte Streitmacht des Volkes auch einmal das durchführt, was das Volk will und nicht der König oder sein Kanzler wollen:

> „Die Landwehr vermehrt die Gefahr einer Revolution; die Entwaffnung der Landwehr vermehrt die Gefahr einer Invasion. Welche von beiden ist nach historischen Zeugnissen die größere?" (Clausewitz 1981: 344 f.)

Was also die Reformmilitärs wie Clausewitz, Gneisenau und Scharnhorst von der Armeeführung Napoleons I. gelernt hatten und zum ersten Mal in der wichtigen Schlacht bei Königgrätz (Sadowa) 1866 anwandten und schließlich extensiv im französisch-preußischen Krieg von 1870/71 gegen

101 Schon 1825 hatte Generalleutnant von Grolman die Gefechtsausbildung in Halbbataillonen durchgeführt (Conrady, zitiert nach Angelow 1996: 76).

Napoleon III., war eine sog. „Demokratisierung" genannte Abkehr von der Gefechtsführung durch ein oberstes Kommando (des Feldherren bzw. der den angreifenden Truppen voranmarschierenden Offizieren) durch eine relativ selbstständige Entscheidungsgewalt einzelner Gefechtseinheiten. Diese Methode der „Führung mit Auftrag" bedeutete, dass die Soldaten und Offiziere einer Einheit selbst entscheiden mussten, wie sie das gesteckte Ziel am besten meinten, erreichen zu können, was wiederum bedeutete, dass sie den Sinn des Auftrags erfassen mussten und eben nicht auf Grund eines Kadavergehorsams[102] geistig-blind dem Wortlaut eines Kommandos folgten. Diese „Kompetenz" des einzelnen Soldaten beschränkte sich aber nicht nur auf das „Wie" der Ausführung eines befohlenen Zieles: „weil jeder Kommandeur über den ausgegebenen Befehl hinaus wissen muss, was er in neu sich darbietenden Verhältnissen (hier also der vermutliche Abzug des Feindes) zu tun oder zu lassen hat. In dieser Selbständigkeit des Denkens und Handelns liegt die Bedeutung unserer Armee [...] General v.d.Goltz (handelte) in derselben Weise, hängte sich, ohne direkte Befehle abzuwarten, an den abziehenden Feind und schuf dadurch die Situation, deren letztes, wenn auch noch weit ausstehendes Resultat, die Kapitulation von Metz war" (Fontane 1873: Bd. 1, 225). Die hohen Verluste an Offizieren schufen viele Situationen, in denen Mannschaften über das Kampfgeschehen entschieden (ebd. 231, 322), wozu aufgefordert wurde (ebd. 281), was von Vorgesetzten kritisiert oder auch gutgeheißen, jedoch nicht bestraft wurde (ebd. 422).

Als das revolutionäre Frankreich von den europäischen Monarchien angegriffen wurde, konnten die Bürgerwehren, Nationalgarde und „Franctireurs"[103] den kleinen, angreifenden Armeen solange mit ihrer Guerilla-Taktik Widerstand leisten, bis sie „in fünfjährigem Feldzuge zu wirklichen Soldaten ausgebildet" wurden und es ihnen schließlich gelang, „den Feind über den Rhein zu treiben" (Engels, MEW 17, 1973: 47).

Die Preußen hatten von den französischen Revolutionskriegen gelernt, aber nicht die Armeeführung Napoleons III. aus der eigenen Geschichte – mit fatalen Wirkungen für die Bevölkerung Frankreichs.

---

102 Dieser Begriff wurde ursprünglich von Franz von Assisi verwendet und dann von Ignatius von Loyola, dem Begründer des Jesuitenordens, in den für alle Jesuiten verpflichtenden *Constitutiones*; 1870 erfuhr er dann im Kontext des Kulturkampfes als ideologischer Kampfbegriff in Preußen seine „Auferstehung."

103 Freischärler, in der Regel nicht uniformierte Bürger, die sich aus freien Stücken zur Vaterlandsverteidigung zusammenschlossen.

Abbildung 3: Gesellschaft der Freiwilligen des Krieges 1870-1871. „Freiwillige“ (auch „Franc-Tireurs“, „Freischärler“, „Bürgerwehr“, „Widerstandskämpfer“ wie ab 1939 der Maquis) sind solche Kämpfer, die nicht in der (Uniform der) regulären Armee (Linienregimenter) kämpfen.
Quelle: Société des volontaires 1870/1871 – 1914/1918 – 1939/1945, unter https://souvenir-francais-savoie.org/images/stories/pontdebeauvoisin/diaporamas/societe-des-volontaires-1870-1871/DSC09478.JPG (12.08.2020)

Der sachkundige Kriegskorrespondent für die us-amerikanische Pall Mall Gazette war Friedrich Engels, der kontinuierlich zutreffende Analysen erstellte, auf denen sichere Voraussagen möglich waren. Schon der erste Satz des ersten Beitrags charakterisiert das weiter oben angedeutete mathematische Gesetz, das Verlauf und Ende des Krieges beherrschte: „Obgleich hier noch kaum ein Schuss gefallen ist, ist doch schon eine erste Etappe des Krieges vorüber, die mit einer Enttäuschung für den französischen Kaiser geendet hat“ (Engels, MEW 17, 1973: 11). Die Begründung ist im Kern die, dass Napoleon III. seine militärische Kraft ausschließlich einer Eroberungspolitik unterstellt hatte, was von der preußischen Politik und dem preußischen Generalsstab durchkreuzt wurde, indem die Streitkräfte des Norddeutschen Bundes ihrerseits die Offensive eingeleitet hatten. Dieses sich abzeichnende „mathematische Bild“ wird durch empirische Belege unterfüttert, die in ihrer Gänze auch nicht durch „Wunderwaffen“ (man möge an die Barrikaden denken, die besseren Krupp-Kanonen oder die Chassepotgewehre und Mitrailleusen, Maschinengewehre etc.) aufgelöst werden:

> „Vergleichen wir nun die Kräfte, die zur gegenseitigen Vernichtung bereitstehen. Um die Dinge zu vereinfachen, wollen wir nur die Infanterie betrachten. Die Infanterie ist die Waffe, die die Schlachten entscheidet;

eine geringe Differenz in der Stärke der Kavallerie und Artillerie, einschließlich Mitrailleusen und anderer wunderwirkender Maschinen, spielt auf keiner Seite eine nennenswerte Rolle“ (ebd. 12).

Was aber sehr wohl eine übergeordnete Rolle spielte, war der Gesamtzustand der französischen Armee, der wiederum Ausdruck des herrschenden Systems selbst war:

> „Man wird wahrscheinlich sagen, die Armee des Zweiten Kaiserreichs ist bis jetzt von dem Zweiten Kaiserreich selbst geschlagen worden. Von einem Regime, das seine Stützen durch alle althergebrachten Mittel der Geschäftemacherei korrumpieren muss, kann nicht erwartet werden, dass es damit vor der Armeeverwaltung haltmacht“ (ebd. 23).

Das Zwischenresümee: Ist also der preußische Soldat 1870 „demokratischer“ als der französische Soldat 1870? Sollte Demokratie die „Herrschaft des Volkes“ bedeuten, hieße dies ja, dass ausnahmslos alle Machtbefugnisse beim Souverän „Volk“ sind. Ein Komparativ, ein Mehr oder Weniger an Macht wäre dann ein Widerspruch in sich. Da beide Soldaten „zu Hause“ Bürger eines absolutistischen Staates sind, drängt sich die Frage auf, warum – um die Sache zuzuspitzen – ihr jeweiliger Kaiser bzw. König nichts dagegen einzuwenden hat, wenn sich zu einem Bataillon einer Nationalgarde bzw. eines Landsturms Franctireure, Freischärler zugesellen, unter denen auch Frauen sind? Liegt, um die Erörterung abzukürzen, nicht der Verdacht nahe, dass die Mobilisierung aller Bürger, ihr „Patriotismus“, ihre Ausbildung[105] und ihre sozialen Aufstiegsmöglichkeiten etc. (s.o. vom Gemeinen zum Offizier) nichts anderes sind als ein zusätzlicher Faktor der Erhöhung der Kampfstärke der Armeen, die aber keinesfalls im Interesse „des Volkes“ operieren, sondern im Interesse der jeweiligen herrschenden Klasse[106]? Die historisch plötzlich aufgetretene Wertschätzung von Verstand und Vernunft bei den Untertanen durch die Herrschenden muss Anlass zu Misstrauen sein. „Emanzipation“ im römischen Sinne bedeutete, dass „aus der Hand

---

[105] Man denke allein an die bretonischen Verbände, die kein Französisch sprachen, an den hohen Grad des Analphabetismus in Frankreich, an die in Preußen erst zum „Martinitag“ 1810 abgeschaffte Leibeigenschaft.

[106] In Frankreich: Kaisertum gepaart besonders mit dem Finanzkapital, in Preußen dynastische Interessen der Hohenzollern gepaart mit u.a. „ostelbischen“ Großgrundbesitzern.

des Herren“ der Sklave seine Freilassung erhielt, was in der Regel für den Herrn nützlich war (ein aufrichtig empfindender Diener ist nützlicher als ein stummer Sklave). „Emanzipation“ ist mithin keineswegs ein Begriff der Selbstbefreiung.
Was hätte also der französische Soldat von seinem preußischen Gegenüber hinsichtlich einer „demokratischen Verfassung“ lernen können? Doch wohl nur dies, dass man ihn mit seinen eigenen der Revolutionszeit entstammenden Mitteln (Patriotismus, Volksheer etc.) schlug und seine Regierung ihm beim Kampfe noch nicht einmal die geringste Chance zu siegen und zu überleben einräumte und dass seine Überlebenschance im Kampfe um einiges geringer war als beim Preußen, was aber wesentlich durch die Differenz der unterschiedlichen Professionalität auf Grund der Veränderungen des Militärwesens zu erklären ist und sonst nichts. Der französische Soldat konnte sich in der Festung Paris im Jahre 1840 relativ sicher fühlen. In dem Jahr hatte unter der Aufsicht von Thiers der Ausbau der Pariser Befestigungsanlagen – „ohne Gleichen in der Welt“ (Milza 2009: I, 102) – stattgefunden: 33 km lange Ringmauern, 10 m hoch und ein Graben von 3 m Tiefe.[107] Auf der Weltausstellung in Paris von 1867 wurden aber schon Kruppsche Kanonen präsentiert, vor denen kein Mauerwerk mehr sicher war (auch wenn diese Giganten im Krieg 1870/71 vor Paris nicht eingesetzt wurden). Der französische Soldat hätte also feststellen können – und der Kriegsverlauf hatte es ihm zu jeder Stunde und in jeder Hinsicht aufs Schmerzlichste demonstriert – dass weder sein Kaiser (der selbst ein Buch über Artillerie verfasst hatte) noch seine Generäle[108] noch seine Intendantur, die z.B. die Armee mit Deutschland-, aber nicht mit Frankreichkarten versorgt hatte oder mit Sätteln, die eher für Shetlandponies als für französische Kavalleriepferde geeignet waren, etwas dazu beigetragen hatte, seine Überlebenschancen auf dem Schlachtfeld zu erhöhen. All dies ist Ausdruck mangelnder Fachkompetenz, wie es heute genannt würde, Gleichgültigkeit oder Desinteresse – wahrscheinlich aber alles zusammen als Generalnenner des Zustandes des Zweiten Kaiserreichs. Auf jeden Fall galt der französische Soldat „nichts“ – das ist wörtlich zu nehmen und jeder französische Soldat be-

[107] Milza selbst (2009: I, 103) spricht von „Beweihräucherungen“ (thuriféraires) wie sie später bei der Maginot-Linie vorgenommen wurden.

[108] General Bazaine kapitulierte mit seiner Festung Metz und einer Armee von 170.000 Soldaten, ohne auch nur einen ernsthaften Versuch eines Ausbruchs unternommen zu haben.

griff dies sehr schnell.
Sollte Clausewitz Recht haben, so ist eine Armee nichts weiter als ein ganz spezifisches Instrument zur Durchsetzung eines politischen Willens. Instrumente werden „geschmiedet" und je nach Bedarf und Umständen angewendet. Es gibt also einen „Schmied", der im modernen Sinne sein Handwerk verstehen, auf der Höhe der Zeit (des Standes der Produktiv- wie eben auch Destruktivkräfte) sein muss. Von dem Schmied als einem Demokraten zu reden, macht die Ausbildung von Fachkompetenzen nicht notwendig besser. Also kann nur von dem Herrscher-Subjekt (Feudalherr, König, Parlament oder Rat der Commune) sinnvollerweise als von einem Demokraten, Monarchisten o.ä. geredet werden. Von einer „demokratischen Armee" zu reden, ergäbe demnach keinen Sinn, so wenig – hat man Clausewitz richtig verstanden – von einem „demokratischen Boykott" oder einer „demokratischen Einfuhrzollerhebung" geredet werden kann, die ja ebenfalls in dem Köcher der politischen Instrumente zusammen mit dem Krieg anzutreffen sind. Selbst ein „demokratischer Auftrag" einer Armee macht die Armee nicht „demokratisch". Hier werden Begriffe durcheinander gebracht zum Zwecke der Desorientierung.
Gehen wir historisch zurück: Die „levée en masse" (s.o. Beschluss des Wohlfahrtsausschusses von 1793), die allgemeine, bewaffnete Volks-, bzw. Massenerhebung konnte das Eindringen der Koalition der Monarchien verlangsamen. Diesen Sinn hatte jeder Bürger eingesehen, weil er die revolutionäre bürgerliche Demokratie verteidigen wollte, was bei angreifenden Armeen nicht ohne eine militärische Verteidigungsmaßnahme möglich ist. Dadurch wurden aber kein Gewehr und keine Heugabel demokratisch, da allein eine Verteidigung nicht ohne Angriff auch eine erfolgreiche Verteidigung sein kann. Deshalb bedurfte es der Armee Napoleons I., um die durch die Massenaushebung nur den Einmarsch verzögernde Bürgerwehr für ein angreifendes Zurückdrängen der Monarchien über die Grenzen Frankreichs nicht ausreichte.

### *Die katholische Kirche*
### *Demokratie ausgerechnet vom Papst lernen?*

Das Verhältnis Frankreichs zum Vatikanstaat und zum Papst war seit der Französischen Revolution recht wechselhaft, zumal im Zusammenhang mit der Schaffung des italienischen Nationalstaates unter Garibaldi noch zusätzlich Konflikte zu den allgemeinen Rahmenbedingungen der jeweiligen Interessen europäischer Kabinette entstanden. Napoleon I. (Bonaparte) ging militärisch gegen den Kirchenstaat vor und zwang den Papst ins Exil; jedoch konnte 1801 ein Konkordat zwischen den beiden Mächten unterzeichnet werden, so dass sich Napoleon I. 1804 auch vom Papst zum Kaiser krönen ließ. Neu aufbrechende Konflikte führten 1808 zu einer weiteren Besetzung Roms durch französische Truppen mit der Folge, dass der Vatikanstaat aufgelöst wurde, um dem Papst allein die geistliche Macht vorzubehalten; dieser widersetzte sich jedoch, woraufhin er in Frankreich als Gefangener interniert wurde. Nach dem Sturz Napoleons I. (1814) konnte der Papst nach Rom zurückkehren. Zurzeit der europäischen Revolutionen (1848/9) musste der Papst fliehen (1849) und erst eine militärische Intervention Frankreichs und Spaniens setzte ihn wieder in seinen Kirchenstaat ein. Französische Truppen sicherten einen Teil des päpstlichen Roms, der Rest des Staates schloss sich dem neuen italienischen Nationalstaat an. Rom blieb in der Hand des Papstes bis 1870, da Frankreich seine Truppen für den Krieg mit Preußen abzog.

Für alle revolutionären Erhebungen in Frankreich war die Politik des Papstes das Gift, das allen freiheitlichen Bewegungen den Tod bringen wollte: Im Syllabus Errorum (1864) griff Pius IX. die ideologisch-philosophischen Grundlagen der Revolutionäre an (Pantheismus, Rationalismus, Sozialismus, Kommunismus etc.); in der Enzyklika Quanta Cura vom selben Jahr attackierte er alle liberalen Bestrebungen (Trennung von Kirche und Staat, Rede- und Religionsfreiheit etc.); schließlich wurde auf dem 1. Vatikanischen Konzil, eröffnet im Dezember 1869 (Veröffentlichung des Dokuments im Sommer 1870), die sog. Unfehlbarkeit des Papstes verkündet.[109]

[109] Pastor Aeternus: Legitimation der römischen Bischöfe durch die unmittelbare Amtseinsetzung durch Jesus Christus, der Papst ist unfehlbar, wenn er ex cathedra spricht, d.h. als Hirte und Lehrer der Menschen etc. Selbst die traditionell katholisch-freundliche Habsburgermonarchie wandte sich gegen das Unfehlbarkeitsdogma und kündigte am 30.7.1870 das Konkordat (Kolb 1990: 74).

Die katholische Kirche war traditionell eng mit den französischen Königshäusern verbunden und beherrschte neben den Hospitälern und anderen sozialen Einrichtungen besonders das Schulwesen.
Das Dekret der Commune vom 3. April verkündete die Trennung von Kirche und Staat mit der Begründung, dass die „Gewissensfreiheit die erste Freiheit" sei und dass der „Klerus der Komplice der Monarchie gegen die Freiheit" sei; in der Folge sollten die Kirchengüter eingezogen und die geistlichen Lehrer aus den Schulen entfernt werden; allerdings scheint innerhalb des folgenden Monats nichts geschehen zu sein, obwohl die Einziehung der Kirchengüter der finanziellen Situation der Commune von Nutzen gewesen wäre, so dass wohl Sagave (1995: 97) zugestimmt werden muss, dass es den Kommunarden mehr um eine ideologische Demonstration denn um die reale Abschaffung der kirchlichen Institutionen ging. Zu Recht kritisiert Paradis (2008: 268) den Zeitpunkt des Dekrets, da ein Abzug aller Nonnen und Priester aus den Schulen und vor allem aus den Hospitälern, ohne Ersatz zuvor geschaffen zu haben, diesem Freiheitsbestreben letztlich entgegengewirkt hätte. Dennoch entsprach dieses Dekret einer in Frankreich weit verbreiteten Überzeugung, die „unheilige Allianz" von „Zepter und (Weih-) Wedel", also von Staat und Kirche, unwiderruflich zu zerbrechen. Als sich nun der Kirchenstaat von Frankreich (mit seiner Armee im annektierten Piemont) und zugleich von der italienischen Bewegung der nationalen Einheit bedroht sah (1847/8), reagierte der päpstliche Leiter der Kriegsabteilung des Heiligen Stuhls, Mgr. Xavier de Mérode, in Verbindung mit dem französischen General Juchault de Lamorcière, dass beide zur Bildung einer Katholischen Internationalen Armee zur Verteidigung des Kirchstaates aufriefen (1860; Milza 2009: I, 243). Der weltweite Aufruf an junge Katholiken fruchtete, Rekrutierungsbüros wurden eingerichtet und hunderte Franzosen und Belgier formierten sich zu einem französisch-belgischen Bataillon, das sich ständig vergrößerte, bis schließlich an die 3.000 Freiwillige aus Niederländern, Italienern, Bayern, Österreichern, Schweizern, Engländern, Iren und sogar frankophonen Kanadiern zusammenkamen. Es wurde das „Korps der päpstlichen Zuaven" genannt nach dem Modell der algerischen Zuaven, einer französisch-algerischen Elitetruppe, die sich schon im Krimkrieg bewährt hatte. Nach der Konsolidierung des Kirchenstaates fühlten sich diese Zuaven überflüssig, da weiterhin kein Kreuzzug gegen die Rothemden[110]

[110] Garibaldi hatte im Unabhängigkeitskrieg Uruguays eine Truppe geleitet, die in roten

Garibaldis geführt werden sollte. Die Ironie der Geschichte wollte es, dass drei Jahre nach der Schlacht der Truppen Garibaldis gegen die päpstlichen Zuaven[111] die damaligen Gegner zu Verbündeten im Kampf gegen den Norddeutschen Bund wurden und dies mit der zusätzlichen Besonderheit, dass es den ehemaligen päpstlichen Zuaven erlaubt war, in ihren alten Uniformen und unter den weißen Fahnen mit dem Marienbild oder dem Herz Jesu für die Republik zu kämpfen (Milza 2009: I, 243-250; s.w.u. *Armée de la Loire*).

Es klingt wie eine bizarre Anekdote aus den Annalen der Geschichte, aber mit dieser ersten kämpfenden Internationalen zeichneten sich die ersten Auflösungserscheinungen der Bildung von Gemeinschaften im Rahmen von Nationalstaaten ab und dies genau zu dem Zeitpunkt, da Deutsche, Italiener, Polen, Griechen etc. mittels der Entfachung von Nationalgefühlen und kriegerischen Auseinandersetzungen ihre Nationen überhaupt erst gründen wollten. Zur selben Zeit wurde auch die Internationale Arbeiterassoziation gegründet, ebenfalls ein deutlicher Ausdruck davon, dass die Zeit nicht nur der feudalstaatlichen Kabinettskriege „objektiv" und unaufhaltsam ablief, sondern auf dem historischen Fundament der Großen Französischen Revolution Menschheitsfragen auf die Geschichtsagenda gesetzt wurden, deren Lösung ein jeder Nationalismus zuwiderlief. In der politischen Realität wurden Menschheitsfragen noch – so der Widerspruch, wie er sich schon im Verlaufe der Französischen Revolution herausbildete – im Interesse der bürgerlichen Klasse, die den Privatbesitz verteidigte, angegangen, womit aber soziale Unterschiede und Deklassierungen billigend in Kauf genommen wurden, von den Diskriminierungen des weiblichen Geschlechts und der Kolonialvölker ganz abgesehen. Der demokratische Begriff der Gleichheit (égalité) geriet aber somit in einen unlösbaren Widerspruch zum begrifflichen Gehalt der „Brüderlichkeit" (fraternité) – beide waren miteinander inkompatibel geworden.

Eine weitere Seite dieser umwälzenden Ereignisse in der zweiten Hälfte des 19. Jahrhunderts betrifft das „Subjekt der Geschichte", das, wie bislang gezeigt, sich nicht nur seiner bewusst wurde als Souverän und allein verant-

Hemden aus dem Bestand des Schlachthauses von Montevideo eingekleidet war.

[111] 2. November 1867: Sieg des französischen Korps bei Mentana unter dem Befehl von General de Failly über die Zuaven; zugleich erster Einsatz des modernen Chassepot-Gewehrs.

wortlicher Schöpfer seiner Weise des Zusammenlebens, in welcher Form einer Gemeinschaft auch immer, sondern auch mit Hilfe der vorbereitenden Gedanken der englischen, französischen und deutschen Aufklärung sich als autonom handelndes Wesen begriff.

Vernachlässigen wir den theologischen Ursprung des Begriffs der „Kathexis" (oder auch „Kathektik" genannt) und beziehen uns nur auf den Wandel der Auffassungen bei Kant und Burke über Freud, Parsons und schließlich zu Lyotard, so wird mit diesem Begriff ein zentrales Prinzip der Organisation von psychischen (Selbst- und Fremdwahrnehmung), kognitiven (Sicherheit des Urteilens) und „triebbedingten" (Begierden, Wünsche) Anteilen unserer Person bezeichnet, das autonom, auf Grund eigener Urteile, Kenntnisse etc., entscheidet, wie es sich ins Benehmen mit anderen und der Umwelt setzt. Es handelt sich nicht allein um ein Bemühen der Homöostase, möglichst konfliktfrei durchs Leben zu gleiten, sondern im Gegenteil – mit Kant geredet – um eine Lust, „welche nur indirecte entspringt, nämlich so, dass sie durch das Gefühl einer augenblicklichen Hemmung der Lebenskräfte und darauf sogleich folgenden desto stärkern Ergießung derselben erzeugt wird" (Kant 1963: A 74). Mit dieser von jedem Individuum selbst praktizierten lustheischenden „Einstimmung seiner selbst" oder „Selbstkalibrierung" ist auch nach Kant der Krieger zu verstehen, der sein Leben riskiert (Kants „Hemmung") in der von ihm selbst vorgenommenen Einschätzung seiner Kräfte und Fähigkeiten etc., zwecks der Ziele, die ihm anschließend lohnenswert erscheinen (Beute, Anerkennung etc.).

Man darf es sich nicht zu einfach machen und beide, den katholischen Freiwilligen der päpstlichen Zuaven wie den republikanischen Kämpfer für die Nation „Italien" über den Kamm „weiß (Papst) gleich rot (Garibaldi)" oder „politisch rechts" gleich „politisch links" scheren. Selbst die Tatsachen, dass die Gegner von 1867 drei Jahre später darauf bestanden, nicht nur einander kennen zu lernen, sondern auch gemeinsam in einer Einheit zu kämpfen, also 1870 dann gegen den Norddeutschen Bund, besagt nicht, wie „rückgratlos" oder „unvernünftig" Menschen sind. Es belegt das Neue und Wichtige, dass Menschen zunehmend die Freiheit haben, „kathektisch" verfahren zu können und selbst Gründe für ihren Lebensweg, dessen Stationen durch überlegte Entscheidungen markiert ist, vor sich und anderen zu erzeugen. Solche Gründe, ob sie die päpstliche Monarchie (das ist bis heute die Verfassung des Kirchenstaates) verteidigen oder den Boden der französischen

Nation, den soeben das Kaisertum Napoleons III. verraten hatte, mögen uns oder den Zeitgenossen gefallen oder nicht[112], mit unserem oder dem zeitgenössischen Verständnis der Erklärung der Menschenrechte übereinstimmen oder nicht, es sind Sinngebungen, die das bürgerliche Individuum selbst vornimmt und nicht mehr ausschließlich von anderen Autoritäten sich vorschreiben lässt. Diese „autonom“ vorgenommenen Sinngebungen kennen auch widerliche Formen wie „touristische“ Beteiligungen am Kampfgeschehen, von denen schon Fontane berichtet[113] und die heute in vielfacher Weise auf der ganzen Welt anzutreffen sind (englische Wochenendkämpfer im Jugoslawienkrieg, deutsche Kämpfer auf Seiten der Taliban). Objektiv betrachtet hatte es der Papst verstanden, den alten Kreuzzugsgedanken wiederzubeleben. Oder: Die Tatsache, dass der Aufruf zu einem Kreuzzug Erfolg hatte, lag nicht daran, dass Kreuzzüge einen Anachronismus darstellten, sondern, dass es freie Bürger gab, die diesen alten Aufruf zur Sinngebung ihres Lebens machen konnten, womit der Aufruf aber sein religiöses Motiv verlor. Oder, paradoxer und deshalb realitätsgerechter ausgedrückt: Der päpstliche Aufruf bediente sich de facto der zeitgenössischen individuellen Freiheitsgefühle, die er – wie oben gesehen – mit seinem Syllabus Errorum und seiner Enzyklika Quanta Cura mit all seinen Mitteln aus der Welt zu schaffen bestrebt war und es war der Aufruf und weniger sein anachronistischer Kern, der erfolgreich war auf Grund der (historisch neuen) kathektischen Fähigkeiten der Individuen.

Haben die Kommunarden von diesem neuartigen Phänomen, diesen neuen bürgerlichen Erscheinungsformen, die der Idee vom Nationalstaat zuwiderliefen gelernt? Man muss dies wohl fast ohne Einschränkung bejahen.

Was den Papst betraf, so gab es zwei Standpunkte (die mancher vernünftige Mensch als miteinander unvereinbar wähnen würde): Zum einen vertritt der hl. Stuhl das Konzept der Gemeinschaft der Christen, die nicht „von

112 Sobald die päpstlichen Zuaven französischen Boden betraten, wurden sie von den Bewohnern heftig attackiert (Tombs 1981: 98).

113 An den „kleinen Krieg“, den die Besatzung von Saarbrücken in diesen Tagen führte, nahm auch Captain Seton vom 102. englischen Regiment teil. Er war von Kreuznach gekommen, wo seine Gemahlin die Kur brauchte und hatte sich beim 40. Regiment attachieren lassen… Er trug eine englische Uniform, ein wenig der preußischen akkomodiert… Mit ihm waren noch zwei andere englische Offiziere erschienen… Ob sie angenommen wurden, stehe dahin. Im Allgemeinen galt als Regel, solche Anbietungen abzulehnen mit dem Bemerken, dass Krieg eine ernsthafte Sache und für uns wenigstens kein ‚Sport‘ sei“ (Fontane, 1873, Bd. 1, Fn., 137f.).

dieser Welt" ist; andererseits will er ein weltlicher Staat sein mit einem ordentlichen Staatsgebiet, Polizei, Post, Armee usw. Für ihn sind aus kirchenpolitischen Gründen Menschen nützlich, die ihn unterstützen oder verteidigen, ihre Staatsbürgerschaft spielt dann keine Rolle.
Was die französische Republik von Versailles (1871) betrifft, so nahm sie selbst keinen Abstand davon, die dem Kaiserreich von Napoleon III. dienenden päpstlichen Zuaven, die kolonialen Truppen aus Marokko und Algerien oder auch ein großes italienisches Kontingent unter Waffen zu nehmen. Es ist eine Doppelmoral der Versailler Regierung, die am anderen Ort noch genauer betrachtet werden soll.
Die Pariser Commune verstand sich als Kommune, die im Idealfall mit allen anderen französischen Kommunen eine Föderation bilden würde und zugleich Modell einer globalen Ordnung – „République universelle" – wäre. Von daher betrachtet stellten Ausländer, die im eingeschlossenen Paris festsaßen und sich für die Commune engagierten oder nicht überhaupt kein Problem dar.
In der Auseinandersetzung mit der Commune spielte jedoch Versailles die nationalistische Karte aus: „Ausländer sind die Drahtzieher der Commune." Nach der Niederschlagung der Commune war es dann ein hinreichendes Kriterium, einen Gefangenen sofort zu liquidieren, wenn er als Ausländer identifiziert wurde, ob er einfacher Passant oder Barrikadenkämpfer war, interessierte nicht (Milza 2009: II, 331).
Zu Beginn des Jahres 1871 lebten in Paris 1,85 Mio. Bürgerinnen und Bürger, unter ihnen mindestens 120.000 Ausländer.[114] Um fremdenfeindlichen Einstellungen entgegenzuwirken, rief die Commune die Ausländer auf, sich an der Gestaltung der neuen Ära zu beteiligen. In anderen Ländern (England, Preußen etc.) gab es Demonstrationen und Solidaritätsappelle für die Commune. Die Commune tat ein Weiteres: „Le Cri du Peuple" vom 12. April 1871 veröffentlichte eine Notiz, nach der ein gewisser P. de Villamayor eine Legion von 20.000 Ausländern bilden wollte, um das eingeschlossene Paris zu verteidigen. Dieser Plan, wenn auch nicht verwirklicht, muss als Vorläufer der Internationalen Brigaden, wie sie später zur Verteidigung der spanischen Republik gegründet wurden, angesehen werden. Gleiches passierte wohl mit dem „Appell an alle Männer aller freien Länder", den die

[114] ...auf der Basis des Zensus von 1866 – unter Umständen gab es 150 Ts. oder gar 200 Ts. (Broschüre, *La Commune et les étrangers, o.J.*).

12. Brigade der 3. Legion erließ, die schon aus Franko-Amerikanern und französischen Corps bestand, um die Commune zu verteidigen.[115] Nach der „blutigen Woche“ des Versailler Sieges über die Commune wurden 1725 nicht gebürtige Franzosen (Kombattanten und Nicht-Kombattanten[116]) gezählt, unter ihnen die größte Gruppe belgischer Herkunft mit einer eigenen Brigade (737), sodann Luxemburger, Polen (Flüchtlinge des niedergeschlagenen Aufstandes von 1831)[117], Italiener, Ungarn, Russen, Rumänen, Spanier, Amerikaner, einige Österreicher, Schweizer, Preußen, Holländer und je ein Däne, Brite, Türke, Ägypter und Haïtianer. Die Commune hat sich nicht beirren lassen, unter ihre Fahne, der roten Fahne der Weltrepublik, diejenigen als Bürger aufzunehmen, die sich um diese Fahne gruppieren wollten. So wurde die Petition vom 3. Mai 1871, in der die Mandatsprüfungskommission den Status, in diesem Fall, des Ungarn Leon Fränkel zu klären hatte, entschieden, dass auch Ausländer Mitglieder der Commune werden konnten.

Der hohe moralische und politische Anspruch der Commune steht außer Frage. Es gab keine nationalistischen, religiösen (sofern Religion Privatsache blieb) oder weltanschaulichen Vorurteile, die zu einer sozialen Diskriminierung geführt hätten. Der den Kommunarden nachgesagte Nachteil, keine feste Weltanschauung besessen zu haben, wäre den Kommunarden gemäß ihres Verständnisses einer demokratischen Weltrepublik (in Paris als ihrem Kern) nicht nachvollziehbar gewesen und war auch nach allen Dokumenten nie Gegenstand einer Diskussion. Es gab keine Bevorzugungen oder Ausgrenzungen, ob sich jemand als Blanquist oder Vertreter der Internationalen Arbeiter Assoziation (IAA) zu erkennen gab oder sich in Klubs mit solchen Tendenzen traf oder ob er sich als Sansculotte oder Proudhonist bezeichnete. Es schien eher der Fall zu sein, dass selbst unter all solchen Etiketten überhaupt keine fest fundierte weltanschauliche Ausrichtung existierte. Auch die Mitglieder der IAA hatten ihre „proudhonistischen Tendenzen“

[115] Der Appell ist unterzeichnet vom Kommandanten Bonnin (ehem. Captain der US-Armee) zwecks Gründung des 12. Bataillons der 3. Legion der GN. Vgl. Broschüre La Commune et les Étrangers, o.J.

[116] Laut Milza sei es realistisch anzunehmen, dass es 3.000 Kämpfer ausländischer Herkunft gegeben habe (Milza 2009: II, 220).

[117] Garibaldi hatte eine polnische Legion in seine Vogesen-Armee aufgenommen. In Paris zeichneten sich als Generäle der ehemalige Offizier der russischen Armee, Jaroslav Dombrowski und auch sein Bruder Théophile sowie der Pole Walery Wroblewsky aus.

oder entschieden in unserem Sinne „subjektivistisch“ auf der Grundlage ihres eigenen Verständnisses von den Sachlagen. Richtungskämpfe gab es nicht, bis auf den einen schon erwähnten zwischen einer Mehrheit und einer Minderheit im Comité Central, der aber auch binnen kurzem überwunden wurde.

Was die Commune ideologisch gestaltete, war primär die Ablehnung royalistischer und religiöser Überzeugungen. Solche Negationen sind wesentlich einfacher zu festen Überzeugungen zu werden als Positionen, die ein bestimmtes Ideal einer angestrebten sozialen Harmonie definieren. De facto konstituiert die Praxis gemeinsamen Handelns den Prozess, der dem zu Anfang überhaupt nicht konkreten ins Auge gefassten Zustand der Gemeinschaft näher kommt. Es ist ein wahrhaft dialektischer – im Sinne der Kommunarden demokratischer – Prozess der Meinungsbildung und Umsetzung der gefassten Meinungen in politische Handlungen bzw. der Kritik der Handlungen und Meinungen unter den sich verändernden materiellen und sozialen Verhältnissen und ihre geschmeidige Veränderung und Anpassung (inklusive der begangenen Fehler) an neu gewonnene ideologische und soziale Einsichten und soziale Verhältnisse.

Bedingungen dieses lebendigen Prozesses sind historisch und in unterschiedlichen Institutionen angelegt, deren wichtigste der „Klub“ ist. Ursprünglich, wie es der Name schon andeutet, englischer Herkunft, dann in Frankreich schon in den siebziger Jahren des 18. Jhs. erweitert um charakteristische kulturelle Themen wie Kunst, Philosophie, solche der Bildung und Politik sowie der Verbesserung der sozialen Verhältnisse. Die Klubs waren „Begegnungsstätten“ für den niederen Adel und die gebildete Bürgerlichkeit und bildeten „gelehrte Gesellschaften“, wie die berühmten Salons seit dem 16. Jh. Die weitere Geschichte der Klubs oder auch „Volksgemeinschaften“ genannt, sozial geprägt von der bürgerlichen und kleinbürgerlichen Schicht, bestand in der ganz entscheidenden Einflussnahme auf das Geschehen der Französischen Revolution. Je nach den politischen Machtverhältnissen wurden sie als staatstragend begrüßt oder verboten. Dieses Hin und Her dauerte bis zur Ausrufung der Commune an, bis alle Klubs nach der Niederschlagung der Commune verboten wurden.

Die Klubs waren gehäuft in Paris anzutreffen, existierten aber auch in den Städten oder Gemeinden der Provinz. Die Namen der Klubs bezeichneten in der Regel den Versammlungsort[119] und seltener die ideologische Richtung. Es gab Bemühungen, einen zentralen Klub als „Thermometer der öffentlichen Meinung" (Bruhat 1971: 132) einzurichten, der die einzelnen Klubs lediglich beraten sollte.[120] Die Treffen fanden i.d.R. an wiederkehrenden Tagen statt oder zu besonderen Anlässen, was Plakaten oder Hinweisen in den Zeitungen zu entnehmen war. Diese enthielten auch den Namen des eingeladenen Redners und das Thema des Vortrags. Die Teilnehmer mussten i.d.R. ein geringes Entgelt (für Beleuchtung, Saalmiete, Heizung) entrichten. Die Besucher der Veranstaltungen waren nicht nur Männer, sondern auch Frauen und Kinder. Es gab auch reine Frauenklubs, die schon zurzeit der Französischen Revolution gegründet wurden. Die Veranstaltungen wurden „ordentlich" organisiert: Auf einem Podium saßen der Vorsitzende des Klubs (er konnte auch aus der Versammlung heraus gewählt werden) mit seinen beiden Beisitzern, Sekretären bzw. Protokollanten an einem Tisch; auch der Ablauf der Versammlung war fast überall gleich: Das Protokoll mit den Beschlussfassungen (z.B. Eingaben an das Comité Central oder die Bitte um Unterstützung von ideologisch „ähnlichen" Klubs o.ä.) wurde verlesen[121], der Redner redete, das Publikum äußerte sich, ideologisch ganz verdächtige Rufer wurden mit „Spitzel" oder „Monarchist" quittiert, wiederholte sich der Rufer, wurde er von den um ihn Sitzenden aus dem Saal befördert. Ansonsten – innerhalb des oben skizzierten vagen „republikanischen Grundverständnisses" – herrschte völlige Meinungsfreiheit und Toleranz.[122]

---

118 Molinari 2006: 176.

119 Auch in beschlagnahmten Räumlichkeiten wie in Kirchen zu Zeiten, da dort kein Gottesdienst stattfand.

120 Z.B. wollte Eugène Dupas den Club de l'Élysée Montmartre zu einem solchen „Klub der Klubs" machen und am 7. Mai schlossen sich auf Initiative des Comité de Vaugirard elf Klubs zu einer Föderation zusammen.

121 Sie befinden heute in den *Archives de la guerre*, dem Kriegsministerium; sporadisch gaben einige Klubs auch Bulletins oder Zeitungen heraus.

122 Während der Belagerung von Paris (Norddeutscher Bund und dann durch diesen Bund und die Versailler Truppen) wurden zigtausende „genialer" Vorschläge gemacht, die Preußen zu erschrecken und zu besiegen: Molinari berichtet von unterschiedlichen Klubs, zu

In den Klubs wurden schon vor der Machtaufnahme vom 18. März 1871 Kandidatenlisten für die Wahlen zur Nationalversammlung erstellt, so dass sie als Ort der Vorbereitung für die Errichtung der Commune zu gelten haben, nachdem die Regierung der Nationalen Verteidigung am 4. September 1870 den Klubs ihre alten Rechte der Versammlungsfreiheit und der Beschäftigung mit politischen Gegenständen erlauben musste.
Die Klubs als „Tempel der Demokratie“ beschäftigten sich nicht nur mit Bildungsfragen (was angesichts eines weit verbreiteten Analphabetismus von eminenter Bedeutung war) oder allgemeinpolitischen Fragen (z.B. Stellung der Frau oder Werbung für die Commune mittels der Wahlkreisvereinigungen von Bürgern aus der Provinz) oder aktualpolitischen Problemen (z.B. Kritik der Kriegführung) oder Fragen der öffentlichen Moral (Forderung nach sofortiger Verhaftung von Betrunkenen, Dieben, Verbot der Prostitution etc.), sondern fassten auch Beschlüsse zur sozialen Kontrolle: Entlohnung der Frauen, die in den Volksküchen arbeiteten, Mietzins, Maßnahmen gegen Militärdienstverweigerer, Denunziation von Gardisten, die ihren militärischen Pflichten nicht genügend nachkamen, Rekrutierung von Priestern für den Barrikadenbau, Bestrafung von Verrätern, Kritik des Sanitätsdienstes, Zwangsanleihe auf das Eigentum Geflüchteter etc. und kamen auch zu Beschlüssen wie das Anbringen von entsprechenden Tafeln an Häusern, wo Militärdienstverweigerer wohnten.[123] Hier stoßen wir auf moralische Probleme des Boykotts und des An-den-Pranger-Stellens, die im Zusammenhang mit dem Geiselgesetz und dem Lynchen der Generäle Lecomte und Thomas diskutiert werden sollen.
Meinungsbildung in der Form der direkten Kommunikation fand nicht nur in den Klubs und anderen Institutionen wie auf den Versammlungen der *Internationalen Arbeiter Assoziation*, der *Union der Frauen zur Verteidigung von Paris* und den Vorläuferformen von Gewerkschaften (*Chambres Syndicales*) statt, sondern alltäglich zwischen den Bürgern sowohl auf der Straße

denen ein und dieselbe Person wallfahrte, um Unterstützung für sein Projekt der Geheimwaffe „griechisches Feuer“ zu gewinnen. Ktesibios (3. Jh. v.u.Z.) entwickelte eine Art Flammenwerfer, eine von Hand betriebene Spritze, die mit Erdöl oder Asphalt gefüllt war und noch im Mittelalter bei See- und Belagerungskriegen recht „erfolgreich“ war.

123 Am ausführlichsten hierzu Bruhat, *Die Pariser Commune*, mit Texten aus den Archives de la guerre und den Prozessakten (Procès-verbaux de la Commune de 1871, 2 Bde. 1924, 1945).

vor den Anschlägen der Organe der Commune, in den Cafés und Bistros und in und mit den vielen Zeitungen. Nach dem 18. März entstanden 70 neue Zeitungen, von denen allerdings wieder viele nach kurzer Zeit eingingen. Einige, wie der *Père Duchêne*, druckten täglich 50-60.000 Exemplare (daneben erschienen noch die Broschüren *Mère Duchêne*, *Mère Duchêne marchande de poissons* und *Fils Duchêne*) und die noch auflagenstärkere *Le Cri du Peuple* („Der Ruf des Volkes“) konkurrierten mit *Le Vengeur* („Der Rächer“), *La Commune*, *Paris Libre*, *La Sociale*, *Journal officiel* und anderen, manchmal irregulär erscheinenden Tageszeitungen. Es gab auch Zeitungen, verfasst in einer Ideologie, die zwar republikanisch war (wie das Versailler Regime sich ja auch bezeichnete), aber überhaupt nicht oder nur punktuell mit der Commune sympathisierte: *Le mot d'ordre* und *Le Rappel*. Allerdings ergriff die Commune auch Maßnahmen zur Einschränkung der Pressefreiheit, wenn militärische Geheimnisse (z.B. Planung eines Ausfalls), Falschmeldungen oder Verleumdungen gedruckt wurden. Dieser „revolutionären Zensur“ (Milza 2009: II, 238) unterlagen z.B. zwischen dem 5. und 18. Mai an die 30 Zeitungen und Zeitungsausgaben von *Le Petit Moniteur*, *Le Petit National*, *Le Bon Sens*, *La Petite Presse*, *Le Petit Journal*, *La France*, *Le Temps* (verboten am 5. Mai), *L'Observateur*, *Le Spectateur*, *L'Étoile*, *L'Anonyme* (verboten am 11. Mai) und *L'Écho de Paris*, *L'Indépendance française*, *L'Avenir national*, *Le Pirate*, *La Patrie*, *Le Républicain*, *L'Echo de Ultramar*, *La Justice*, *La Revue des Deux Mondes* (verboten am 18. Mai) und sogar einige Ausgaben von *La Commune*.[124] Insgesamt wurden pro Tag etwa 200.000 Exemplare verkauft.

Die hier skizzierte Form der praktizierten Demokratie der Kommunarden stellt schon eine Besonderheit in der Geschichte der Demokratie dar. Die lebendige Form des Austausches von Meinungen oder Vorurteilen und die daraus erfolgende Festigung von Überzeugungen sind beispiellos. Ob allein die Beteiligung der Bürger an der Herstellung von Artikeln in einigen Blättern als Vorläufer der von Lenin initiierten Bewegung der Rabkors und Selkors, der schreibenden Betriebs- bzw. Landarbeiter, zu werten ist, ist zu bezweifeln. Das sowjetische System strebte eine Arbeiterintelligentsia an; die Korrespondenten wurden sprachlich und ideologisch geschult. Das ist nicht

[124] Nach Bruhat (1971 : 139); Milza nennt noch andere: *Les Débats*, *Le Constitutionnel*, *Le Moniteur universel* und *Le Soir* (Milza 2009: II, 238).

dasselbe wie die Festigung einer Überzeugung zu einer Gewissheit, die dem Souverän „Bürger" eine Sicherheit des individuellen und kollektiven Handelns gibt. Man möge schon allein auf Grund eigener Reflexion über den Weg der Negation erwägen: Aus der Tatsache, dass es keine Gehirnwäsche gibt, folgt, dass das weite „Feld" der Überzeugungen im „Land" der fast unbegrenzten Beeinflussungen immer nur einzeln bearbeitet wird. Die in der Commune praktizierte meinungsbildende Demokratie wies den Vorzug auf, im Vollzug eines sozialen Kommunikationsprozesses Meinungen zu festigen (zu übernehmen, abzulehnen oder im kathektischen Sinne zu modifizieren). Wird unser Gesellschaftstyp gerne als „Informationsgesellschaft" bezeichnet, so ist zuzugeben, dass die in Individuen sich verfestigenden Überzeugungen überwiegend nicht Resultate eines sozialen Prozesses sind. Das mag man bedauern oder auch nicht. Allein die Differenz macht einen Faktor für uns offensichtlich: Die Kriterien, auf Grund derer Überzeugungen im individuellen Hirn zurechtgebastelt werden, sind in einem sozialen Austauschprozess thematisierbar und werden bei Konflikten irgendwann einmal thematisiert. Diese Kriterien müssen sich unsere zeitgenössischen Subjekte in der Regel alleine und sozial-isoliert erarbeiten. Die Nachricht und die Fülle der Blogs zu dieser Nachricht beeinflussen durchaus die eigene Meinung – jedoch ist die Notwendigkeit nicht gegeben dies auch zu tun, da keine sozialen Vor- oder Nachteile dem Individuum erwachsen.

Die Commune hatte nur ein Leben von 72 bzw. 73 Tagen.[125] Erst kurz vor Ablauf ging die Commune autoritär gegen die Desinformationspolitik Versailles und die naive Gutgläubigkeit der Kommunarden vor, die nicht nur die „Wunderwaffen"[126] gegen die Preußen öffentlich diskutierten, sondern auch wichtige militärische Geheimnisse. Die Commune handelte richtig.

Zum Schluss muss zum Anfang zurückgekehrt werden, zur Frage nach dem „demokratischen Charakter" der Plebiszite, auf die sich Napoleon III. stützte. Die Etymologie des Wortes verrät den römischen Ursprung: Der Wider-

[125] Die Stadt Paris war am 72. Tag erobert; ein Tag später kapitulierte das letzte Fort. So findet man unterschiedliche Zeitangaben.

[126] Neben dem griechischen Feuer gab es auch weitere, ernst gemeinte Vorschläge wie den, die wilden Tiere aus ihren Käfigen zu befreien und auf die Preußen zu hetzen, die natürlich fluchtartig ihren Befestigungsring um Paris verlassen (die Tiere werden natürlich nachts losgelassen!) und, voilà, Paris ist befreit. Was soll ein preußischer Offizier von der Gefährlichkeit seines Gegners halten, die so etwas dem Anschein nach öffentlich für diskussionswürdig halten?

spruch von Patriziern und Plebs verursachte eine zunehmende Partizipation des Volkes an den gesamtgesellschaftlichen, politischen Entscheidungen der Machtinhaber. So wurden aus Beschlüssen des Volkes, die auf ihren Versammlungen gefasst wurden und keine Gesetzesverbindlichkeit für die Patrizier hatten, in der Republik erst allgemein rechtsverbindliche Gesetze und in der weiteren Entwicklung ein wichtiges Instrument der – im Auftrag des Senats – handelnden Tribunen.

Revolutionen haben die widersprüchliche Besonderheit, einerseits eine völlige Umkehrung der vorausgegangenen Geschichte vornehmen zu wollen, andererseits sich jedoch der Gesamtdialektik des Geschichtsprozesses, der Einheit von Kontinuierlichem und Diskontinuierlichem nicht entziehen zu können. Die Französische Revolution von 1789 fand in dem Maler David „ihre" Ästhetik und Moral (Tugenden des Edelmuts, sich fürs Vaterland zu opfern im *Schwur der Horatier* oder der Bescheidenheit und Hingabe fürs Volk im *Tod des Marat* etc.). Es war keine „Wiederbelebung" der Römischen Republik, sondern eine Inanspruchnahme dessen, was man sich als Moral für die Gestaltung der eigenen Wirklichkeit wünschte. Das Interesse an Geschichte ist parteilich und also von zeitgenössischen Interessen definiert. Entsprechendes gilt auch für die weitere Benutzung der römischen Antike, die Politikformen wie so genannte demokratische – was zunächst nichts anderes heißt als „das Volk mit einbeziehende" – Verfahren wie das Plebiszit. Das moderne französische Plebiszit hat mit dem alten römischen nicht viel gemein. Nur um den Unterschied hervorzuheben, kann die Etymologie des verwendeten Wortes „Plebiszit" bemüht werden, ohne damit eine Kontinuität zwischen dem antiken Rom und dem modernen Paris des 18. und 19. Jahrhunderts unterstellen zu wollen. Für die Zeitgenossen stellte es kein Problem dar, sich nach Belieben der „Geschichte" zu bedienen, denn welchen Sinn schien es zu haben, anderen Zeiten oder Gesellschaften (man denke an die Kolonialvölker) „gerecht" werden zu wollen, wenn man doch, zukunftsbezogen, schließlich in der Gegenwart lebte? Man darf heute nicht vergessen, dass unser schon zur Denkgewohnheit gewordenes Geschichtsbewusstsein sehr jung ist: Der erste Lehrstuhl für Geschichtswissenschaft wurde 1810 in Berlin eingerichtet und zwei Jahre später der nächste in Paris. Es wurde also „ohne Arg" entsprechend mit einer antik-römischen Praxis verfahren: 1793 wurde die Verfassung von 1791 beseitigt, 1799 machte der Übergang vom Direktorium zum Konsulat (weitere Versatzstücke aus der römischen Antike) den Weg frei für die Militärdiktatur Bonapartes, 1804 erfolgte die Umwandlung zum Kaisertum[127], schließlich das Ende: Napoleon III., der seinen Staatsstreich 1852 nachträglich durch ein Plebiszit legitimieren ließ, das ihn zum Kaiser der Franzosen machte. Das Plebiszit ist zunächst nichts weiter als ein politisches Mittel unter vielen. Das heißt überhaupt nicht, dass es ein demokratisches (selbst in einem weit gefassten Sinne) ist – eher im Gegenteil, wenn die Geschichte betrachtet wird, da Eliten sich aller Mittel bedienten, um Ziele zu erreichen, für die sie die Unterstützung des Volkes bedurften. Das Plebiszit ist zudem ein Mittel, das geeignet ist, die politischen Absichten zu verschleiern – unter Beibehaltung der bestehenden Machtverhältnisse. Denn es liegt auf der Hand, dass keine Regierung zu keiner Zeit über Fragen abstimmen lässt, deren Beantwortung für die Weiterexistenz der Regierung bedrohlich wäre, woraus folgt, dass ein Plebiszit vornehmlich als Mittel dienlich ist, eine „überwältigende" Zustimmung für die Politik einer Regierung zu erhalten. Dies hatten einige Zeitgenossen 1870 sehr wohl erkannt: Lissagaray spricht denn auch von einer „Komödie" (2000: 44) in Bezug auf das inszenierte Plebiszit vom 8. Mai 1870.

Dem Volk wurde die Frage vorgelegt, die es mit ja oder nein beantworten konnte: „Das Volk Frankreichs stimmt den Reformen zu, die mit der Verfassung von 1860 begonnen wurden."[128] In der Geschichtsschreibung hat sich die Überzeugung durchgesetzt, dass die Regentschaft Napoleons III. zwei voneinander deutlich unterscheidbare Phasen aufweise: eine „autoritär diktatorische" und eine „relativ liberale". So mag geurteilt werden können, dass auch dieses Plebiszit Ausdruck der zweiten, liberaleren Phase sei, deren Fortsetzung ein Volk sich nur wünschen könnte.

Allerdings sei zu bedenken: Nachdem sich Napoleon III. am 21.11.1852 per Plebiszit das Kaisertum „legitimieren" ließ (ca. 7,8 Mio. Ja- und nur 250Ts. Neinstimmen), schuf er ein rigoroses System der Verhinderung und Überwachung republikanischer Opposition mit den entsprechenden Institutionen (politische Polizei, Änderung des Justizwesens, Stärkung des katholischen Einflusses besonders im Bildungswesen etc.) – die so genannte erste

[127] Das sog. Erste Imperium; im Französischen wird bis heute die latinisierte Ordinalzahl gewählt: Premier Empire (Napoleon Bonaparte) und Second Empire (Napoleon III.), selten „Deuxième Empire".

[128] Lissagaray 2000: 44.

Phase. Ab 1860 wurden einige Liberalisierungen (größere Freiheiten der beiden Kammern, gewisse Lockerungen der Pressefreiheit etc.) vorgenommen – die so genannte zweite Phase – die jedoch nichts am Charakter des Regimes änderten und deren „Freiheiten" auch jederzeit rückgängig gemacht werden konnten und wurden. Die entscheidende politische Frage ist natürlich „Wer kann die Freiheiten rückgängig machen?" Und ein jeder merkt, dass es völlig ausgeschlossen war, dass das Volk oder die Wähler oder wer auch immer außer dem Regenten in Frage kam.
Nehmen wir zwei folgenreiche Beispiele: Als ein Cousin von Napoleon III., Prinz Pierre Bonaparte, den Journalisten Victor Noir erschoss, drohten Unruhen. Canrobert, Feldmarschall, Kommandant einer Infanteriebrigade in Paris, überzeugter Bonapartist, beteiligt an Napoleons III. erfolgreichem Staatsstreich vom 2. Dezember 1851, den Franzosen bekannt als verantwortlich für 300 Tote, 26.000 Verhaftete und 10.000 Deportierte nach Algerien, die sich in republikanischer Gesinnung gegen den Staatsstreich erhoben – dieser Canrobert stand auch für die Demonstrationen anlässlich des Mordes an Victor Noir bereit and hatte Massenerschießungen angekündigt. Dennoch sah allein Paris am 12. Januar 1870 eine politische Massendemonstration von 200.000 Teilnehmern mit den Rufen „Bonaparte = Mörder", deren Teilnehmer sich schon sicher wähnten, nach der Demonstration die Republik ausrufen zu können – ein deutliches Zeichen der allgemeinen Unzufriedenheit mit dem Second Empire von Napoleon III. Ein weiteres Beispiel, diesmal die „Liberalisierung" der Koalitionsfreiheit betreffend, stellt der Streik bei Creusot dar, aus dem Anlass, dass die Arbeiter ihre Pensionskassen selbst verwalten wollten. 3.000 Soldaten und zwei Generäle beendeten dieses staatsgefährdende Ansinnen.
Was nun das Plebiszit von 1870 angeht, so ließen die fortschrittlichen Oppositionsblätter keinen Zweifel an dem wahren Charakter des Plebiszits: Man müsse schon verrückt sein, so die Zeitungen *Marseillaise* und *Rappel*, wenn man glaube, dass Despotismus etwas anderes als Despotismus erzeugen könne (Lissagaray 2000: 45), deshalb könne man sich nur der Stimme enthalten. Das Regime setzte Geld ein, um über die Presse die Wähler zu beeinflussen, erfand ein Komplott eines Anschlags auf den Kaiser, erfand Verschwörungen der Internationalen Arbeiter Assoziation und ließ verhaften.
Lissagaray (2000: 44ff.) zieht wohl zu Recht die Parallele zu Napoleon I.,

der 100 Tage vor seiner endgültigen Niederlage bei Waterloo und der anschließenden Abdankung und dem Ende des Ersten Kaiserreiches noch ein Plebiszit einholte, um sich des Rückhalts für seine Politik zu versichern. So auch der in seinem Schatten stehende Napoleon III., der noch am 19. Juli 1869 ein Plebiszit ablehnte, dann am 4. April 1870 die obige Formulierung für das Plebiszit fand und es schließlich am 8. Mai durchführen ließ. Auch hier deutet sich die Parallele an: Wie Napoleon I. die Initiative zum Krieg gegen die Kräfte der Koalitionsmächte des „Wiener Kongresses" ergreifen wollte, nachdem er sich zuvor mit einem Plebiszit der Gunst der Franzosen versichern wollte, so tat dies Napoleon III. mit seinem Plebiszit, während er neue Kriege plante und hierfür Allianzen suchte (z.B. Einverleibung von Luxemburg und des linksrheinischen Gebiets). Allerdings schlug sich der angehäufte Protest[129] trotz des scheinbar „harmlosen" Charakters des Begehrens auch im Wahlverhalten nieder: Von über 7 Mio. Stimmberechtigten stimmten 1,5 Mio. gegen die Regierung und 1,9 Mio. enthielten sich der Stimme (Engels, MEW 17, 1973: 670, Endnote 2). Das Wählerverhalten der Armee zeigte, dass zum einen die Stärke der Armee somit auch dem Norddeutschen Bund bekannt wurde (330.000 wahlberechtigte Soldaten) und dass ca. zwei Drittel der Soldatenstimmen (260.000) nicht mit „Ja" gestimmt hatten, der Regierung also ihr Vertrauen entzogen (Lissagaray 2000: 52). Die Zahlen für Paris waren schon nach dem Ergebnis der Kommunalwahlen von 1869 Hinweis für einen Umschwung beim französischen Wähler: Von den neun Sitzen des Département de la Seine gingen acht an die Republikaner. Aber auch andere, schnell an Bevölkerung wachsende Städte, zeigten ähnliche Ergebnisse wie in Marseille, wo der regierungsgenehme Kandidat Lesseps (nachdem er gerade durch seine großartige Ingenieurstat des Suez-Kanalbaus allgemeine Anerkennung und Berühmtheit erlangt hatte) von dem Republikaner Gambetta, der 76% der Stimmen auf sich vereinigen konnte, geschlagen wurde.

Was ist also von dem Mittel des Plebiszits zu halten? Wer für das Plebiszit stimmte, unterstützte damit de facto die Fortexistenz einer erblichen Dynastie. Das Plebiszit gab vor, dass der Bürger der Souverän sei, der er in die-

[129] Ermordung Victor Noirs und die privilegierte Behandlung des Prinzen, Streiks wie bei Creusot und die besonders in Paris bei den unteren Schichten gewachsene Empörung wegen der Haussmannschen Neugestaltung von Paris, die Abwälzung der Sanierungskosten auf die Bürger, die Bereicherung von Grundstücksspekulanten.

sem Fall keineswegs war. Wer gegen das Plebiszit stimmte oder sich der Stimme enthielt, konnte von der gegnerischen Propaganda als fortschrittsfeindlich und desinteressiert an weiteren demokratischen Freiheiten diffamiert werden. In Wahrheit ist die Anwendung des Plebiszits aber mehr als nur ein vor-modernes Marketinginstrument, um die Einführung der Marke „Dynastie des bonapartistischen Hauses" zu testen, also eine „Akzeptanzprüfung" oder ein „Stimmungsbild", wie es heute Meinungsforschungsinstitute erheben. Politik mag zwar wie ein Waschmittel verkauft werden, erschöpft sich aber nicht in ihrem Warencharakter. Unter der Voraussetzung, dass das Volk der Souverän ist, folgt auch die Möglichkeit, dass das Volk – bei allen Plebisziten war es immer noch die Mehrheit der Landbevölkerung, auf die sich Napoleon III. verlassen konnte – sich auch selbst entmündigen kann. Es bleibt aber weiterhin verantwortlich für die letztlich durch seine Entscheidung legitimierte Politik. Um einen riskanten zeitlichen Sprung zu wagen: Die tatsächlich freie und international überwachte Wahl im Saargebiet vom 13. Januar 1935 ergab 90,73% der Stimmen für die NSDAP, 8,86% für die Beibehaltung des Status Quo (vorläufiges Verbleiben unter französischem Mandat) und 0,4% für die Integration in die französische Nation. Was 1935 Programm der Hitler-Partei war, war hinreichend bekannt. Dass eine Eingliederung ins faschistische Deutschland ein Aufgeben auch der geringsten demokratischen Freiheiten bedeutete, war auch bekannt.

Es ist also möglich, dass der Souverän, das Volk, seine errungenen Freiheiten eintauscht gegen andere „Güter", die ihm, aus welchen Gründen auch immer, mehr „zusagen". Freiheit und Souveränität sind, weltgeschichtlich betrachtet, nicht immer „erste Beweger"[130] kollektiver menschlicher Handlungen. Sie bleiben jedoch selbst im extremsten Zustand der Selbstversklavung unveräußerliche Rechte. Auch wenn die Mehrheit der Franzosen über Jahre hinweg dem Kaiserreich dienten und applaudierten, ist daraus kein Recht abzuleiten, dass sie ihr Recht auf Verwirklichung ihrer Souveränität verwirkt hätten. Gleiches gilt für die Saarländer, Elsässer, Lothringer etc. Eine jede Form von Herrschaft ist eine auf Zeit und nicht zum Beispiel abhängig davon, ob eine Dynastie ausstirbt oder nicht. Es geht um Herrschaftsverhältnisse, die immer prekär sind: Napoleon III. handelte vorsichtig und versuchte, republikanischen Aufruhr, da er nie ganz unterdrückt

[130] Anspielung auf Aristoteles Vorstellung von Gott als erstem Beweger des Seins.

werden konnte, einzudämmen und zumindest in seinem potenziellen Umfang richtig einschätzen zu können. Hierzu ist das Instrument des Plebiszits nützlich, um den Grad der Sicherheit seiner Macht einschätzen zu können; eine andere, oft ein Plebiszit ergänzende Maßnahme ist die Anwendung von Gewalt mittels der Polizei, der Spitzel, der Einschränkungen der Presse, Gerichte, Gefängnisse, Verbannungen. Die beiden Phasen entpuppen sich in dieser Hinsicht als Lockerung von Gewaltmaßnahmen mit der Erwartung, dass solche „Liberalisierungen" Wohlverhalten bewirken. Dann greift Napoleon III. aber wieder im Zusammenhang mit dem Plebiszit vom 8. Mai 1870 auf das Mittel der Gewalt, der Repression zurück. All diese widersprüchlichen Maßnahmen haben gemeinsam, flexible Instrumente des Machterhalts zu sein. Ob Napoleon III. etwas verschenkt, gewährt, Repressionen unterlässt, Wahlen zulässt – entscheidend ist, dass er der Souverän sein will, da können die Mittel so unterschiedlich, verrückt oder lupenrein demokratisch sein.

Dieses gesellschaftspolitische Verständnis von der Souveränität ist nicht zu verwechseln mit einem „Subordinationsverhältnis", das von Bürgern militärischen Gehorsam abverlangt, wenn der demokratische Staat der Commune vom Krieg der Versailler Regierung der „Nationalen Verteidigung" überzogen wird. Entsprechendes gilt für alle Maßnahmen, die das belagerte Paris der Commune (leider immer nur halbherzig aus Furcht davor, „autoritär wie der einstige Kaiser" zu sein) ergriff, was zu vermeidbaren Missständen führte: Versorgung der Bürger mit Lebensmitteln, bzw. ihre Rationierung, Durchführung militärischer Aktionen und ihre Kontrolle, Einschränkung der Pressefreiheit, der Bewegungsfreiheit etc.[131] Diese Furcht vor dem Autoritären gerät zu einer Obsession.

Was ist ein „guter Soldat"? Aristoteles hätte die Frage mit Empörung zurückgewiesen, zu Recht, wenn man seiner Begrifflichkeit folgt: „Gut" ist ihm ein politischer Begriff. Ein „guter Bäcker" ist noch lange kein Bürger, der dem Gemeinwesen „Gutes" tut, sondern dem unter Umständen nur an seiner privaten[132] Bereicherung gelegen ist. Schließlich müsste man dann

[131] Es gab keine Personalausweise, so dass nie kontrolliert werden konnte, wer, wann, wie oft etc. die Stadt verließ und mit Billigung der Versailler auch wieder mit Aufträgen versehen, zurückkehren konnte.

[132] Lat. „privare" bedeutet „berauben", was im Griechischen identisch mit der Position eines „Idioten" ist, der nur an sich denkt, mithin die Gemeinschaft um das ihr Zustehende beraubt.

auch von einem „guten Dieb“ reden dürfen. Gemeint ist natürlich, dass ein „guter Soldat“ derjenige ist, der a) das tut, was der Staat von ihm verlangt und b) so handelt, wie eben Soldaten im Unterschied zu anderen Berufen handeln sollen. Nun war ein Soldat zu der Zeit von 1870/71 „professionell“ in Preußen ausgebildet, wenn er auch Eigeninitiative zeigte. Das lag keineswegs daran, dass Preußen plötzlich gut gebildete Bürger haben wollte, sondern daran, dass es eine Zeit war, in der man nicht mehr vom Feldherrnhügel aus ein Heer von 10.000 Soldaten mal dahin und dorthin dirigieren konnte, denn die Heere trafen sich nicht nur auf einem Schlachtfeld, sondern mussten beweglich sein und waren auch um das zehnfache größer. Ein solches Heer konnte noch das Genie eines Napoleon Bonaparte, Napoleon I., dirigieren, der es auch noch schaffte, sich um alles andere bis zum Tross zu kümmern. Aber selbst er versagte vor Moskau, oft genug auf dem Rückzug von Moskau und schließlich vor Waterloo, wo er für entscheidende Phasen der Schlacht den Überblick verlor. Es war also die Entwicklung der Militärtechnik, die einen mehr handlungsfähigen Soldaten, der dann auch in der Lage war, seinen im Gefecht gefallenen Offizier zu ersetzen, erforderte. Der Nationalgardist war in diesem Sinne weder „gut“ (da er noch lange nicht das tat, was seine Commune ihm aufgetragen hatte) noch „professionell“, gemessen an der Entwicklung des Militärwesens. Er verschanzte sich hinter den „unbesiegbaren“ Mauern von Paris und wartete. Als diese vor seinen Augen zerschossen wurden, wartete er hinter der Barrikade, am liebsten hinter „seiner Barrikade, d.h. hinter der seines Viertels. Das war also, was er gelernt hatte als Verteidigung im aktiven Kampf.[133]

Mit Aristoteles argumentiert ist der Krieg die autoritärste Sache schlechthin (da er, um dies mit Clausewitz zu begründen, nur ein Mittel neben vielen anderen zur Durchsetzung von Politik ist). Nur sehr indirekt haben Krieg und Krieger etwas mit der Verfassung des Gemeinwesens zu tun, nach dem z.B. nur das „gut“ oder „gut für die Demokratie Athens“ ist, was ihr Überleben sichert und ihrem antiken Imperialismus dienlich ist.

[133] Was beispielsweise die Eroberung einer Kanone, die Paris beschoss, bedeutete, hatte er nicht gelernt. Seine Ausbildung erfolgte durch Offiziere, die überwiegend in den Kolonien gedient hatten, wo sie ihre technologische Überlegenheit ausspielen konnten. Auch die Erfahrungen des erzwungenen Stellungskrieges auf der Krim mag eine nicht unerheblich Rolle für die taktische Verwendung des Festungsbaus Paris gespielt haben.

# II. 3 Kommunikation

„Man befürchtet alles,
weil man keinen Durchblick hat“ und
„klammert sich an Beschwörungen,
wenn man sich bedroht fühlt.“[134]

Es ist kommunizierenden Menschen einleuchtend, wenn auch in der praktisch durchgeführten Kommunikation nicht immer bewusst, dass jeder Sprecher (Sender) nonverbale und verbale Signale aussendet, die nicht nur Informationen im engeren Sinn – das, also, was der „Sache“ nach gemeint sein mag – übermittelt, sondern zugleich mit dieser „Sendung“ auch etwas über die Beziehung mitversendet, wie der Sprecher den Hörer (Empfänger) einschätzt und was er vermutet, wie umgekehrt der Hörer den Sprecher einschätzt und zudem, wie die beidseitige Kommunikation selbst eingeschätzt wird. All dies ist etwas kompliziert und die Alltagserfahrung lehrt auch, wie selten von einer „gelungenen Kommunikation“ die Rede sein kann. Die vorgestellten Eigenschaften von Kommunikation gelten immer, gleichgültig, ob Individuen miteinander kommunizieren oder Tageszeitungen mit ihren bestimmten sozialen Adressaten. Es wird noch etwas komplizierter, wenn man bedenkt, dass das gewählte Medium – gesprochene Sprache, Telefon, Bild etc. – seinerseits das kommunikative Geschehen beeinflusst. Und es wird leider noch komplizierter, wenn man die Auswirkungen auf das kommunikative Verhalten bedenkt, wenn allein gewohnte Medien plötzlich nicht mehr zur Verfügung stehen, also die Bedingungen von Kommunikation sich urplötzlich ändern.
Im privaten Bereich führt der Ausfall des Hörsinnes fast unvermeidbar zu einer Änderung, die den Charakter des von Taubheit geschlagenen Menschen betrifft: Solche Menschen werden mitunter zu grantigen, misstraui-

[134] ...in Abwandlung des Redebeitrags des Abgeordneten Longuet während der Debatte im Rat der Commune um die Einrichtung des Wohlfahrtsausschusses, da dieser sagte: „Ne croyant plus aux mots sauveurs qu'aux talismans et aux amulettes...“ (Lissagaray 2000: 251; ebd. 338): „On craint tout parce qu'on ne sait rien voir“ – so charakterisiert Lissagaray den Zustand der Kommunarden kurz vor der Niederlage: Erwartet werden klare Anweisungen vom Wohlfahrtsausschuss, der diese aber auch deshalb nicht erteilen kann, weil ihm keine verlässlichen Informationen gegeben werden – für die Commune ein Teufelskreis, aber das Problem ist lösbar.

schen Zeitgenossen, da sie nicht mehr eine gesicherte Rückkopplung in der Kommunikation erleben – um wie viel nachhaltiger muss sich eine Störung auf die Kommunikation auswirken, wenn man von der Außenwelt isoliert lebt. Dies ist die Situation, in der sich die Pariser Bevölkerung während der Einschließung befand. Es ist also ein Zustand, der, was die Bedingungen von Kommunikation angeht, ein „pathologischer" zu nennen ist: Es gab (noch) keine verbreiteten Formen elektrischer Energie und Beleuchtung[135], der (elektrische) Telegraph, 1844 von Morse erfunden und in den USA erprobt, verband schon Europa mit den U.S.A.; es existierten auch nationale telegraphische Netze, aber die Truppen des NDB hatten sofort das durch die Seine verlegte Kabel am 27. September 1870 gekappt. Das Radio war noch lange nicht in Sicht, es gab lediglich Marconis Versuche mit elektromagnetischen Wellen (Funkwellen). Es gab ein expandierendes Schienennetz, das aber sowohl vom Norddeutschen Bund als auch von Versailles durchschnitten wurde; es gab Gaslaternen, die mangels ausreichenden Vorrats an Gas in großem Umfang abgeschaltet werden mussten; es gab natürlich die Post, die aber ebenfalls von den Besatzern unterbunden wurde; schließlich waren da noch die Montgolfieren, die „aérostats", die sich mittels erwärmter Luft immerhin in der Atmosphäre halten konnten, aber nicht lenkbar waren.[136] Was den eingeschlossenen Parisern außer der mündlichen Kommunikation in den Klubs, Bistros, auf der Straße blieb, war Gedrucktes (Bücher, Anschläge, Zeitungen). Außer verspäteten Nachrichten über Brieftauben[137] und durch wenige Individuen, denen es gelang, sich nach Paris durchzuschlagen, gab es keine Informationen von der Welt außerhalb der belagerten Stadt.

Die Berichte gekidnappter Menschen belegen, dass ein solcher Zustand der Kommunikations- und Informationsdeprivation für einen modernen Menschen, der gewohnt ist, Nachrichten aus aller Welt erfahren zu können, als so schlimm empfunden wird, dass unter Umständen gar Wahnsinn auszubrechen droht; seine ersten Anzeichen werden zudem der Person bewusst, was ihren psychischen Zustand um eine weitere Dimension verschlimmert:

---

135 Deleuil machte mit elektrischem Bogenlicht die ersten Versuche zwar schon 1844 (Place de la Concorde), aber das technische Problem der Glühbirne war noch nicht gelöst.

136 „Indirigeable" im Unterschied zum „dirigeable", dem Zeppelin, für den der Graf erst 1898 das Patent erhielt.

137 Ein verzweifelter Rückschritt der Technologie, der von dem Norddeutschen Bund mit dem Einsatz von Falken beantwortet wurde.

Die eigene Einbildungskraft treibt grausames Spiel, den Verstand mit Erklärungen versorgen zu müssen, um einen Sinn für diese physischen und psychischen Beraubungen zu finden. Unter den pathologischen Bedingungen der Deprivation ist rationales Denken weitgehend außer Kraft gesetzt, geschweige denn das w.o. skizzierte rationale Schema des mathematisch-stochastischen Denkens, das einige (Über-) Lebensperspektiven entwickeln könnte. Der kognitive Normalfall unter derart anormalen Bedingungen besteht typischerweise darin, verführerisch für irrationale Hoffnungen und wundersame Wendungen zu sein, die dem erleidenden Zustand ein Ende bereiten und zu „besseren Zuständen" führen könnten.

Da verständlicherweise für solch auftretende Entbehrungen mit ihren massenpsychologischen Auswirkungen keine ordentliche, wissenschaftlich fundierte Erklärung existiert, sei hier nur vorsichtig und deshalb in Parenthese, eine Analogie angeboten: Jan Philipp Reemtsma war 33 Tage von seinen Kidnappern eingekerkert.[138] Er beschäftigte sich – zu seiner psychischen Rettung – mit Goyas Gemälde „Volksfest am San-Isidro-Tag" von 1788. Die Szene stellt eine „umgekehrte Belagerung einer Stadt" dar: Nicht ein feindliches Heer belagert die Stadt, sondern friedlich gesinnte und in heiterer Festlaune befindliche. Das Bild strahlt Harmonie aus und ergreift den Betrachter wie eine schöne, utopische Szene. Es ist aber eine Verkehrung verkehrter Verhältnisse. „Normal" wäre der Friedenszustand, in dem Menschen friedlich einen Ausflug vor der Stadt machen. Die Realität während des napoleonischen Krieges in Spanien mit seinen grausamen Reaktionen auf den spanischen Guerillakrieg ist das Gegenteil. Was zuvor Regel war, ein friedliches Picknick, ist über Jahre hinweg Ausnahme. Diese „Verkehrung der Verhältnisse" thematisiert Goya in seinem Vexierbild auf die Weise, dass nicht der Krieg eine friedliche Stadt bedrängt, sondern „die friedliche Stadt dem Krieg den Krieg erklärt." Dieses Spiel mit der Antithese Krieg-Frieden, Disharmonie-Harmonie erscheint wie ein Sinnbild des Kampfgebarens der Kommunarden, die die „brüderliche Umarmung" wie eine Waffe gegen ihre Feinde anwandten. Der Versailler Soldat, der mit dem Auftrag nach Paris

---

[138] Reemtsma, *Im Keller*; der Bericht von Keenan und McCarthy über ihre 4 1/2-jährige Geiselhaft bei wechselnden schiitischen Gruppierungen im Beirut des Jahres 1985 zeigt eine ganz andere „soziale Harmonie-Vorstellung"; beide, Reemtsma und Keenan, hatten Literaturwissenschaft studiert: Keenan und McCarthy imaginierten eine Utopie, asiatische Yaks in den südamerikanischen Anden anzusiedeln; sie nehmen dieses Projekt nach ihrer Befreiung tatsächlich in die Hand – und scheiterten.

geschickt wurde, mit militärischer Gewalt die Kanonen von Montmartre zu holen, wird von den Kommunarden umarmt und ist entwaffnet. Vergleichbares hatte allem Anschein nach Reemtsma empfunden, der nur die menschlichen Gesten und den dringenden Wunsch, mit seinen kriminellen Bewachern zu kommunizieren, als einzige „Waffe" sah, den Gegner zu besiegen. Durch humane Handlungen, durch Menschlichkeit das Inhumane zu besiegen, ist die *gezwungenerweise* einzige Waffe, die Reemtsma zur Verfügung stand. Die Umarmung der Versailler Soldaten, die *fraternité forcée*, ist die gleichfalls *gezwungenerweise* einzige Waffe, die den Kommunarden als einzige Möglichkeit erschien, eine humane Gesellschaft zu errichten.
Dieser von Goya gemalte dialektische Widerspruch von Krieg und Frieden wird nach unserer Auffassung in der Rede vor der republikanischen Assemblée Nationale vom 26. Februar 1871 von Victor Hugo aufgehoben: Die Diskussion ging um den Antrag, die mit Deutschland ausgehandelten Friedensbedingungen – u.a. Annexion von Elsass und Lothringen – anzunehmen oder abzulehnen und es war allen Beteiligten klar, dass diese Alternative selbst aufgezwungen war und keine Entscheidung für oder gegen eine Position „richtig" wäre.[139] Alle „Linken" waren sich einig, dass die gesetzten Bedingungen unannehmbar seien. Andererseits gab es keinen rationalen Grund, einen Erfolg in der Weiterführung des Krieges zu sehen.
Victor Hugo beschwört, wie seine Vorredner, den Geist von „1792" – die levée en masse – und erklärt, dass der Krieg fortgeführt werden müsse, das linksrheinische Gebiet zu besetzen sei, alle deutschen Städte usw., aber dann den Deutschen alles zurückgegeben werden solle unter nur einer Bedingung: Abrüstung, Schleifung aller Festungen und Vereinigung beider Länder zu einer Republik, die zu einem Teil der Vereinigten Staaten von Europa werde, die ihrerseits eine Föderation Kontinentaleuropas schaffe und alle zusammen den universellen Frieden ausrufen. Victor Hugo beschließt seine Rede mit dem Ruf: „Ma vengeance c'est la fraternité" („meine Rache ist die Brüderlichkeit", nach Milza 2009: II, 30f.). Es ist ein wahrhaft schöner Traum und ein Versuch, der Paradoxie zu entkommen, aber ein Traum…

Was der eingeschlossenen Pariser Bevölkerung also blieb, war wesentlich die mündliche Kommunikation, denn auch die Zeitungen hatten keine ande-

139 Es handelt sich um eine klassische Paradoxie wie sie von Chaucer im Weibe von Bath thematisiert wurde.

ren Quellen. Aber diese auf die Belagerten selbst reduzierte Kommunikation ist, wie gesehen, trügerisch, denn sie nährt sich von Gerüchten, die nicht überprüft werden können. Der menschliche Verstand kann unter solchen Bedingungen nicht mehr sicher entscheiden, was Wunschdenken und was Wahrheit ist. So scheint es zu sein, dass diejenigen Sinnstiftungen als die vermeintlich sichersten Quellen zur Deutung der Gegenwart aktiv bleiben, die schon vor dem Belagerungszustand eine recht hohe Glaubwürdigkeit besaßen. Der Abgeordnete und Schriftsteller Victor Hugo hat diese den Eingeschlossenen von Paris vertraute „sicherste Quelle" genannt: Die brüderliche Vereinigung aller wohldenkenden und -fühlenden Menschen. Wenn diese Utopie, die so selbstverständlich erscheint, dass selbst ein Teufel sich nichts anderes für seine Gemeinschaft wünschen könnte, auf Widerstand stößt, entsteht ein fundamentaler Erklärungsnotstand. Für die eingeschlossenen Pariser musste eine befriedigende Antwort zumindest auf die folgenden Fragen gegeben werden können, um ein Generalverständnis ihres Zustandes zu gewinnen und um dann auf dieser Grundlage handlungsfähig zu bleiben:

(1) Warum schließt die Regierung der Nationalen Verteidigung mit den Deutschen einen Frieden, der die Preisgabe von Elsass und Teilen Lothringens vorsieht?
(2) Warum erklärt diese Regierung den Krieg für beendet, wenn doch noch zwei Armeen existierten: Die Armee im Norden und die Loire-Armee unter Aurelle de Paladines? Die letztere sollte doch noch, wie gemeldet, bei Orléans gesiegt haben; danach wurde sie doch von Gambetta neu gebildet, um den Belagerungsring von Paris zu sprengen, um Paris zu entsetzen – was war geschehen?
(3) Was geschieht außenpolitisch? Wie lange würde England zusehen, dass auf dem Kontinent die Großmacht Deutschland entsteht?

Allein diese Fragen mit den in Paris vorhandenen Informationen zu beantworten, konnte nicht befriedigend und rational gelingen. Die Informationen, über die Paris verfügte und die das generelle Versagen der französischen Armee unter Napoleon III. betrafen, wurden, nachdem sie verspätet Paris und die Provinz erreichten, „weiß gewaschen", d.h. glaubwürdig gemacht.

Dennoch wären die Fragen für die Zeitgenossen relativ leicht zu beantworten gewesen, wenn ihnen nur eine andere Fassung gegeben worden wäre:

Zur ersten Frage: „*Considérant*"[140], dass der 18. Brumaire des Jahres VIII (9. November 1799) der Tag des Staatsstreiches von Napoleon war, der das Direktorium stürzte und sich selbst zum „Ersten Konsul" erhob. *Considérant* – in Erwägung, dass dieser 18. Brumaire sich am 10. Dezember 1848 „wiederholte", als Charles-Louis-Napoléon Bonaparte in allgemeiner Wahl zum Präsidenten gemacht wurde. Ebenfalls sei zu erwägen, dass diese Wiederholung nicht ausreichte, um deutlich zu machen, wessen Interessen die Regierung zu vertreten geneigt sein werde und eben derselbe sich vier Jahre später als Napoleon III. noch zum Kaiser krönen lassen musste. Wie kann all dies nicht ausreichen, dass von dieser Diktatur das Volk nichts anderes als Repressionen erwarten konnte? *In Anbetracht* der dann tatsächlich gemachten schmerzhaften Erfahrungen kann „füglich" nicht ernsthaft erwartet werden, dass eine solche Regierung auch noch ganz andere Sachen beim dynastischen Roulette riskieren würde als in Mexiko Krieg führen oder ein paar französische Landstriche preisgeben.
*In Erwägung* der Maßnahmen der provisorischen Republik der „Nationalen Verteidigung", die das Erbe des sich in Gefangenschaft begebenden Napoleon III. antrat, kann keinesfalls erwartet werden, dass eine Interessenvertretung durch bonapartistische, legitimistische, orleanistische und republikanische Volksvertretern die Interessen der Kleinbürger, Arbeiter, Tagelöhner und Arbeitslosen im Auge haben werde, sondern nur solche Interessen schützen werde, für welche schon die Herkunft der meisten Volksvertreter steht: Privilegierte Interessen, die beim Adel und Großbürgertums zu suchen und finden waren...
Der spätere Präsident der Regierung der Nationalen Verteidigung hatte neben Jules Favre von Émile Ollivier, ‚Ministerpräsident' unter Napoleon III., der „leichten Herzens" die Verantwortung für den französisch-preußischen Krieg übernahm, noch darauf bestanden, das entscheidende Dokument über den sog. „Kriegsgrund" vorgelesen zu bekommen, was beiden jedoch von Ollivier verweigert wurde; dieser Thiers nun hatte sich keineswegs an die Journalisten und den Dritten Stand gewandt, um den Krieg zu verhin-

[140] So beginnen die Proklamationen des Comité central – von Bertolt Brecht, *Die Tage der Commune*, 1949 – übersetzt mit „in Erwägung".

dern. Mit den Worten von Lissagaray würden „diese Großbürger keinen Krümel ihres Reichtums hergeben, ohne dafür mehr als ausreichende Sicherheiten zu erhalten – diese Großbürger spielten aber mit den Existenzen Hunderttausender und Millionen von Franzosen allein auf ein Wort von Gramont (Außenminister) und Prahlereien eines LeBœuf (Kriegsminister) hin“ (Lissagaray 2000: 51). Was sollte in Erwägung dieses Wissens wohl aus der Interessensperspektive der Kleinbürger, Arbeiter, Arbeitslosen – also den typischen sozialen Gruppierungen der Kommunarden – von einer solchen Regierung der Nationalen Verteidigung erwartet werden können, wen oder was sie verteidigen würde?

Der journalistisch, literarisch und politisch bekannteste Politiker und spätere Präsident dieser Regierung, Unterhändler mit Bismarck und Diplomat in europäischer Mission, Chef der Exekutive, Alphonse Thiers, hatte schon als Innenminister 1834 das „Massaker der Rue Transnonain“ zu verantworten.[141]

Abbildung 4: Honoré Daumier, *Rue Transnonain, 15. April 1834*

141 Während der sog. Juli-Monarchie wurden u.a. erhebliche Beschränkungen der Presse- und Versammlungsfreiheit verordnet. Der Protest dagegen wuchs (9.-12. April) und breitete sich auf andere Landesteilen aus (z.B. auf Lyon). Der Innenminister Thiers hatte zugewartet, bis der Widerstand gegen die Gesetzgebung einen möglichst großen Umfang annahm, um dann vernichtender vorgehen zu können. Eine Barrikade wurde in der Rue Transnonain (heute Rue Beaubourg, 3ème Arr.) neben dem Haus Nr. 12 errichtet; aus dem Haus fiel ein Schuss und alle Bewohner des Hauses, Frauen und Kinder, wurden erschossen. Daumiers gezeigte Lithographie dieses Massakers wird auch als das vermutlich erste realistische Bild bezeichnet.

Von diesem Thiers konnte also mit Fug und Recht kein Wandel der Politik zugunsten der sog. kleinen Leute des Dritten Standes erwartet werden. Bankrottiert das Seconde Empire des Kaisers Napoleon III., so können die bürgerlichen Republikaner die Interessen der wahrhaft Mächtigen (der Finanz- und Industriewelt) erwartungsgemäß „besser" wahrnehmen. Die Eliten Frankreichs kamen mit der III. Republik eines Thiers bestens aus, sie brauchten keinen Kaiser oder König als Galionsfigur ihrer Herrschaft. Der Reichtum der Gesellschaft wurde zunehmend von den Banken und der Schwerindustrie erwirtschaftet – so verlief die wirtschaftliche Entwicklung in der Zeit – und sie besaßen gesellschaftliche Macht und konnten sich die Politiker aussuchen. Zudem besaß die Thiersche Republik den „Vorteil," viel ungehemmter als noch Napoleon III. mit seinen Plebisziten, nämlich auf demokratische Weise, den Widerstand unbotmäßiger Kleinbürger, Arbeiter und Tagelöhner zu brechen – das hatte sie schließlich bewiesen. Die Angst – in dieser historischen Phase der Liberalen, zu denen Thiers zu rechnen ist – vor den politisch „Linken" war allemal größer als vor irgendwelchen „Dynastien" – nicht nur in Frankreich, nicht nur damals.

Zur zweiten Frage: Es wollte keiner wissen und es gab keine aufgeklärte, sich auch Gehör verschaffende Opposition, dass der französisch-preußische Krieg für die Franzosen kein aufgezwungener nationaler Krieg war. Unter den Karten, mit denen „gespielt" wurde, gab es auch die „nationale", allein, der Krieg selbst war es nicht, er kann seinen dynastischen Ursprung nicht verleugnen. *In Erwägung*, dass z.B. die Kriege während des Zweiten Empire in Mexiko, im Senegal, auf Haïti und anderswo auf allen Erdteilen noch nicht einmal mittels eines Plebiszits dem Volk zur Entscheidung vorgelegt wurden, aber die Kosten an Leben und Gut vom Volk beglichen wurden, „hätte" dies dazu führen können, die richtige Frage zu stellen, zu wessen Nutzen nämlich der Krieg geführt werde. Derselbe Thiers, der schon bewiesen hatte, wie sehr er die Plebs und die „rote Gefahr" fürchtete und hasste, war in der Lage, binnen weniger Wochen eine äußerst effektive Armee zu schaffen, mit der er allerdings die Commune und nicht den Landesfeind bekämpfte. Auch *in Erwägung* des militärischen und wirtschaftlichen Potenzials Frankreichs „wäre" ein tatsächlicher, nationaler Verteidigungskrieg nicht aussichtslos gewesen (so war Marxens Einschätzung). Die Oberste Heeresleitung des Norddeutschen Bundes war bis zuletzt in ernsthafter Sorge, dass ein weiteres Hinausziehen und Ausdehnen des Krieges auf das ganze französische Territorium zu sehr unangenehmen nationalen und internationalen Konsequenzen für Deutschland führen würde wie es z.B. das schon einsetzende Umschlagen der anfänglichen Sympathie für Preußen in England, Russland und Österreich-Ungarn gegen die sich neu etablierende Großmacht Deutschland belegte. Solange dies aber noch nicht geschah, waren die weiteren Fragen beantwortet: Frankreich war nicht die einzige Kolonialmacht und solange keine unmittelbaren Folgen für die Kolonien und imperialen Interessensphären der anderen Mächte tangiert wurden, gab es keinen Grund zu intervenieren.

Natürlich sind diese nicht willkürlich herausgegriffenen Fragen von eminenter Bedeutung für die eingekesselte Commune und jeden einzelnen Bürger. Allein solche Fragen richtigzustellen, impliziert immerhin die Möglichkeit, dass neben dem realistischen Verständnis der Phrase von der nationalen Verteidigung,[142] auch andere Antworten erhofft werden können, statt mit falschen Alternativen, Illusionen oder Hugoscher Rhetorik sich bedienen zu lassen.

Marx hat eine Erklärung für dieses komplizierte Verhältnis von Kontinuität und Diskontinuität in der Geschichte gegeben (das uns natürlich, weil es um eine Revolution der Commune von Paris geht, häufiger beschäftigen wird), die es wohl verdient, diskutiert zu werden:

> „Die Menschen machen ihre eigene Geschichte, aber sie machen sie nicht aus freien Stücken, nicht unter selbstgewählten, sondern unter unmittelbar vorgefundenen, gegebenen und überlieferten Umständen. Die Tradition aller toten Geschlechter lastet wie ein Alp auf dem Gehirne der Lebenden. Und wenn sie eben damit beschäftigt scheinen, sich und die Dinge umzuwälzen, noch nicht Dagewesenes zu schaffen, gerade in solchen Epochen revolutionärer Krise beschwören sie ängstlich die Geister der Vergangenheit zu ihrem Dienste herauf, entlehnen ihnen Namen, Schlachtparole, Kostüm, um in dieser altehrwürdigen Verkleidung und mit dieser erborgten Sprache die neue Weltgeschichtsszene aufzuführen."[143]

Es klingt widersprüchlich und vielleicht sehr paradox: Einerseits Neues zu

142 Es kann kein Ausdruck von Patriotismus sein, französisches Land dem Feind zu geben.

143 *Der 18. Brumaire des Louis Napoleon*, 1852, MEW 8, 1972: 115.

schaffen, das eben dadurch ausgezeichnet ist, dass es keine „Vergangenheit" hat, andererseits – bleiben wir hier weiterhin im sprachlich-kommunikativen Bereich – die Namen und Begriffe für dies Neue ebenfalls neu zu schaffen. Als eine vorläufige Illustration möge der Ausdruck „levée en masse" herhalten: Wer diesen Ausdruck zurzeit der Commune benutzte, „meinte" die „Massenerhebung", vom Nationalkonvent am 23. August 1793 beschlossen und nicht den Beschluss vom 23. Februar 1793. Letzterer verursachte Revolten im gesamten Norden und den Aufstand in der Vendée. Ersterer sollte bis zum Ende des Jahres eine Million Mann für den Krieg gegen die die französische Republik bedrohenden europäischen Monarchien aufstellen (nachdem Österreich präventiv der Krieg erklärt wurde und sich Preußen danach mit Österreich verbündete). Die zuerst einberufene Gruppe (18-25 Jahre alt, ledig oder Witwer ohne Kinder) konnte den Feind aufhalten aber nicht besiegen. Auch wenn schon 1793 daran gedacht war, den Krieg als einen allgemeinen Volkskrieg zu führen[144], so unterschied sich die Vorstellung von 1793 doch in mehrfacher Hinsicht deutlich von der aus dem Jahr 1871 (allein schon die Stellung der Frau betreffend). Wer also 1871 den Begriff der levée en masse verwendete, evozierte Historisches und vermied Zeitgenössisches. Dieses Zeitgenössische, also das Neue gegenüber 1789 bzw. 1793, fand zum Teil in der Praxis seinen Ausdruck (z.B. kämpfende Frauen und Kinder). Aber wenn es – wie der Begriff levée en masse suggeriert – keine in der Realität mögliche Wiederholung von 1793 sein soll, wie lautet denn dann der Name der Revolution? Man weiß es selbst nicht so Recht und beschwört so mangels Einsicht in die neuen Verhältnisse und mangels klarer Ziele (der Strategie) und klarer Kampftechniken (Taktiken) „die gute alte Zeit" mit ihrer „guten, alten, revolutionären Aura".

Nimmt man also Marxens Warnung ernst, so ergäbe sich dies: Folgte man dem so eben genannten doppelten Anspruch nicht (Revolution und ihre sprachlich-begriffliche Charakterisierung), wäre das Gesamtunternehmen zu werten als Ausdruck von „Angst vor der eigenen Courage." Dann wäre die Sprache eingesetzt aus zwei möglichen Gründen: Um die wahren (politischen) Ziele zu verschleiern, indem man sich selbst oder andere hinters Licht führt, auf dass die (politische) Sache, um die es geht, doch nicht so

[144] Die verheirateten Männer und Familienväter sollten Waffen herstellen, die Frauen Uniformen und Zelte nähen und die Kinder Scharpie zupfen (auch Charpie: Wundverbandmaterial aus Baumwolle oder Leinen) (Jeschonnek 1989: 173).

arg sei, wie manche denken mögen. Die Sprache wäre dann die zweite Verteidigungslinie im Gefecht, auf die man sich zurückziehen kann, wenn es ernst wird und der Gegner angreift. Wenn die Commune behauptet, etwas noch nie Dagewesenes zu schaffen, nämlich eine auf dem Prinzip der Brüderlichkeit (fraternité) errichtete Kommune, die in Paris den ersten Schritt tue und Beispiel einer Weltgemeinde sein soll, dann würde eminent interessieren, wie diese Schöpfung bezeichnet wird. Daraus würde dann noch so manches Weitere folgen: Die vielen Freiwilligen, die als Anarchisten, Republikaner, Sozialisten besonders nach der Kapitulation von Sedan die französische Republik mit helfen wollten zu retten, waren auf ideologisch klare Ziele – nicht nur das abstrakte Ziel „Freiheit" oder „Brüderlichkeit", sondern die konkrete Bestimmung „Wessen Freiheit soll geschützt werden?" und „Wie soll der gesellschaftliche Körper aussehen?" – angewiesen. Wie bezeichnet die Commune de Paris ihre eigenen Maßnahmen, mit denen sie die Errichtung des Neuen behaupten will? Angenommen, es bliebe dabei, dass die Commune mit „bras nus", mit nackten Armen (selbst wären sie sehr muskulös), geschützt werden soll, würde allein schon diese Bezeichnung das Unternehmen diskreditieren. Dieses Verteidigungsmittel ist im Zeitalter von Mitrailleusen vorsintflutlich – und wahrscheinlich sehr männlich gemeint[145], was den Unterschied schon wieder aufhebt. Ebenso: Wenn der linke Republikaner der Regierung der Nationalen Verteidigung, Gambetta, vom „sol sacré", also von Frankreichs „heiligem Boden" redet, so flüchtet er – und das tut man, wenn man Angst hat – diesmal in eine Rhetorik des Metaphysischen. Wenn auch Kommunarden ausrufen „la patrie en danger" (Das Vaterland ist in Gefahr[146]), dann werden nationalistische Phra-

[145] In diesen Komplex gehören auch die Appelle an vorgeblich rein emotionale Reaktion wie die „furie française" (Gambetta; entspricht dem den Deutschen nachgesagten „furor teutonicus"), eine „Wut", die „konstant aufrechterhalten werden soll" (Gambetta). Gambetta scheut vor keiner Katachrese zurück: Als Reaktion auf die Niederlage von Metz ruft er zu einer „Erneuerung unserer Moralität und unserer politischen und sozialen Männlichkeit" auf (le rajeunissement de notre moralité et de notre virilité politique et sociale; Milza 2009: I, 207).

[146] So auch der Name der Zeitung, die Auguste Blanqui herausgab: „Die Gegensätze der Parteien hatten vor dem gemeinsamen Feind zurückzutreten; denn ‚Was werden wir morgen sein, wenn wir kein Vaterland mehr haben'" (zit. nach Blanqui 1968: 24). Der Spruch geht zurück auf Dantons Reaktion auf den Einmarsch z.B. der Preußen am 23. August 1792: »Pour vaincre il nous faut de l'audace, encore de l'audace, toujours de l'audace et la France sera sauvée.» (Um zu siegen, brauchen wir Mut und noch mehr Mut und wenn wir immer nur mutig sind, wird Frankreich gerettet sein; Re.).

sen übernommen, die in Widerspruch stehen zu den ständigen Proklamationen einer Weltrepublik. Unter linguistischen und kommunikationstheoretischen Gesichtspunkten betrachtet, „verrät" die Sprache eine unbewusste Mitteilung an den Adressaten, entweder das Nationale oder das Männliche – oder beides zusammen das Männlich-chauvinistische – oder alles zusammen genommen den männlichen Heroen (der Jakobiner oder Montagnard von 1793) als Ideal zu beschwören. Dieser Heroe hatte oft in der Tat, während er Teil der levée en masse war, keine Ausrüstung und gesicherte Verpflegung, geschweige denn eine militärische Ausbildung, so dass er eher ungewollt mit nackten Armen im Kampf stand. Der „Alp der Geschichte" ist dann das verführerische Arsenal an Bildern und Erklärungen, das in der (Erklärungs-)Not geplündert wird, um die gegenwärtigen Unternehmungen zu legitimieren und um sich im schlechten Sinne „verständlich" zu machen – vor andern und vor allem wohl vor sich selbst – ein Unternehmen der Angst induzierten Autosuggestion. Im Falle der „Verteidigungsgemeinschaft" der Commune verdichten sich die immer kathektisch vorgenommenen individuellen Sinngebungen zu diesem hier skizzierten kollektiv geteilten „Kostüm" des Heroen-Typus von anno '92 oder '93.

Ganz anderes die kathektische Wahl in der politischen Diktion der Versailler Regierung der Nationalen Verteidigung: Hier fallen zum einen Verweise auf feudale Wertvorstellungen auf wie „Ehre" (z.B. Regierungsmitglied Picard; Kolb 1990: 339)[147], den idealen Hörer bzw. Leser, den Versailler Politiker sich vorstellen; zum anderen fällt die Verwendung des rhetorischen Mittels der Antithese auf: Diese Antithesen sind keine logischen, sondern in Verbindung mit den Wertvorstellungen hierarchisch geordnete, scheinbar naturgemäße Ordnungen, die in sozialer Hinsicht Unterdrückung legitimieren: So bildet der Widerpart zum „blutdürstigen Lumpengesindel" der

[147] Beeindruckend auch die Rede von Jules Favre, Außenminister, am 22.9.1870: „...quant à nous, nous ne les accepterions jamais (die Bedingungen, Elsass-Lothringen abzutreten). Nous pourrions périr comme nation, mais non nous déshonorer..." (Wir mögen als Nation untergehen, aber nicht unehrenhaft; Re.; Paradis 2008: 57), im Übrigen besteht natürlich die Gefahr, dass ein „Gegenspieler" wie Bismarck unter Ausnutzung des „sentiment de l'honneur nationale" für seine Kriegszwecke instrumentalisiert: „...es ist wichtig, dass wir die Angegriffenen seien und die gallische Überhebung und Reizbarkeit wird uns dazu machen, wenn wir mit europäischer Öffentlichkeit, so weit es uns ohne das Sprachrohr des Reichstags möglich ist, verkünden, dass wir den öffentlichen Drohungen Frankreichs furchtlos entgegentreten (Bismarck, Gedanken und Erinnerungen, Bd. 2, 1890: 103f.).

Commune der Typus der „honnêtes gens"[148] („ehrenwerten Leute"), die sich „natürlich" des Gesindels entledigen müssen (General Ducrot; Milza 2009: II, 134); entsprechend kann mit unvernünftig erachteten Lebewesen (Frauen, Kindern, Kolonialvölkern etc.) im günstigsten Falle nur so umgegangen werden, dass ihnen „Lektionen erteilt" werden, so Thiers über die ermordeten Kommunarden: „Der Boden ist mit ihren Leichen übersät. Dieser schreckliche Anblick soll (den noch Lebenden) eine Lektion erteilen."[149] Diese primitive antithetische Rhetorik weist somit letztlich auf „exterminatorische" Ziele hin, Ziele der Ausrottung von als minderwertig erachtetem Leben. Das ist Rassismus. Dieser Dichotomie von gut und böse, lebenswert und lebensbedrohend liegt historisch die Praxis von Kolonialherrschaft zu Grunde, deren Berechtigung aus dem konstruierten Widerspruch von Zivilisation und Barbarei abgeleitet wird.[150] Diesem Komplex einer antithetischen Vorstellungswelt abstraktester Art gehören einige differenzierte Formen an wie z.B. solche Vorurteile über die Frauen, die in der Nähe von Straßenkämpfen gefangen genommen wurden. Sie galten als „denaturiert", da eine „wahre Frau" dies nicht täte; ist sie z.B. im Besitz einer leeren Milchflasche, so ist sie ein noch übleres Wesen, da Frauen der Commune – so die monatelange Hetze in den Versailler Presseorganen – in solche Flaschen Petroleum gießen, das sie anzünden und gegen die Versailler Armee werfen oder damit Paris in Brand setzen – die berühmt-berüchtigt gemachten „pétroleuses". Da aber Frauen aufgrund des chauvinistischen Klischees nicht von sich aus „gegen ihre Natur" handeln, müssen sie dazu überredet worden sein, sodass man auf weißhaarige Männer (und, neben den Auslän-

148 Diese „ehrenwerten Bürger" wurden noch von Mac-Mahon im Juli 1876 beschworen: Es sollte keine Amnestie der deportierten Kommunarden gewährt werden, wenn sie nicht dem einhelligen Empfinden der "honnêtes gens" entspräche (Lissagaray 2000: 452). Die Gefangenen mussten durch die Menge dieser ehrenwerten Bürger auf dem Weg zum Gefängnis Satory Spießruten laufen, wurden von ihnen attackiert und von den sie begleitenden Soldaten wurde verlangt, alle zu erschießen.

149 «Le sol est jonché de leurs cadavres. Ce spectacle affreux servira de leçon.» (Nach Milza 2009: II, 419).

150 Nicht nur Politiker, Generäle, Polizisten, Journalisten, sondern auch renommierte Schriftsteller wie Théophile Gautier stimmten dieser Antithetik zu; letzterer „bereicherte" die Bedrohung der Zivilisation mit einer Tiermetaphorik: „Eines Tages passiert es, dass der Dompteur zerstreut ist und die Schlüssel in den Türen der Käfige stecken lässt. Die wilden Tiere breiten sich wild heulend in der erschrockenen Stadt aus. Aus den offenen Käfigen stürzen die Hyänen von 93 und die Gorillas der Commune hervor (Milza 2009: II, 454).

dern, besonders die intellektuellen, professionellen Verführer: die Journalisten) achten müsse, die sofort erschossen gehörten, da diese in den vergangenen Revolutionen beteiligt gewesen wären und mit ihrem Hass die folgende Generation angesteckt hätten. All dies, so zeigte es sich während der „Blutwoche", waren Handlungsanweisungen, nicht etwa extremistische Gedanken eines einzelnen, verwirrten Menschen. In diesem Falle handelte es sich um das Ergebnis des Nachdenkens des Marquis Gaston de Galliffet, Brigadegeneral der Kavallerie, auch „Schlächter der Commune" genannt (Milza 2009: II, 420).[151] Es seien im Folgenden solche kollektiv wirksamen Sprachmittel aufgeführt:

1. Die medizinisch-hygienische Metaphorik: „Schmutz und Reinigung" (souiller: die Preußen sollen den Boden von Paris nicht beschmutzen; Paradis 2008: 207), purger la garde nationale (Thiers Ziel der Reinigung der Garde von ihren infizierten Mitgliedern; Lissagaray 2000: 105); die Commune ist ein „moralisches Krebsgeschwür" (*Le Figaro*).
2. Das Selektionsrampen-Prinzip von Herrenmenschen (Todesurteile nach Gusto): Mit Billigung der Regierung und der militärischen Führung wurde in der „blutigen Woche" mit gefangenen Kommunarden folgendermaßen verfahren: „Ein Bataillonschef stand am Eingang des Gefängnisses. Er maß die Gefangenen mit einem Blick und ließ sie sich in zwei Reihen ausrichten: nach rechts diejenigen, die ins Versailler Gefängnis Satory geschickt und nach links – und keiner hatte die geringste Ahnung, aufgrund welcher Kriterien entschieden wurde – diejenigen, die an Ort und Stelle erschossen werden sollten." (Milza 2009: II, 420).
3. Die religiös motivierte Metaphorik der „Buße und Sühne": Thiers verkündete vor der Nationalversammlung am 22. Mai 1871, dass die „anständigen Menschen" im Namen des Gesetzes und mithilfe

[151] Das ganze wirre Spektrum der Verunglimpfung der Commune durch Politiker und die Versailler Presse, von „Verrätern, die von den Preußen bezahlt werden", von „Subjekten, bezahlt von der Internationalen Arbeiterassoziation", von den „tausenden frei gelassenen Kriminellen und Arbeitsscheuen, die rauben und stehlen" und schließlich „von den deutschen Juden, die ganz St. Denis besetzt hätten" wird ausführlich von Tombs (1981) dargestellt.

der Gesetze die Kommunarden für ihre Vergehen büßen lassen sollten (Milza 2009: II, 431). Religiös-atavistisches Vokabular der „Reinigung" (épuration): der Volkskörper muss von den ihn beschmutzenden Kommunarden gereinigt werden. Als Napoleon I. bei Waterloo besiegt wurde, diente dieser Begriff, um allein in Marseille 50-250 Leben auszulöschen von Mitbürgern, die im Verdacht standen, Bonapartisten gewesen zu sein (Zamoyski 2007: 495).

4. Der „heilige Schauer" (das Sublime): Am 22. Mai 1871, dem zweiten Tag der „Blutwoche", sandte Thiers ein Telegramm an Jules Favre, Mitglied der Regierung der Nationalen Verteidigung, in dem er schrieb: „Ich kehre nach Paris zurück und ich habe sehr schreckliche Dinge gesehen… Kommen Sie, mein Freund und teilen Sie unsere Freude" (Bruhat 1971: 207).
5. Die politische Interessenwahrnehmung des bürgerlichen Privatbesitztums: Hier lautet die (antagonistische) Antithetik „bürgerliche Republik oder Anarchie" bzw. Verteidigung des „Privateigentums oder Zerstörung der sozialen Hierarchie" (Jules Simon[152], zit. nach Tombs 1981: 111).

Beide weisen einige rhetorische (keineswegs politische) Gemeinsamkeiten, die sich allerdings schon auf dem Spektrum „Theatralik" (Marx) über Desinformation bis zur Lüge erstrecken:

- Hyperbolik: Die Verwendung besonders des „Absolutivs" hat zur Wirkung, dass jeder Gedanke an historische Relativierungen und Besonderheiten ausgeschlossen werden soll und damit das Denken der Realität verboten wird: General Trochu am 31. Oktober vor der bestürzten Menge, die soeben von der Kapitulation der Festung Metz erfuhr: „Mein Patriotismus wird mich bis zu meinem Tod bei der Verteidigung von Paris finden. Ich fand Paris ohne Verteidigung vor, ein Feind hätte innerhalb von 48 Stunden ohne Schwierigkeiten eindringen können. Ich weihte alle meine Bemühungen, Paris *uneinnehmbar* zu machen. Paris ist es jetzt.… Kein Feind und sei er noch so stark, kann eindringen" (Lissagaray 2000: 192); die Regierung von Paris erklärt feierlich, dass die Getreidevorräte von Paris

[152] Gegner des Staatsstreichs vom 2. Dezember; Erziehungsminister der Versailler Regierung; nach 1871 gegen die Einführung der obligatorischen Primarschule.

*quasi unerschöpflich* sind (Milza 2009: I, 277); in diese Sammlung gehört auch der folgende Neologismus: Drei Wochen nach Kriegsbeginn fand folgende Unterhaltung anlässlich einer Kommissionssitzung statt: Kératry (Abgeordneter, später berüchtigter Polizeipräfekt von Paris): „Marschall, sind wir bereit?" Marschall LeBœuf: „Vollständig bereit." Kératry: „Geben Sie uns Ihr Ehrenwort darauf? Bedenken Sie, es wäre ein Verbrechen, Frankreich in einen Kampf zu stürzen, ohne alles vorhergesehen, sich vor allem sicher gestellt zu haben." LeBœuf: „Ich gebe Ihnen mein Ehrenwort, dass wir über und über bereit sind (archiprêt)" (Fontane 1873: I, 94).

- Falsche Antithetik: „siegen oder sterben" (vaincre ou mourir; Kolb 1990: 244), „Hunger statt Schande" (Milza 2009: I, 393).
- Ein Begriff, der von beiden Seiten häufig zur „Erklärung" von Desastern verwendet wird, ist der „Verrat." Von „Verrat" kann aber nur gesprochen werden, wenn zuvor ein Vertrauen existiert hat, das gebrochen wird. Wie kann also eine revolutionäre Bewegung von einem „Vertrauen" zwischen ihr und der sie befeindenden Regierung reden? Die Beinamen, die General Trochu in seiner Eigenschaft als militärischer Oberbefehlshaber der Verteidigungskräfte von Paris im Verlaufe seiner Amtstätigkeit (als Gouverneur und Oberbefehlshaber von Paris vom 17.8.1870 bis zu seinem Rücktritt nach der Katastrophe des Ausfalls nach Buzenval am 22.1.1871) zugeschrieben erhielt, waren „Trochu et son plan"[153] und „Trochu le traître". Trochu verfiel im Kaiserreich in Ungnade, weil er den Zustand der Armee kritisiert hatte und gewann deshalb eine gewisse Popularität. Dies zeichnete ihn aber nicht als ausführendes Organ der Interessen der Eingeschlossenen von Paris aus oder, weniger politisch betrachtet: Sein vermeintlicher Plan verlängerte das Leiden der Eingeschlossenen.
- Lüge: Man würde von der Commune erwarten, dass ein jeder, der das Volk belügt, auch in der Praxis als Feind des Volkes behandelt werden würde. Dies ist aber nicht erkennbar, im Gegenteil: Als er-

[153] Trochu sprach immer von einem geheimen Plan, den er besäße, um Paris zu befreien. Victor Hugo (1872: Poème XII vom Januar 1871) machte aus seinem Namen ein Wortspiel: „Trochu, participe passé du verbe ‚trop choir' (‚trochu' sei das Partizip passiv des Verbs „etwas gründlich in den Teich setzen").

zürnte Kommunarden am 19. März 1871 die Büros des *Gaulois* und *Figaro* stürmten, weil beide Zeitungen eine Hetzkampagne gegen die Commune führten und Lügen verbreiteten, wurden die Proteste im regierungsamtlichen *L'Officiel* gerügt, weil sie gegen die Pressefreiheit verstoßen hätten. So bleibt denn die politische Auseinandersetzung mit der sich republikanisch nennenden und auf die Vernichtung der Commune ausgerichteten (Versailler) Regierung der Nationalen Verteidigung aus – als wäre das Wort „republikanisch" ein Talisman, der den Träger schützen würde.

- Litotes: Thiers kann nicht dafür verantwortlich gemacht werden, dass er all die Gräueltaten während der „blutigen Woche" befohlen, noch in der Zeit davor dazu angestiftet habe. Aus der Verneinung, dass Thiers also nicht die Gräueltaten befohlen hat, kann nicht seine Unschuld gefolgert werden. In seinen *Erinnerungen* schreibt er, dass er nichts habe tun können, „um die Armee daran zu hindern, sich mit Wut an den Besiegten zu rächen" (Milza 2009: II, 471). Diese Auffassung eines Präsidenten, der „im Namen und mit Hilfe der Gesetze" regieren will und muss, ist schon seltsam: Der Code pénal, im Artikel 1383, verfasst auf der Grundlage des Gesetzes vom 9. Februar 1804 des sog. Code Napoléon, stellt einen verursachten Schaden, begangen in Absicht wie durch Unterlassung als auch durch Unvorsichtigkeit, unter Strafe.[154]

### *Die Wirklichkeit*

„Unheroisch wie die bürgerliche Gesellschaft ist, hatte es jedoch des Heroismus bedurft, der Aufopferung, des Schreckens, des Bürgerkriegs und der Völkerschlachten, um sie auf die Welt zu setzen. Und ihre Gladiatoren fanden in den klassisch strengen Überlieferungen der römischen Republik die Ideale und die Kunstformen, die Selbsttäuschungen, deren sie beduften, um den bürgerlich beschränkten Inhalt ihrer Kämpfe sich selbst zu verbergen und ihre Leidenschaft auf der Höhe der großen ge-

[154] «Chacun est responsable du dommage qu'il a causé non seulement par son fait, mais encore par sa négligence ou par son imprudence.» Code pénal von 1804, Artikel 1383. (Légifrance: Code civil, Livre III, Titre bis, Chapitre III, Section 4).

schichtlichen Tragödie zu halten" (Marx, MEW 8, 1972: 11).

Halten wir fest, was Marx über die Revolution von 1789 (und 1792 und 93) im Jahr 1851/2 schreibt:
Es geht zunächst um den Widerspruch zwischen der sozioökonomischen Wirklichkeit und ihrer sprachlich-begrifflichen Fassung („Kostümierung"): Die „Einkleidung der Revolution" in die Kostüme der römischen Republik oder auch des römischen Kaisertums hatte die objektive Funktion der Selbst- und Fremdtäuschung darüber, dass in Wahrheit das revolutionäre Ziel der sich hinter der Fassade der antiquisierenden Kleider, Feste, moralischen Ideale etc. zu einer sozialen Wirklichkeit der Herrschaft der bürgerlichen Klasse gestaltete, was einherging mit der Unterdrückung der feudalen Klasse. Indem also dieser Mummenschanz praktiziert wurde, entzog man sich der Notwendigkeit, das Ziel dieser Herrschaft einer besonderen Klasse zu benennen. Man focht für Ideale, Tugenden etc., aber während dieses Kampfes nährte sich die bürgerliche Klasse und erstarkte. Oder: Die besondere Klasse musste das Allgemeine propagieren, um nicht klassenegoistisch zu erscheinen – so entstehen Menschheitsideale.
Die Vermutung liegt nahe, dass das Außergewöhnliche der Pariser Commune darin bestand, tatsächlich auch in der Wirklichkeit das Allgemeine, die reine Form von Gesellschaft überhaupt zu wollen. Man denke an die proudhonistisch-anarchistische Idee der freien Assoziation. Ist dieser Verdacht zutreffend, so wäre rein theoretisch ein gleichgültiges Nebeneinandersein auch der divergentesten sozialen Formen möglich, eine Vorwegnahme der „friedlichen Koexistenz" konkurrierender Systeme.
Um diese Vermutungen zu erhärten oder zu widerlegen, müsste zuerst angeschaut werden, was in den 72 Tagen überhaupt an neuer sozioökonomischer Wirklichkeit geschaffen oder auch nur angegangen wurde, um dann dies an der sprachlich-begrifflichen Fassung zu messen um herauszufinden, ob das ganze Geschehen auf Fremd- und Selbsttäuschung beruhte oder nicht. Kurz gefasst heißt dies: Hat die Commune tatsächlich die klassenlose Gesellschaft angestrebt? Exklusiv als die Commune von Paris? Oder im Verein mit anderen Kommunen? Und wie steht es dann mit der Konkurrenz zu Kommunen, die den harten kapitalistischen Weg gehen wollen und deren Arbeiterbürger fürstliche Entlohnungen zum Erwerb großartiger Konsumgüter gewährt bekommen?

In dem Zeitraum von 30 Jahren vor 1870/71 holte Frankreich den großen industriellen Aufschwung nach, der schon lange zuvor in England und dann in Preußen eingesetzt hatte – gemessen an den wichtigen Parametern Kohle, Gusseisen, Stahl, Textilindustrie, Eisenbahn, Dampfmaschinen, Bauindustrie, Bankenwesen. Das heißt aber (noch) nicht, dass es das proletarische Arbeitsheer gab. Dies zeigte sich besonders in Paris, da – wenn die Berufsangaben der gefangenen Kommunarden zur Kenntnis genommen und verglichen werden mit denen der 1848er Revolution – zwar eine Zunahme von „Tagelöhnern" festzustellen ist, dennoch der kleine Handwerksbetrieb den typischen Arbeitsplatz darstellt. In den zwanzig Jahren von 1851 bis 1871 wuchs die Einwohnerzahl von Paris von 1,053 auf 1,85 Mio. Eine ähnliche Entwicklung durchliefen die anderen großen Städte: Lyon, Bordeaux, Marseilles, Lille usw. Was die soziale Zusammensetzung der Kommunarden betrifft, so ergibt sich folgendes Bild auf der Grundlage der 38.578 vor dem Kriegsgericht erschienenen Kommunarden:[155]

- 36.578 sind männlich und fast ausschließlich Angehörige der Nationalgarde,
- 1.054 sind Frauen; 616 sind Kinder,
- ein Viertel ist jünger als 25 J. und ein Siebtel älter als 45 J.
- 46% sind verheiratet, 6% verwitwet, 35% Familienväter und 49% unverheiratet,
- 30% sind Alphabeten, 28% halbe Analphabeten, 11% Analphabeten, 2% mit höherer Bildung,
- die Berufe:
    - Bauarbeiter (15,7%),
    - Tagelöhner (14,9%),
    - Metallarbeiter und Holzarbeiter (je 11,9%)
    - Arbeiter in der Textilindustrie (0,39%), Schuhindustrie (0,43%), Kunstgewerbe (0,69%) etc.

Die Versailler Richter verurteilten die höher Gebildeten besonders schwer (s.w.o.). Der typische Kommunarde war aber ein Pariser Neubürger (vom

[155] *Rapport d'ensemble sur l'opération de la Justice militaire relative à l'insurrection de 1871* von Félix Appert, redigiert 1875 auf Veranlassung des Generals de Cissey, Les hommes de 1871, Rougerie 2009: 99ff.

Lande zugezogen) und Lohnempfänger (2/3), entweder in den wenigen Betrieben, die über 1.000 Arbeiter beschäftigten oder in Kleinbetrieben (z.B. Elfenbeinarbeiter, Kunsttischler etc.). Durch die hier aufgeführten Merkmale des „typischen Kommunarden“ zeichnet er sich auch gegenüber dem Aufstand von 1851 aus: Die soziale Zusammensetzung hat sich in Richtung der Lohnarbeitergruppe zum Nachteil der kleinen Geschäftsleute, Rentner und Kleingewerbetreibenden entwickelt. Mit diesen wenigen Zahlen ist im Grunde nur ein gesetzmäßiger Trend der industriellen Revolution skizziert, wie er sich in den Städten entfaltete. Von dem größten Teil Frankreichs ist nur sichtbar geworden, dass eine Landflucht stattgefunden hat, deren Ursachen zumindest nur kurz (näheres, s.w.u.) angedeutet werden soll: Napoleon I. hatte den Bauern ihr Parzellen-Privateigentum gegeben. Die gesamtgesellschaftliche Entwicklung jedoch verwandelte dieses Eigentum in eine Abhängigkeit von der „Stadt“, den Hypotheken und Darlehensbanken. Die überwiegend größte Zahl der französischen Bevölkerung blieben noch bis 1871 die Bauern, die in ihrer Parzellenisolation in einem Napoleon immer noch ihren Gönner und Erretter erblickten und die somit die Wahlen und Plebiszite auch zur Zeit des Napoleon-Neffen, Napoleon III., entschieden:

> „Die auf dem französischen Boden lastende Hypothekarschuld legt der französischen Bauernschaft einen Zins auf, so groß wie der Jahreszins der gesamten britischen Nationalschuld. Das Parzelleneigentum in dieser Sklaverei vom Kapital, wozu seine Entwicklung unvermeidlich hindrängt, hat die Masse der französischen Nation in Troglodyten verwandelt. Sechzehn Millionen Bauern (Frauen und Kinder eingerechnet) hausen in Höhlen, wovon ein großer Teil nur eine Öffnung hat... Der Code Napoléon ist nur noch der Kodex der Exekution, der Subhastation (öffentliche Versteigerung; Re.) und der Zwangsversteigerung. Zu den vier Millionen (Kinder usw. eingerechnet) offiziellen Paupers („Arme“; Re.), Vagabunden und Prostituierten, die Frankreich zählt, kommen fünf Millionen hinzu, die an dem Abgrund der Existenz schweben und entweder auf dem Lande selbst hausen oder beständig mit ihren Lumpen und ihren Kindern von dem Lande in die Städte und von den Städten auf das Land desertieren. Das Interesse der Bauern befindet sich also nicht mehr, wie unter Napoleon (I.), im Einklange, sondern im Gegensatze mit den Interessen der Bourgeoisie, mit dem Kapital. Sie finden also

ihren natürlich Verbündeten und Führer in dem *städtischen Proletariat*, dessen Aufgabe der Umsturz der bürgerlichen Ordnung ist. Aber die starke und unumschränkte Regierung – und dies die zweite ‚idée napoléonienne', die der zweite Napoleon auszuführen hat – ist zur gewaltsamen Verteidigung dieser ‚materiellen' Ordnung berufen" (Marx MEW 8, 1972: 201f.).

Aufgrund dieser Analyse haben die Bauern hinreichenden Anlass, der sog. bürgerlichen Republik kein Vertrauen zu schenken. Ihr Wahlverhalten zeigt aber auch, dass sie mangels Aufklärung und nostalgischen Rückblicks auf Napoleon I. desorientiert sind. Dies wiederum liegt nicht zuletzt daran, dass die Propagandisten der bürgerlichen Republik sich immer wieder der jeweiligen Ordnungspartei beugten, die sie zur Abgrenzung von Ruhe und Ordnung störenden Elementen aufforderte. Dies nun wieder ist – in letztere Analyse – dem geschuldet, dass die Republikaner sich keinesfalls als Repräsentanten eines besonderen Teils der Gesellschaft, der gebeutelten Bauern und der rechtlosen Arbeiterschaft verstehen wollten, sondern „dem Volk" – dieser abstrakten Phrase, die harmoniesüchtig die sozialen Gegensätze zu verschleiern sucht. In Wahrheit, so Marx (ebd. 141), sind die Wähler der Republikaner solche, die die Sozial-Demokratie (in Anlehnung an preußisch-deutsche Verhältnisse) wünschen. Die republikanischen Politiker von 1852, die Marx kritisiert, sind unschwer in den politischen Auseinandersetzungen der Versailler-Republikaner (mit ihren internen Widersprüchen) wie in den Politikern der Pariser Commune von 1871 wiederzuerkennen. Marxens Charakterisierung klingt wie prophetisch:

> „Die Demokraten geben zu, dass eine privilegierte Klasse ihnen gegenübersteht, aber sie mit der ganzen übrigen Umgebung der Nation bilden das *Volk*. Was sie vertreten, ist das *Volksrecht*; was sie interessiert, ist das *Volksinteresse*. Sie brauchen daher bei einem bevorstehenden Kampfe die Interessen und Stellungen der verschiedenen Klassen nicht zu prüfen. Sie brauchen ihre eigenen Mittel nicht allzu bedenklich abzuwägen. Sie haben eben nur das Signal zu geben, damit das *Volk* mit allen seinen unerschöpflichen Ressourcen über die *Dränger* herfalle. Stellen sich nun in der Ausführung ihre Interessen als uninteressant und ihre Macht als Ohnmacht heraus, so liegt das entweder an verderblichen Sophisten, die

das *unteilbare Volk* in verschiedene Lager spalten oder die Armee war zu vertiert und zu verblendet, um die reinen Zwecke der Demokratie als ihr eignes Beste zu begreifen oder an einem Detail der Ausführung ist das Ganze gescheitert oder aber ein unvorhergesehener Zufall hat für diesmal die Partie vereitelt. Jedenfalls geht der Demokrat ebenso makellos aus der schmählichsten Niederlage heraus, wie er unschuldig in sie hineingegangen ist, mit der neugewonnenen Überzeugung, dass er siegen muss, nicht dass er selbst und seine Partei den alten Standpunkt aufzugeben, sondern umgekehrt, dass die Verhältnisse ihm entgegenzureifen haben" (ebd. 144f.).

Resümieren wir: Der kommunikative Aspekt schließt den semantischen Aspekt ein. Die Analyse der Wortbedeutungen, die einerseits die Kommunarden, andererseits die Versailler Republikaner verwendeten, zeigten deutliche Unterschiede in ihrem ideologischen Gehalt. Von hier aus rückblickend betrachtet verrät die Sprache der Versailler Republik die ungehemmteste Form der Abgrenzung von ihrem „sozial-demokratischen Flügel"; in ihrer Semantik nimmt sie schon die intendierte physische Vernichtung dieses radikalen Flügels vorweg. Die politische Sprache der Kommunarden verrät, dass sie dem versöhnlerisch, harmoniesüchtigen Erbe der republikanischen Rhetorik folgt. Ihrer Sprache mangelt es an Klarheit, die politische Zielsetzung auf den Begriff zu bringen. Ihre Rhetorik der immer wieder aufscheinenden Verweise auf eine heroische Vergangenheit (vgl. den Streit schon um das Wort „Wohlfahrtsausschuss") verschleiert, desorientiert und redet die Wirklichkeit schön. Der hier auftretende Widerspruch von politischem Handeln und politischem Diskurs ist nach Marx grundsätzlich falsch, unnötig, unsinnig etc. Marx schreibt, dass die *„soziale Republik"* schon „als Phrase, als Prophezeiung an der Schwelle der Februarrevolution" (Marx MEW 8, 1972: 194)[156] erschienen war.[157] Nachdem die Begrifflichkeit schon gegeben ist, die für die Sache steht, die Heiligsprechung des Privateigentums als Ursache für soziale Ungleichheiten erkannt zu haben, erübrigt sich (fürs Denken und Sprechen und Kommunizieren) jedweder Rückgriff auf antike Ver-

[156] Sie beendete am 24. Februar 1848 die Herrschaft des sog. „Bürgerkönigs" Louis-Philippe von Orléans; sie rief die Republik aus; am 10. Dezember 1848 wurde Napoleon Bonaparte, der spätere Napoleon III. gewählt.

[157] Marx verwendet zwei Begriffe synonym „sozial" und „sozialistisch", wobei letzterer als Kampfbegriff schon seit längerem gegen die Republikaner verwendet wurde.

hältnisse oder Phasen der Französischen Revolution (wie z.B. bei dem Sozialrevolutionär Babeuf schon gegeben):

> „Die soziale Revolution des neunzehnten Jahrhunderts kann ihre Poesie nicht aus der Vergangenheit schöpfen, sondern nur aus der Zukunft. Sie kann nicht mit sich selbst beginnen, bevor sie allen Aberglauben an die Vergangenheit abgestreift hat. Die früheren Revolutionen bedurften der weltgeschichtlichen Rückerinnerungen, um sich über ihren eigenen Inhalt zu betäuben. Die Revolution des neunzehnten Jahrhunderts muss die Toten begraben lassen, um bei ihrem eigenen Inhalt anzukommen. Dort ging die Phrase über den Inhalt, hier geht der Inhalt über die Phrase hinaus“ (ebd. 1972: 117).

Mit anderen und sehr verkürzt geschriebenen Worten: Es kommt nun endlich darauf an, konkret die neue soziale Wirklichkeit zu erarbeiten. Die Vergangenheit kann in keinen nostalgisch gefassten Begriffen („Wohlfahrtsausschuss“) daherkommen, sondern kann nur daran gemessen werden, inwieweit sie als geeignete Vorläufer der Kritik dienen kann. Soziale Utopien gab es schon in der griechischen Antike, wurden wiedererweckt von Morus, Campanella etc. bis ins 19. Jh. von Weitling (gest. 1871) und vielen anderen, nicht zuletzt Proudhon. Diese waren literarische Fiktionen oder stellten sich der Wirklichkeit, aber setzten sich außerhalb in Kommunen eine zeitlang fest (z.B. Owen). Diese Einflüsse sind in der Pariser Commune noch deutlich vorhanden. Die wirkliche Praxis der Commune zeigt jedoch, dass die gesellschaftlichen Veränderungen auf z.B. eine Gesetzgebung drängten, die den sozialen Inhalt ihrer Macht präzisierte (vgl. z.B. Nachtbackverbot). Allerdings können die weiter oben ausgesprochenen Fragen nur sehr unzureichend beantwortet werden. Die Commune ist ein Prozess hin zu einer sozialen/sozialistischen Republik, keine Einlösung einer zuvor theoretisch konzipierten politischen Handlungsanweisung und vor allem auch keine notwendige theoretische Selbstverständigung des schon Eroberten und des danach noch zu Folgenden.

## II. 4 Die „Kollodium-Artilleristen“ und das sog. Massaker in der rue Haxo

Was unter dieser Überschrift zu erwarten ist, signalisieren die beiden Begriffe Kollodium (das fotografische Material) und die Tatsache, dass in dem Bürgerkrieg auch mit dieser Waffe „geschossen“ wurde und Zerstörungen angerichtet wurden, die bis heute im wörtlichen und übertragenen Sinne zu „sehen“ sind.

Dieser mediale Krieg erzählt anhand seiner Materialien seine eigene Geschichte des Bürgerkriegs, die vom Antagonismus der schon bekannten Vokabeln „Zivilisation“ und „Barbarei“ künden. Man hätte 1871 den Test durchführen können, den der sowjetische Regisseur Lew Wladimirowitsch Kuleshow durchgeführt hatte: Das Porträtfoto eines Schauspielers wurde neben Fotos eines Tellers Suppe, der Leiche eines kleinen Mädchens und einer leicht bekleideten Frau gelegt. Die Betrachter waren von dem differenzierten Gesichtsausdruck des Schauspielers beeindruckt. Dies belegt, dass die Verstehensleistung nur wenig mit den gezeigten Gegenständen zu tun hat (denn es hatte sich immer um dasselbe Foto des Schauspielers gehandelt) als vielmehr mit den sinngebenden Mustern unseres Verstandes, gestützt auf das Gedächtnis. Dies betrifft natürlich nicht allein die Montage zweier Fotos. Entsprechend hätte man 1871 ein- und dasselbe Foto z.B. des brennenden Rathauses von Paris mit drei verschiedenen Unterschriften versehen können: „Von den Preußen während der Belagerung in Brand geschossen“ bzw. „Von der Versailler Regierung während der Belagerung der Commune in Brand geschossen“ bzw. „Von der Kampfgruppe der ‚pétroleuses‘ in Brand gesetzt.“ Alle drei Varianten würden unhinterfragt geglaubt und ein Historiker hätte größte Mühe zu überzeugen, dass keine der drei Varianten historisch zutreffend ist. Hinter der „Macht des Bildes“ steckt die Macht der Sinngebung, die schon lange vor einem Ereignis etabliert wurde. Dennoch dürfen weder die Besonderheit der jeweiligen Medien außer Acht gelassen werden, noch die Gegenstände, denen die Medien ihren spezifischen Ausdruck verleihen.

Die Fotografie entstand fast zeitgleich in Frankreich und England: Louis Jacques Mandé Daguerre (1787-1851) kooperierte mit Josephe Nicéphore Nièpce (1765-1833 – erste Experimente 1814) und dem Engländer William Henry Fox Talbot (1800-1877 – er besuchte auch Paris). Die Fotografie wird oft als kunstvernichtende Konkurrenz betrachtet, da hinsichtlich der „Authentizität" ein Foto als perfektes und vor allem glaubwürdigeres Abbild der Wirklichkeit aufgefasst werden kann im Unterschied zu den gemalten Porträts, die notwendigerweise unter anderem auch Ausdruck eines subjektiven Eindrucks waren. Dieser Auffassung entsprach aber nicht die Realität. Maler hatten keinerlei Berührungsängste mit der Fotografie und nutzten sie extensiv in ihrer Praxis. Auch in theoretischer Hinsicht ist diese Kritik nicht haltbar, wie noch zu sehen sein wird.

Die Fotografie, besonders die Porträtfotografie in der Form von Visitenkarten, war äußerst beliebt und schuf sich einen ständig expandierenden Markt. Sie machte die Fotografen wohlhabend, die allerdings auch aufwändige Studios unterhalten mussten.

Nachdem die Porträtfotografie etabliert war und deutliche Verbesserungen des chemischen Entwicklungsprozesses erzielt wurden, konnten die Fotografen auch Außenaufnahmen machen. Die ersten zeichneten sich durch vermeintlich leere Straßen aus. In Wirklichkeit war die Belichtungszeit noch so lang, dass bewegte Objekte in ihren Bewegungen nicht fixiert wurden.

Es wurden 1871 in Paris allein schon 299 Fotografen gezählt. Viele von ihnen lichteten die nach den Kämpfen gegen die Commune ausgebrannten Gebäude ab und kamen damit dem Publikumsbedürfnis nach schaurig-schönen Bildern nach. Dies deutet auf das Ziel der Fotografie hin, aktuelle Berichterstattungen mit Fotos zu illustrieren, was aber für das Zeitungswesen erst etwas später Erfolge verzeichnen konnte, da die Drucktechnik erst zu Beginn des 20. Jhs. so weit war.

Auch das Militär, schon immer Motor von Erfindungen und ihrer gesicherten Finanzierung, interessierte sich für detaillierte Aufnahmen (von Fesselballons aus) der Schlachtfelder, Befestigungsanlagen und Wirkungen von Kanonenschüssen. Man denke allein an fototechnische Begriffe wie u.a. „schießen," „Revolver" etc., die diese aggressiv-militärische Herkunft verraten. So sind die Fotografen recht zutreffend, die mit ihren Aufnahmen die Commune bekämpften, „Kollodium-Artilleristen" (*Le Monde illustré)* genannt worden.

Es gibt Tausende von Fotografien der großen Kriege der damaligen Zeit: vom amerikanischen Bürgerkrieg, dem Krimkrieg und eben auch dem französisch-preußischen Krieg. Heute besitzt jede Armee neben einer Aufklärungs- auch eine Propagandaabteilung. Damals wurde die Propaganda – besser: Desinformation von Freund und Feind – noch von der Politik verwaltet. So wie Bismarck seine desinformierenden politischen Schachzüge über die ihm geneigte Presse lancierte, seinen Text in Abhängigkeit vom Medium und dem Leserkreis der Zeitung etc. gestaltete, „informierte" der französische Außenminister Gramont über „seine" Zeitung, den *Constitutionel.* Kritische Leser glauben nicht alles, was in den Zeitungen stand, insofern bedeutet die Verwendung von Fotografien in Zeitungen bis heute immer nur einen Versuch, die Glaubwürdigkeit des Geschriebenen zu unterstreichen.

Neben dem Militär erkannte die Polizei die Bedeutung der (Porträt-)Fotografie, um Verbrecherkarteien anzulegen. Nach der Niederschlagung der Commune wurden auf Veranlassung des Innenministers Fotografien der in der Commune tätigen Revolutionäre an alle Polizeidienststellen verschickt, um ihrer habhaft zu werden. Die bekannte Satirezeitschrift „Le Charivari" begrüßte die Verfolgung der Communarden. Der Karikaturist Cham (Graf Amédée Charles Henry de Noé) veröffentliche zwei Wochen nach dem Sieg über die Commune seine Folge: „Die Wahnsinnstaten der Commune." Über die Exzesse der Versailler Truppen verlor das Blatt kein Wort (Koch/Sagave, 1984: 261, Nr. 187 v. 8.7. 1871).

Nicht nur dies: Man erkannte auch die politische Bedeutung der Fotografie. Ab dem Jahr 1872 durfte selbst der herausragendste „Kollodium-Artillerist" Appert seine Fotografien von eingekerkerten und liquidierten Kommunarden nicht weiter veröffentlichen, da nach dem Sieg über die Commune zu Recht befürchtet wurde, solche Bilder könnten Mitgefühl auslösen, da inzwischen die Hassgefühle auf die vermeintliche Banditenherrschaft abgekühlt waren. Besonders die auch später noch harten Urteile der Militärgerichtshöfe gegen Kommunarden führten zu Gegenreaktionen wie zu einigen unaufgeklärten Attentaten gegen bekannte Verfolger der Commune. Das Thema sollte insgesamt tabuisiert werden, sodass es auch nicht gestattet war, Collagen von Geisel- und Priestererschießungen, die auf das Konto der Commune gegangen sein sollen, zu publizieren; nach dem 25. November 1872 war es eine Polizeiaufgabe, gegen jede Art von Publikation, die im Zusammenhang mit der Commune standen, vorzugehen. Das kollektive Gedächtnis einer Nation sollte gelöscht werden. Zwei Jahrzehnte waren tatsächlich alle Materialien verschwunden und die Verurteilten, wenn nicht

mit dem Tode bestraft oder als Sträflinge nach Neu-Kaledonien verbracht worden, aus der Wahrnehmung der französischen Gesellschaft entfernt.
1857, anlässlich der großen Kunstausstellung der Fotografie in Manchester, schuf der Maler Oskar Gustav Rijlander (1813-1875) eine Fotografie, die eine große Collage war – „Kombinationsfotografie" genannt – und an der er monatelang gearbeitet hatte. Er kollagierte an die dreißig Negative, die, zusammengefügt und zusammengeschnitten, erneut als Ganzes fotografiert wurden und das endgültige Bild ergaben. Damit war ein Stand der Technik erreicht, dass mittels der „authentischen" Fotografie der Bildbetrachter manipuliert werden konnte, ohne auf Anhieb erkennen zu können, ob es sich um ein „getreues" Abbild mittels einer mechanisch-chemischen Apparatur handelte oder um eine handwerklich-künstlerische Gestaltung („postproduction") der Wirklichkeit.
Was die technische Seite angeht, so weiß man leider nicht genau, wie die frühen Fotografen jene so perfekt aussehenden Collagen hergestellt haben. Eine Reihe von technischen Anfangsschwierigkeiten waren schon fast überall überwunden: Die extrem lange Belichtungszeit war nicht mehr nötig, die auf ein Exemplar pro Negativ begrenzte Zahl der Positivkopien überwunden, ebenso die anfängliche Unmöglichkeit, Fotos in den Zeitungen abzudrucken. Technisch behindert war die Fotografie dennoch, was die Ablichtung der Ereignisse der Kämpfe in Paris betraf, besonders während der „Blutwoche." Hier spielten noch die relative Langsamkeit der Entwickler und das Gewicht der Apparate eine Rolle wie die damals noch fehlende Motivation, als Bildjournalist das eigene Leben zu riskieren, wie es im heutigen journalistischen Existenzkampf anscheinend geboten ist.
Fotografen waren Pioniere und experimentierten ständig mit unterschiedlichen Chemikalien und Techniken. Diese hielten sie in der Regel geheim, um angesichts der rasant wachsenden Konkurrenz nicht Nachteile zu erleiden.
Kollodium (auch verwendet zur Herstellung von Sprenggelatine) wurde in der Fotografie (erstmalig 1850/51) eingesetzt; zusammen mit Brom, Alkohol und Ether auf eine Glasplatte in der in einem Zelt mitgeführten Dunkelkammer aufgebracht, erhärtet diese Mischung; sie wurde dann in eine Silbernitratlösung gelegt, die sich auf das Kollodium gleichmäßig ausbreitet und noch feucht in die Kamera eingesetzt. Die so beschichtete Platte wurde belichtet und anschließend in der Dunkelkammer mit einer Eisensulfat-

und zitronensauren Silberlösung übergossen. Dies ergibt (hier verkürzt dargestellt) das Negativ, auf dem die hellen Teile der aufgenommenen Wirklichkeit dunkel erscheinen und umgekehrt.

Abbildungen 5 und 6: Crimes de la Commune, Assassinat de 62 ôtages le 26 mai à 5 heures du soir (Verbrechen der Commune; die Ermordung von 62 Geiseln am 26. Mai 1871 um 5 Uhr nachmittags); Photographie von Ernest Eugène Appert, u.a. publiziert in: Die Jesuiten und die Welt, von Vacchi/Vuylsteke, Paris/München 1991: Doppelseite 210/211

Die handwerkliche Technik erforderte eine Gestaltung des Bildmaterials, das zwar prinzipiell „manipuliert“ war, dennoch aufgrund der schon sehr feinkörnigen Positive ein wirklichkeitsgetreueres Abbild als irgendeine „naturnahe“ Zeichnung oder Ätzung einer Holz-, Stein- oder Kupferplatte geben konnte. Fotografien von Kriminellen wiesen bei unterschiedlichen Fotografen immer noch ein wirklichkeitsnäheres Bild auf – der „polizeiliche Erkennungsdienst“ war jedenfalls mit seinen Erfolgen zufrieden – bis in unsere Zeit.

Der bekannteste „Kollodium-Artillerist“ hieß Eugène Appert, der seine Anti-Commune-Bilder u.a. unter dem Titel *Die Verbrechen der Commune* (*Crimes de la Commune*) veröffentlichte. Jeder mag anlässlich des folgenden Bildes von Appert *Das Massaker in der rue Haxo, im Stadtteil Belleville am 26. Mai 1871 um 17 Uhr*, selbst versuchen, inwiefern ein Anlass zu einer kritischen Sicht besteht (Bilder s.o.; die bürgerliche wütende Erschießungsmenge steht auf einem merkwürdig abgezirkelten Platz; der Vordergrund ist leer). Man möge zudem die obige Fotomontage mit den weiter unten folgenden traditionellen Gravüren und mit den Texten über das dargestellte Ereignis vergleichen:

Abbildung 7: Zeitgenössische Postkarte, *Verbrechen der Commune,* Erschießung von sechs Dominikanern

Am Freitag, dem 26. Mai 1871 sollen laut Lissagaray (2000: 363) 48 Geiseln in der rue Haxo erschossen worden sein. Der letzte Aufruf der Commune, verfasst von Ranvier, Blanquist, Mitglied des Zentralkomitees, fordert die Bürger des XX. Arrondissements auf, die Bürger des XIX. Arrondissements zu unterstützen durchzuhalten und zu kämpfen, da sie wüssten, welches Schicksal sie erwarte. Es sind die letzten Stunden der Commune; die Kommunarden hatten zudem gesehen, wie 5.000 Preußen in Abstimmung mit Thiers den Umfassungsring noch verstärkt hatten, so dass keinerlei Flucht vor den angreifenden Versailler Truppen möglich war.

Abbildung 8: Trémelat, Execution des ôtages, rue Haxo, 26 mai, photo collage d'après le photomontage d'Appert (Erschießung von Geiseln in der rue Haxo am 26. Mai 1871, Photocollage nach einer Photocollage von Appert, sic!).

Die Gruppe der Geiseln bestand aus 34 Polizisten (am 18. März verhaftet), mehreren Klerikern (10 Jesuiten und andere Geistliche) und Zivilisten (darunter vier Spione des Kaiserreichs, die schon abgeurteilt worden waren).[157] Es war 6 Uhr am Nachmittag. Die Geiseln wurden von ihrem Gefängnis La Roquette, wo an die 300 Gefangene einsaßen, zu ihrer Hinrichtung von einem Schwadron Kommunarden unter Führung von Colonel Gois[158] begleitet (Noël, *Dictionnaire*). Die umstehende Menge erkannte, dass es sich um Geiseln handelte und forderte ihren Tod. Die Geiseln wurden bis zur Nr. 85, rue Haxo, gebracht. Die Straße endete dort an einer Befestigungsanlage mit einem zweireihigen Schützengraben. Die Geiseln wurden dann vermutlich in einem nahe gelegenen Hof von dem Erschießungspeloton getötet.[159] Serraillier, Mitglied des Rates der Commune, Korrespondent für Marx, Mitglied der Internationale, versuchte vergebens – wie auch sein Genosse und ebenfalls Ratsmitglied Varlin[160] – die Erschießung zu verhindern oder zu verzögern. Die „unmittelbare Justiz" (Lissagaray 2000: 365f.) siegte und ohne dass ein Kommando gegeben wurde, wurden die Geiseln erschossen. Nach Milza wurden die Ratsmitglieder, die die Exekution verhindern wollten, von der erregten Menge selbst mit dem Tod bedroht; je zehn Geiseln wurden erschossen auf Anordnung eines Säbel schwingenden Offiziers (wie auf der Fotomontage), es gab eine wilde Schießerei, bei der viele Schützen verletzt wurden und nach einer Viertelstunde, nachdem die noch lebenden Geiseln mit Bajonettstichen getötet wurden, ging man auseinander, „ohne

[157] Milza (2009: II, 411) zählt 10 Kleriker, 33 „Gardes de Paris" (Nationalgarde), 2 Gendarmen (Polizisten) und vier Spione, also 49 Geiseln. Jellinek (1937: 360) berichtet, dass eine nachträgliche Zählung der Toten die Zahl 51 ergab. Dies könnte damit erklärt werden, dass von den vielen abgegebenen Schüssen einer einen Schützen traf.

[158] Gois war als Republikaner schon für den Zeitraum von 1852-56 nach Algerien deportiert worden, trat gegen 1866 den Blanquisten bei, wurde deswegen 1870 zu Zwangsarbeit auf unbestimmte Dauer in Abwesenheit verurteilt, kehrte am 4. September aus seinem belgischen Exil zurück und wurde von der Commune General Eudes als Colonel seines Stabes zugeteilt; nach der Niederlage der Commune konnte er nach London entkommen, wurde wieder in Abwesenheit verurteilt wegen Brandstiftungen, die er aber nicht hatte begehen können (Noel 1978, Bd. I: 315f.).

[159] An der Stelle befindet sich eine Gedächtnistafel über den Tod von 52 Geiseln auf Grund der Recherchen von Maxime Vuillaume. Unter der angegebenen Adresse befindet sich die später errichtete Kirche Notre-Dame-des-Ôtages. In der Nähe verläuft die Stadtmauer, hinter der die deutsche Armee war (Horne 1981: 487); ob die Geiseln auch dort erschossen wurden, wie die Bilder suggerieren ist wohl eher unwahrscheinlich.

[160] Am Abend des 25. Mai kontrollierte die Commune nur noch die beiden Arrondissements, das XIX. und XX. Die Reste des Rats der Commune, etwa ein Dutzend Mitglieder, verließ das Bürgermeisteramt an der place Voltaire und ging in den Stadtteil Belleville, wo der Rat seinen letzten Sitz in der rue Haxo Nr. 81 hatte (Milza 2009: II, 408f.).

dass einer der Schützen in Richtung Barrikade ging“ (ebd. 412). Eine andere Version findet man bei Bruhat (1971: 222f.):

> Am Abend des 26. richteten einige Pariser im Stadtviertel Vincennes in der Rue Haxo ihre Gewehre gegen Gefangene, die man aus La Roquelle zurückbrachte: 11 Priester und Klosterinsassen, darunter 8 Jesuiten, 35 Gendarmen und 4 Agenten der „Politischen Brigade“ des Zweiten Kaiserreiches, in Wirklichkeit Spitzel (…) Gewiss sah Jules Guesde die Dinge richtig, wenn er verbittert schrieb: „Es spielte (wohl) keine Rolle (mehr), dass sich ihre Gewehre, die sich an ihren Mördern vom April und Mai zu rächen hatten, bei ihren Vergeltungsmaßnahmen in der Zielscheibe getäuscht und ihre Verzweiflungskugeln im Gerippe ‚einiger obskurer Jesuiten' verloren haben, während doch Unternehmer und Geldleute zu Dutzenden auf den Straßen herumlungerten.“
> Aber es war diesem verratenen, wie Vieh abgeschlachteten Volk objektiv unmöglich, anders zu reagieren, als es reagiert hat. Die Tatsachen hatten die Erkenntnis bestätigt: „Wenn man die hasserfüllte Kaltblütigkeit der Versailler Truppen dem aufflammenden Zorn der föderierten Soldaten gegenüberstellt, sieht man da nicht gleich, auf welcher Seite die Vorsätzlichkeit war?“[161]

Nun, wenn man gleich sieht, wer bei einer Erschießung gehandelt hat, muss sich über die Sprache nicht mehr aufregen, nach der sich Kugeln „verirren“ und nicht mit Absicht auf Geiseln geschossen wird und man weiß, dass die Kugeln schon wissen, wen sie treffen sollen, nämlich obskure Jesuiten. Man merkt plötzlich, dass man gar nichts mehr weiß, wenn es objektiv richtig ist, dass obskure Jesuiten den Tod finden, was soll dann mit den nicht obskuren geschehen? Vermutlich ist auch das gleichgültig. Wenn man so zugerichtet ist, dann erkennt man auch den tiefer liegenden Zusammenhang zwischen Geiselerschießung und „auf den Straßen zu Dutzenden herumlungernden Unternehmern und Geldleuten.“ Bedauerlich ist natürlich ganz besonders der Zustand von klassenbewussten Sozialisten wie Guesde, die ihren kämpfenden Arbeitern jedes Klassenbewusstsein absprechen, denn letztere sind noch nicht einmal in der Lage, vorsätzlich zu handeln. Solche Leute würden

[161] Zitiert werden: Guesde, in: *Le Socialiste* vom 20. März 1892 und Bourgin, *Histoire de la Commune*, 1907: 168.

heute glatt einen „Herumlungernden“ von einer Kugel töten lassen, von dem man bisher geglaubt hatte, er sei nicht Bankier, sondern Alkoholiker. Es gibt zum Glück noch andere Zeitgenossen wie die berühmte Louise Michel, die solche Verhältnisse wie sie in der rue Haxo geschahen und wie sie in der Apologetik eines Guesde und seiner Wiederabdrucker zum Vorschein kommen, mit Hilfe eines Hugo-Zitats auf den Punkt bringen kann:

*L'ignorance finit par être le délire (Hugo 1965: 179)*
*Unwissenheit endet im Delirium.*[162]

Lissagaray (2000: 246f.) lässt Einblick nehmen in eine Diskussion im Rat der Commune. Vorgefallen war, dass am 25. April vier Nationalgardisten, die sich ergeben hatten, von den Versaillern füsiliert wurden. Am 26. wurde im Rat diskutiert: Rachegefühle wurden geäußert, man müsse ebenfalls Gefangene erschießen, und zwar mehrere; viele wollten, dass der Erzbischof von Paris erschossen würde; jemand meinte, wäre es eine Frage, die ein Mann sich stellte, hätte er den Bischof schon längst unter die Erde gebracht[163], statt hier lange philosophische Diskussionen abzuhalten; ein anderer: Man solle am folgenden Tag die gefangenen Polizisten und Spione erschießen, öffentlich sollen zwölf erschossen werden; die Frage wurde geäußert „warum zwölf für vier?“ Es gab auch Protest: Man habe kein Recht, die Commune lebe doch von ihren Taten, also keine Geisel- oder Gefangenenerschießungen, man sollte gegen das Privateigentum vorgehen, man möge nach dem Gesetz vorgehen, man möge sich an Thiers schadlos halten und sein Haus abbrechen; „dann erhob sich der scharfsichtige und großzügige

[162] Die auch gegenüber ihren Richtern absolut aufrichtige Frau hat allerdings Geiselnahme und Erschießung von Geiseln gerechtfertigt, so auch die Androhung, jeden Tag, den der von Versailles in Haft gehaltene Blanqui verbringen musste, mit der Erschießung einer Geisel zu vergelten (Michel 1999: 368). Für sie liegt die Rechtfertigung darin, Rache zu verüben, ein Motiv, das sie als positiv bewertetes auch annimmt, dass es von den Zuschauern, die den Tod der Geiseln wünschen, geteilt wird.

[163] Der Erzbischof von Paris, Mgr Darboy, wurde am 4. April (Datum des Geiselerlasses) verhaftet und am 24. hingerichtet; kurz vor seinem Tod wurde ihm noch gesagt, dass ihn nicht die Commune, sondern Versailles, das Kommunarden liquidiere, töte. Darboy war verhasst, ein Anhänger Napoleons III., Verteidiger des päpstlichen Unfehlbarkeitsdogmas und wurde als Geisel genommen in der Hoffnung, ihn gegen Blanqui austauschen zu können; Thiers war ein hingerichteter Erzbischof als Märtyrer jedoch wertvoller als ein lebender und erst Recht wollte er keinen aktiven Blanqui in Paris wissen.

Cambon und sagte: ‚Wenn die Versailler unsere Gefangenen füsilieren, dann möge die Commune Frankreich, der ganzen Welt kundtun, dass sie, die Commune, alle Gefangenen, die sie auch in Zukunft machen werde, respektiere, dass die Offiziere, die ihre Untergebenen dazu veranlassen so vorzugehen wie berichtet, ebenfalls bis zu einem gewissen Grad respektiert werden.'" Die Diskussion wurde noch hitziger und persönlich und man beschloss, das Protokoll nicht zu veröffentlichen.

Was die Abbildungen betrifft, so sind sie für die Zeit und ihre fotografische Technik typisch: Die erste (zweigeteilte) Fotomontage zeigt bei näherem Hinsehen „geklonte Priester." So sind Gruppen von je zwei Priestern auszumachen, die kopiert und aufgeklebt, anschließend wieder fotografiert und am Ende die Schnittkanten übermalt wurden. Das letzte Beispiel ist eine Kombination von Fotografie und Zeichnung. Die große Gruppe der „geklonten Priester" wurde durch Zeichnungen ersetzt, weil offensichtlich keine entsprechende Fotografie vorhanden war, die der gewünschten Dramatik genügt hätte. Bei beiden Varianten kommt es offensichtlich nicht auf die Zahl der Geiseln an, sondern auf den Eindruck. „Man ist betroffen und zählt nicht nach." Dass in der ersten Variante montiert wurde, ist bei sehr genauem Hinsehen daran zu erkennen, dass die Anzahl der Köpfe mit den Gliedmaßen nicht übereinstimmt, dass das Beffchen nachkorrigiert wurde und das Verhalten der Priester eher dem Verhalten von Atheisten entspricht, die nicht etwa beten oder die Hände gen Himmel erheben, sondern gelassen und relativ locker vor der überdimensionalen Mauer stehen, obwohl recht viele Gewehre auf sie gerichtet sind und der Reiter wohl den Feuerbefehl soeben gegeben hatte. Das letzte Beispiel sieht die Dramatik kurz nach dem Moment des Abfeuerns gegeben, sodass eine gewaltige Rauchwolke entstand, die ein gnädiger Sturm von links nach rechts kommend freibläst und den Blick auf das Geschehen freigibt und, nicht unerwünscht, die Lokalität unklar erscheinen lässt.

Das zweite Bild, die Postkarte, zeigt schon, wie gefährdet das Leben eines Erschießungspelotons ist: Obwohl, zum Glück für das Peloton, die Geiseln auf einer gut erhöhten Theaterbühne stehen, sind die Soldaten auf ein ebenerdiges „Parkett" platziert und müssen, dicht gedrängt, offensichtlich durch die Reihen ihrer Kameraden schießen, so dass es nicht verwundern dürfte, dass bei der Zählung der Toten wieder mindestens ein Toter „überzählig" ist.

Die Appertsche Bühnenkonstruktion erklärt soweit, dass realistischerweise eine Menge wenige Priester erschießen kann. Sie ist der Preis dafür, dass überhaupt eine Menge schießt und nicht ein kleines militärische Kommando. Dieser Punkt ist bei allen Montagen offensichtlich der wichtigste des Geschehens. Im ersten Bild sieht die Menge zwar aus wie eine gut gekleidete, bürgerliche Jagdgesellschaft, die mit Hingabe dieses Mal Priester zur Strecke bringen will. Damit ist das sexistische Moment deutlich, dass auffallend viele Frauen so denaturiert gezeigt werden, dass sie mit Hingabe Priester schießen. Die Frauen sind an ihrer Kleidung deutlich als bürgerliche Frauen erkennbar und nicht als Kommunardinnen oder „pétroleuses," die seit Tagen auf Barrikaden gekämpft haben. Damit ist das Geschlecht gemeint und nicht ein Bürgerkriegsgegner. Es kommt nicht darauf an, beispielsweise den Flintenläufen zu folgen und zu merken, dass bei der abgefeuerten Salve wieder mehr Tote unter den Schützen zu beklagen sein werden als unter den Geiseln.

Die angedeuteten Signale der drei Bilder werden als solche dekodiert und nicht das Bild selbst analysiert. Bei den Zeitgenossen sind diese Signale auch angekommen bzw. diese Signale wurden aktiv empfangen aufgrund des kulturell geprägten Thesaurus, in dem geschrieben steht, dass man keine Gottesfrauen und -männer erschießt. Auf diese Weise erst erhielten die Bilder ihre „Beweiskraft". Die „Lesebrille" dekodiert die Signale und verleiht dem Gesehenen Sinn. Die dergestalt „belegten" Ereignisse der Blutwoche wurden als Dokumente aufgefasst, dass die Commune gegen Moral und Grundlage des Abendlandes eingestellt ist und einer Meute die denaturierten Empfindungen auszutoben erlaubt, a priori unschuldige Menschen zu liquidieren, dass dieser antizivilisatorische Haufen aus Uniformierten und Nicht-Uniformierten in diesem Sinne eins sind. Die Commune und die sie tragenden Menschen verfolgen einträchtig dasselbe Ziel, das mit diesen Bildern wieder einmal bewiesen wird, dass die Barbarei in Paris ausgebrochen ist und eine „Säuberungsaktion" ohne Zweifel das einzige Mittel ist, dem beizukommen. Law & Order ist das Motto der Thierschen Dritten Republik, die dafür steht, solche Verbrechen radikal auf immer zu unterdrücken.

Auch heute führt die Omnipräsenz der Medien zu ähnlichen Montagen, allerdings mit der Variante, dass Protestierer, Demonstranten, Verteidigungskämpfer etc. schon Frauen und besonders gerne die eigenen Kinder in die erste Reihe der Konfliktlinie mit ihrer gegnerischen Partei bringen, um anschließend die Inhumanität des Gegners anhand der Filme, Handyaufnahmen, Photos von getöteten, zumindest blutenden Frauen und Kindern zu beweisen, dass beim Gegner also keine humanen Hemmungen existieren. Heute sind die Bilder schon im Kopf und zwar als Vorlagen für das Handeln. Damals sind die Grundlagen dafür gelegt worden, dass Fotografien per se die Wirklichkeit „naturnah", naturalistisch erfassen können. So wurde die Glaubwürdigkeit dafür gelegt, dass optisch Wahrnehmbares auch „wirklich" sei. Der kritische Mensch meint dieses Programm zu kennen, erinnert es doch an Berkeley (1685-1753), den irischen Theologen und Bischof und an sein Dictum des „esse est percipi" – das, was ist, ist das, was wahrgenommen wird.[164]

*Resümee*

Abbildung 9: Appell von Zisterziensern/Trappisten zum frz.-dt. Krieg (Postkarte)

Diese beiden Abbildungen sollen belegen, dass die Zisterzienser-Mönche der Abtei Notre-Dame d'Aiguebelle eine Kompanie Soldaten stellten, die für den französisch-deutschen Krieg eingesetzt wurde. Die zweite soll laut

[164] Der philosophisch Ungebildete wurde zu Entschädigung für diese Unkenntnis von Microsoft mit dem „wysiwyg"-Spruch versorgt, nach dem das, was er auf dem Monitor seines Personal Computers sieht (wys: what you see), auch das sei (is), was er am Ende erhält (wyg: what you get). Dass immer nachts Bill Gates persönlich die Daten verändert und beim morgendlichen Öffnen der Dateien Wörter, Zeilen usw. verrutscht sind, ist einer anderen, eindeutig teuflischen Realität geschuldet.

Unterschrift die Mönche kurz vor ihrem Abmarsch zeigen. Was an den Abbildern „naturalistisch" und was fiktional ist, ist eben nicht allein aufgrund des Bildes zu entscheiden. Die Montur ist zisterziensisch. Man kann die Abtei googeln und feststellen, dass es sich durchaus um eine Abbildung des klösterlichen Innenhofes handelt. Man erfährt auch, dass es eine Trappistengemeinde ist. Recherchen ergeben, dass die Zisterzienser sehr unter den antiklerikalen Ereignissen der Französischen Revolution gelitten hatten. Die erste Abbildung weist deutliche Merkmale einer Fotomontage auf (vgl. Blickrichtungen und Gruppierung der Personen). Die zweite Abbildung sieht erheblich „realistischer" aus, so als wäre es eine Fotografie von Liniensoldaten, die sich zum Spaß für den Fotografen die Monturen der Zisterzienser angezogen hätten. Die Gewehre mit dem langen Bajonett sind als Chassepot-Gewehre identifizierbar. Der Novize am linken Bildrand erscheint im Vergleich zu den beiden neben ihm befindlichen Mönchen arg klein, was den Eindruck hinterlässt, als wäre die bewaffnete Gruppe auf ein Foto der äußeren Klosterfassade kopiert worden. Aber, all dies sind Unsicherheiten.

Abbildung 10: Appell von Zisterziensern/Trappisten zum frz.-dt. Krieg (Postkarte)

Aus der Tatsache, dass es „päpstliche Zuaven" gegeben hat, kann nicht geschlossen werden, dass es eine reguläre Einheit gegeben habe, die aus Geistlichen gebildet wurde, zumal aus Zisterziensiern, deren Ordensregel besagt, dass sie sich der Kontemplation zu widmen haben. Es fällt außerdem sehr schwer, sich trappistische Soldaten vorzustellen, da doch die Verständigung im Kampf sehr erschwert wäre. Es ist auch schwer vorstellbar, dass ein Zisterzienserorden diese Bilder auf seiner Homepage hatte (sie sind inzwischen verschwunden), was ja bedeutet, dass er sich damit als Teil seiner Geschichte identifiziert haben musste. Es lässt sich vermutlich nie klären, was es mit den Bildern auf sich hat, ein patriotisches Anbiedern oder eine Vorsichtsmaßnahme in einer klerusfeindlichen Umgebung oder beides oder auch ganz etwas anderes. Selbst eine Auskunft aus den Archiven des französischen Kriegsministeriums wäre kein hinreichender Beleg dafür, ob es eine solche Einheit gegeben habe oder nicht. Solche Erfahrungen macht man in der Forschung. Die größte Sammlung der Fotografien der Commune de Paris lagert im Musée d'Art et d'Histoire im Gebäude des ehemaligen Karmeliterklosters von St. Denis. Auch dort ist man trotz genauester Kenntnis aller Fotografien nicht immer vollständig sicher, ob es sich im gegebenen Fall tatsächlich um eine Fotografie, eine Fotomontage, eine Foto-Collage oder eine Kombination von mehreren Techniken wie ergänzender Malerei handelt. All dies spricht für die ausgezeichnete Technik der frühen Fotografen und ihrer Kreativität der Bildgestaltung, die viele Maler angezogen und nicht abgestoßen hatte (vgl. Manet, Monet etc.). Es spricht auch nicht dafür, dass Bildgestaltung gleichzusetzen ist mit Manipulation im ideologisch-negativen Sinne. Entscheidend ist die *Glaubwürdigkeit*, die ein kommunizierter Text hat. Die zweite Darstellung der Hinrichtung der sechs Dominikaner würde heute bei Freund und Feind sofort als „Bildfälschung" erkannt, die erste jedoch nicht und die letzten Beispiele schon gar nicht. Heute würde man sogar erwarten, dass bei einer solchen Hinrichtung eine Kamera anwesend ist, weil man erwartet, ein Recht auf Information zu haben, auch darauf wie jemand auf dem elektrischen Stuhl stirbt, so dass eine vermeintlich existierende Fotografie der Hinrichtungsszene von Geiseln erst gar nicht überrascht und kritisch werden lässt. Der Tod ist enttabuisiert und hat anscheinend das Recht auf Wahrung der Würde der Sterbenden oder Verstorbenen verloren. Daran haben auch die frühen Fotografen ihren Anteil (man denke an die schon „gut" dokumentierten Ereignisse des amerikanischen Bürgerkriegs).

So enthalten die Fotografen von den Ereignissen der Commune einen Faktor, der ihnen wie ein unsichtbares Gütesiegel anhaftet, dass, was auch immer als Abbild der Ereignisse und wie auch immer festgehalten wird,

„glaubwürdig" ist. Betrachtet man besonders die „Illustrierten" der damaligen Zeit, die deutsche „*Illustrirte Zeitung*" (Erstausgabe am 1. Juli 1843, zu Beginn als Lizenzausgabe der „*Illustrated London News*"), das englische und französische Pendant („*L'Illustration – Journal universel*") so fallen nicht nur die oft ganzseitigen Illustrationen der schrecklichen Ereignisse in Paris auf, sondern auch die Inhalte der Artikel zur Commune: Man vermeint, selbst in der ausländischen Presse Adolph Thiers' Reden und Gedanken unkommentiert und völlig unkritisch wiederzufinden. Die Macht, die „Glaubwürdigkeit" herstellt, zeigte schon ihre Wirkung, bevor überhaupt die Commune gegründet wurde. Wenn Bismarck in der Regierung der nationalen Verteidigung seinen Verhandlungspartner fand und zu Ergebnissen kam wie Geld und Landgewinn, dann war der Feind der III. Republik, die Commune, auch Feind der Partnerschaft Bismarck-Thiers. Glaubwürdigkeit ist ein Nebenprodukt von Macht, die auf dem Konsens zwischen Herrscher und Beherrschten beruht. Dieser Zustand änderte sich außerhalb von Frankreich erst etwas, nachdem die ersten Flüchtlinge berichten konnten und die skandalösen Urteile der Militärgerichtsbarkeit bekannt wurden. Der Journalismus hatte sich während der Herrschaft der Commune auf die Seite der Macht Thiers-Bismarck geschlagen. Die Journalisten konnten alles über die Commune schreiben und das war in ihrer Totalität das, was kein Journalist selbst recherchiert, sondern von Thiers übernommen hatte. So kommt es letztlich überhaupt nicht darauf an, ob irgendwelche Bilder im Nachhinein „verfälscht" wurden, sie wären, so schlecht die Fälschung auch hätte sein mögen, „glaubwürdig." Alles, was Marxisten, Internationalisten, Blanquisten, Proudhonisten etc., mit anderen Worten alle roten Gespenster in ihrer gemeinsamen Anstrengung der Gestaltung der Commune taten, war a priori des Teufels. Dass der Krieg von Personen gewollt und betrieben und verloren wurde, die nach dem Krieg und der Ausrufung der Republik wieder in Amt und Würden waren, war kein Gegenstand des Entsetzens. Das erinnert doch etwas an den Beginn der BRD.

Antonio Gramsci verlangt die Anstrengung, zumindest die kulturelle Hegemonie anzustreben, wenn schon die politische vorläufig nicht erreichbar ist. Die Commune versäumte es, aus den von der geflüchteten Regierung zurückgelassenen Dokumenten Kapital zu schlagen, was gut für die ideologische Auseinandersetzung gewesen wäre. Was das kulturelle Kapital angeht, so lehnten die meisten – nicht alle – Schriftsteller und Künstler die Commune ab. Und die sie nicht ablehnten, ein Courbet und ein Hugo, sind bis heute Klassiker geblieben.[165]

[165] 1991 erschien in Frankreich ein großformatiger Band von Vacchi und Vuylsteke, Les Jésuites en Liberté. Auf der Doppelseite 209/210 wird das "Foto" 'Das Massaker in der Haxo-Straße in Belleville am 26. Mai 1871 um siebzehn Uhr. Unter den Geiseln befinden sich als Opfer der Kommune auch einige Jesuiten" gezeigt. Warum, welche Funktion hat dieses Photo ca. 120 Jahre nach den Nichtereignissen vom 26. Mai 1871? Nur ein kleiner Hinweis: Man beachte die Uniformen. In der Tat hatte es eine „Uniformspende" aus Beständen der Soldaten des US-amerikanischen Bürgerkriegs gegeben.

## II. 5 Belagerung, Brände und Barrikaden

Ungewissheit erzeugt Angst
(effrayé par l'inconnu)[166]

Der französisch-preußische Krieg[167] dauerte 297 Tage, von der Kriegserklärung bis zum Friedensschluss in Frankfurt/Main. Von diesen 297 Tagen schloss die preußische Armee mit ihren nord- und süddeutschen Verbündeten Paris ein. Diese Belagerung hielt 132 Tage an. Nach dem Friedensschluss zwischen der französischen Regierung und des am 31. Januar 1870 gegründeten Deutschen Kaiserreiches verblieben deutsche Truppen in ihrem östlichen, halben Umfassungsring der Stadt. Nach Ausrufung einer revolutionären Regierung in Paris, der Commune, siedelte die französische Regierung nach Versailles um. Ab dem 23. April 1871 riegelte sie den nicht von den deutschen Truppen geschlossenen Ring ab, so dass eine zweite vollständige Belagerung von Paris erfolgte. Sie dauerte 34 Tage bis zur Eroberung von Paris durch die Versailler Truppen. Am 28. Mai 1871 war die Commune de Paris – bis auf eine kleine Widerstandsinsel, die erst am folgenden Tag besiegt werden konnte – vernichtet.

### *Die Belagerer*

Die Belagerer der ersten Einschließung von Paris waren die Heere des Norddeutschen Bundes bzw. nach der Gründung des Kaiserreiches die der Deutschen. Bismarck hatte es am Ende doch noch geschafft, dass sein König von Preußen noch in letzter Minute den Titel des Deutschen Kaisers – und nicht König von Preußen und Kaiser der Deutschen – angenommen hatte. „Zur Strafe" wurde die wichtigste Person unter den Anwesenden im Spiegelsaal, Bismarck, kaum beachtet.

Wie am 28. Januar 1871 vereinbart, durften 30.000 Soldaten des neuen Kaiserreichs Paris symbolisch vom 1. bis 3. März besetzen. Sie paradierten

[166] Lissagaray 2000: 127.

[167] Der Angreifer wird immer zuerst genannt: Es war der französische Kaiser, der 1870 Preußen den Krieg erklärte.

und kampierten auf den Champs-Elysées.

> „Ein amerikanischer Arzt, Charlie Carter, war besonders tief beeindruckt von ihrem Wesen, das Ausdruck eines tiefen Gefühls von Heimatlosigkeit war, so wie sie durch die Straßen gingen, mit einer Hand abwechselnd ein Stück Schinken oder Wurst kauten; so hinterließen sie den Eindruck von Schwermut, gepaart mit Geschäftigkeit – all dies im Kontrast zu den französischen Truppen – allenfalls blinkte bei den Preußen ein bisschen Silber oder Gold bei den Knöpfen, Sporen oder Säbeln hervor" (Horne 1981: 245).

Für den Verfasser Horne zeigte sich hier ein protestantischer Geist der Schlichtheit, entstanden aus dem Wunsch, der Sache des Geschäftes zu dienen, ohne sich von irgendwelchen Begleitumständen ablenken zu lassen. Dies hat etwas Autistisches an sich, das religions-soziologisch Max Weber eine vom Calvinismus geprägte „praktisch-rationale Lebensführung" (1995: 328) nannte. Diese äußert sich laut Weber im Typus des „eingeschulten Fachmenschentums" (ebd. 317) und ergreift ihn dermaßen, dass Weber meinte, von einer „absolut unentrinnbaren Gebanntheit unserer ganzen Existenz, der politischen, technischen und wirtschaftlichen Grundbedingungen unseres Daseins, in das Gehäuse einer fachgeschulten Beamtenorganisation" (ebd.) reden zu müssen. Zwar kann es Weber letztlich nicht gelingen, etwa am Beispiel des britischen Kapitalismus diese protestantische Schicht als repräsentativ unter den Kapitalisten nachzuweisen, dennoch muss ihm zugestanden werden, dass diese Phänomene existierten. Auch heute, da solche Phänomene noch weit extensiver beobachtbar sind, kann ihre Herkunft oder Bedingtheit durch kapitalistische, betriebswirtschaftliche Merkmale der Arbeitsorganisation nicht belegt werden. Dennoch kann gleichfalls nicht geleugnet werden, dass das intrinsische Motiv, das derartige Handlungen hervorruft, auf Freiwilligkeit basiert, sich vollkommen in den Dienst einer Sache oder Aufgabe zu stellen, was etwas Merkwürdiges und Erschreckendes an sich hat: Die kommunikationstechnologischen Entwicklungen unserer Wirklichkeit scheinen diesen Trend noch zu verschärfen: Die mit diesen Geräten erzeugte unbegrenzte Verfügbarkeit über die persönliche Zeit entspricht dem Interesse, das Weber als dasjenige identifiziert, das herausfinden will, ob man zu den „electi", den wenigen Auserwählten

des protestantischen Gottes gehört, wozu dann eben u.a. auch die totale Erreichbarkeit zu jeder Zeit an jedem Ort zu zählen ist und dies nicht allein: Private, intime Kommunikation wird öffentlich. Mit anderen Worten, „wir" erkennen in dem Preußen von 1871 den Vorfahren des modernen Menschen, der mit seinem BlackBerry in der Hand und einer Notration von Nahrungsmitteln im „Backpack", absolute Mobilität und Offenheit etc. signalisiert.
Die Pariser Bevölkerung wunderte sich aber eher über diese Lebewesen, die so unglaublich gut organisiert und effizient ihren Aufgaben nachgingen, denen aber die entscheidenden Dinge des Lebens (wie genussvoll über Stunden in Gesellschaft zu speisen) angesichts ihres Fastfoodkonsumverhaltens abgingen. Die Deutschen wurden bewundert, was ihr berufliches Fachbeamtentum (Weber 1995: 317) betraf,[169] aber sie blieben den Franzosen fremd.

### *Die Belagerten*

Die Belagerten saßen in einer Stadt fest, die unter einer intensiven Beschießung gelitten hatte: zerstörte Häuser, brennende Häuserzeilen, aufgrund des Mangels an Heizmaterial baumlose Boulevards, mangelhafte Beleuchtung, medizinische Unterversorgung[170] etc. Aber nicht nur dies:

> Es war schon wahr, dass das Gefühl der Erniedrigung (durch den verlorenen Krieg und die preußische Besatzung) etwas war, das von allen Franzosen geteilt wurde; dennoch, Paris wurde noch von einer zusätzlichen Bürde bedrückt, die als „fiebrige Belagerungsneurose"[171] bezeichnet wurde. Diese Neurose hatte sich wie ein unsichtbarer Parasit ausgebreitet: Langeweile, Mangelernährung, Angst und Ungewissheit über das, was der nächste Tag bringen würde, machten es aus; hinzu kamen die

169 Stollen zur Unterminierung der Pariser Festung graben, eine Eisenbahnlinie in kürzester Frist bauen, um ihre Truppen mit Nachschub zu versorgen etc.

170 Es gab eine Vervierfachung der Todesfälle, keine ausgesprochenen Seuchen, dennoch Krankheitsbilder von Cholera und Typhus; vgl. Paradis 2008: 344f.

171 Der etwas veraltete, psychoanalytisch verwendete Begriff der Neurose würde heute so nicht mehr in der Diagnostik verwendet werden; man spräche eher – angesichts der auftretenden Symptome – generell von einer Psychose.

> das seelische Gleichgewicht störenden Wirkungen einer aufs Höchste angespannten Bevölkerung, die den Rhythmen exzessiven Optimismus mit folgender schwärzester Enttäuschung ausgesetzt war. Darüber hinaus war es das Gefühl einer seelenzerstörenden Isolation von dem Rest der Menschheit. Viele Pariser stimmten mit Saint-Edmé überein, dem Sekretär des Wissenschaftskomitees, dass die durch die Belagerung verursachte Entbehrung – noch schlimmer als der Nahrungsmangel – der Mangel an Nachrichten von außerhalb war. Ein französischer Arzt analysierte die Symptome der „Belagerungsneurose" als zu einem Komplex gehörend, in dem das Gefühl, von Spionen umgeben zu sein, Misstrauen und Verachtung gegenüber den Behörden zu hegen, glänzende sprachliche Formen, die dennoch hohl waren, zu pflegen. Dem läge zu Grunde ein Bedürfnis nach Selbstbewusstsein und angsterzeugendem Verfolgungswahn, der den anklagenden Finger auf die übliche Auswahl an „Feinden" richtete: Freimaurer, Juden und Jesuiten (Horne 1981: 305f.).

Aus Sicht heutiger Kriegführung lassen sich Belagerungen ins Reich alter Geschichten aus dem Mittelalter und noch weiter zurück verorten bis zur großen, zehnjährigen Belagerung von Troja. Belagerungen waren eine Kriegstechnik und legitim wie jede andere und wie dieser Anlass, die Belagerungs- und Verteidigungstechnik zu verfeinern. So ist in der Geschichte eine Belagerung oft genug abgebrochen worden: Für die Belagerer war die beständige Drohung durch einen Ausfall gegeben, wie das Graben von Näherungsgräben und Minen verlustreich war durch Angriffe und das „Unterminieren der Minen". Eine Belagerung erforderte eine umfangreiche Logistik und Versorgung der Truppen, die ihrerseits durch koordinierte Angriffe von Ausfällen und eintreffenden Entsatztruppen eingeschlossen und vernichtet werden konnten. Friedrich Engels hat für die Einschließung von Paris ausgerechnet, dass die „Umschließungslinie" mindestens 80 Meilen betragen und aus etwa 200-230.000 Mann bestehen musste (MEW 17 1973: 121). Aus der Tatsache, dass dieser eher dünne Ring alle Ausfälle zurückschlagen konnte, schlussfolgert Engels zutreffend, „dass die Nachrichten über die Riesenzahl von Bewaffneten in Paris Phantasien sind" (ebd. 1973: 121 f.) Er lässt auch durchscheinen, dass die militärische Qualität der zahlenmäßig überlegenen Pariser Bewaffneten nicht sonderlich hoch zu veranschlagen sei, da ansonsten einige erfolgreiche Ausfällt hätten stattfinden müssen. Selbst wenn eine Stadt oder Festung erobert war, bedeutete dies nicht immer, dass damit das strategische Ziel des Krieges erreicht werden konnte. Die bedeutenden Belagerungen im 19. Jahrhundert gingen, wie den Franzosen anlässlich der Eroberung von Moskau (auf Wien und Sebastopol wurde schon hingewiesen) noch im kollektiven Gedächtnis war, äußerst verlustreich aus. So bestand auch eine „probate" Verteidigungsmaßnahme darin, die Stadt oder Festung anzuzünden um zu verhindern, dass sie nach einer Kapitulation zu einer Festung für den Feind gemacht werden konnte. Ebenso gehörte die Beschießung einer belagerten Stadt zur gängigen Praxis. Diese Praxis lag außerhalb einer nicht bekannten humanitären Erwägung. Das psychologische Moment, auf das Bismarck bei der Belagerung von Paris setzte, war immer gegenwärtig. Schließlich bedeutete die Ablehnung einer Kapitulation, dass die Bürgerschaft de facto zu Geiseln der eigenen Kommandantur wurde. So könnte eine Revolte der Bürger zu einer baldigeren Beendigung der starke Kräfte bindenden Belagerung führen.

Die neue „Waffe", die Horne anführt (1981: 305), ist das Ausbrechen des „Belagerungsfiebers" („obsidional fever") wesentlich auf Grund des Informationsmangels. Es herrschte zwar Nahrungsmittelmangel und damit Fehlernährung, was sich in dem sprunghaften Anstieg der Säuglingssterblichkeit niederschlug.[172] Was jedoch als besonders entbehrungsreich *empfunden* wurde, war die *Ungewissheit* über das, was außerhalb von Paris geschah und für das Schicksal von Paris entscheidend sein könnte. So manifestiert sich die Bedeutung von Kommunikation als Weltnachricht aufgrund des Weltverkehrs im Transportwesen und der technischen Mittel des Telegraphen in ihrer Abwesenheit. Dieser Mangel kann durchaus die beschriebenen psychosomatischen Auswirkungen haben, die bei Horne beschrieben werden und sich in manisch-depressiven Zuständen äußern.

### *„Paris brennt": Die Legende von den Pétroleuses*

Auch wenn man so gut wie nichts von der Commune de Paris weiß, dann in der Regel doch das, was auch Nietzsche wusste, dass die Kommunarden alles Erdenkliche taten, um ganz Paris in Schutt und Asche zu legen.

Brände legen ist ein Element der Kriegführung und wird zu Angriffs- wie

[172] Man hatte auch vergessen, für Milchkühe zu sorgen.

Verteidigungszwecken eingesetzt. Der Einsatz von Brandbomben ist schon alt – man denke an das „griechische Feuer“ aus dem 9. Jh., da u.a. auch Erdöl verschossen wurde – und auch ihre kalkulierte psychologische Wirkung. Solche Geschosse wurden auch im französisch-deutschen Krieg eingesetzt, ohne dass sie als besonders barbarisch galten. Ihre propagandistische Auswertung darf nicht mit ihrem Einsatz verwechselt werden. Was den Einsatz betrifft, so wurden die Beschießungen von Straßburg und Paris durch den NDB und die Beschießung von Paris durch die Versailler Regierung, die Brände in den Städten auslösten, als Teil einer „normalen“, als die Normen der Kriegführung nicht verletzenden, Kampftechnik angesehen. So wird auch der Versailler Armee nachgesagt, z.B. am letzten Tag der Eroberung von Paris mit „boulets rouges“ auf den Stadtteil Belleville geschossen zu haben, um ihn in Brand zu setzen. Die Technik ist seit Ablösung der Steinkugeln im 16. Jh. bekannt: Die eisernen Kugeln (boule, bzw. kleinere Kugeln, boulet) werden erhitzt, bis sie rot glühen und dann verschossen. Es gab allerdings eine Ausnahme, die in der sog. „Petersburger Konvention“ von 1868 festgehalten wurde und diese Ausnahme betraf das Verbot von Explosivkugeln unter 400 Gramm. Darunter ist zu verstehen, dass die Militärtechnologie Kugeln herstellen konnte, die beim Auftreffen auf „weiche Ziele“ (wie Menschen) zur Explosion gebracht werden konnten und verheerende Verletzungen verursachten. Dies war der erste Beschluss, der die Mittel der Kriegführung beschränkte. Dies geschah als „Erfordernis der Humanität“, was von allen Signatarstaaten als „zivilisierte Nationen“ unterzeichnet werden sollte und auch wurde.[173] Zuvor gab es das Übereinkommen von 12 Staaten[174], die sog. 1. Genfer Konvention, die Verwundeten im Krieg zu schützen und zu versorgen auf Grund der Initiative von Dunant.

Der „Preis“ für die Beschießung von Paris wurde von beiden Seiten gezahlt und war selbst merkwürdig proportioniert: 2.000 durch die Truppen des NDB abgegebene Kanonenschüsse töteten 97 Menschen und verwundeten 278. 1.400 Gebäude wurden zerstört. Das Pariser Gegenfeuer „kostete“

---

173 Im englischenText des Dokuments heißt es: „That the progress of civilization should have the effect of alleviating as much as possible the calamities of war“, dass es im Krieg nur darum gehen dürfe, die militärischen Kräfte des Gegners zu schwächen. International Humanitarian Law – Treatises & Documents, Saint Petersburg, 29 November / 11 December 1868).

174 Baden, Belgien, Dänemark, Frankreich, Hessen, Italien die Niederlande, Portugal, Preußen, die Schweiz, Spanien und Württemberg.

mehrere Hundert tote Kanoniere auf Seiten des NDB.[175] Entsprechend war die psychologische Wirkung: Nicht der Kapitulationswille der Bevölkerung wurde gefördert, sondern im Gegenteil die Bereitschaft, Widerstand zu leisten. Dieser Beschießung wurde von General Werder 1870 der Name „strategisches Bombardement“[176] gegeben und sollte im 20. Jh. extensiv seine Anwendung erfahren. Es ist merkwürdig, dass die kriegerische Menschheitsgeschichte so viele Beispiele kennt, dass Terrorangriffe auf Nichtkombattanten mit einer psychologischen Absicht geführt wurden und doch jedes Mal das Gegenteil erzielt wurde. Diese Methode der – nach den Angriffen der deutschen Wehrmacht auf die englische Stadt Coventry – von Goebbels „Coventri(si)eren“ so genannten terroristischen Bekämpfung ziviler Ziele, hatte immer den Widerstandswillen gestärkt, so auch im Falle der Belagerungen von Paris. Derartige Methoden sind Kriegsmittel, die dem Schrecken des Krieges sein Ende nehmen, sowohl was die Vernichtung des Gegners betrifft als auch die Perpetuierung des Kriegszustandes auf beiden Seiten mit seinen ungeheuren Kosten selbst für die nicht-kombattanten Bevölkerungsteile.[177] Dieser Schrecken wird auch in Paris zur Normalität des Alltagslebens, da sich die Bevölkerung daran gewöhnt, die Flugbahnen der Geschosse zu erraten und sich entsprechend darauf einzustellen. Solche Berichte klingen wie eine Verharmlosung des Geschehens, da sie implizieren, man könne der tödlichen Bedrohung aus dem Weg gehen. Dabei wird ausgeblendet, dass die Sprache der Terrorisierten anderes verrät (vgl. das Kapitel Kommunikation): Die immer wieder geäußerten Rufe der Kriegsrhetorik nach einem „Kampf ohne Gnade“ (guerre sans merci) oder „Kampf bis zum Äußersten“ (guerre à outrance) oder noch ein bisschen gesteigert: „Kampf aufs Äußerste und Widerstand bis zur vollständigen Erschöpfung“ (Gambetta, „jusqu'à complet épuisement“) etc. verraten im Gegenteil das Bedürf-

---

175 Horne 1981: 267.

176 Getreu der Terminologie von Clausewitz ist damit die politische Zielsetzung gemeint im Unterschied zur rein militärisch-taktischen, der angedeutete Bezug auf das 20. Jh. meint u.a. die us-amerikanische Flotte der strategischen Bomber (Typus B52 und folgende) wie sie im Vietnamkrieg eingesetzt wurde.

177 Es ist eine Kriegstechnik und wird von beiden Seiten verwendet. So proklamiert Gambetta den Guerillakrieg, um den Gegner „zu erschöpfen“ (épuiser). Auch ein solcher Kleinkrieg, der nicht spektakulär mit großen Schlachten und vielen Toten verläuft, muss teuer bezahlt werden, wenn auch mit anderer, auf keinen Fall besserer, Münze; denn andere und zusätzliche Mittel wie Repressalien, Standgerichte, Geiselnahmen etc. müssen in Kauf genommen werden.

nis, dem Ganzen ein Ende setzen zu wollen ohne Rücksicht auf die damit verbundenen eigenen Kosten an Leben, Gesundheit und Eigentum.
Die Wahl des Kriegsmittels ist nicht unbedingt immer klug vorausschauend gewählt und schon gar nicht Merkmal einer ethnisch, religiös oder ideologisch geprägten Partei. Beide Seiten, die Versailler und die Kommunarden haben das Mittel Brand eingesetzt. Beide Seiten hatten kaum einen Gedanken darauf verschwendet, wie Paris künftig aussehen würde, denn das Vordringliche galt es zu erreichen und das war der Kampf um Paris. Wenn also das Legen von Bränden für alle Parteien der Kriege ein probates Mittel war, so benutzte doch die Versailler Regierung die von der Commune gelegten Brände zu einer Legende, die aus den Kommunarden Barbaren machen sollte wie im Umkehrschluss die Versailler Regierung sich zur Bewahrerin der Zivilisation hochstilisierte und zusätzlich die Brandstiftung sexistisch „aufluden" und den barbarischen Frauentypus der „pétroleuse" schufen. Es ist zutreffend, dass der Frauenbund der Commune in seinen Statuten die „Unterstützung der Tätigkeit der Regierungskommissionen durch Dienst in der Krankenpflege, beim Minenlegen und Barrikadenbau" vorsah (Bruhat 1971: 147) und unter anderem auch Sammlungen für den Kauf von Petroleum durchführte. Die Frauen wollten sich in jeder Beziehung an der politischen und auch militärischen Gestaltung der Commune beteiligen.

*Aufruf*
*des Zentralkomitees des Frauenbundes*
*zur Verteidigung von Paris und Pflege der Verwundeten*

*Im Namen der sozialen Revolution, die wir begrüßen, im Namen der Forderung des Arbeitsrechts, der Gleichheit und Gerechtigkeit verwahrt sich der Frauenbund zur Verteidigung von Paris und Pflege der Verwundeten aus allen Kräften gegen die vorgestern erschienene und angeschlagene schmähliche Proklamation an die Bürgerinnen, die durch einer anonyme Gruppe von Reaktionären herausgegeben wurde.*
*Diese Proklamation behauptet, dass die Frauen von Paris an die Großmut der Versailler appellieren und um Frieden um jeden Preis bitten...*
*Die Großmut feiger Mörder!*
*Eine Versöhnung zwischen der Freiheit und dem Despotismus, zwischen dem*

*Volk und seinen Henkern!*

*Nein, nicht Frieden, sondern vielmehr Krieg bis zum Äußersten fordern die Arbeiterinnen von Paris!*

*Heute wäre Versöhnung Verrat!... Es hieße alles Streben der Arbeiterschaft, das auf die vollkommene Erneuerung der Gesellschaft abzielt, Lügen strafen, es wäre die Vernichtung aller rechtlichen und gesellschaftlichen Verhältnisse, wie sie jetzt in der Abschaffung aller Privilegien und aller Ausbeutung und in der Herrschaft der Arbeit an Stelle der des Kapitals bestehen, mit einem Wort, es wäre die Zunichtemachung der Befreiung des Arbeiters durch ihn selbst!...*

*Sechs Monate Leiden und Verrat während der Belagerung, sechs Wochen riesenhaften Kampfes gegen die verbündeten Ausbeuter und Ströme von Blut, die für die Sache der Freiheit vergossen wurden, dies gibt uns Anrecht auf Ruhm und Rache!...*

*Der gegenwärtige Kampf kann keinen anderen Ausgang haben als den Triumph der Sache des Volkes... Paris wird nicht zurückweichen, denn über ihm flattert die Fahne der Zukunft. Die letzte Stunde hat geschlagen... Platz den Arbeitern! Fort mit ihren Henkern!*

*Taten. Entschlossenheit!...*

*Der Baum der Freiheit, vom Blut der Feinde begossen, wächst!...*

*Geeint und entschlossen, groß geworden und erleuchtet durch die Leiden, die die gesellschaftlichen Umwälzungen immer nach sich ziehen, zutiefst überzeugt, dass die Kommune, die die internationalen und revolutionären Grundsätze der Völker verkörpert, den Samen der sozialen Revolution in sich trägt, werden die Frauen von Paris Frankreich und der Welt beweisen, dass auch sie im Augenblicke der höchsten Gefahr imstande sein werden – auf den Barrikaden, auf den Mauern von Paris, wenn die Reaktion die Tore erstürmen sollte – wie ihre Brüder ihr Blut und ihr Leben für die Verteidigung und den Triumph der Kommune, die das Volk ist, dahinzugeben.*

*Siegreich werden dann die Arbeiter und Arbeiterinnen daran gehen, sich zu vereinigen und über ihren gemeinsamen Interessen sich zu verständigen und werden, ganz einig, in einer letzten Anstrengung auch die letzte Spur von Ausbeutung und Ausbeutern auf immer auslöschen!...*

*Hoch die soziale Weltrepublik!... Hoch die Arbeit!... Hoch die Kommune!*

*Paris, den 6. Mai 1871* *Der Vollzugsrat des Zentralkomitees*
*Le Mel – Jacquier – Lefèvre – Deloup – Dmitrieff*

Die diskriminierende Etikettierung „pétroleuses" geschah jedoch schon *bevor* irgendein Brand von der Commune gelegt wurde (ebd. 226).[178] Dem Frauenbild der Brandstifterin wurde das Männerbild des Trunkenboldes komplementär zugedichtet, um die Gesamtheit der Kommunarden außerhalb der Zivilisation zu stellen.

Es waren Legenden, die von den Zeitungen ständig gepflegt wurden und ihren letzten Höhepunkt anlässlich der Prozesse gegen die Kommunarden – es war eine Pressekampagne, würdig des faschistischen „Stürmers" gegen die Juden. Abgesehen von diesen Verunglimpfungen wurden in der Tat Vorkehrungen getroffen, mittels Sprengsätzen und Benzinpumpen eine Verteidigung von Paris gegen die schon eingedrungenen Versailler zu organisieren (Milza 2009: II, 337) und schließlich auch etliche Brände zu legen (rue Royale, faubourg Saint-Honoré, rue Saint-Florentin, rue de Rivoli, rue du Bac etc.). Es sollte auffallen, dass es einen kausalen Zusammenhang zwischen den Bränden und den eindringenden Versailler Truppen gab. Am 18. März wurde die Gründung der Commune nicht mit Brandstiftungen gefeiert und auch nicht vor dem Eindringen der Versailler. Je weiter sich die Kommunarden zurückzogen desto häufiger wurden die Brandstiftungen: die Tuilerien und der Palais Royale, Bibliothèque Richelieu und das Hôtel de Ville, die Kaserne d'Orsay, die Polizeipräfektur, der Palais de Justice, die Theater Châtelet und Porte-Saint-Martin, die Kirche Saint-Eustace etc. Wer die Straßennamen hört, in denen heftige Brände ausgelöst wurden, weiß, dass es sich um das Zentrum von Paris handelt und zu dem Zeitpunkt des Brandes schon mehr als die Hälfte der Stadt erobert war und die Kommunarden langsam, aber absehbar gegen die undurchdringbaren Linien der deutschen Umzingelung gedrängt wurden.

[178] Ausführlichere Berichte über vermeintliche Brandstifterinnen bei Horne 1981: 466ff., Lissagaray 2000: 345, 408 etc.

Wie also lautet – im Nachhinein – der Vorwurf? Thiers' Auffassung ist eindeutig: Die Commune hätte erst gar nicht entstehen sollen, denn das „notwendige" Ende lehrt, dass derartige soziale oder sozialistische Unternehmen letztlich ein barbarisches Vergehen am bürgerlichen Privateigentum sind. Marxens frühe Skepsis könnte eventuell so verstanden werden, dass auch die militärischen Leistungen der Commune Index der Reife ihrer politischen Revolution sind. Wie wir sahen, war das Bedürfnis nach Selbsttäuschung stärker als die wenig Ahnung erforderliche Voraussicht, die Commune zu schützen. Denn für eine Commune „darf" es erst nicht so weit kommen, dass Verzweiflungstaten begangen werden, die ähnlich den Geiselnahmen und -erschießungen zu keinem Ruhmesblatt der Commune werden können und bedeuten, dass die Commune nicht Souverän ihrer Handlungen, sondern reaktiv ist, d.h., abwartet und dann beim Ausbrechen der Katastrophe das Gesetz des Handelns dem Gegner überlässt. So werden die an sich eigenverantwortlichen Entscheidungen zu fremden Entscheidungen und nur noch eine apologetische Literatur ist akzeptabel, die „Erklärungen" durch Darstellungen der gegnerischen Grausamkeiten abgibt.

Wie berichtet: Thiers lockte die linke Opposition in die Falle durch den Auszug der Regierung nach Versailles. Die Commune war verwundert und nahm das „Angebot" an, das durch Untätigkeit zu einem „vergifteten" wurde. Sie machte sich heimisch in Paris und es gefiel der überwiegenden Mehrheit der Bevölkerung. In der Belagerungszeit konnte das Gift wirken und am Ende wurde gestorben und einiges sollte mit in das Grab genommen werden und das Schicksal der unfähig sich zu bewahrenden Communarden teilen: Idee und Praxis einer neuen, humaneren Gesellschaftsform, die hätte fruchtbar werden können für die Nachwelt der menschlichen Gattung. Die alten Verhältnisse sollten restauriert werden und glänzen; einige wirkliche und ernsthafte Fehler der Commune waren der freudige Anlass, das Gesamtprojekt zu ächten.

Was soll von der Rhetorik des Politikers Jules Ferry gehalten werden, der sich während der Belagerung durch den NDB den Spitznamen „Jules-la-Famine" (Hungersnot-Jules) verdient hatte, da er sich nicht um eine gerechte Rationierung und Verteilung der Lebensmittelvorräte bemüht hatte und der am 15. Dezember 1870 den folgenden Brief an Bismarck schrieb?

„Sollte der Feind Paris durch Aushungern bezwingen, so sei er gewarnt, dass Paris nicht Frankreich ist, denn er wird – dies schwöre ich – keinen in Frankreich finden, mit dem er einen Vertrag abschließen kann. Jemand wird Euch unser Testament überbringen, denn wir werden Euch ein Frankreich hinterlassen, gegen das Ihr Euch verteidigen müsst, ein Frankreich hinter der Loire, hinter der Garonne, in Toulon und in Cherbourg, so, als existierte Paris überhaupt nicht" (Milza 2009: I, 319).

Ferry droht mit einem „uneingeschränkten Guerillakrieg" und unterstellt, dass alle Franzosen diesen auch führen wollen und werden, was nach sich ziehen würde, dass über das ganze Land deutsches Kriegsrecht verhängt würde, dass der Kampf an seinem Ende mal wieder mit „nackten Armen" („bras nus") geführt würde, kurz, Ferry kündigt Bismarck den totalen Krieg an und macht auf diese Weise alle Franzosen ungefragt zu Geiseln einer deutschen Besatzungsmacht. Glück für die Franzosen, dass solche Rhetorik nicht ernst genommen wurde und Glück für Ferry, dass er ohne Gesichtsverlust der Versailler Regierung der nationalen Verteidigung angehören und der Unterzeichnung des Friedensvertrages applaudieren durfte.[179] Die französischen Generäle kannten den Anti-Guerillakampf sehr genau: Marschall Bazaine, der sich in Metz einschließen ließ und dann mit einer ganzen Armee kapitulierte, hatte eine Antiguerillatruppe gegen die mexikanischen Freischärler aus Banditen gebildet, die Terror säen sollte und dies so intensiv tat, dass die Regierung in Washington ihre Bestürzung äußerte. Ihm wird auch zugeschrieben, dass er verlangte, jeder Gefangene müsse sofort erschossen werden. Die Auswirkungen der Banditentruppe auf die reguläre Truppe ließen auch diese verrohen (Lissagaray 2000: 27).

---

[179] Weniger Glück hatten Verteidiger der Stadt Châteaudun: Sie wurde am 18. Oktober 1870 von 6.000 Infanteristen und 1.500 Reitern angegriffen, unterstützt von zwei Bataillonen Artillerie. Châteaudun wurde von Nationalgardisten, Freischärlern aus Nantes, Cannes und Paris (unter dem Offizier Lipowsky) und sich zugesellenden Zivilisten, Frauen, Männern, Kindern hinter Barrikaden und aus den Häusern heraus verteidigt. Während des Straßenkampfes verloren allein 2.000 Preußen ihr Leben oder wurden verwundet. General Ludwig von Wittich befahl den Bürgern, selbst ihre Stadt anzuzünden. 235 Häuser brannten nieder. Die Stadt musste 200.000 Frcs. Buße zahlen und etwa 100 Bürger als Geiseln übergeben. Künstler Frankreichs sammelten Geld für eine Kanone, die den Namen „Victor Hugo" tragen sollte, dieser lehnte jedoch ab. Théodore de Banville verfasste nach Châteaudun ein Gedicht, in dem es heißt: „...la mâle vertu de tuer avant de mourir" („die männliche Tugend zu töten, bevor man selbst stirbt"). Diese „männliche Tugend" verbreitet sich auch heute gerne weltweit... (Milza 2009: I, 191)

Der Krieg als die größte Destruktivkraft hat nun einmal die Eigenschaft, mit geringen Mitteln große Wirkungen erzeugen zu können im Unterschied zur Produktivkraft des Menschen: Von primitiven Sprüchen à la Ferry bis hin zu Dynamitstangen gilt das einfache Naturgesetz des Menschen, dass es leichter ist, Menschen zu töten als zu gebären, geschweige denn aufzuziehen. Die Beendigung des Krieges mit radikalen, kriegerischen Mitteln wie dem In-Brand-Setzen von Teilen Paris ist nicht gleichzusetzen mit einer Einleitung zu einer „Götterdämmerung des totalen Krieges", sondern vorerst „nur" der Einsatz eines primitiven Kampfmittels mit scheinbar großer Wirkung, den Versailler Feind auf seinem Vormarsch aufzuhalten. Aber selbst die Entfaltung von kriegerischer Destruktivkraft erfordert vorherige Entfaltung der Produktivkraft: Kanonen müssen entworfen, gebaut, transportiert und auch gewartet werden. Die Tatsache, dass die überwiegende Zahl der Kanonen in Paris nicht einsatzfähig war, spricht für den mangelhaften Umgang mit diesem militärischen Mittel, das letztlich zum Zwecke lebenserhaltender Maßnahmen der Verteidiger der Commune und der Vernichtung ihrer Gegner dienen sollte. Die Nichtbeachtung dieser Dialektik von Produktiv- und Destruktivkraft spiegelt sich in diesem Beispiel wie unzählig anderen wider (genannt wurde schon die Dialektik in der Verteidigung der Festung Paris, die im Wechsel von Angriff – Ausfall – und Verteidigung – Beschuss, Anlage von Gegenminen etc. – laut Lehrbuch hätte durchgeführt werden müssen). Der Erkenntnisgewinn aus diesem Aspekt der Geschichte der Commune könnte in der Hypothese zusammengefasst werden, dass sich die auf allen militärischen Gebieten überdeutliche Schwäche der Commune – gegenüber dem Second Empire, der Kriegführung des Norddeutschen Bundes, der Kriegführung der Regierung der nationalen Verteidigung – in Maßnahmen niederschlagen *musste*, die der angesprochenen Dialektik entbehren.

Geschichte müsste als Teil der Darwinschen Evolutionstheorie[180] begriffen werden: Diejenigen gesellschaftlich organisierten Kräfte, die sich auf geeignete (d.h. dialektische) Weise den Umweltbedingungen anpassen wie es –

[180] Darwin, Kind desselben Jahrhunderts, ließ das Prinzip der *gegenseitigen Hilfe in der Tier- und Menschenwelt* (so der Titel von Kropotkins Werk 1902; vgl. auch Huxley's, *The Struggle for Existence*, 1888) völlig außer Acht, ohne dieses Prinzip jedoch keine Spezies hätte überleben können.

leider – Thiers' Republik vermochte, „kassiert" den selektiven Vorteil. Diesen Teil der Evolutionsgeschichte als Moment *der* Menschheitsgeschichte zu schreiben, widerstrebt jedoch nicht nur unserem moralischen Gefühl und Urteil. Dieses Moment der Geschichte kennt auf primitiv sozialdarwinistische Weise nur den moralischen Zynismus, wie er vom Faschismus (italienischer oder deutscher Provenienz) praktiziert wurde. Das Selektionsprinzip nach Darwin ist jedoch komplizierter als die Verballhornung desselben durch den sog. Sozialdarwinismus glauben machen will: Zu den Umweltbedingungen ist nicht nur die äußere, sondern auch die innere Natur des Menschen zu rechnen. Dieser Teil ist sehr wohl, wenn auch völlig ungenügend, von Darwin registriert worden, da er über die Selektionsmechanismen höherer Tierarten spricht und die Variabilität innerhalb ihrer Spezies thematisiert (Darwin 1874: 29ff.) und bei Menschen – in der alten Sprache ausgedrückt – von „Zucht" und „Aufzucht" redet und zu letzterer besonders die moralische Erziehung thematisiert, die als nicht rein natürliche, sondern gesellschaftliche Umwelt den Menschen prägten. So wenig also eine Naturgeschichte geschrieben werden kann, die einen roten Faden der Geschichte enthält, weil dieser Faden selbst Teil der Geschichte ist, so wenig kann dies auch von der Menschheitsgeschichte gesagt werden. Wir wissen lediglich, dass zu den Faktoren der Menschheitsgeschichte die moralischen hinzuzurechnen sind. Die Versailler meinten, das „Gesetz der Geschichte" auf ihrer Seite zu haben, bzw. die Geschichte im sozialdarwinistischen Sinne der besseren Waffen zu gestalten. Diese Überzeugung kollidiert jedoch mit jeder anderen Ethik als der einer misogynen, gar rassistischen Einstellung, die den Namen einer Ethik nicht verdient, da das Ziel kein ethisches, sondern eins des Erfolges, der Dominanz, der Herrschaft, Unterdrückung etc. ist. Es mag sein, dass mit dieser Auffassung die Menschheitsgeschichte beendet wird, aber die Gesetze der Evolution sind keine Variante des Newtonschen Kausalmechanismus. Die Nichtbeachtung humaner Prinzipien im sozialen Verkehr wäre eine künstlich vorgenommene Reduktion des Menschen auf den Typus eines Maschinenmenschen, programmiert zu siegen.

Kant würde argumentieren, dass es ein Imperativ, eine unbedingte Forderung der Vernunft sei, der Sittlichkeit zu folgen und diesen Maßstab an die Geschichte zu legen. Diesem Ziel sind die Kommunarden gefolgt, auch wenn sie ihm vielleicht schlecht gedient haben. Aus diesem „schlechten Dienst" folgt das, was hier beschrieben wird: Die Destruktion der verhassten Realität von Krieg, Lüge, nackter Gewalt, die so weit geht, dass der wahre Charakter der so gestalteten Realität schon in der Wahrnehmung geleugnet wird: Als die Versailler in Paris eindrangen, blieb Delescluz ruhig und meinte, dass der Barrikadenkampf günstig für die Commune sei und der Chef des Generalstabs bemerkte, dass der Ausguck auf dem Arc de Triomphe keine Versailler Truppen bemerkt habe – keiner wollte auch nur selbst kontrollieren, was tatsächlich passierte – soviel zu den Grenzen empirischer Wahrnehmung, gesteuert von einem Glauben, dessen soziale Funktion darin besteht, nichts Lästiges, Unangenehmes, Energieverschwendendes etc. wie es nun einmal eine aufgezwungene Kriegführung beinhaltet, zu unternehmen (Lissagaray 2000: 312). Dies sind – unbewusst – unternommene Schritte, die nur immer wieder in dieselbe Richtung der Selbstvernichtung weisen. Lissagaray beschließt dieses Kapitel:

> „Um drei Uhr morgens überschwemmen die Versailler Paris durch die fünf offenen Schlüsselstellungen portes de Passy, d'Auteuil, Saint-Cloud, Sèvres und Versailles. Der größte Teil des XV. Arrondissements wird besetzt. La Muette wird genommen. Ganz Passy wird eingenommen und die Höhe von Trocadéro. Das Pulvermagazin in der rue Beethoven, die riesigen Katakomben unter dem XVI. Arrondissement, voll gestopft mit drei Millionen Pulverfässern, mit Millionen Patronen, Millionen Granaten. Um fünf Uhr schlägt die erste Versailler Granate in die Ehrenlegion. Wie am Morgen des 2. Dezembers:[181] Paris schlief" (ebd. 314).

[181] Am 2. Dezember 1851 beging der spätere Napoleon III. seinen Staatsstreich (zum selben Datum, ein Jahr später, ließ er das Kaiserreich verkünden).

Abbildung 11: Barricade place de la Concorde am Ausgang der rue Royale; vermutlich Anfang Mai 1871, in: Bajac, Musée d'Orsay 2000: 61 (Studio Collard).

Diese Barrikade befindet sich an der place de la Concorde, Ausgang der rue Royale. Sie ist von einer Höhe, die es keiner Kavallerie ermöglichen soll über sie zu setzen; sie ist gestaffelt, dass auch bei einem ersten Ansturm der Gegner zurückgeworfen werden kann.

Lissagaray notiert in seiner „Geschichte der Commune" unter dem 19. Mai, dass trotz der deutlichen Einmarschvorbereitungen der Versailler die Verteidigungsanstrengungen nur schleppend vor sich gingen. Es gäbe einige wenige Barrikaden an den portes Bineau, d'Asnières und am boulevard d'Italie, zwei Befestigungsanlagen an der place de la Concorde und der rue Castiglione, einen Graben in der rue Royale und am Trocadéro und lustlos wurde an einem Graben des Tuilerien-Parks gearbeitet, der jedoch sinnlos war – und das war schon alles, was der Verteidigungsausschuss innerhalb von sieben Wochen zuwege gebracht hatte (Lissagaray 2000: 308.

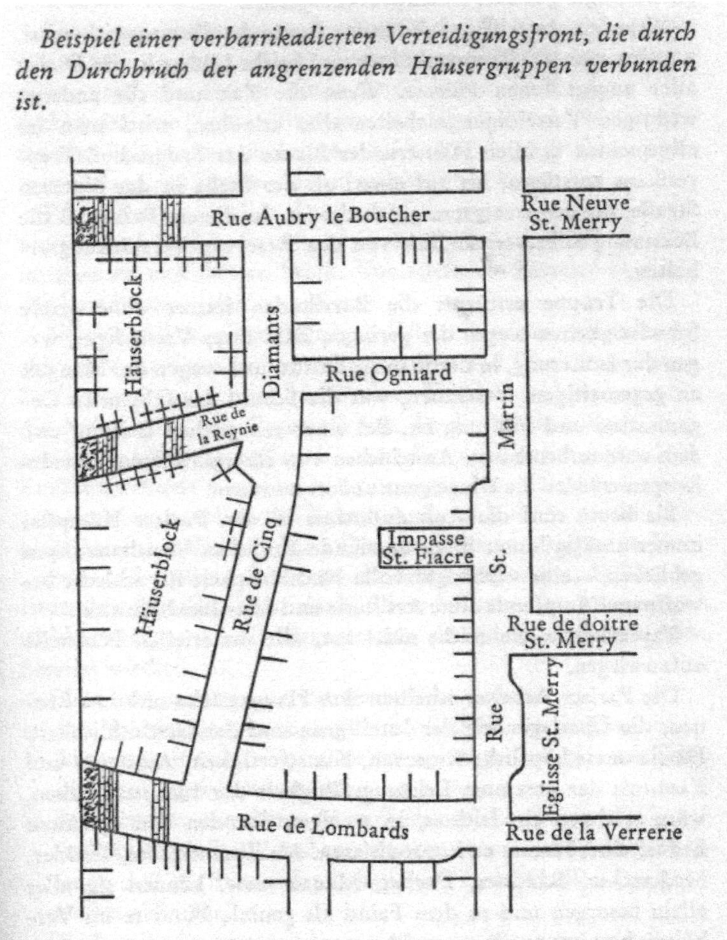


Abbildung 12: Auguste Blanqui: „Plan für die Anlage einer Barrikade und den sie umgebenden Häusern"; in: Instruktionen für den Aufstand (1868/1869), in: Blanqui 1971: 167.

Paris war als Festung konzipiert. Fast 100 Forts und Geschützstellungen umringten die Stadt. Noch in den 1840er Jahren wurden diese Einrichtungen auf Veranlassung von Thiers modernisiert. Als moderne Festung war sie so konzipiert, dass sie ihre geologische Lage nutzte: Auf den Paris umgebenden Hügeln wurden Außenforts errichtet, die so stark befestigt und ausgerüstet waren, dass sie sich eine zeitlang selbst verteidigen konnten. Der Architekt, Montalembert, war Kavallerieoffizier und Militärtechniker. Der gesamte Komplex war auf dem Prinzip der „aktiven Verteidigung" ausgerichtet: Wurde ein Außenfort vom Gegner angegriffen, sollten von der Stadt Ausfälle erfolgen, um die gegnerischen Kräfte und ihre Kanonen zu beseitigen. Diese Außenforts, zusammen mit den Barrikaden innerhalb von Paris und dem zu erwartenden Häuserkampf galten als das fortschrittlichste Befestigungswerk seiner Zeit. Dieses taktische Erfordernis, das Zusammenspiel von Verteidigung und Angriff ließ die Festung zu ihrer Zeit den Ruhm verdienen, „uneinnehmbar" zu sein. Die mit Paris vergleichbare Festung Sebastopol konnte erst nach elf Monaten 1855 (unter anderem waren bei dem Sturm auch französische Truppen beteiligt) zur Kapitulation gezwungen werden. Es ist verständlich, dass die Kriegführung des NDB kein Interesse hatte, die Pariser Festung zu erobern. Es ist allerdings unverständlich, dass die Commune sich nicht ihrer Eigenschaften bediente und sie zu einem wichtigen Element der Kriegführung machte. Nicht die dicken Mauern und Forts schützten, da sie sowohl – wie schon seit dem Mittelalter bekannt – durch Unterminierung zum Einsturz gebracht werden konnten, geschweige denn durch effizientere Kanonen, sondern nur die aktiven Gegenmaßnahmen von „Unterminierung der Unterminierung", von Ausfällen zur Zerstörung der Kanonen, von die Belagerungsarmee bedrohenden Einschließungen durch ein Entsatzheer machten die Bedeutung der Festung aus. All dies wurde nicht beachtet und nur das eine war geblieben, dass dieses Befestigungswerk „uneinnehmbar" sei – sprichwörtlich, wie später die Titanic als „unsinkbar" galt – und dies nach dem Fall der Festung Metz, die gleichfalls als „uneinnehmbar" galt.

Abbildung 13: Krupps 50t Belagerungsgeschütz aus Stahl, das allerdings nicht zum Einsatz vor Paris kam (Weltausstellung 1867 in Paris; Horne, 1965: 5. Foto zwischen den S. 227 und 228).

Ein Festungsbau ist immer nur in Wechselwirkung mit den Möglichkeiten sich ständig entwickelnder Militärtechnologie zu sehen – in diesem Fall in entscheidendem Maße abhängig von Geschützen, über die ein Gegner verfügt und den aktiven militärischen Operationen, die dem Ganzen nur seinen Sinn und seine Funktion geben. Allein die Entwicklung der Geschütze entwickelte sich rasant. Die überwiegend vom französischen Militär noch eingesetzten Bronzekanonen waren den Stahlkanonen in jeder Hinsicht unterlegen, besonders was die Treffergenauigkeit betraf. „Uneinnehmbarkeit" ist ein Fetisch, der den Mauern und den Außenforts angedichtet wurde. Ein Wort taugt nur als Palliativ für die eigene Bevölkerung. Die Sicherheit, die das Verteidigungssystem von Paris bot, war trügerisch, da nur in Worten existierend und die Vorsorge, eine Sicherheit zu erreichen, war, wie oben von Lissagaray zu erfahren, in der gesamten Struktur der Commune zwar in ihrer Notwendigkeit formuliert, nicht jedoch in die Realität umgesetzt worden. Zur Ehrenrettung einer richtigen militärischen Aktion, die es natürlich auch gab, sei die Verteidigung von la Butte aux Cailles (Lissagaray 2000: 344) erwähnt, da General Wroblewsky nicht wartete, bis die Versailler sich der Barrikade näherten, sondern sie mehrmals vorstürmend angriff, bis die Soldaten ihren Offizieren nicht mehr gehorchten und die Erstürmung der Barrikade aufgaben.

Louis-Auguste Blanqui (1805-1881) war der führende französische Anarchist seiner Zeit und musste die meiste Zeit seines Lebens in Gefängnissen verbringen. Er schrieb das kleine Werk *Instruktionen für den Aufstand* 1867/8, dem die obige Skizze entnommen ist. Die Überschrift zur Skizze verrät, wie sich Blanqui den Defensivcharakter der Barrikade denkt: Die Wände der Wohnungen der umgebenden Häuser müssen durchbrochen werden, so dass – sollte der Gegner eine Barrikade, d.h. die erste Front – genommen haben, von der zweiten, hinter der ersten errichteten Barrikade und den Schützen aus den umliegenden Häusern wieder vertrieben werden kann. In der kämpferischen Auseinandersetzung wandten die Versailler Truppen die Taktik der Umgehung der Barrikaden an. Sie eroberten die Barrikade von der Rückseite und konnten sie so ins Kreuzfeuer nehmen. In Ergänzung zu Blanquis Plan hätte ein *geschlossenes System* von Barrikaden konstruiert werden müssen, das ein simples Umgehen der Barrikade verhindert hätte. Vergebens hatte die politische Führung der Commune einen solchen Plan und seine Umsetzung angemahnt. Ohne ein solches System waren die vielen, oft spontan errichteten Barrikaden wirkungslos – sie hielten oft nur wenige Minuten dem Versailler Ansturm stand. Zur Verteidigung der Barrikaden standen der Commune nominell ausreichend viele Kanonen zur Verfügung. In der Realität jedoch kamen Kanoniere „abhanden“, die größte Zahl der Kanonen war unbrauchbar, da schlecht gewartet, der Nachschub an Munition klappte nicht etc. Der Zustand der Verteidigung war desolat.

Abbildung 14: „Ruhrkampf“ (Barrikaden noch im Ruhrkampf 1923-25 eingesetzt); Gemälde von Barthel Gilles

Das Bild von Gilles zeigt einen ganz anderen taktischen Umgang mit der Barrikade: Sie ist Teil eines beweglichen Kampfes, die bei Übermacht aufgegeben wurde. Die Pariser Barrikaden (vgl. Abbildungen 11 und 12) war eine Festung – und zwar gehandhabt als ein rein defensives Mauerwerk en miniature, hinter dem man sich verschanzte und den Gegner abwies.

### *Resümee*<br>*Die Scheinalternative der Verzweifelten:*<br>*Vaincre ou mourir – Sieg oder Tod*

Während des französisch-deutschen Krieges wurde eine Barrikaden-Kommission eingerichtet, sobald die Einschließung von Paris unabwendbar und Paris von der telegrafischen Verbindung abgeschnitten war. Dies geschah am 19. September 1870. Zum Leiter dieser Kommission wurde der Bürger Henri Rochefort ernannt. Die Kommission schien eingeschlafen zu sein, denn erst am 2. Januar 1871 machte sie Ernst, appellierte an den Patriotismus der Pariser und bat jeden Haushalt, ab sofort zwei Säcke mit Erde zu füllen, um sowohl Barrikaden damit auszustatten als auch die Breschen in den Mauern von Paris zu füllen. Paradis, der dies vermerkte (2008: 35, 306), entrüstet sich über den Barrikadenbau und sieht in den von der Kommission vorgesehenen Verteidigungsmaßnahmen lediglich eine Beschäftigungspolitik für die vielen arbeitslosen Pariser, denn kein Deutscher könnte so verrückt sein, Paris anzugreifen. Das klingt nach Satire. Es ist aber schlimmer: Der Bürger Rochefort ist Herausgeber der satirischen Zeitschrift *La Lanterne* (gegründet 1868). Man ist gewohnt, dass Politiker – Rochefort war radikaler Sozialist, 1869 Abgeordneter, eingekerkert im Februar 1870, nach dem Empire befreit und Mitglied der Republik der nationalen Verteidigung – im Grunde alles können. Man erstaunt nicht mehr, dass ein Minister von heute auf morgen in jedes beliebige Ressort wechseln kann. Nur haben unsere Politiker ihren Stab, ein Rochefort nicht. Seine Qualifikation ist die politische Überzeugung, nicht die fachwissenschaftlich-militärische Kompetenz. So behandelt Rochefort seinen Aufgabenbereich wie ein jeder unzufriedene Arbeiter es schon seit Jahrhunderten tat (1588 wurde in Paris die erste Barrikade errichtet), sich mit Kollegen zusammenschließen und eine Barrikade aus Rochefortschen Sandsäcken errichten, damit der Staat

sieht, es ist ihm Ernst. Mehr geschieht nicht. Das ist keine Revolution, das ist ein Protest. Das ist – übertragen auf die Commune – keine militärische Anstrengung einer Hauptstadt, die sich als beispielgebendes Zentrum einer Weltrevolution versteht.
Rochefort war es nicht Ernst, obwohl der Ernstfall, dass die Deutschen Paris erobern würden, nicht auszuschließen war und dann Menschenleben auf dem Spiel standen, je nachdem, ob ein professionelles Barrikadensystem errichtet wurde oder dilettantisch irgendwie und irgendwo Sandsäcke aufgehäuft wurden. Es ist Rochefort allein kein Vorwurf zu machen, sondern den Kräften, die einem inkompetenten Menschen eine lebenswichtige Aufgabe anvertrauten. Das gilt immer, damals wie heute, wenn z.B. Seilschaften und Versorgungen verdienter Kollegen, Genossen etc. wichtiger sind als Kompetenz und Verantwortungsbewusstsein gegenüber der *Gemeinschaft*.
Blanqui kritisiert mit scharfen Worten das Scheitern der 48er Revolution und macht Gleichmut ursächlich verantwortlich für ihr Scheitern: Die Bevölkerung steht hinter ihrer Barrikade, raucht eine Pfeife, der Gegner konzentriert seine Kräfte auf einen Punkt nach dem anderen, aber der Bürger denkt nicht daran, anderen zur Hilfe zu kommen, da man seinen Posten nicht verlassen darf. „Das zeigt, wie man aus Absurdität umkommen kann!“ Aus diesen Fehlern will Blanqui lernen (Blanqui 1968: 160):

> „Die Waffe schlechthin im Straßenkampf ist das Gewehr. Die Kanone macht mehr Krach als sie nützt. Die Artillerie kann ernsthaft nur durch Großfeuer etwas bewirken. Aber eine solche Grausamkeit, in großem Maßstab und als System angewandt, würde sich bald gegen die Urheber wenden und deren Verderben bedeuten.
> Die Handgranate (...) ist ein Hilfsmittel, übrigens mit einer Menge Unannehmlichkeiten. Sie braucht viel Pulver bei geringer Wirkung, ist sehr gefährlich zu handhaben, hat keine große Reichweite und kann nur aus Fenstern geworfen werden. Pflastersteine richten fast ebensoviel Schaden an und sind nicht so teuer. Die Arbeiter haben kein Geld zu verlieren“ (Blanqui 1968: 158).

Rochefort lässt seine Mitbürger sterben, weil er *glaubt zu wissen*, der Feind habe keine *Absicht*, Paris zu erobern und lässt die Bevölkerung aus beschäftigungstherapeutischen Gründen mit Sandsäcken spielen, ohne zu begreifen, dass eine Stadt in Verteidigungsbereitschaft mit allen todbringenden Mitteln auch angegriffen wird und er sie diesen Angriffen schutzlos ausliefert. Blanqui wählt nicht die besten Waffen für seine Proletarier, sondern die Steine der guten alten Zeit in der *Überzeugung*, dass der Gegner an dem technologischen Schnickschnack selber zugrunde gehen werde. Er *weiß* auch, dass der Gegner nicht über die Maßen grausam sein werde etc. Es ist nicht zu fassen, mit welcher Unbekümmertheit mit Menschenleben umgegangen wird. Es widerstrebt der humanen Auffassung der privilegierten Minderheit auf diesem Planeten mit ihrer Auffassung von Leben und Tod, das Sterben derart leichtfertig hinzunehmen. Es war erschreckend „normal", wenn täglich Tausende in einem Krieg starben, damals in Europa im 19. und 20. Jh. und selbst nach Hiroshima wurden billigend Millionen Tote bei US-amerikanischen, sowjetischen, chinesischen Kriegsspielen einkalkuliert, so auch in der Bundesrepublik Deutschland, da ein Adenauer das Land an der östlichen Grenze mit atomaren Minen vor den Bolschewisten „schützen" wollte.

Wie zu sehen, in Parenthese gesagt, an dieser Stelle: Die schöne postmoderne Welt, die auch die Geschichtswissenschaft mit dem ‚linguistic turn' ergriffen hat, lässt die an sich banale Erkenntnis zu, dass Geschichtsschreibung auch immer eine Interpretation ist, die, hermeneutisch betrachtet, moralische, politische, emotionale etc. Aspekte nicht nur im geschichtlichen Geschehen zu beachten hat, sondern auch selbst anwendet. Der Geschichtsschreiber steht nicht außerhalb der Geschichte und erklärt objektiv vorhandene Gesetze wie ein Newtonscher Wissenschaftler, der außerhalb von Raum und Zeit den Kosmos betrachtet. So „darf" man sich sogar aufregen, ohne dass dies gleichzusetzen ist mit einer nur subjektivistischen *Meinung* und damit Verzerrung von dargestellten und analysierten geschichtlichen Ereignissen und Tatbeständen. Jede Darstellung impliziert eine Wahl der ausgesuchten Aspekte der Geschichte, der Quellen etc., eine Wahl, die aufgrund einer Bewertung getroffen wird. Ein Geschichtsschreiber, der bestimmte Ereignisse nicht „empörend" findet, lässt den Verdacht zu, dass sie nicht empörend seien.

Dieser schon damals verantwortungslose Umgang mit der Leben schützen sollenden Verteidigung von Paris ist eine einzige Katastrophe: Bis auf wenige Barrikaden wurde erst seit dem Morgen des 22. Mai plötzlich mit dem Barrikadenbau begonnen (als etwa 1/6 der Stadt schon erobert war; Milza 2009: II, 388). Tombs zählte 900 Barrikaden, die ohne Plan errichtet wurden. Die Versailler Kriegführung entschied, keine Frontalangriffe auf die Barrikaden zu unternehmen, sondern für das, was an sich Blanqui für die Barrikadenverteidiger vorgesehen hatte: Pioniere brachen einen Weg durch die Brandmauern, die die Häuser verbanden, um die Barrikadenkämpfer von oben und hinten zu vernichten (Tombs 1981: 149ff.). Sobald Kommunarden dies bemerkten, legten sie in der Regel Feuer an den Häusern. Im Gegensatz zu Blanquis Auffassung waren die breiten Boulevards für die Kommunarden ein eher günstiger Umstand, da ihre Kanonen Vorstöße des Feindes behinderten. Dieser musste erst eine Umgehung der Barrikaden vornehmen, um die Barrikade von hinten zu erobern, was ihm durch enge Gassen erleichtert wurde. Diese Taktik war erfolgreich und erklärt die geringe Zahl der getöteten Versailler (ebd. 197).

„Sieg oder Tod" sollte der Bevölkerung nach der gescheiterten Waffenstillstandsverhandlung in Ferrières am 20. September 1870 mitgeteilt werden, so das Resümee des Außenministers der Regierung der Nationalen Verteidigung, Jules Favre, unter dem Eindruck seiner Ministerkollegen und der ersten spontanen Reaktion der Pariser Bevölkerung, die von seiner Verhandlungsbereitschaft mit den Deutschen erfahren hatte. Es ist ein gewöhnlicher Schlachtruf von Verzweifelten, die sich weder darum bemühen, einen Ausweg zu finden[182] noch begreifen wollen, was der Tod *für das Leben* bedeutet. Es ist theatralisch-dramatisch und sollte auch auf die Bühne beschränkt bleiben.

Ganz anders der verhasste General Trochu: In seinen Memoiren gesteht er, auch nicht nur eine Skizze einer strategischen oder taktischen Maßnahme während des Krieges gehabt zu haben. Seine Absicht war ausschließlich, den Deutschen ein zweites Saragossa zu bereiten (Milza 2009: I, 252). Nun, Trochu war verhasst bei den Parisern, weil er immer wieder von einem Plan gesprochen hatte, wie der Belagerungsring gesprengt und die Deutschen vertrieben werden könnten. Der Hinweis auf Saragossa ist „subtil": Es hat im französisch-spanischen Krieg zwei Belagerungen von Saragossa gegeben, 1808 und 1809. Die erste war erfolgreich für die Spanier ausgegangen.

[182] Oder wie Jules Favre sehr wohl schon Bismarck Verständigungswillen auf eine Kapitulation gezeigt hatte, ihn aber aus opportunistischen Gründen nicht mitteilen wollte.

Nach zweimonatiger Belagerung gelang es zwar den Franzosen in die Stadt einzudringen, sie wurden aber von den spanischen Soldaten und Bürgern wieder vertrieben und durch Ausfälle so geschwächt, dass die Belagerung abgebrochen werden musste. Im folgenden Jahr waren die Franzosen erfolgreich, nicht zuletzt deswegen, weil ein Drittel der Bevölkerung durch eine Typhusepidemie geschwächt war. Aber auch unter diesen Umständen hatte es noch zwei Wochen Häuserkampf gekostet, die Stadt endgültig einzunehmen.

Trochus Einstellung ist bemerkenswert: Wenn die Kommunarden ihre Stadt verteidigen wollen, ist das gut so. Entweder kämpfen sie gut und die Deutschen ziehen ab (Saragossa I) oder es geht nicht gut für die Franzosen aus (Saragossa II) (s.o. Milza 2009: I, 252). Man muss halt nur abwarten, es wird sich dann schon zeigen, wie alles endet. So dachte man als hochdekorierter General und Gouverneur von Paris im Kaiserreich. Trochu hatte ein Buch mit dem Titel *L'Armée française* (1867) geschrieben, in dem er Missstände wie die Desorganisation der kaiserlichen Armee kritisierte, was ihm bei den Republikanern große Popularität eingebracht hatte. Es gibt aber nicht nur Schwächen der Organisation.

Die hier besprochenen Probleme wurden akut während der letzten Lebensphase der Commune. Sie waren überwiegend vorhersehbar, kaum dass die Commune sich konstituierte. Nur über diesen relativ planbaren Aspekt des Handelns sollte hier gesprochen werden, da die akute Kampfsituation so komplex ist, dass sie nicht in ihren Details antizipiert werden kann. Bis zuletzt appellierten die Kommunarden noch an die Versailler Soldaten und luden sie als ihre Brüder ein, sich ihnen anzuschließen (Lissagaray 2000: 331). Dies sei ein Beispiel für ein eklatantes Missverstehen der Gesamtsituation, die mit dem endgültigen Anzug der Regierungskräfte eine deutliche Zäsur aufwies. Keine der seitdem bekannten Signale aus Versailles wiesen auf anderes hin als die unbedingte Vernichtung der Commune.

In der letzten Phase geschahen Handlungen der Commune, die ohne den Druck durch die Versailler Truppen und ihre unversöhnliche, mörderische Politik unter anderem auch einem Rachegefühl Luft verschafften, so der Abriss des Thierschen Hauses am 15. Mai, die Zerstörung der Vendôme-Säule, Planungen zur Zerstörung der 1826 vollendeten Sühnekapelle Ludwig XVI. und Marie-Antoinette, beide hingerichtet 1793 und sogar eine Planung zur Zerstörung von Notre Dame war geplant (Horne 1981: 421). All dies sind symbolische Aktionen des Hasses auf einen Gegner, dessen man selbst nicht habhaft werden kann.

Barrikadenkämpfe scheinen heute abgelöst zu sein von Häuserkämpfen, das natürliche Terrain für militärische Auseinandersetzungen angesichts der globalen Zunahme der Verstädterung des Lebens. Die sowjetische bzw. russische Armee hat in Grosny dafür bluten müssen, dass sie sich mit der besonderen Kriegführung im städtischen Kampf nicht beschäftigt hatte: Hier waren es die Sowjets bzw. Russen, die in Panzerkolonnen in die engen Straßen hineinfuhren, vom Gegner gestoppt und abgeriegelt und von den Seiten sowie von den Höhen der Häuser aus beschossen wurden. In der Enge waren Fahrzeuge und Truppen nicht in der Lage, ihre an sich überlegene Feuerkraft zu nutzen. Ähnliches ereignete sich in Kabul, Bagdad und auf den amerikanischen Kontinenten sowie in Europa. Diese Form der Kriegführung hat nichts mehr mit Feldschlachten zu tun, die außerhalb eng bewohnter Gebiete geführt werden. Die räumliche und durch Uniform äußerlich erkennbare Unterscheidung von Kombattanten und Nicht-Kombattanten ist nicht mehr gegeben. Im Ersten Weltkrieg führte die deutsche Armee noch den Krieg außerhalb der Grenzen Deutschlands, vom Schrecken erfuhr die deutsche Bevölkerung nur medial. Der Zweite Weltkrieg brachte ihn zurück ins Territorium des Verursachers. Die neuen militärtechnologischen Entwicklungen lassen überhaupt keinen Feind mehr als Feind erkennen, eine Situation fast wie in einem Bürgerkrieg.

# II. 6 Moral und Politik Erkämpfen von Menschenrechten[183]

Le peuple, qui parfois
devient impopulaire...[184]

Es geht um Geiselnahme. Seit 1979 gibt es auf der Grundlage der Charta der Vereinten Nationen ein „Internationales Übereinkommen gegen Geiselnahme“. Definiert wird, dass wer eine Person in seine Gewalt bringt und mit Tod, Körperverletzung oder Fortdauer der Freiheitsentziehung bedroht, um eine natürliche oder juristische Person zu einem Tun oder Lassen zu nötigen, eine Straftat begeht (Art. 1). Es muss also gar nicht lange diskutiert werden, ob es in gewissen Fällen etc. vielleicht doch angebracht und verständlich sei. Es ist und bleibt eine abscheuliche Handlung, die Körper und Psyche terrorisiert und ist durch nichts zu rechtfertigen. Und nicht erst seit 1979, sondern schon immer.

Als in Paris bekannt wurde, dass wiederholt Nationalgardisten, die sich den Versaillern ergeben hatten, auch nachdem ihnen sicheres Geleit angeboten war, sofort erschossen wurden, beschloss die Commune das Dekret über die Geiseln vom 7. April.

Man mag argumentieren, dass Geiselnahmen immer schon zu den kollateralen Geschehnissen eines Krieges gehört haben. Das mag sein und ist deshalb nur umso bedauerlicher. Es ist jedoch keine Erklärung, geschweige denn Rechtfertigung. Es sollte wohl auch unterschieden werden, ob während eines Krieges Geiseln genommen werden oder im Zuge eines Protests, Umsturzversuchs o.Ä. (man denke an die Rote Armee Fraktion). Im Krieg herrschen bestimmte Regeln. Das mag merkwürdig klingen, aber im Krieg ist nicht alles gestattet. So ist es für die Betroffenen nicht gleichgültig, ob sie als verwundete Kriegsgefangene gepflegt und ärztlich versorgt werden *müssen* oder nicht. In der Regel sind Staaten daran interessiert, dass ihnen nicht Verletzungen von internationalen Vereinbarungen vorgeworfen werden, die sie selbst unterzeichnet haben. Die Abgrenzung ist nicht einfach, aber nicht

183 Anspielung auf den Text der Internationale von Pottier kurz nach der Zerschlagung der Commune verfasst.

184 „Das Volk, das manchmal unpopulär wird,“ Victor Hugo, *Poésies* XII, Paris 1872, À ceux qu'on foule aux pieds.

unsinnig. Die Kommunarden waren natürlich der Überzeugung, im Krieg mit der Versailler Regierung zu sein und erwarteten, dass das sog. Kriegsrecht auch gelten würde. Aber Versailles hatte auf Grund der Willfährigkeit gegenüber Deutschland bald auch die internationale Anerkennung, die der Commune versagt blieb – mit Konsequenzen… Thiers wollte ein für allemal das „rote Gespenst“ vernichten. Die geeignete „Methode“ war die Aufstachelung einer „férocité exterminatrice“ (Milza 2009: II, 396), einer reinen Wut, die auf die physische Vernichtung des Gegners aus ist und hinter der sich die Absicht verbirgt, den Klassenkampf zu führen. Gegen diese Wildheit setzte die Commune – was natürlich wieder „verständlich“ aber moralisch und politisch überhaupt nicht zu rechtfertigen ist – den Wunsch nach einer „justice populaire expéditive“ (ebd. 354), einer spontan reagierenden Volkszorngerechtigkeit, die bis zur „Blutwoche“ mehr oder weniger nur verbal war, aber dann doch mit den Geiselerschießungen akut wurde.

Friedrich Engels greift aus der Geschichte des französisch-deutschen Krieges eine Extremsituation heraus, welche die folgenden Überlegungen vorsichtig zur Diskussion stellen soll:
a) Das „normale“ Kriegsgeschehen sieht uniformierte Verbände vor, die einander auf Sieg oder Niederlage bekämpfen.
b) Diese simpel dargestellte Situation impliziert, dass (z.B. mindestens) zwei Staaten mit ihren jeweiligen Zielen, Kulturen, gar unterschiedlichen religiösen Überzeugungen etc. ihre Konflikte austragen. So scheint in äußerst primitiver Form noch im Feudalismus gekämpft worden sein.
c) Unter den veränderten Bedingungen der Widersprüche von Staat und (Teilen der) Bevölkerung kann der Fall gegeben sein, dass ein Land besetzt wird und in diesem Teil die Zivilbevölkerung alles unternimmt, um die Besatzer loszuwerden.
d) Diese nicht staatlichen, in den allgemeinen Kampf eingreifenden Zivilisten sind die uns schon bekannten Franctireurs oder Freischärler etc. Hier liegt konkret die Befürchtung Bismarcks, dass keiner sich die Illusion machen sollte, dass die Festung Paris, die schon existierenden Nord- und Loire-Armeen, sogar diesen extrem schnellen Sieg des NDB vereiteln könnten.
e) Das nun mit der Besetzung Paris überraschende Entstehen einer sozialen/sozialistischen Commune ist nicht mehr kulturell-unterstützender Faktor von Versailles zur Abwehr des deutschen Okkupanten. Und dies ist nach

dieser langen Ausführung der Kerngedanke: Alle Beteiligten von 1870/71, Kommunarden, Engländer, Russen etc. wissen um diesen Tatbestand zu handeln, als die Versailler Kapitulanten oder die Kaiserreich-Erhoffer.

f) In der Karikatur der beiden Beinamputierten (Abb. 1) fehlt der dritte, der gehofft hatte, in diesem Krieg – romantisch ausgedrückt – die Morgenräte einer anderen Zeit zu erblicken.

Friedrich Engels lässt keinen Zweifel daran, dass summarische Exekutionen und Geiselnahme wie -erschießungen barbarische Akte darstellen. In dem Sinne ist der Befehl des Generals von der Tann, den Ort Bazeille durch Brand zu zerstören, zu verurteilen. Will man solche Rachemaßnahmen erklären, offenbart sich eine Schwäche des Okkupationsheeres. In dieser moralischen Verurteilung sind sich alle preußischen Theoretiker einig: Scharnhorst, Gneisenaus und Clausewitz werden genannt. In der Situation des Versailler Heeres gegen die Kommunarden von Paris, wurde von Versailles entschieden, Gefangene zu erschießen und Quoten festzusetzen, wie viele Kommunarden für einen erschossenen Versailler liquidiert werden müssen. Zur Verdeutlichung: Es geht hier um staatliches Handeln und nicht darum, Verständnis für Racheakte zu entwickeln, womit der Zivilisation selbst der Krieg erklärt wird. Für die Commune ist festzuhalten, dass diese moralischen Überlegungen diskutiert wurden (also eine Kopie des Versailler Beschlusses rechtens sei), dass aber in der Praxis, in der Ausführung z.B. die Geisel des Bischofs von Paris zu erschießen, nicht zustande kam (Engels, Bürgerkrieg in Frankreich, 1973: 167ff.; Milza 2009: II, 347).

So ist es auch „verständlich", wenn ein Nationalgardist sich freiwillig zur Exekution von ehemaligen Polizisten meldet, weil die Versailler seinen Vater auf dem Gewissen haben (Lissagaray 2000: 346). Es ist eine verständliche Reaktion eines *Individuums*, aber es bleibt auch für das Individuum eine Aktion, die als eine Beteiligung an einem ungesetzlichen und inhumanen Verfahren zu gelten hat.

Davon wiederum ist abzugrenzen der Lynchmord: Am Tag, da die provisorische Regierung Paris verlassen hatte und die Commune ausgerufen war, wurden die beiden Generäle Lecomte und Thomas ergriffen und gelyncht. Lynchen ist keine Geiselnahme. Lynchen ist Mord, durchgeführt von einem Mob und muss entsprechend geahndet werden. Die beiden Generäle waren bekannt als „Erschießer vom Juni 1848" und, obwohl auch Mitglieder des Comité central anwesend waren, konnte ihre Erschießung nicht verhindert werden. Dies sieht auch Marx so: „Es war ein kurzer Akt der Lynchjustiz (…), Lecomte, ein Halsabschneider mit Schulterstücken, hatte auf der place Pigalle seinen Truppen viermal befohlen, auf einen unbewaffneten Haufen von Weibern und Kindern zu feuern (…) Clément Thomas (…) hatte sein Schwert niemals in das Blut eines anderen Feindes als der Pariser Arbeiterklasse getaucht. Er war einer der finstren Intriganten, die die Juni-Insurrektion bewusst provozierten und einer ihrer grausamsten Henker“ (Marx/Engels, MEW 17, 1973: 331).[185]

Für die Versailler Regierung war dieser Lynchmord der willkommene Anlass, die Parole auszugeben „Wir verhandeln nicht mit Mördern.“ Dieser Lynchmord war der einzige, der in Folge des Abzugs der Versailler verübt wurde. Nach dem Einmarsch der Versailler in Paris gab es weitere Lynchmorde wie an Charles de Beaufort (Milza 2009: II, 403). Es gibt genügend Vorfälle wie die Verhaftung des Generals Chanzy, der irrtümlich für Aurelle de Paladines gehalten wurde, aber dann doch freigelassen nach Versailles ausreisen konnte. In der Nacht vom 19. Auf den 20. März ließ das Comité central einen langen Aufruf anschlagen, in dem u.a. auch auf die Ermordung der beiden Generäle Bezug genommen wurde. Der Mord wird als abscheulich gebrandmarkt und jede Beteiligung des Comité central der Nationalgarde zurückgewiesen: Nie sei ein Befehl zur Hinrichtung unterzeichnet worden (Milza 2009: II, 81).

Diese Abgrenzungen, wenn auch von nur juristischer Wirksamkeit, ermöglichen Unterscheidungen, die nun überhaupt nicht mehr irrelevant sind: Dem Unterschied zwischen einem Totschlag im Affekt (Lynchmord) und einem geplanten Mord (wenn gar eine Regierung dazu aufruft, etwa alle Kommunarden totzuschlagen – was Thiers vermied öffentlich zu sagen) ist schon gravierend. Den Affekten können auch situativ Soldaten ausgeliefert sein wie Engels zeigte. Ihre Handlungen sind jedoch kriminell und müssen verfolgt werden. Man kann bestenfalls „mildernde Umstände“ zur Minderung des Strafmaßes anführen. So schien auch vom Comité central der Lynchmord an den Generälen Thomas und Lecomte beurteilt worden zu sein. Dass die Commune sich öffentlich davon distanzierte, ist richtig aber nicht ausreichend.

Eine äußerst merkwürdige Moral zeigt sich bei denen, die Rechtsverstöße

[185] Erster Entwurf zum *Bürgerkrieg in Frankreich*, MEW 17, Marx (Vorwort von Engels), 1973: 501.

der einen gegen die der anderen Seite aufrechnen. Dies ist ebenso merkwürdig wie die Aufrechnung des Dekretes, dass ein Verhältnis von einem „ermordeten Kommunarden" gegen drei „getötete Geiseln" aufstellt.
Dem liegt das „vorsintflutliche" Talionsgesetz zugrunde (Ex. 21, 23-25), das vor über 4.000 Jahren davon ausging, den harmonischen Zustand in einer Gesellschaft dadurch wieder herstellen zu können, dass seine Störung – wie z.B. durch einen Mord geschehen – durch einen Ausgleich behoben werde. Die Menschen im Staate, für die das Gesetz geschaffen wurde, waren die Vollbürger. Auch die frühesten altorientalischen Fassungen dieses Bemühens um einen rechten Ausgleich zwischen Täter und Opfer (bzw. den geschädigten Familien, Sippen), unterschieden sehr wohl zwischen Vollbürger und Sachen. Zu den Sachen zählte das, was kein Vollbürger war, so z.B. die Sklaven. Deren Tod, Totschlag, Mord etc. konnte mit Geldbußen, zu entrichten an den Eigentümer des Sklaven, abgegolten werden. So werden Wertigkeiten von Menschen aufgestellt und errechenbar. Dieses Kalkulationsprinzip liegt auch bei dem Commune-Dekret vor.
Die Literatur zur Commune, die das Geiselgesetz thematisiert, bemüht sich häufig, das moralische Vergehen „wegzuerklären" und damit das Problem aus der Welt zu schaffen, wo es aber nicht hingehört.[186] Es werden die Gräueltaten der Versailler aufgezählt, angesichts derer kaum welche der Commune anzuführen seien, so dass die für die Commune „günstigere Proportion" das Problem erledige – so die Suggestivkraft der Aufzählungen. Denn, was sind schon 63 erschossene Geisel gegen mindestens 20.000 erschossene gefangene Kommunarden? Oder man argumentiert, dass der Erzbischof von Paris, Msgr. Darboy, doch nur in Geiselhaft genommen wurde, um sogar zu der Vorzugskondition von weiteren 70 Geiseln gegen Blanqui ausgetauscht zu werden?
Diesem absurden Aufruf, ähnlich dem, mit „nackten Armen" die Preußen oder Versailler besiegen zu wollen, entspricht der nur Emotionen aufpeitschende Ruf nach Rache (bes. in der Zeitung *Le Père Duchêne*). So ist es

[186] Äußerungen, die nicht auf dem Niveau der ethischen Reflexion von Engels sind, finden sich in den Beiträgen gesammelt von Birster, Place Thiers, von dem schon erwähnten antisemitischen Einstellungen des Zeichners Cham (Satireblatt Charivari), etliche ideologisch-kritische Positionen sind zu finden bei Haupt, Hausen, *Die Pariser Kommune*; darunter sei schon zu rechnen, wie problematisch das Angebot der Commune an Versailles ist, alle eignen Gefangenen gegen Blanqui auszutauschen (Archiv sozialistischer Literatur 12, 1931: 321).

Hohn, wenn Ferré dem Erzbischof erklärt, dass ihn nicht die Kommune töte, sondern die Versailler.[187] Zudem ist erwähnenswert, dass der Bischof *vor* der Beschlussfassung über das Geiseldekret verhaftet wurde, um als Geisel zu dienen. Letztere Bemerkung zeigt, dass offenkundig ein sehr getrübtes Verständnis von „Krieg“ bei den Kommunarden und ihren Institutionen gegeben war. „Irgendwie“ scheint der Kriegszustand alles erklären zu können und so wie das normale bürgerliche Leben frei sei von einzuhaltenden Normen – wie es der in der Commune vorherrschende libertäre Geist so sehen und haben will.

Natürlich klingt es widersprüchlich und ist für viele Menschen auch wirklich widersprüchlich, dass auch am Zustand der Kriegführung sog. zivilisatorische Fortschritte ablesbar sind (man denke an die schon erwähnten Verwundeten auf dem Schlachtfeld). Dass das Thiers-Regime sich nach außen als Verteidiger der Zivilisation ausgab und nach innen alle zivilisatorischen Normen bewusst ignorierte, angefangen von falschen Garantien über Frauenfeindlichkeit und Gefangennahme und Aburteilung von Kindern bis hin zu Kriegsgerichten, die nichts als eine Farce waren und schließlich bis hin zum endgültigen Hohn, die Deportation nach Neu-Kaledonien ein humanitäres Entgegenkommen zu nennen, da dort in paradiesischer Umgebung die Familien der Deportierten gut leben könnten – all dies rechtfertigt keine blinde Rache.

Die grundlegende Schwierigkeit im Umgang mit der Moral – die ja wohl untrennbar mit Politik verbunden ist – scheint darin zu liegen, dass angesichts der völlig hemmungslosen Brutalität der Thierschen Armee, der höhnischen Versprechungen Thiers, der hetzerischen Presse, der nach dem Blut der „Bestien“ lechzenden bürgerlichen Bevölkerung die Verstöße der Commune gegen moralische Normen wegen ihrer geringen *Zahl* nicht Ernst genommen werden können und sollten. Man darf dabei aber nicht außer Acht lassen, dass zum einen der moralisch überlegene Anspruch sehr hoch gehalten wird[188] und andererseits solche Aktionen wie das Geiseldekret den Gegner regelrecht einladen, der Commune im In- und Ausland zu schaden

[187] «Ce n'est pas nous qu'il faut accuser de votre mort, mais Versailles qui fusille les nôtres.» (Milza 2009: II, 404)

[188] Man denke an Delescluz' Grabrede: «Justice pour la grande ville qui, après cinq mois de siège, trahie par son gouvernement, tient encore dans ses mains l'avenir de l'humanité. » „Gerechtigkeit für Paris, (…) das in seinen Händen immer noch die Zukunft der Humanität hält.“ (Milza 2009: II, 341)

und zugleich die eigenen Soldaten mit Rachegelüsten gegen die Commune zu impfen. Das Geiseldekret war damals wohl keine Aufregung wert, es wurde auch in anderen der kurzlebigen Communen wie in Narbonne beschlossen (Lissagaray 2000: 172), denn man spekulierte wohl darauf, dass es nicht Ernst genommen werden würde, was ein bezeichnendes Licht auf den Charakter der Dekrete wirft: Der Wille des Volkes könnte ja am nächsten Tag was anderes beschließen. In der Tat ein Problem der grundsätzlichen Veränderbarkeit von Beschlüssen angesichts sich verändernder Umstände und Vorstellungen und dennoch eine Verlässlichkeit in der Kontinuität der Gesetzgebung zu wünschen.[189]

Aus rechtlicher Sicht ist ein Bürgerkrieg – und der Konflikt zwischen der provisorischen Regierung und der Commune muss als solcher bezeichnet werden – eine innerstaatliche Angelegenheit. Damit entfallen für die Konfliktparteien die Regelungen der zwischenstaatlichen Kriege (z.B. Regelungen zum Schutz von Kriegsgefangenen). Bis 1977 galten auch Befreiungskriege von Kolonien als innerstaatliche Aufstände, also als Bürgerkriege, die mit den Mitteln, die der Staat wählt, bekämpft werden „dürfen", ohne dass ein solcher Staat international geächtet würde.[190] In diesem juristischen Sinne handelte die Provisorische Regierung und tat alles, um die Kommunarden als gemeine Verbrecher, die Paris besetzt hielten wie Bankräuber, die sich in der von ihnen überfallenen Bank verschanzten, darzustellen – dies ist nur ein weiterer Aspekt der „Falle", die den Kommunarden gestellt wurde. Genau diesem erzeugten Bild entsprechend verhielt sich auch die gute Gesellschaft von Versailles, wenn die Kolonnen der Gefangenen durch die Stadt geführt wurden (vgl. Lissagarays Beschreibung, 2000: 389). So wie der gefährliche Bankräuber, wenn er auch noch Polizisten und Bankangestellte zur Geisel genommen und den einen oder anderen erschossen hatte, im zivilisierten Europa ohnehin mit der Todesstrafe rechnen musste, so mussten die Kommunarden mit einem solchen Urteil rechnen.

Wenn Soldaten der regulären Armee aufgrund der Fraternisierung mit den Kommunarden zur Commune überliefen, konnten sie als Deserteure (To-

189 Man ziehe zum Vergleich allein den Beschluss zur Zerstörung der Vendôme-Säule hinzu: Die Umsetzung eilte nicht, das Dekret schien vergessen zu sein.

190 Grenzfälle gibt es natürlich auch, wenn etwa militärische Konflikte zwischen Nord- und Südkorea betrachtet werden, was auch im Konfliktfall von Nord- und Südjemen oder BRD und DDR gegolten hätte, zumal beide Seiten als souveräne Staaten auch international anerkannt sind und waren.

desurteil) oder Aufständische (Todesurteil) behandelt werden. Dass aber von Versailles z.B. den vielen städtischen Angestellten, die als Kollaborateure gelten konnten, nicht der Prozess gemacht wurde, zeigt, dass das juristische Durchdenken internationaler Vereinbarungen zurate zu ziehen, überhaupt nicht Teil des Kalküls war. Man wusste schon, was man mit den „Roten“ zu tun hatte und hatte es von Beginn des Auszugs aus Paris praktiziert. Den Exekutoren war es von den Generälen und den Generälen von der Regierung bedeutet worden und alle Entscheidungsträger wurden von der Presse gedrängt, mit Bestien so zu verfahren, wie man eben mit Bestien verfahren müsse. Und so geschah es dann in der „Blutwoche.“
Was „wäre“ also richtig gewesen, um unhistorisch zu fragen und unhistorisch Ratschläge zu geben, bzw. zu bedenken zu geben?
Der historisch bis in die Details sorgfältig konzipierte Film *Der Löwe der Wüste* (1980) von Moustafa Akkad erzählt den Guerillakrieg der Beduinenstämme unter der Führung von Omar Mukhta gegen die Besetzung der Cyrenaika (heutiges Libyen) gegen die italienischen Faschisten. Diese hatten es unternommen, ein großes Kolonialreich in Nord- und Mittelafrika zu schaffen und alle modernen Waffen gegen die Beduinen eingesetzt – unter anderem auch das nach 1918 vom Völkerbund geächtete Giftgas.[191] In diesem erbitterten Krieg wird Omar Mukhtar von seinen Anhängern gefragt, was mit den gefangenen Italienern geschehen solle und man schlug vor, sie sofort zu erschießen, da diese doch selbst den Völkermord praktizierten. Omar Mukhtar gab die Antwort:
„Sie (die italienischen Faschisten) sind nicht unsere Lehrmeister.“

Als die Armee des Vietminh 1954 das „uneinnehmbare“ Festungswerk Dien Bien Phu mit seinen beiden Landebahnen, Bunkern, Panzern, seinem modernsten Kriegsgerät und der Unterstützung durch us-amerikanische Kampf- und Bombenflugzeuge etc. unter dem Kommando des vietnamesischen Generals Vo Nguyen Giap einnahm, machte er zehntausend Gefangene, überwiegend Fremdenlegionäre. Im Auftrag von Ho Chi Minh, dem der Historiker Hobsbawm als einzigem Politiker des 20. Jhs. das Prädikat „ehrenwert“ (noble) zuschrieb, ließ er sich von den Gefangenen das Verspre-

[191] Der Völkerbund protestierte natürlich, da aber seine Mitglieder selbst mit allen Mitteln ihre Kolonialkriege führten, kam es zu keinen Sanktionen – so „testete“ Mussolini vor und für Hitler diese neue internationale Vorläufer-UNO.

chen abgeben, nie wieder gegen Vietnam Krieg zu führen, verständigte das französische Hauptquartier und ließ die Gefangenen abholen.

Die Geschichte ist nicht gerade reich an solchen Handlungen, die sich ihr Gesetz nicht von Gewaltherrschern diktieren ließen, weder als Talions-Diktat, Gleiches mit Gleichem zu vergelten noch als Determination der „eigenen Moral" durch die nur negative Ablehnung der herrschenden Moral.[192]

Die angeführten Beispiele können nur Argumente darstellen, die die vorherrschende Meinung entkräften, das eigene Handeln sei doch „nur" eine Reaktion auf die einem selbst zugefügte Gewalt zu verstehen, ansonsten verabscheue man selbstverständlich Gewalt und Rache und Vergeltung.

Allein der politische Vorteil, zehntausend Menschen in ihre Heimat zurückzuschicken, ist nicht abzuschätzen, denn es sind viele von ihnen zu Propagandisten der besseren Sache gemacht worden. D.h., es gibt manches Mal sogar taktische Vorteile, wenn moralisch überlegen gehandelt wird.

---

192 S.o.: Kontradiktion: das logische Gegenteil dessen tun, was der Gegner tut, womit keine, relativ eigene und die gegnerische Moral überwindende Lösung gesucht wird (Nietzsche, 1954: 1042-1044).

# II. 7 Geschichte der Communen: Bauern und Arbeiter

Commune der Arbeiter und... wer noch?
Commune der Arbeiter und Bauern?

*Worum es in diesem Kapitel geht*: Fortschritte in der Freiheit des Menschen als Befreiungen von Natur- und Sozialabhängigkeiten nahmen in der Geschichte in der Regel ihren Anfang in städtischen Milieus. So nimmt es nicht Wunder, dass solche erkämpften städtischen Freiheiten zu Mythen reiften, die städtische Revolten zu verklären halfen und ihnen ihre Legitimation der Fortschrittlichkeit verliehen. Jedoch werden nie Bevölkerungen allein in großen Metropolen leben, so dass de facto eine Wechselbeziehung zwischen Stadt und Land besteht. Die Freiheit in einer Kommune ist beschränkt und kaum dauerhaft zu sichern, wenn nicht auch das Land diese Bestrebungen unterstützt. Die industrielle Revolution und ihre Weiterentwicklung hin zu einer vom Kapital abhängigen Produktion in Stadt und Land verbindet die beiden spezifischen Interessenlagen in einem Ausmaße, dass selbst das 1871 noch überwiegend agrarische Frankreich in einem objektiven Sinne mehr Gemeinsamkeiten mit den Communen aufwies, als beide Seiten meinten. Stadt und Land waren noch gefangen in ihren traditionellen Orientierungen: hier das freiheitliche Bürgertum, dort der eifersüchtig sein Privateigentum an Grund und Boden hütende Bauer. Während der Herrschaft von Napoleon III. konnte sich die Finanzwelt über diese Differenz nur lustig machen, profitierten sie doch trotz aller revolutionären Umtriebe an der Versorgung des verschuldeten Staates, der für sie mit repressiven Gesetzen dafür sorgte, dass besonders die Bauern die auflaufenden Schulden über die Besteuerung bezahlten. Manches von 1871 klingt wie vieles von 2009 bis heute. Liegt Unkenntnis (hier: dieser Kapitalabhängigkeit) vor, kann man im unterlegenen Kampf nicht von Tragik reden, sondern muss hergehen und die Gründe analysieren, um beim nächsten Mal Erfolg zu haben.

Die wohl erste und bedeutendste republikanische Kommune, noch vor den italischen Stadtstaaten war (Weliki) Nowgorod (evtl. noch früher Belgorod 997). Sie erhielt im Jahre 859 das Stadtrecht. Die herrschende Kaufmannsschicht wählte demokratisch seit dem 12. Jh. Fürst, Erzbischof und Bürgermeister. Nowgorod ist insofern interessant, da diese Stadt zur Hanse gehörte, deren internationale Kette unter Umständen auch ein Modell für das abgab, was einigen Mitgliedern der Pariser Commune vorgeschwebt haben mag[193], denn die Hanse war nicht nur eine Wirtschaftsvereinigung des Ost- und Nordseehandels, sondern zugleich eine Vereinigung der politischen Emanzipation des Bürgertums, wozu auch die militärische Verteidigung der Städte und Handelswege gehörte.
Doch gab es auch für das französische Territorium schon im Spätmittelalter vergleichbare bürgerlich-kaufmännische Vereinigungen, die natürlich nicht „hanse", sondern oft „anse" hießen. Der alte Spruch „Stadtluft macht frei" galt für fast alle Gebiete Europas. Auch die Kommune von Paris besitzt eine lange Tradition von Freiheitsprivilegien, obwohl vermutlich die Emanzipationsbestrebungen gegen den grausamen Bischof Bérenger in Cambrai in der Mitte des 11. Jhs. in Frankreich den Anfang bildete:

- 1357/8 Étienne Marcel (Kaufmann), Bürgermeister von Paris, u.a. zuständig für den Schutz der Hanse, leitete den ersten bürgerlichen Kampf für eine autonome Kommune und für eine gesetzgeberische Reform, die den König unter die Kontrolle der Bürger stellen würde;
- 1588, 12. Mai: Barrikaden in Paris gegen Heinrich III. Versuch, Pariser Vorrechte anzutasten: keine (Berufs-) Soldaten waren in Paris erlaubt; Heinrich III. flüchtete; Paris wurde belagert, 13.000 Pariser starben;
- 1648, ab dem 26. August: Bürgerkrieg der „Fronde", Barrikaden gegen Übergriffe der Königin Anna von Österreich (auch sie flüchtete aus Paris) und Mazarin von oppositionellen Parlamentariern;
- 1649, in der Nacht vom 5. Auf den 6. Januar Flucht Ludwigs XIV., um von außen Paris zu erobern (Fronde-Krieg);

[193] Nach Rihs (1955: 137) kritisiert dies auch Lissagaray (2000).

- 1791, 21. Juni: Flucht Ludwigs XVI. nach Varennes, wohl mit der Absicht, die fremden Armeen in „sein" Frankreich zu führen;
- 1793 die revolutionäre Commune, entstanden am 10. August nach Aufdeckung des Komplotts von Louis XVI. mit dem Ausland (wie 1870/71 ebenfalls Bedrohung durch fremde Armeen).

Dies möge genügen, um den Topos, hier das weitgehend in Europa vorherrschende und zum Allgemeingut gewordene Vorurteil von dem Gegensatz Stadt-Land, anzudeuten. Die Stadt ist der Ort der Freiheit, das Land der Ort der Dummheit und Zurückgebliebenheit. So ist in dem Film von Kosinzew und Trauberg über die Commune de Paris die Stadt – der Titel *Das neue Babylon* verrät die Anspielung – die „große Hure Babylon", das „Sündenbabel", die zudem noch identifiziert wird mit der nichtarbeitenden – also parasitären – Klasse der Großbürger. Das Land kommt nicht vor. Wo bleiben also im Film und in der damaligen Wirklichkeit die Bauern? Der Widerspruch, der Klassenantagonismus, spielte sich innerhalb der Stadt ab und zwar seit dem 11. Jh. einerseits in Union mit dem niederen Adel gegen die Bischöfe (besonders im Norden Frankreichs), wenn es um Steuer- und Marktregeln ging als auch in Konflikten um die politische Selbstständigkeit gegen die Monarchen. In der revolutionären Commune vom August 1792 waren es die linken Thermidorianer, die z.B. das Recht des Volkes, sich in die Politik einzumischen, vertraten, Höchstpreisgarantien gesetzlich festlegten und die über ihre Gesandten in der Provinz die Zustimmung zu dieser Diktatur auch erhielten.

Die Commune von Paris war nicht die einzige Kommune, die nach des Kaisers Flucht in die Gefangenschaft den Aufstand wagte. Die anderen Communen waren dort erfolgreich, wo man sowohl für die Unversehrtheit des französischen Territoriums, also für eine Fortführung des Kampfes gegen die Deutschen eintrat, als auch Solidarität für das zum zweiten Mal eingeschlossene Paris empfand (z.B. indem man Truppen aufstellen wollte, den Zugverkehr störte u.ä). Alle Communen einte der – wenn auch nur vage geäußerte – Wunsch einer „linken Republik" zur Erreichung einer Verbesserung der sozialen und demokratischen Verhältnisse. Auf diese Weise reagierten viele Republikaner im Süden Frankreichs, die in der „Liga des Südens" etwa zwölf Departements vertraten (Milza 2009: I, 160) und im Oktober eine weitere „Liga des Südwesten" gründeten (Rougerie 2009: 35). Im Folgenden werden zuerst die Commune-Gründungen ab dem Zeitpunkt der Ausrufung der Republik – am 4. September 1870 – danach auch unter dem Einfluss von Gesandten aus Paris die Gründungen im Zusammenhang mit den Pariser März-Ereignissen 1871 aufgelistet:

- die Commune von Lyon: Nach einer Woche etwas chaotischer Unruhen „Wiederherstellung der Ordnung"; keine Gewaltausbrüche; Scheitern war hervorgerufen durch Bakunins wenig kluge Intervention und der Weigerungen der Nationalgarde; dennoch neue Unruhen nach der Kapitulation von Metz im November und Dezember; am 22. März ein erneuter Gründungsversuch, der aber erneut am Widerstand der Nationalgarde scheiterte – die Commune löste sich auf; Unruhen mit ca. 30 Toten am 30. April;
- die Commune von Marseilles: eine Kooperation mit dem bestehenden Magistrat führte zum Ende der Commune (6. Dezember); zweite Gründung, aber von den Versaillern blutig niedergeschlagen; am 23. März provozierte eine Erklärung Thiers gegen die Pariser Commune den Aufstand; Niederschlagung durch General Espivent am 3. April;
- die Commune von Toulouse: Gründung gemeinsamer republikanischer Gremien; zwei Tage dauernde Commune; zweiter Aufstand im März: niedergeschlagen vom (Mexiko erfahrenen und ehemaligen Polizeipräfekten von Paris) General Kératry;
- die Commune von Grenoble, Le Creusot, Limoges: kurze Dauer der Commune; zweiter Aufstand im März nur ein „Strohfeuer" (Milza 2009: II, 160) in Saint-Étienne und Le Creusot;
- Commune von Narbonne vom 24.-31. März mit dem Versuch, auch Carcassonne, Béziers, Cette, Montpellier, Perpignan in eine Erhebung mit Toulouse und Marseille einzubeziehen; Versuch, Unterstützung von benachbarten Städten wie Marseilles, Toulouse, Béziers, Perpignan und Sète zu erhalten; Barrikadenbau; Einnahme der Commune am 31. März;
- Gründungsversuche in Limoges, trotz einer erfolgreichen Übernahme des Rathauses brach der Aufstand auf Grund von Desorganisation am 5. April zusammen;
- In Bordeaux heftige Unruhen am 12. und 13. April; so auch De-

monstrationen und Sympathiebekundungen für die Commune de Paris und Absichten, Paris mit militärischer Hilfe beizustehen: in Perpignan, Charité-sur-Loire, Cosne, Rouen, Saint-Amand, Voirons, Tullins, Saint-Marcellin, im Departement Isère, in Grenoble, Périgueux, Montereau (Milza 2009: II, 176); rote Fahnen auch in Le Havre und Proteste in Brest etc.

### *Zwischenresümee*

Die grundlegende politische Überzeugung der Errichtung von Communen ist wohl zutreffend und kurz im Projekt von Renouvier et al. ausgedrückt: „Es ist weniger das Problem der Verwaltung strittig, denn es geht darum, sich *selbst* zu verwalten.“[194] Das klingt nach philosophischer Aufklärung und libertärem Gedankengut. Zunächst sollten sich auf französischem Gebiet Communen gründen, die dann in einem freiwilligen Zusammenschluss, der Föderation, ein universales Beispiel setzen würden – ein typischer Gedanke des berühmten Utopisten Fourier.[195] Zu bedenken ist allerdings, dass – unter Beibehaltung der kommunalen Verwaltung des Reichtums der jeweiligen Communen – der ethische Gedanke der „fraternité“, der Brüderlichkeit, ausgeklammert und damit unausweichlich aufgegeben wäre: Solange der gesellschaftliche Reichtum nicht allen Gesellschaftsmitgliedern zugute kommt, werden soziale Unterschiede durch die Unterschiede des Ortes, des unterschiedlichen Reichtums der Communen erzeugt. Man hat dann das Glück oder Pech, in einer reichen oder armen Commune geboren zu sein. In diesem Sinne sind auch heute in Deutschland z.B. Teile des Bildungswesens nicht von einer „ausgleichenden Gerechtigkeit“, sondern von egoistischer Akquirierung von Ressourcen durch Einnahmen der Institutionen selbst (Werbung, Automatenaufstellung etc.) und des privaten Sponsorentums geprägt, was mit einer auf dem Prinzip der Solidargemeinschaft basierenden Gesellschaftsform nichts mehr gemein hat. Dieses Prinzip zur Diskussion zu stellen, heißt, es aufgegeben zu haben.

---

194 Renouvier, Fauvety und Benoîtnach, Organisation communale et centrale de la République, zit. nach Rougerie 2009: 80.

195 «Si la province pense comme nous qu'elle nous imite» („Falls die Provinz so denkt wie wir, dass sie uns dann auch imitiert“) (Lissagaray 2000: 121); Fouriers libertäre Gedanken wurden intensiv von den sog. „68ern“ rezipiert und ediert.

# *Bauern*

> „Nach der Julirevoultion [vom 27.-29. 7. 1830], als der liberale Bankier Laffitte seinen compère [Gevattersmann], den Herzog von Orléans, im Triumph auf das Hôtel de Ville geleitete, ließ er das Wort fallen:
> ‚*Von nun an werden die Bankiers herrschen.*'
> Laffitte hatte das Geheimnis der Revolution verraten."
> (Marx 1986:10)

Es gibt in Revolutionen selten „rein ideologische Faktoren" wie ein besonderes Verständnis von „Freiheit", „Selbstverwaltung" etc. In letzter Instanz sind solche Ideen Ausdruck der wirtschaftlichen Verhältnisse der Menschen und ihrer besonderen Klassen und Schichten, ansonsten sie nicht zu einer Massenbewegung reifen könnten. Da das statistische Material über die soziale Zusammensetzung der Commune recht gut und ausreichend für unsere Zwecke ist, lässt sich mit Sicherheit sagen, dass der Bevölkerungszuwachs in Paris nicht nur der Eingemeindung von umliegenden Gemeinden außerhalb der Stadtmauern geschuldet, sondern auch aufgrund von Zuwanderung zu erklären ist. Man kann auch sagen, wer der typische Kommunarde ist und wo er herkommt. Er ist Junggeselle und kommt vom Land – dies betrifft ¾ der Kommunarden und von diesen sind über 70% Analphabeten (Milza 2009: II, 202). Er findet Arbeit eher in kleineren Handwerksbetrieben. Die Konzentration des Kapitals hatte sich noch nicht in Großbetrieben (die es durchaus gab, man denke an Le Creusot) niedergeschlagen und entsprechend gab es „den Proletarier" nur auf dem Weg zu dem, was England schon lange kannte und in deutschen Ländern in raschem Entstehen begriffen war (man denke an die Großstadt Berlin). Mit der Vorstellung vom Proletarier, der sich womöglich klassenbewusst in Gewerkschaften und Parteien organisiert und im kollektiven Kampf seine Interessen versucht durchzusetzen, hat der Pariser Arbeiter von 1870/71 wenig gemein – vom „Phänotyp" ausgehend. Jedoch teilten beide schon dasselbe Schicksal: Das Elend der Arbeiterklasse, die langen Arbeitszeiten, die langen Zeiten, nicht in Arbeit zu stehen, die höheren Tageslöhne, aber die noch höheren Lebensunterhaltungskosten, m.a.W. die Verringerung des Realeinkommens; zusätzlich litt der französische Arbeiter noch unter dem Versammlungs- und Selbstorganisierungsverbot. So sind die landflüchtigen jungen Arbeitskräfte besonders in dem belagerten Paris vom Regen in die Traufe gekommen, was aber auch umgekehrt bedeutet, dass allein die Arbeitsbedingungen auf dem Land alles andere als „besser" zu gelten hatten als in der Stadt – was dieser Teil der Kommunarden am eigenen Leib erfahren haben musste.

Warum also wählte die Bevölkerung im großen agrarischen Teil Frankreichs konstant die Monarchie? Sie votierte für Napoleon III., *weil* er versprochen hatte „keine Steuern mehr" erheben zu wollen. Das Schicksal der Bauern, wie es z.B. darin zum Ausdruck kam, dass sechs Tage nach Napoleons Amtsantritt die zuvor abgeschaffte Salzsteuer wieder eingeführt wurde, teilte der Bauer mit allen anderen, die von der gewählten Regierung jeweils verschaukelt wurden. Das Votum zeigt das primäre Interesse der Bauern, auf eine Regierung zu setzen, die ihre finanziellen Belastungen zu verringern versprach. Es ist verzeihlich, dass in einer solchen Lage selbst die Hoffnung allein auf eine Besserung wirtschaftlicher Probleme stärker ist als das Wissen um die politischen und wirtschaftlichen Kräfte. Die ländliche Bevölkerung machte fast 76% der Gesamtpopulation Frankreichs im Jahr 1846 aus; zwanzig Jahre später sank ihr Anteil auf unter 70%. *Wir* wissen heute – und nur wenige Zeitgenossen damals –, dass eine gesetzmäßige Entwicklung die Existenz der freien Bauern bedrohte und sie zur Landflucht zwang.

Für den Zeitraum von 1789 bis 1815[196] gilt, dass die Französische Revolution die feudalen Schranken gründlich beseitigt hatte. Diese wirkte sich insbesondere auf das Gebiet des Privateigentums und seiner juristischen Sicherung aus. Die Revolution befreite den Bauern von seinem adeligen oder bischöflichen Grundbesitzer, der ihm diktiert hatte, was und wie angebaut werden sollte. Nun konnte der französische Bauer in seiner Landwirtschaft nach Gutdünken handeln, d.h. im Unterschied zu England griff auch der Staat nicht ein, der an der wissenschaftlichen und technologischen Unterstützung (man muss natürlich an die Kriegführung denken) zur Förderung des landwirtschaftlichen Ertrages interessiert war. So stieß z.B. die Einführung der Kartoffel, deren Anbau in Europa das Nahrungsmittelproblem erheblich verringert hatte, beim französischen Bauern auf Ablehnung. Auch die Verbesserung der Arbeitsgeräte wie der auf Rädern gezogene Pflug wurde vom Bauern nur langsam auf das europäische Niveau gebracht. Zudem war die französische Landwirtschaft überwiegend charakterisiert durch das

[196] Im Folgenden wichtig die Analysen von Clapham (1968).

Prinzip der „métayage“ (Clapham 1968: 14), nach dem die Ernte zwischen dem (feudalen) Landbesitzer und dem dies Land bearbeitenden Bauern zu unterschiedlichen Proportionen geteilt wurde. Dieses Prinzip wurde umgewandelt in einen freien Vertrag nun zwischen dem Besitzer der Kornmühle oder Traubenpresse etc. und dem Bauern. Nun *musste* – und zwar *freiwillig* – ein Teil der Ernte gegen eine (Kapital-)Leistung eingetauscht werden. Dies betraf in großem Maßstab den Bauern als Pächter eines Landbesitzers. Claphams Resümee besteht darin, den Revolutionären von 1789 vorzuwerfen, nicht die Bauern als Klasse betrachtet zu haben, sich dafür nur mit der Freiheit des Individuums, das selbstverantwortlich Verträge abschließend konnte, zufrieden gegeben und somit die wahren Bürden des Bauern wie Steuerzahlungen, der Zehnte, das Jagdgesetz etc. ihm nicht genommen zu haben (Clapham 1968: 17). Was den Landarbeiter anging, so hatte die Revolution ihm überhaupt keine Vorteile gebracht.

Was die kapitalistische Entwicklung – symptomatisch ist die des Maschinenbaus – betrifft, so hinkte Frankreich mit riesigem Abstand hinter der englischen Entwicklung her; allein Belgien war die auf dem Kontinent in etwa mit England gleichziehende Nation (z.B. gemessen an dem Indikator Zahl und Pferdestärken der Dampfmaschinen). Die industrielle Auswirkung auf die Arbeiterschaft verlief natürlich parallel: Noch 1870/71 blieb die große Schwerindustrie die Ausnahme und entsprechend waren die typischen Beschäftigungsverhältnisse solche in kleineren Werkstätten, in denen prinzipiell die Arbeiter die Chance hatten, irgendwann einmal selbst Meister zu werden. Aber auch die praktizierte französische Schutzzollpolitik gegenüber Importen aus England (bes. Maschinen) blieb langfristig wirkungslos. Hinter dem Rücken der Produzenten vollzog sich der Konkurrenzkampf der preiswerteren, maschinell hergestellten Produkte. Der Kampf gegen die Maschine verhindert keinen Kampf der Waren auf dem Weltmarkt. Es kann nur vorübergehend gelingen, die kleinen Handwerksbetriebe mit einer solchen Politik zu erhalten, zu „konservieren“. Allein die französischen Ingenieure und Hersteller von landwirtschaftlichen Maschinen wussten, dass Maschinerie half, die Produktion preiswerter zu gestalten und sie stellten Eigenbauten oder Nachbauten der englischen Maschinen her. So besaß „der Arbeiter“ in Frankreich, auch ohne es immer unmittelbar zu verspüren, die Interessenlage eines Warenproduzenten. Seine Produkte waren nicht mehr begrenzt auf den Umkreis seines Dorfes. Entsprechend dieser objektiv gegebenen Situation bildete auch der französische Bauer eine Klasse, die prinzipiell mit dem Gesichtspunkt des (städtischen) Lohnarbeiters identisch war (Clapham 1968: 75). Die Schutzzollpolitik verursachte auch Arbeitslosigkeit in Frankreich; „der Arbeiter" auf dem Land wusste, dass er in Abhängigkeit einer sich abzeichnenden landwirtschaftlichen Industrie und ihrer Banken geraten würde (Kapitalvorschuss auf Saatgut, Maschinerie etc.) und seine Probleme sozialpolitischer Natur waren. Der Fabrikarbeiter war in dieser Hinsicht allerdings dem Landarbeiter und Kleinbauern überlegen, da der Fabrikarbeiter schon nach eigenständiger politischer Organisation strebte. Solche Organisationen waren aber, wie gesehen, dem Kaiserreich politisch suspekt und blieben verboten.[197] Dennoch wurden viele Arbeiterorganisationen unter den Decknamen von gegenseitiger Hilfe, Sparkassen sowie im Rahmen von Freimaurerlogen gegründet; Streiks konnten nicht verhindert werden und schon gar nicht spontan durchgeführte.

Clapham setzt die Zäsur, an der festzumachen ist, dass sich Entscheidendes in der Landwirtschaft tat: Es ist ungefähr das Jahr 1860, da Mehreres zusammenfiel: Zum einen hatte die Zahl der Landbevölkerung fast ihren Zenith erreicht, zum anderen gab es inzwischen ein schnell ausgebautes Eisenbahnnetz und den Telegraphen. Letztere sorgten dafür, dass Frankreich kommunikativ mit Europa entscheidend enger verbunden war, nicht nur, was die Nachrichten betraf: Von besonderer Bedeutung waren die Informationen über drohende Hungersnöte und Seuchen, die dann auch europaweit bekämpft werden konnten und wurden. Es bedeutete ebenfalls, dass der einzelne Bauer zu einem Teil eines europäischen Konkurrenzverhältnisses wurde, dass seine Produkte als Waren verschifft und gehandelt wurden und gegen die ausländische Konkurrenz antreten mussten. Dies war die entscheidende Bedeutung: Die deutlich engere Abhängigkeit von einem kapitalintensiven Markt (Maschinerie), die die Produktionskosten erhöhte und

---

197 Schon die Gesetzgebung von 1791 hatte die Bildung von Gilden (der Meister) und Organisationen von Arbeitern verboten. Der Code civil, Art. 1781, schrieb vor, dass bei Lohnstreitigkeiten vor Gericht das Wort des Arbeitgebers ausschlaggebend sei. Dieser Artikel galt bis 1868. (Clapham 1968: 76f.). Dies wiederum besagt, dass es kaum kollektive Vereinbarungen gab, sondern nur die „intime" ohne Zeugen zwischen den beiden vertragsschließenden Personen Unternehmer und Arbeiter. Die Artikel 291-294 des Strafgesetzbuchs verboten Versammlungen von mehr als 20 Personen und die Artikel 414-416 sahen vor, dass streiken oder Streikposten aufstellen ein strafbares Vergehen sei. Ebenso wurde vom Arbeiter die Führung eines Arbeitsbuches (livret) verlangt, in das die Namen der Arbeitgeber eingetragen werden musste.

sich amortisieren musste. Marxens Analyse trifft den Kern der neuen Abhängigkeiten des Landwirts sowie seine Hoffnungen und Verhaltensweisen bei getäuschten Hoffnungen. Marxens Beispiel ist die von der Provisorischen Regierung 1848 beschlossene sog. 45-Centimes-Steuer.[198] Weitere Gesetze staatlich-autoritären Charakters waren „speziell gegen die französische Bauernschaft gerichtet! Wenn der französische Bauer Louis Bonaparte zum Präsidenten der Republik gemacht hatte, weil der Bauer traditionsgemäß alle Vorteile, die er von der ersten Revolution empfangen, in seiner Einbildung auf den ersten Napoleon übertragen hatte, so bewiesen die bewaffneten Bauernaufstände in einigen französischen Departements und die Jagd der Gendarmen auf sie nach dem coup d'état, dass diese Täuschung rasch am Zusammenbrechen war!" (MEW 17, 1973: 742).

Zu überprüfen ist also, welche politische Perspektive die Commune den Landwirten eröffnen könnte, zumal sie dringend auf ihre materielle (Lebensmittel) und ideelle (bei Wahlen in Frankreich) Unterstützung angewiesen war. Am 28. April, also gegen Ende der Commune, erschien ein Aufruf an die Landarbeiter, überwiegend verfasst von André Léo.[199] Es heißt dort u.a.:

> „Bruder, du wirst betrogen. Unsere Interessen sind die gleichen (...). Die Befreiungen, die wir beanspruchen, sind auch deine Angelegenheiten (...). Wir sind Vasallen des Elends. Über ein Jahrhundert wiederholt man dir, dem Bauern, dem armen Tagelöhner, der Grundbesitz sei die heilige Frucht der Arbeit und du glaubst es (...). Nein, Bruder, durch Arbeit kommt man nicht zu Landbesitz. Er wird zufällig ererbt oder durch List gewonnen. Die Reichen sind Müßiggänger. Die Arbeiter sind und bleiben arm. Das ist die Regel; alles andere ist nur Ausnahme" (MEW 17, 1973: 742).

---

[198] Fn. 435, MEW 17, 1973: 742: „Die *Zuschlagsteuer* (Zusatzsteuer) von *45 Centimes* je Franc der vier direkten Steuern, die am 16. März 1848 von der provisorischen Regierung der Zweiten Republik eingeführt wurde, traf vor allem die Bauern (...) und rief bei ihnen tiefe Unzufriedenheit hervor".

[199] Eigentlich Victoire Léodile Béra, 1832-1900, verh. mit dem Journalisten Champseix, Verfasserin bedeutender feministischer Literatur, Gründerin der Zeitschrift La Sociale, Mitglied des Frauenbündnisses zur Verteidigung von Paris und aktiv in der neuen Erziehungspolitik, s. Noel, Dictionnaire II, s.v. Léo; Léodile Champseix, dite André Hrsg. der Zeitschrift la Sociale.

Weitere Punkte dieses in die Provinz versandten Aufrufs sind:

- Bildungs- und Schulgeldfreiheit für Reiche und Arme;
- Limitierung der Höhe der Bezahlung für Inhaber öffentlicher Ämter;
- Einrichtung von Altersheimen;
- Wer kein Eigentum hat, muss keine Steuern zahlen, auch nicht, wer Haus und Garten hat; kleinere Vermögen werden niedrig besteuert, die Hauptlast der Steuern tragen die Reichen.
- Gegen die sehr Reichen und die sehr Armen;
- Paris führt Krieg gegen den Wucher, die Lüge, das Nichtstun.
- Generell gilt: das Land dem Bauern, das Arbeitsgerät dem Arbeiter, Arbeit für alle, die Früchte dem, der sät und erntet;
- Keine hohe Besteuerung der Arbeit, Patente und Abgaben.

Es ist zu bezweifeln, dass der französische Landwirt diese Versprechen zu würdigen wusste und nicht etwa, weil er zu monarchisch ausgerichtet und ungebildet war. Auch tauchen auf diesem zweiseitigen Anschlag Aussagen auf, die keineswegs von der Commune beschlossen waren. Dies betrifft alle Andeutungen einer Steuergesetzgebung und der Regelungen zum (steuerpflichtigen) Privateigentum (die Commune hatte die alte Steuergesetzgebung beibehalten). Interessant scheinen zwei zueinander im Widerspruch stehende Elemente zu sein: Einerseits ist beim „Privateigentum an dem Produktionsmittel" eher ganz bescheiden an Pflug und Ochse gedacht, also an das mittelalterliche Niveau der landwirtschaftlichen Geräte. Andererseits werden Patente erwähnt, die Dreschmaschinen o.Ä. betreffen, von denen zu diesem Zeitpunkt nur wenige in Frankreich – nicht zuletzt auf Grund der kleinen Parzellen – eingesetzt waren.[200] In der Tat verteuerten sich die Produktionskosten während der hier betrachteten Zeit nach 1860 durch eben den Einsatz der Maschinerie.[201] Da zeitgleich auf Grund europäischer Kon-

[200] England war, wie bekannt, Pionier in der sog. Industriellen Revolution und hütete eifersüchtig seine Patente. Aber auch Frankreich hatte seine Tradition in der Linie Vaucanson – Jacquard (programmierbarer Webstuhl) und auch seine Spione (z.B. Lieven Bauwens, der 1790 die „spinning mule" stückweise nach Frankreich schaffte). Jacquard wurde vom Ersten Kaiserreich unterstützt.

[201] Die landwirtschaftliche Statistik des Jahres 1862 verzeichnet 101.000 Dreschmaschinen alten Typs (mit Mauleseln oder Pferden betrieben) angesichts von 790.000 landwirtschaftlichen Großflächen über 25ha. (Clapham 1968: 170).

kurrenz in den 80er und 90er Jahren ein Preisverfall landwirtschaftlicher Produkte einsetzte, ist deutlich, dass die Abhängigkeiten des Landwirts zu immer geringerem Umfang von den natürlichen Verhältnissen (Bodenbeschaffenheit und Wetter) abhängig wurden, sondern zunehmend vom Markt, dessen wichtigster Parameter die Technologie darstellt. Frankreich jedenfalls war noch durchsetzt von eher sehr kleinen Nutzflächen und kaum mit Bauernhöfen der Art, wie sie im Norden zur belgischen Grenze, in Belgien und den Niederlanden typisch waren.

Abbildung 15: Dreschmaschine, zeitgenössisches englisches Modell, aber publiziert im Dictionnaire d'arts industriels. (Barrett, Exallet Andrewes in Reading). Als Bild mit Beschreibung in der Bibliothèque Nationale de France (s.v. Batteuse) (Maschine von 1881).

Dass also Maschinenerwerb zunächst die Produktion verteuert und sich erst amortisiert, wenn die bearbeitete Fläche hinreichend groß ist und sich andererseits bei der Dominanz der kleinen Farmen ein solcher Einsatz überhaupt nicht lohnte, zeigt, dass die französische Landwirtschaft zwar von der industriellen landwirtschaftlichen Produktion Kenntnis hatte, sie aber so gut wie nicht verwirklichen konnte. Mit anderen Worten: Ein „sozialistisches Programm" für die Landwirte in Frankreich aufzustellen, so wird wohl schon aus diesen wenigen Zeilen deutlich, ist extrem schwierig, was auch Marx unverhohlen zugibt:

> „Es ist daher ganz überflüssig, hier näher einzugehen auf die verwickelteren wirklichen Lebensfragen, die die Kommune allein fähig und gleichzeitig gezwungen war, zugunsten der Bauern zu lösen – die Hypothekenschuld, die wie ein Alp auf seiner Parzelle lastete, das ländliche Proletariat, das täglich auf ihr heranwuchs und seine eigene Enteignung von dieser Parzelle, die mit stets wachsender Geschwindigkeit der modernen Ackerbauwirtschaft[202] und die Konkurrenz des kapitalistischen Bodenbaus sich durchsetzte."

Allerdings ist Marxens Analyse der den Bauern und Arbeitern gemeinen Interessenlage schon 1848 klar formuliert worden:

> „Die Landbevölkerung, über zwei Drittteile der französischen Gesamtbevölkerung, besteht größtenteils aus so genannten freien *Grundeigentümern*. Die erste Generation, durch die Revolution von 1789 unentgeltlich von den Feudallasten befreit, hatte keinen Preis für die Erde gezahlt. Aber die folgenden Generationen zahlten unter der Gestalt des *Bodenpreises*, was ihre halbleibeigenen Vorfahren unter der Form der Rente, der Zehnten, der Frondienste usw. gezahlt hatten. Je mehr einerseits die Bevölkerung wuchs, je mehr andererseits die Teilung der Erde stieg – um so teurer wurde der Preis der Parzelle, denn mit ihrer Kleinheit nahm der Umfang der Nachfrage für sie zu. In dem Verhältnis aber, worin der Preis stieg, den der Bauer für die Parzelle zahlte, sei es, dass er sie direkt kaufte oder dass er sie von seinen Miterben sich als Kapital ausrechnen ließ, in demselben Verhältnisse stieg notwendig die *Verschuldung des Bauern*, d.h. die *Hypothek*. Der auf dem Grund und Boden haftende Schuldtitel heißt nämlich *Hypotheke*, Pfandzettel auf den Grund und Boden. (…) Aber je mehr die Teilung (der Parzelle; Re.) steigt, um so mehr bildet das Grundstück mit dem allerjämmerlichsten Inventarium das ganze Kapital des Parzellenbauers, um so mehr fällt die Kapitalanlage auf Grund und Boden weg, um so mehr fehlen dem Kotsassen Erde, Geld und Bildung, um die Fortschritte der Agronomie anzuwenden, um so mehr macht die Bodenbebauung Rückschritte. (…) Und was Wir-

202 In der Fußnote: (*1871* und *1876*) Ackerbauwissenschaft; Marx, MEW 17, 1973: 345).

kung war, wird seinerseits zur Ursache. (…) Dieser Prozess wurde in Frankreich beschleunigt durch die stets wachsende *Steuerlast* und durch die *Gerichtskosten* (…)
Man begreift die Lage der französischen Bauern, als die Republik ihren alten Lasten noch neue hinzugefügt hatte. Man sieht, dass ihre Exploitation von der Exploitation des industriellen Proletariats sich nur durch die *Form* unterscheidet. Der Exploiteur ist derselben: das Kapital" (MEW 17, 1973: 98f.).

### *Arbeiter*

Leó Frankel[203], Korrespondent von Marx, Mitglied der AIT, bezeichnete das Dekret No. 212 vom 27. April (aus seinem „Hause") über das Nachtarbeitverbot der Bäckereien – die Arbeit durfte nicht vor 5 Uhr morgens beginnen – als das einzig wahrhaftig sozialistische Dekret der Commune. Die Exekutivkommission bestätigte das Dekret und bestimmte das Inkrafttreten „unwiderruflich" für den 3. Mai. Die Forderungen nach einem Verbot waren von der Vereinigung der Bäckereiarbeiter schon öfter in der Vergangenheit vorgetragen worden. So gab es auch diesmal einigen Widerstand im Rat der Commune aus dem Grund, dass das freie Aushandeln von Verträgen durch staatliches Eingreifen verhindert würde. Es gab durchaus auch Bemühungen, die Dauer des Arbeitstages und der Wochenarbeitszeit gesetzlich zu regeln. Mehr symbolisch sind die Verhandlungen mit der Uniformfabrik im Louvre zu werten, die einen Mindestlohn und eine Höchstarbeitszeit festlegten (s. Kommissionen des Rates). Was Arbeiter interessierte, war natürlich die Kürzung des Arbeitstages bzw. der Wochen- und Jahresarbeitszeit. Der „Kirchenkampf" hatte die Arbeiter viele Arbeitstage gekostet, an denen zuvor als Festtage des Kirchenjahres nicht gearbeitet werden mussten. So sehnten sich die Arbeiter nach der „semaine anglaise", dem halben, arbeitsfreien Samstag, der sich seit 1850 im Vereinigten Königreich durchgesetzt hatte. Ansonsten galt in der zweiten Hälfte des 19. Jhs. in Frankreich der 11-Stunden-Tag und erst 1906 gab es überhaupt einen freien wöchentlichen Tag. Um 1900 wurde erwogen, eine Kürzung auf 60 Std. der Wochenarbeitszeit

[203] So die korrekte magyarische Schreibweise.

für Frauen durchzusetzen (in Deutschland 65 Std.; Clapham 1968: 405).[204]

## *Resümee*

Milza (2009: II, 477) resümiert dieses *schreckliche Jahr* 1871 – *L'année terrible*"[205] – und erwähnt das Plebiszit vom Februar 1871, bei dem es scheinbar nur um die Frage Frieden oder Fortführung des Krieges ging, „in Wahrheit" jedoch um die künftige Politik, nach der Frankreich beherrscht werden soll: Von einer sich der sozialen Frage der Klasse der (Bauern und) Arbeiter widmen wollenden „linken" Republik, was Fortführung des Krieges und Verteidigung des ganzen französischen Territoriums bedeutet hätte. Oder alternativ durch einen erkauften Frieden durch die gemäßigten, konservativen und monarchistischen Kräfte der Partei „Ordnung" die Zukunft zu gestalten. Es waren die Bauern, die sich für letztere Option entschieden, womit im Grunde das Schicksal von Paris und den anderen Communen besiegelt war. Das ganze 19. Jh. rückblickend betrachtet muss Clapham zugestanden werden, dass der Lebensstandard der arbeitenden Klasse, gemessen z.B. an seiner Konsumption von Brot, Fleisch, Wein, gestiegen war und Hungersnöte nicht mehr im kollektiven Gedächtnis waren. Die Eigentumsverhältnisse auf dem Land waren seit der Großen Revolution gesichert. Andrerseits befand sich Frankreich „objektiv" im Übergangsstadium zu einer kapitalistischen Marktorientierung mit allem, was dazu gehört: Der Trend zur Großindustrie und auf dem Land zur industrialisierten Landwirtschaft. Die Klasse der Land- und Industriearbeiter war zwar noch in übergroßer Mehrheit in kleinen Ateliers beschäftigt bzw. auf dem Land auf den kleinen Parzellen. *Aber,* sie war schutzlos den neuen Mächten der internationalen Konkurrenz, den Banken, den Hypotheken ausgeliefert. *Und* sie war tätig unter unerträgli-

---

[204] Vorarbeiten zu solchen Plänen der Arbeitszeit, Organisationen der Arbeiter, Schaffung von Arbeitsplätzen und gesetzlichen Garantien auf ein Recht auf Arbeit sind schon in der Zweiten Republik in der sog. Luxembourg-Kommission von Louis Blanc zu finden. Vieles war bei Blanc utopistisch wie Fouriersche Lebens- und Arbeitsgemeinschaften und die Idee, dass es bei der Arbeit nicht um Gewinn, sondern um Ehre gehe, dennoch waren die Nationalwerkstätten bei den Gegnern des Industriekapitals verhasst, da mit ihnen eine Einlösung des ‚Rechts auf Arbeit' gegeben war (vgl. auch Marxens Darstellung und Kritik dieser „Emanzipation" des Proletariats „neben" dem bürgerlichen Interesse, 1848, 19).

[205] Titel des Gedichtes von Victor Hugo, 1872

chen Arbeitsbedingungen. Die Bauern vertrauten mehr den gnädigen Rücksichten einer Monarchie, die sie als freie Bauern schützte, natürlich aus Liebe zum Militär, das sowohl die Bauernsöhne brauchte als auch ausreichend gesicherte Nahrungsmittel, um die vielen Kriege außerhalb Frankreichs in Bewegung halten zu können. Ein Manifest, wie der w.o. zitierte Verbrüderungsaufruf an die Landarbeiter muss nur Kopfschütteln ausgelöst haben über das, was sich „linke Republikaner" da wieder ausgedacht haben. Man meint die Stimmen im Gasthof zu hören, die sich über die Einrichtung von Altersheimen als gut gemeinte Unterstützung der Landarbeiter lustig machen. 1871 haben die Landarbeiter von dampfgetriebenen Dreschmaschinen gehört, einige haben die alten pferdegetriebenen gesehen, aber kaum jemand hat die Auswirkungen auf die eigene Produktion „gespürt", obwohl sie präsent war. Sie war zu dem Zeitpunkt lediglich ein *Gespenst* für den Bauern wie einst der Webstuhl für den Heimarbeiter und wie der zwanzig Jahre später auf die Bildfläche tretende taylorisierte Fabrikbetrieb für den französischen Handwerkerproleten 1871 noch nicht einmal der Schatten eines Schreckgespenstes war, obwohl schon von Adam Smith die Parameter der industriellen Revolution als Menetekel an der Wand erschienen waren. Auch die Verheißungen des mechanischen Maschinenzeitalters, die Verkürzung der Arbeitszeit um 20% (natürlich zu einem Preis: die vollständige Entmachtung des Arbeiters – schließlich war Taylor, ein Demokratiefeind par excellence) blieben im Dunkeln, obwohl das neue Zeitalter schon gezeugt war.

*Wie wird die arbeitende Klasse auf die Zukunft vorbereitet?*
*Wer oder was bereitet sie vor?*
*Können überhaupt solide Prognosen erstellt werden?*

Die Commune hat versucht, in der Vergangenheit seit dem frühen Mittelalter und selbst in diesem etwas ungereimten Aufruf von 1871, Gemeinsamkeiten der Klassen der Bauern und Arbeiter zu thematisieren. Dies geschah, wie so oft in den revolutionären Erhebungen seit 1789 mit der Phrase von der *fraternité*, die Marx eine *gemütliche Abstraktion von den Klassengegensätzen* nannte (*Die Klassenkämpfe in Frankreich*, 1848, MEW 7, 1973: 21). Zu Recht verspürt man hier Marxens Ungeduld, die Umarmungen doch erst für die Zeit nach der erfolgreichen Revolution vorzunehmen und solche menschlichen Regungen nicht als ein geeignetes Mittel zur Überwindung von Klassengegensätzen misszuverstehen. Brecht ließ den Agrarunternehmer Puntila immer dann menschliche Regungen gegenüber seinem Knecht Matti ausführen, wenn Puntila betrunken war. War er wieder nüchtern, jagte er seinen Knecht vom Hof. Diese Art der Menschlichkeit, die gepaart ist mit Ignoranz und Illusion macht sich mitschuldig an unmenschlichen Aktionen und Reaktionen. Hier verborgen liegen vermutlich die Antworten auf die obigen Fragen.

# II. 8 Zivilisation und Barbarei

Was in diesem Kapitel zu erwarten ist, sind Erklärungsansätze zu den von den Versailler Truppen im Namen der „Zivilisation" verübten Gewaltexzesse. Da psychologische und soziologische Faktoren allein die Vorkommnisse nicht verstehen lassen können, werden kulturelle Faktoren, wie sie von Schriftstellern thematisiert werden, zu Hilfe genommen.

An Carl von Gerstorff in Marienbad, Basel 21 Juni 1871

Mein lieber, theurer Freund,

So bist Du mir denn glücklich erhalten und integer aus den ungeheuren Gefährlichkeiten heimgekehrt. Endlich darfst Du an friedliche Beschäftigungen und Aufgaben denken und jene furchtbare kriegerische Episode als einen ernsten, doch vorübergeflohenen Traum Deines Lebens betrachten. Nun winken neue Pflichten: und wenn Eins uns auch im Frieden bleiben mag aus jenem wilden Kriegsspiel, so ist es der heldenmüthige und zugleich besonnene Geist, den ich zu meiner Überraschung, gleichsam als eine schöne unerwartete Entdeckung, in unserm Heere frisch und kräftig, in alter germanischer Gesundheit gefunden habe. Darauf lässt sich bauen: wir dürfen wieder hoffen! Unsre *deutsche* Mission ist noch nicht vorbei! Ich bin muthiger als je: denn noch nicht Alles ist unter französisch-jüdischer Verflachung und „Eleganz" und unter dem gierigen Treiben der „Jetztzeit" zu Grunde gegangen. Es giebt doch noch Tapferkeit und zwar deutsche Tapferkeit, die etwas innerlich Anderes ist als der élan unserer bedauernswerthen Nachbarn.
Über den Kampf der Nationen hinaus hat uns jener internationale Hydrakopf erschreckt, der plötzlich so furchtbar zum Vorschein kam, als Anzeiger ganz anderer Zukunftskämpfe. Wenn wir uns einmal persönlich aussprechen könnten, so würden wir übereinkommen, wie gerade jene Erscheinung unser modernes Leben, ja eigentlich das ganze alte christliche Europa und sein Staat, vor allem aber die jetzt überall herrschende romanische „Civilisation" den ungeheuren Schaden verräth, der unserer Welt anhaftet: wie wir Alle, mit aller unserer Vergangenheit,

> *schuld sind* an solchen zu Tage tretenden Schrecken: so dass wir ferne davon sein müssen, mit hohem Selbstgefühl das Verbrechen eines Kampfes gegen die Cultur nur jenen Unglücklichen zu imputieren. Ich weiß, was es sagen will: der Kampf gegen die Cultur. Als ich von dem Pariser Brande vernahm, so war ich für einen Tag völlig vernichtet und aufgelöst in Thränen und Zweifeln: die ganze wissenschaftliche und philosophisch-künstlerische Existenz erschien mir als eine Absurdität, wenn ein einzelner Tag die herrlichsten Kunstwerke, ja ganze Perioden der Kunst austilgen konnte; ich klammerte mich mit ernster Überzeugung an den metaphysischen Werth der Kunst, die der armen Menschen wegen nicht da sein kann, sondern höhere Missionen zu erfüllen hat. Aber auch bei meinem höchsten Schmerz war ich nicht im Stande, einen Stein auf jene Frevler zu werfen, die mir nur Träger einer allgemeinen Schuld waren, über die viel zu denken ist! –
> (…)
> Dein treuer Freund
> Friedrich Nietzsche[206]

Der Nietzsche-Text belegt hinlänglich, dass der Begriff der „Zivilisation" als Kampfbegriff verwendet wird und nicht ohne seinen implizit oder explizit verwendeten Komplementärbegriff der „Barbarei" auskommen kann. Wenn Thiers behauptet, die Zivilisation zu verteidigen, indem er Paris von dem Commune-Gesindel „reinigt", so ist dies nicht mehr als ein Reflex bekannter Praktiken von Kolonialherren gegenüber den primitiven Barbaren, die a priori keine Kultur haben. Wer jeweils zum Barbaren erklärt wird, hängt ab von volitiven Faktoren: Es gilt, ein Interesse oder ein Motiv auszumachen, eine Überlegenheit der eigenen Partei gegenüber einer anderen und dieser eigenen Partei die Weihe einer (in der Regel) säkular begründeten Geschichtsperspektive zu geben, unter der Menschen künftig besser leben können. Die Geschichte der Sklaverei ist nur eine Manifestation solcher Diskriminierungen, aber die historisch bekannteste. Die bedeutendste war immer schon die Diskriminierung von Frauen, die oft genug unter einem gewollten zweifachen Schicksal leiden, wenn an die heute noch existierenden Millionen gedacht wird, die als Sklavinnen ihr Leben fristen (WuDunn/Kristoff 2010).

[206] Nietzsche 1954: Bd. 3, 1042-1044.

Der Wiener Kongress hatte neben dem Ziel, zu einer europäischen Friedensordnung zu gelangen, die historisch weniger bekannte Zielsetzung der Abschaffung der Sklaverei, was allerdings auch nicht erreicht wurde. Das Thema hat seine Tücken: Die bekannt gewordenen „encuentras" der Jesuiten in Südamerika hatten dies erfahren. Papst Alexander VI. hatte den Streit zwischen Spanien und Portugal damit entschieden, dass die neue Welt mit einem Längengrad-Strich geteilt wurde und einige spanische Siedlungen den Portugiesen zugeschlagen wurden und umgekehrt. Da zu der Zeit Spanien die Sklaverei abgeschafft hatte, Portugal jedoch nicht, konnten die Portugiesen weiterhin in Afrika Sklaven fangen lassen, nach Südamerika transportieren und an die dortigen Spanier verkaufen, die ja nicht die „Sklavenhaltung" abgeschafft hatten. So wurden einige „encuentras", Schutzzonen oder Schutzlager, die von den Jesuitenpatres patriarchalisch geführt wurden, wieder frei für eine portugiesische Versklavung. Auch in Nordamerika war im spanisch besetzten Teil (Mexiko, Florida etc.) die Sklaverei verboten und schwarze Sklaven konnten dorthin flüchten. Im amerikanischen Unabhängigkeitskrieg, in dem Frankreich auf Seiten der Spanier gegen die Briten kämpfte, wurde 1781 Spanien der größte Teil Floridas (zuvor von ihnen schon besiedelt) zugesprochen, so dass dort auch die einheimischen Indianer (bes. die Muskogees) und andere aus dem Norden Geflohene siedeln konnten, die sich „Seminolen" („Flüchtlinge") nannten und wiederum aus dem Norden geflohene Schwarze bei sich aufnahmen und integrierten. Die britische Gesetzgebung garantierte Sklaverei – mit der bizarren Unterscheidung, dass mit dem Schiff nach Amerika Verbrachte als Sklaven gehalten werden konnten.[206] Der gesetzgeberische Wille der Briten war so stark, dass er es auch den Indianer empfahl, Sklaven zu halten und – was kaum zu übertreffen ist – von z.B. den Creeks auch praktiziert wurde (Katz 2012: 63; Katz 1995). Der *Slavery Abolition Act* von 1833 erweiterte den *Slave Trade Act* dergestalt, dass im ganzen Weltreich jede Form der Sklaverei verboten wurde, Handel wie Besitz.

Die *de facto* Abschaffung der Sklaverei in Frankreich hatte bis 1848 warten müssen. Es mag dem simplen deduktiven Denken unpassend erscheinen, aber aus der Tatsache, dass Menschenrechte proklamiert wurden, folgte leider nicht, dass sie als unveräußerliche Rechte aufgefasst wurden und es folg-

[206] Die Einwohner Amerikas galten als „von Land bewegte Menschen" und somit keine Sklaven.

te daraus auch nicht, dass die soziale Praxis entsprechend dem Geist dieser Rechte war. Marx trägt dieser Tatsache Rechnung, wenn er davon spricht, dass solche Gegenstände erst zu einem „allgemeinen Vorurteil" werden müssen, um dann erst Bestandteil einer täglichen Praxis werden zu können. So bedurfte es bei der Verankerung der Menschenrechte allein in dem gesetzgeberischen Körper Frankreichs des energischen Betreibens eines Victor Schoelchers bis Zustimmung erfolgte. Dieser hatte nach seiner Rückkehr von Kuba 1833 eine Kampagne begonnen, dass Sklaven Menschen seien und deshalb von *Rechts* wegen als freie Menschen zu betrachten seien. Anfangs beabsichtigte er noch eine allmähliche Zunahme von Freiheitsrechten in wirtschaftlicher und bildungsmäßiger Hinsicht, wurde dann jedoch radikaler und verlangte ihre sofortige und uneingeschränkte Freiheit.

Auf dem Wiener Kongress behinderten Spanien und Portugal mit ihren eigenen Differenzen das Zustandekommen einer Abschaffung der Sklaverei, die auch den Sklavenhandel beinhaltete, so dass keine abschließende Einigung erzielt werden konnte. Spanien wollte unbedingt den Gewinn aus dem Sklavenhandel einstreichen und meinte, dass eine Abschaffung Spanien erst in acht Jahren bewerkstelligen könnte (Zamoyski 2007: 312).

Es war ein langer Weg bis zur staatlichen Abschaffung der Sklaverei, der allerdings immer noch nicht zu Ende gegangen ist. Die Auseinandersetzung um die „Abolition" erstreckte sich über fünf Jahrhunderte: Von der „Einsicht" Papst Pauls III., dass doch tatsächlich die lateinamerikanischen Indios Menschen seien, über Verbote des Sklavenhandels, über Kampagnen zur Befreiung der Sklaven, über das Dekret von 1883. Dieser Weg muss weiter gegangen werden, da immer noch fast dreißig Millionen Menschen in Sklaverei leben.

Abbildung 16: Bronzerelief von Léopold Morice, *Abolition Esclavage*, (Abschaffung der Sklaverei), Monument à la République, place de la République, Paris 1883 (Dänemark schuf als erstes Land die Sklaverei ab: bereits 1722)

Es war also kein singuläres Ereignis auf dem gerne so konstruierten „Zeitstrahl der Geschichte" wie die obige Plakette in heroischer Übertreibung suggeriert. Betrachtet man unter diesem Aspekt der „Zivilisation und Barbarei" die ausgebreitete Form von Kolonialismus und Imperialismus, also die des Britischen Imperiums, und betrachtet sie in den literarischen Verarbeitungen der Schriftsteller Kipling und Conrad, so liefern sie eine recht erhellende Einsicht:

> „Eines der Ziele des Romans (*Kim*, 1901) ist es nämlich die Konfliktabsenz zu zeigen, wenn Kim von seinen Zweifeln, der Lama von seiner Sehnsucht nach dem Fluss der Erlösung und Indien von einigen wenigen Emporkömmlingen und ausländischen Agenten geheilt und gereinigt ist. Dass es zum Konflikt *gekommen sein könnte*, wenn Kipling[208] Indien als elendiglich dienstbare Provinz des Imperialismus angesehen hätte, bezweifeln wir durchaus nicht, aber er tat es nicht – für ihn war es das denkbar beste Geschick Indiens, von England beherrscht zu werden. (...) Es ist von ausschlaggebender Bedeutung, daran zu erinnern, dass es keine nennenswerten Abschreckungsmittel gegen die imperialistische Weltsicht gab, wie sie Kipling vertrat, so wenig Alternativen zum Impe-

[208] Nobelpreisträger für Literatur 1907.

rialismus es für Conrad gab, wie deutlich er auch seine Übel erkannte."[209] (Said 1994: 206f.)

Dieser Gedanke der „Konfliktabstinenz" ist u.E. außergewöhnlich fruchtbar für die Analyse eines jeden staatlichen Gewaltphänomens. In diesem Falle geht es um die auf Gewalt basierende Herrschaftsform von Kolonialismus und Imperialismus. In beiden Sachverhalten[210], gab es kaum einzelne Stimmen, geschweige denn soziale Bewegungen, die koloniale und imperiale Herrschaftsansprüche gefährden konnten oder die eine Alternative einer Koexistenz unterschiedlicher Kulturen propagierten. Kulturgeschichtliche Fakten spielen bei diesen kolonial-imperialen Kämpfen keine Rolle: Es tut nichts zur Sache, dass die Spanier in Mittelamerika auf eine Hochkultur stießen, dass Europäer in Afrika auf Hochkulturen wie die von Meroë stießen, in Asien auf die Chinas, Koreas etc. Eine jede Form der Gewaltanwendung bedient sich letztlich fast beliebiger Motive, die den Täter als den „besseren" Menschen gegenüber dem „lebensunwerten Opfer" auszeichnen. Von diesen Motiven werden bestimmte bevorzugt, die einen biologistischen, sozialdarwinistischen Anstrich haben oder von oberflächlich bemerkbar morphologischen Besonderheiten ausgehen (Hautfarbe, Nasenlänge, Behaarung etc.). Sofsky spricht von der „Plastizität der Motive" (2002: 28). Sie sind nicht beliebig, sie sind auch kontextabhängig, aber „Kontexte sind keine kausalen Ursachen, sind weder hinreichende noch notwendige Bedingungen für gewalttätiges Verhalten. Allenfalls begünstigen oder hemmen sie die Gewalt" (ebd. 25). „Es ist die Tat, welche die Verwandlung des Mörders vollendet." (ebd. 44) Der Krieg bringt den Krieger hervor. „Willige Vollstrecker tun stets mehr, als befohlen ist."[211]

---

209 Erinnert sei in diesem Zusammenhang auch an proto-faschistoide Bewegungen des Kolonialerbes: An Baden-Powell („BP" genannt!), den Gründer der Boy Scouts, deren Aufgabe es sein sollte, die „Befestigung des Walles des Imperialismus" zu gewährleisten. (Said 1994: 197).

210 So ist der Vernichtungskrieg gegen die schon erwähnten Beduinen in der ehemaligen Cyrenaika und Abessinien durch den italienischen Faschismus in der Eigensicht der Italiener historisch durch das alte Imperium Romanum und aktuell durch den britischen und französischen Kolonialismus legitimiert und wie letztere ideologisch durch den „guten Krieg" der Zivilisation gegen die Barbarei. Die italienische katholische Kirche tauschte denn auch die äthiopischen Muttergottesstatuen gegen in Italien geweihte aus.

211 Sofsky 2002: 32 in Anspielung an Goldhagens Buch über den Holocaust.

„Der Diskurs über „Zivilisation und Barbarei" bedient das Bedürfnis nach historischer Sinndeutung. Die Überreste linearer Zeitmodelle und teleologischer Geschichtsphilosophie sind unübersehbar" (Sofsky 2002: 67f.).

Nietzsche führt diesen Diskurs und folgt der teleologischen Setzung, dass die Menschheit einem inneren, zivilisatorischen Plan folgt, der sich in der Kunst, in Wagnerscher Musik, in den Gemäldesammlungen der Museen und wohl nicht zuletzt in den Werken der Philosophiegeschichte manifestiert. Der zivilisierte Mensch ist der Übermensch, der sich, wie schon gesehen, vom Barbaren als Untermenschen wesensmäßig unterscheidet. Der Zeitstrahl der Geschichte weist auf dieses Endziel der Kunst hin. Wer dies verkennt oder leugnet, stellt sich außerhalb der wahren Menschheitsgeschichte. Dieses Ziel, wie aus Nietzsches Biographie selbst hervorgeht, muss zur Not auch mit dem Krieg errungen werden. Der Krieg ist somit gut, weil er das Barbarentum zurückdrängt. Das ist alles sehr primitiv und philosophisch ohne einen Anflug kritischer Reflexion. Es ist Ausdruck von Alltagsbewusstsein, das – siehe Said und Sofsky – gekennzeichnet ist von Konfliktabstinenz und einem Mangel an Abschreckungsmitteln. Die Motive für diese Geschichtsteleologie sind prinzipiell beliebig: Nietzsche wählte die Kunst.[212] Die Zivilisationskritiker der mittelamerikanischen Hochkulturen wählen vielleicht die Menschenopfer, die der afrikanischen Hochkulturen vielleicht, dass es Kopien der ägyptischen Kultur seien, Nazis u.a., dass der Juden genau rechne, während der Germane die Rechenergebnisse genial errate[213], die Kritiker der römisch-katholischen Abessinier vielleicht, dass sie Nomaden sind.

Alle Kreaturen bringen, wenn sie auf die Welt kommen, die Erinnerung an Gerechtigkeit mit. „‚Aber wir leben in einer Welt der Gesetze,' sagte ich zu meinem armen Gefangenen, ‚diese Welt ist nur zweite Wahl. Daran können wir nichts ändern.'"[214]

---

212 Es verlohnt, dieses Kunst-Motiv mit Peter Weissens Ausführungen in der *Ästhetik des Widerstands* (1981) zu vergleichen, allein um den Unterschied des Reflexionsniveaus zu würdigen.

213 So nachzulesen in der „Fachzeitschrift" Deutsche Mathematik.

214 John Maxwell/Michael Cotzee (2001), *Warten auf die Barbaren* (255). Hier findet sich auch das folgende symptomatische Beispiel für den Erfindungsreichtum des einfachen Soldaten in der Behandlung von zu Barbaren erklärten Menschen: „Eine einfache Draht-

Thiers behauptete ebenfalls, einen Krieg für die Zivilisation und gegen die Barbarei zu führen. Er hatte das Motiv der *Legalität* der Herrschaft (anerkannt von Deutschland, den Wahlergebnissen etc.). Aber die Motive tun nichts zur Sache, was die mörderische Durchsetzung des Machtanspruchs betrifft. Das ist aber der Punkt, den die hier zitierten Autoren versuchen zu verdeutlichen: Mit einer teleologischen Sinngebung des eigenen geschichtlichen Handelns auf dem „Zeitstrahl der Geschichte" geht die brutale Durchsetzung des gewählten Sendungsbewusstseins einher.
Thiers' Offiziere und Soldaten werden zu Mördern, die sich an ihrer Tat erfreuen, da sie das Gute befördern zumindest in der Hinsicht, dass sie an einem Abwehrkampf des Bösen beteiligt sind. Das Böse vernichten – man denke an die hier schon abgehandelte Verwendung biologisch-medizinischer Metaphorik – bedeutet Rettung der Zivilisation. Die Zweck-Mittel-Relation ist a priori geklärt: Das Hinmetzeln wird durch das Ziel (telos) der Zivilisationsbewahrung legitimiert.[215]

### *Der Barbar verbrennt das Alphabet*

Tombs zitiert aus einem Brief von Jules Cambon an seinen Bruder Paul, der eine typische Charakterisierung des Barbaren enthält: „Welch grausame Rasse; ich gehöre nicht mehr zu ihr – die Republik ist wirklich krank, die Monarchie ist keine Lösung. Und dann möge man sich den Sozialismus, wie er in die Praxis umgesetzt wird, ansehen (...) ein Mann, der Analphabet ist, kann nicht lernen, er verbrennt das Alphabet (...) Das ist der Untergang des alten Roms."[216]

---

schlinge ist durch den Handteller eines jeden Mannes und durch die durchbohrten Wangen gezogen worden. ‚Das macht sie sanft wie Lämmer,' hat mir einmal ein Soldat erzählt, fällt mir ein, der den Trick schon gesehen hatte. ‚Sie denken an nichts anderes, als wie sie sich ganz ruhig verhalten können'" (191).

215 Dies gilt ohne Abstriche auch für Nietzsche, der ungetrübt der gründlichen Reflexion über die Zweck-Mittel-Relation bei Kant und Hegel seine Meinung kundtut – als säße er an einem Stammtisch.

216 Tombs (1981): 192; Jules Cambon nahm am frz.-dt. Krieg teil; beide Brüder waren zurzeit der „blutigen Woche" in Paris; später waren sie in hohen diplomatischen Funktionen zu finden: in Algerien bzw. Tunesien, als Botschafter in den USA, Deutschland, Spanien: beide erhielten das Ehrenkreuz; vgl. diese Situation in Bazeilles mit der Eroberung von Paris (ebd. 260f.).

Tombs (1981: 162) beschreibt die Eroberung von Paris durch die Versailler Truppen. Er zeichnet nach, wie sorgfältig Mac Mahon diese militärische Operation leitete, wie er langsam vorging, um über ausgeruhte Truppen verfügen zu können, was dazu führte, dass die Versailler Verluste recht gering waren (400 getötet und 1100 schwer verletzt). Tombs bemerkt, dass die militärische Operation zwar zäh vonstattenging, aber dennoch selten wirklich gefährlich für die Versailler Truppen. Die meisten Soldaten waren höchstens ein bis zwei Tage im Gefecht und wurden dann zurückbeordert, um eroberte Gebiete zu sichern. Aufgrund dieser Tatsachen findet es Tombs besonders schwierig zu erklären, dass so viele Grausamkeiten begangen wurden. Die Soldaten erhielten den Auftrag, gefährliches Gesindel auszuräuchern und möglichst zu vernichten und sie nahmen diesen Auftrag an und führten ihn so mit eigener Phantasie angereichert durch, wie ein jeder meinte, die Lektion erteilen zu müssen, damit man anschließend davon spricht, wie grausam „barbarisches Verhalten“ von rechtsbewussten Exekutoren geahndet wird. Die Phalanx der guten Bürger in Versailles, an der vorbei die elenden Gefangenen vorbeigeführt wurden, applaudierte und meinte, die Truppen gingen viel zu sanft mit den Gefangenen um. So bildet sich ein Bewusstsein von dem, was sozial „gut“ und was „böse“ ist. Außerhalb vom eingeschlossenen und umkämpften Paris gab es kaum einen Ort, an dem anders gedacht, empfunden oder gar geäußert wurde. Auch nicht im Ausland. Die großen europäischen Mächte mit ihren Kolonien wagten nichts. Kleine Länder wie Belgien lieferten immerhin keine Flüchtlinge aus.

### *Resümee*

Es kann keinesfalls darum gehen, Grausamkeit gegen Grausamkeit aufzurechnen: Selbst eine solche Aufrechnung könnte nicht den eliminatorischen Charakter des von Thiers geführten Klassenkampfes leugnen: Es sind nicht nur die Taten vor der Belagerung und während der Eroberung von Paris, sondern auch die anschließenden jahrelangen Verbannungen und Demütigungen. Der Unterschied ist ein prinzipieller: Aus fast allen Dokumenten der Commune geht hervor, dass sie keinen Anspruch auf zivilisatorische Überlegenheit stellte. Sie begreift sich als ein *Modell des Zusammenlebens*, ohne ideologischen Eifer und ohne den lethalen Missionsdrang. Das heißt nicht, dass sie keine Grausamkeiten begangen hätte: Die wenigen Fälle der Geiselnahme und -erschießungen erhalten auch hier ihren gebührenden Raum ebenso wie die auch durch die Commune verursachten Brände. Allerdings wurden von der Commune – dies gegen Nietzsches Unkenntnis, die ihm evtl. zu verzeihen ist, da die Gegenpropaganda auch in den deutschen Zeitungen unisono Thiers' Hetze sich zu Eigen machte – von Anfang an die Kunstschätze gepflegt und geschützt.[217]

[217] Die hier behandelte Thematik ist deprimierend und man versteht gut den Engel der Geschichte Benjamins, der auf die Geschichte zurückblickt und nur eine Schädelstätte sieht. Sofsky bietet „etwas Tröstliches," das eine Wiederholung verdient: „Vorzeiten galt einmal der Kodex (für die Schlägereien von Fußball-Hooligans; Re.), die dritte Halbzeit untereinander auszumachen und Passanten und Polizei zu verschonen. Doch seitdem die Staatsmacht aufmarschiert, verschärft sich die Situation. Aus zwei Angreifern werden drei. Und nicht selten entgehen auch die Polizisten nicht der Sorgfalt der Gewalt, wenn der Knüppel freigegeben ist. In Eindhoven besann sich die Obrigkeit jüngst eines anderen Mittels. Sie erinnerte sich daran, dass auch andere Pforten ins Paradies führen. Sie verteilte unter den Heißspornen Marihuana. Einträchtig dösten die verfeindeten Recken an diesem Abend vor sich hin. Unversehens hatte sich ihre Streitlust in den höheren Regionen verflüchtigt." (in: op.cit. 49; abgedruckt aus: *Der Mob*, in: Das Magazin / Tages-Anzeiger 1.7.2000). Natürlich ist das „verwerflich," aber vielleicht hatte Huxley mit seiner Idee der Verteilung der Droge „Soma" (bewusstseinserweiternd natürlich) nicht ganz unrecht.

## II. 9 Kultur, Courbet und Commune

Im Geröll, in einer Wolke von Staub,
lag der Imperator, mit Toga und Lorbeerkranz.
Sein Betrug an der Revolution
war gesühnt worden.
Peter Weiss, *Die Ästhetik des Widerstands*

Im Köcher der kämpferischen Auseinandersetzung zwischen Nationen und zwischen Mutterländern und Kolonien befindet sich oft der Topos der Zivilisation-Barbarei. Auch die Kunst steht (wenn sie nicht als Kapitalanlage geschaffen wird) diesen kriegs-legitimatorischen Zwecken. Die römische Trajanssäule diente der Verherrlichung des Kaisers Trajan wegen seiner Siege über (u.a.) germanische Völker. Die Vendôme-Säule dient der Verherrlichung des Napoleons Bonaparte und seiner Siege über andere und sogar fast russische Völker. An der Stelle, wo heute noch diese Säule steht, standen zuvor andere Reiterstatuen des Ludwig XVI., die abgerissen und anders neu geschaffen wurden. Es waren Kunstwerke. Aber, wenn ein Künstler der Commune wie Courbet dafür votiert, dieses Kunstwerk eines militaristischen Kaisers zu demontieren (nicht: sie zu zerstören!), dann ist dies ein barbarischer Akt. Der Grund: Die Kommunarden waren Barbaren, also auch Courbet also auch seine „Kunstwerke" (man denke allein das 1866 geschaffene Bild „Der Ursprung der Welt", das selbst heute noch als pornographisch bezeichnet wird (s. Facebook-Konflikt). Gustave Courbet wurde vom Militärgericht als Kunstzerstörer zur Zahlung einer Geldbuße von 286.549,78 frcs. verurteilt, weil er veranlasst haben soll, die Vendôme-Säule am 16. Mai 1871 zu stürzen.

Die Säule ist 44,3m hoch und hat einen mittleren Durchmesser von 3,69m:

- Der Sockel der Säule ist aus Porphyr gefertigt und trägt die Inschrift: „Napoleon, der erhabene Kaiser, hat diese Säule im Jahre 1805 der Ehre der Großen Armee geweiht. Sie ist aus Erz (von Kanonen, die während des Krieges gegen die ruchlosen „Germanici", Österreicher und Preußen sowie gegen Russen) auf Befehl des Kaisers innerhalb von drei Monaten errichtet worden."[217]

[217] Freie Übersetzung des lateinischen Textes, der in der Tat den Ausdruck „profligati",

- Der Säulenschaft ist hohl, eine enge Treppe führt zur Plattform; der Schaft besteht aus 98 Steintrommeln; um die Säule ist ein Bronzeband in Spiralform befestigt, dessen Material aus der Bronze von 1.200 Kanonen bestehen soll, tatsächlich ist jedoch etwa nur ein Zehntel dieser Menge erbeutet worden. Die Materialmenge hätte ca. 130 Kanonen erfordert. Das Band wäre entrollt 280m lang und besteht aus 425 Bronzetafeln, Flachreliefs, mit Darstellungen der Schlacht von Austerlitz.
- Die Spitze der Plattform krönt eine Statue Napoleons I. als Caesar, der in der linken Hand ein Schwert und in der rechten den Reichsapfel mit der geflügelten Victoria hält.

Die Errichtung dieses Monuments sollte der sogenannten „Dreikaiserschlacht" von Austerlitz gedenken, da Napoleon einen wichtigen Sieg gegen die russischen und österreichischen Truppen erzielen konnte. Entsprechend sollte die Säule „colonne d'Austerlitz" heißen, dann „colonne de la victoire", Siegessäule, schließlich „colonne de la Grande Armée", wurde aber allgemein „colonne Vendôme" genannt.

- 1792: Im Verlaufe der Französischen Revolution wurde das seit 1699 auf der „place des Piques" (Vendômeplatz) befindliche Reiterstandbild König Ludwig IV. zerstört und an seiner Stelle eine Freiheitsstatue mit phrygischer Mütze errichtet.
- 1800: Ein Dekret sah vor, dass in jedem Departement eine Säule für den Helden des Departements errichtet werden sollte. Für Paris war vorgesehen, eine nationale Säule an der place de la Concorde zu errichten (was nie realisiert wurde) und an der heutigen place Vendôme eine ebenfalls einem Helden des Departements von Paris (Paris ist zugleich Kommune und Departement). Ohne einen Plan, wer dargestellt werden sollte, legte der Innenminister Lucien Bonaparte, Bruder von Napoleon I., im selben Jahr den Grundstein.
- 1803 griff Napoleon die Idee zu einer Säule auf, die in Anlehnung an die Trajanssäule geschaffen werden sollte zur Ehre von Trajan und mit einem Fries von Darstellungen der 108 Helden der Departements, gekrönt von einer Statue Karls des Großen. Diese sollte ursprünglich dem „Ruhm des französischen Volkes" gewidmet werden, was bald geändert wurde in „Zum Ruhme Napoleons I." Die aus Aachen herbeigeschaffte

---

„ruchlos", enthält.

Statue Karls des Großen ließ Napoleon zurückschicken.

- 1805 wurde aus erbeuteten Geschützen das Material beschafft und das Projekt wiederbelebt.
- 1806 wurde der Künstler *Chaudet* damit beauftragt, die Statue Napoleons im Stile des römischen Imperators zu schaffen: Napoleon ist in der kurzen Toga gekleidet, trägt einen Lorbeerkranz auf dem Kopf, die rechte Hand stützt sich auf das Schwert, die linke hält den Reichsapfel, auf dem die geflügelte Victoria steht.
- 1810 wurde die Säule errichtet und dem Ruhm der siegreichen Armeen gewidmet: „Säule der Großen Armee."
- 1814, während der Okkupationszeit der Truppen der Siegerkoalition, wurde die Napoleonstatue entfernt und durch die weiße Fahne mit einer Lilie des französischen Königshauses ersetzt.
- 1818 wurde *Chaudets* Statue eingeschmolzen, um aus diesem Material das Reiterstandbild Heinrich IV. auf dem Pont Neuf zu gießen. Von der Napoleonstatue wurde nur der Reichsapfel mit der geflügelten Victoria aufbewahrt.
- 1833, während der Julimonarchie (1830-1848), ließ Louis Philippe aus dem Haus Orléans einen Napoleon in der Gestalt des Corporals gießen und auf die Säule setzen (Ausführung von *Seurre*).
- 1863 ließ Napoleon III. diese Statue abnehmen und durch eine Napoleon-Caesaren-Statue ersetzen (vom Künstler *Dumont* fabrizierte *Kopie* der Statue *Chaudets*) mit der Variante, dass der Imperator Napoleon sich nun mit der linken Hand auf das Schwert stützt und in der rechten den Reichsapfel mit der Siegesgöttin hält.
- 1870 reichte der Künstler Courbet am 14. September eine Petition ein, darin bat er, dass die Säule demontiert werde und dass er selbst dafür Sorge tragen dürfe, das Material der Münze zu übergeben (Hôtel de la Monnaie). Er verfolgte keine andere Absicht, als sie anschließend im Invalidendom aufzustellen.
- 1871, zurzeit der Commune de Paris, wurde ein Antrag gestellt, die Säule zu zerstören. Die detaillierte Begründung lautete: Es handele sich um ein Monument der Barbarei, der brutalen Gewalt, des falschen Ruhmes, um eine Bejahung des Militarismus, eine Negierung des internationalen Rechts, eine permanente Beleidigung der Besiegten durch den Sieger und ein beständiges Attentat auf eines der drei Prinzipien

der Französischen Republik, die Brüderlichkeit.

- 1871, am 16. Mai, wurde die Säule gestürzt, die Bronzeplatten wurden sichergestellt.
- 1873, im Mai, entschied der Präsident der Republik Marschall MacMahon, dass die Säule auf Kosten von Courbet wiederhergestellt werden sollte (in der Variante *Dumont*).
- Die heute auf der place Vendôme befindliche Säule ist die Dumontsche „Napoleon-Variante"; die Gesamthöhe der Säule ist geringer.

Die ikonographische Bedeutung solcher Säulen ist – zumal alle auf die Trajanssäule zurückgehen – die einer Siegessäule wie auch z.B. die in Berlin, erbaut anlässlich des für Preußen siegreichen preußisch-dänischen Krieges von 1864 (erster Abschnitt an der Säule markiert), 1866 Krieg gegen Österreich (zweiter), 1870/71 Krieg gegen Frankreich (dritter) und nach dem Sieg über Frankreich von 1940 (vierter Abschnitt).
Die Geschichte der Vendômesäule belegt, dass jede Regierung sich die Freiheit nahm, sie und ihren Platz so zu gestalten, wie sie es für richtig hielt, ohne dass deswegen ein nationaler Protest ausgelöst wurde oder Künstler oder Museen Einwände erhoben. Selbst die scheinbar geringfügige Änderung der Statue in ihren beiden imperialen Varianten (Vertauschung der Attribute von der linken in die rechte Hand und v.v.) zeigt, dass selbst bei möglichst strikter Wahrung und Demonstration der Kaisertradition von Napoleon I. auf Napoleon III. eine künstlerisch-politische Änderung durchgesetzt wurde, um der Propaganda des Zweiten Kaiserreichs, „L'Empire c'est la paix", öffentlich genüge zu tun. Es liegt gleichfalls auf der Hand, dass die siegreichen Revolutionäre von 1789 alle öffentlichen Zurschaustellungen der alten feudalen Herrlichkeit aus diesem Raum verbannen wollten. Entsprechend wäre es verwunderlich, hätte die Dritte Republik nicht den Sturz der Vendômesäule mit all ihren sichtbaren Bedeutungen rückgängig machen wollen, schließlich repräsentierte sie starke monarchistische Kräfte. Warum also hat dieser Sturz der Säule ein so starkes Echo ausgelöst, dass es bis heute noch nachklingt? Warum bleibt die Berliner Siegessäule relativ unbehelligt, obwohl immer wieder Proteste aufflammen? Z.B. im Netz unter „Heiße Debatte um Friedensengel oder Siegesgöttin"; in Dortmund wurde der Rathausplatz in „Friedensplatz" umgewidmet; die errichtete Säule wurde „Friedenssäule" genannt; ikonographisch sind Friedenssäulen dem Ende

von Kriegen gewidmet – so wie in Berlin eine Tranche der Friedenssäule dem siegreichen Krieg von 1870/71 gewidmet ist. Sind die Argumente der Commune unzutreffend oder ideologisch verzerrt? Warum scheint es in Deutschland nach 1945 problemlos gewesen zu sein, z.B. die Straßennamen zu ändern, aber den vierten Abschnitt der Siegessäule herauszunehmen, würde mit Sicherheit einen vorab gar nicht abschätzbaren Protest aus allen möglichen Richtungen hervorrufen. Es geht auch nicht darum, durch Umfragen den Nachweis zu bringen, dass dieser vierte Abschnitt vielleicht nur einer Handvoll Bundesbürger bekannt ist und deswegen eine Änderung auf kein öffentliches Verständnis stieße. Eher könnte ein Zusammenhang bestehen zwischen mangelndem Geschichtsbewusstsein (nicht: -kenntnissen) und einer Tendenz, Vergangenheit zu romantisieren (im schlechten, umgangssprachlichen Sinne). Die Berliner Siegessäule ist 150 Jahre alt, der goldene Engel glänzt, die Inschriften sind schon so alt, dass sie nicht *für die Gegenwart* bedeutsam erscheinen. Wenn die Beschäftigung mit Geschichte keinen Sinn gibt in einem Transfer auf die eigene politische Gegenwart und Zukunft, sollte sie wohl erst gar nicht betrieben werden – so könnte man meinen.

An der Vendômesäule und ihrer Geschichte ist ein wesentlich bewussterer und unkomplizierter Umgang mit Geschichte ablesbar. Man hat den Feudalismus beerdigt, gut, dann kann der feudale Plunder auch mit ins Grab gegeben werden. Man stelle sich in Deutschland eine U-Bahn-Haltstelle mit dem Namen „Stalingrad“ vor (wie die Metrostation in Paris) – undenkbar, man weiß heute noch, das war zu schrecklich und es war eine Niederlage. Deutsche kaiserliche Vergangenheit im heutigen Namibia? Die Medien rezipieren sie „romantisch,“ die alten Straßenschilder auf Deutsch verweisen nicht auf den Genozid an den Hereros.

### *Resümee*

Courbet war in seiner Eigenschaft als Ratsmitglied mit der Zerstörung der Säule auf der place Vendôme in Verbindung zu bringen. Dies ist eine politische Verantwortung, die nicht gleichzusetzen ist mit einer kausal begründeten, denn Courbet hatte selbst nie einen solchen Beschluss gewollt und war als Mitglied der „Minderheitenfraktion“ anlässlich des Beschlusses über die

Einrichtung des Wohlfahrtsausschusses zurückgetreten. Dennoch, die Journalisten spielten gerne auf den vermeintlich existierenden Widerspruch an, dass ein Künstler Kunst vernichtet.[218] Das hatte er nicht getan. Im Gegenteil, Courbet hatte sich um die Museen, ihre baldige Öffnung und Sicherheit verdient gemacht, eine Föderation der Künstler von Paris gegründet und sogar, um die Kunstschätze des Hauses von Thiers, das abgerissen wurde, sicherzustellen, diese in einem Museum untergebracht. Diese Diffamierungskampagne mit dem Ziel der Wahrung der Zivilisation vor der Barbarei der Commune, war erfolgreich: Courbet ein Künstler, der Kunst zerstörte ist der ignorante Analphabet, der das Alphabet verbrennt.

Die Kunstrichtung, die er schuf und Realismus nannte, verstörte die Kunstwelt – im Grunde bis heute, wenn an sein Gemälde *Der Ursprung der Welt* von 1866 gedacht wird, das heute noch einen eigenen Wachmann im Musée Quai d'Orsay benötigt. Auch dies ist ein Angriff auf die Zivilisation, die in Museen das bewahrt, was sie als ihr Erbe ansieht. Sein freundschaftlicher Umgang mit Proudhon machte es später sogar linken Kritikern leicht, ihm abzusprechen, im marxistischen Sinne „Realist" zu sein. Um sich diese Sporen zu verdienen, hätte er die Arbeiterklasse in der Großindustrie darstellen müssen. Da es diese Massen in Paris nicht gab, zog es Courbet vor, sich auf die Seite der Mehrheit der Revolutionäre zu stellen und politische Verantwortlichkeiten zu übernehmen. Die Frage bleibt, wie es denn gelingen kann, einen international anerkannten Künstler zum Barbaren zu erklären? Dass sich auch andere Künstler politisch engagiert hatten und noch immer tun, kann nicht der hinreichende Grund für solche Diffamierung sein. Um Antworten zu geben, die leider nicht „auf der Straße zu finden sind", sich also nicht bei Lichte besehen lassen, müssen wir den Bereich der Kunst kurz verlassen und zunächst ein allgemein gehaltenes Resümee riskieren.

Es mag Antworten geben, die aber nicht immer zufriedenstellen. Das muss nicht an den Antworten selbst liegen, sondern an unserem Begreifen dessen, was wir sehen oder was uns erzählt wird. Ich vermute, dass wir einen ersten

[218] „Nach Erzählungen von Leuten, die aus Paris geflüchtet sind, war derjenige, welcher der Zerstörung der Vendôme-Säule am stärksten das Wort geredet hat, der Artist und Communist Courbet, Minister der Schönen Künste unter der Commune. Bis zu welchem Grade die beaux arts sich der Protection dieses Herren zu erfreuen hatten, geht daraus hervor, dass derselbe sämmtliche Ninive Antiquitäten im Louvre mit den Händen eigenhändig (sic!) zerschlug." (27. Mai 1871, *Dortmunder Anzeiger*).

Schritt mit Taleb etwas weiter kommen. Taleb (2018: 160) kritisiert eine Grundeinstellung, dass Lebewesen Sicherheiten (Robustheit) erwarten, dass aber seit der Entstehung des homo sapiens – phylogenetisch – oder nach Verlassen der frühen Kindheit – ontogenetisch, erkannt worden ist, dass dieses Erstreben von Sicherheiten trügerisch ist. Damit scheint nahegelegt zu sein, dass alles, was wir wahrnehmen und denken, „fragil" ist. Betrachten wir das Beispiel Courbet und die Vendôme-Säule, so bietet der Hinweis darauf, in welcher Hand Napoleon III. das Schwert hält, dass er ein „nicht-bellikoser" (die linke Hand ist nicht die Schwert führende Hand, so auch seine Selbstcharakterisierung) also ein Friedensherrscher zu sein vorgibt. Was er ist oder zu sein vorgibt, ist nicht wahrnehmbar; denn die Statue kann auch nur zum Schein die linke Hand mit dem Schwert versehen oder den Herrscher auf ein zerbrochenes Schwert treten lassen. Es gibt also überhaupt keine zuverlässige und verifizierbare wahrnehmbare Aussage, ob Napoleon III. ein „Friedensfürst" ist oder dies nur vorgibt.

Das Eine oder das Andere wird uns glauben gemacht. D.h. letztlich glauben wir das Eine und nicht sein Gegenteil. Nun lohnt es sich zu ergründen, was in uns das Motiv sein könnte, dem Einen oder Anderen den Wahrheitsgehalt zu attestieren. Wir sind in der Psychologie gelandet und erhalten erste Hinweise in der weiteren Arbeit von Sigmund Freud. Freud meint, eine erste Antwort bei Platon im Begriff der Methexis gefunden zu haben (Freud 1914: 141): Das Subjekt kapriziert seine Energie (was es erhofft, begehrt etc.) auf eine Idee (wie die des Friedens). Dieser Prozess hilft uns, ein Weltbild zu konstituieren. Vereinfachen wir diesen Gedanken, so werden auch die friedliebenden Bürgerinnen und Bürger gerne den Abriss der Figur mit dem Schwert in der rechten Hand in Kauf nehmen, da mit Sicherheit der Friedensgedanke „wertvoller" ist als alles andere; also noch stärker ein Objekt der Libido ist und sich auch nicht von der Statue eines Napoleon mit dem Schwert in der an sich ja „falschen" Hand irritieren lässt. Freuds Analyse offenbart, wie der Mechanismus von Wahrnehmung, Idee und geglaubter Wahrnehmung abläuft. Demnach ist es entscheidender, was das wahrnehmende Subjekt von dem Gegenstand (hier: Statue Napoleon III.) glauben möchte und dies dann auch meint wahrzunehmen. Auf diese Weise erarbeiten sich Menschen ihr Weltbild. Resultierend aus diesem Weltbild wird dann auch die ausgetauschte Napoleon-Statue nicht als Zerstörung eines Kunstwerkes bewertet und wahrgenommen, sondern die folgende als die

„bessere" Variante, da sie dem Friedenswunsch der Betrachter entspricht. Oder im umgekehrten Falle sieht man in dem Austausch der Statuen nur einen fiesen Propagandaakt des Herrschers, der keineswegs auf kriegerische Handlungen verzichten wird, aber das Volk täuschen will.

Wie zuvor ausgeführt, zeigt die Gestaltung des Vendôme-Platzes eine Folge von Reiter- und Napoleon-Statuen, deren jeweilige Ersetzung offensichtlich nie sonderlich das Interesse des Publikums erregt hatte. Es geht also bei dem sog. „Courbet-Skandal" nicht um Kunst, sondern um den Einsatz der Medien bei der Bekämpfung von Gegnern. Frankreich und England entwickelten die Photographie zu einem Medium, dem wie kein anderes ein hoher Wahrheitsgehalt verliehen wurde, was nachvollziehbar ist angesichts der vielen und beliebten Studios von Porträtphotographen. Die Photographen, geübt im Zuge der Schwierigkeiten der Technik (bes. Belichtungs- und Fokussierungsprobleme) entwickelten die Kunstfertigkeit der Montage. Damit wurde das Publikum von damals bis heute daran gewöhnt, dass auch gestellte und komponierte, zusammengesetzte Szenen vom Wahrheitsgehalt des Mediums profitieren. Das „Was", das dargestellt wurde, verschmolz mit dem „Wie es möglich ist zu sein". Die Commune de Paris hat keinen einzigen Priester umgebracht, aber die Montage vom Foto eines Priesters, auf den ein Gewehr gerichtet ist, zog die Aussage (im seinerzeitigen politischen Streit) „Die Kommune erschießt x Priester" nach sich. So hat die in Stücken daliegende Vendôme-Säule die Bedeutung, dass die Politik der Kommune kunstfeindlich – im engen Sinne des Wortes – „pervers" sei, da Kunst zerstört werde, obwohl – es sei wiederholt – zuvor nie das Einschmelzen einer Reiterstatue als Angriff auf die Kunst gewertet wurde. Dies ist ein beliebter Topos in der Auseinandersetzung zwischen sozialen Gruppen, dass bis heute solche Konflikte als die zwischen Zivilisation und Barbarei stilisiert werden.

Wenn diese Standpunkte vorherrschen, hier Zivilisation, dort Barbarei, werden normale Ungleichheiten und Widersprüche zu Antagonisten gemacht, wie wir sie von den Religionen kennen: der Gläubige gegen den Ungläubigen, der Sünder gegen den Rechtschaffenen, gut gegen böse, das Paradies gegen die Hölle etc. Diese unversöhnlich genannten Widersprüche gebieten die Auslöschung des Gegners. Es ist auch dieser hoch-abstrakte Grad der ideologisch besetzten Auseinandersetzung zwischen der Versailler Regierung und den Kommunarden, der das Denken und Beurteilen einfacher macht und damit letztlich auch das Handeln. Hier ist in Vollendung die Robustheit favorisiert, die unbeeinflussbar sich gesetzmäßig durchsetzen soll. Die Barbaren mit ihrer wahren Bestimmung (s.w.u.: die Finalität) wollen bekanntlich die Zivilisation auslöschen. Es geht also nicht ums politische Ringen (die Versailler Regierung hat alle Verhandlungsangebote strikt abgelehnt), wie die Gesellschaft mit ihren Schwierigkeiten versöhnt werden könnte und was getan werden müsste, um das Leben der Menschen zu verbessern.

Der „Ausweg" aus solch einem Dilemma ist laut Taleb in der sog. „Antifragilität" zu suchen und auch zu finden. Wird dem nicht gefolgt, haben wir Parteien, die einander kompromisslos gegenüberstehen und darüber keine Zukunft erarbeiten, in der auch beide leben können. Wir müssen es also aufgeben, dass Unlösbares in eine Kampfsituation gerät, da unterschiedliche Robustheitsvorstellung aufeinandertreffen. Die Antifragilität erfordert den Verzicht auf die denkfaulen Robustheitserwartungen und das bedeutet, dass die Kontexte, in denen die Widersprüche auftreten (Versailler vs. Kommunarden), thematisiert und untersucht werden, ob eine künftige Entwicklung möglich und gewollt ist. Das klingt einleuchtend, ist aber schwierig umzusetzen, denn Menschen unterliegen auch kognitiven Handicaps: Die auf uns gekommene klassische Logik ist die von Aristoteles. Sie ist uns deshalb so genehm, da sie der Konstruktion der indo-europäischen Sprache entnommen ist. Das Subjekt im Satz wird behandelt und gedacht wie eine Substanz, der man unterschiedliche Eigenschaften zuschreiben kann (vgl. z.B. Moravcsik 1968). Aristoteles kannte vier Ursachen: *formalis* (z.B. „giftig"), *finalis* (beabsichtigte Wirkung einer Handlung), *efficiens* (die innere Bewegung, Veränderung eines Naturgegenstandes oder einer Handlung) und *materialis* (z.B. Holz als Schwimmfähigkeit verleihend). All dies erscheint einleuchtend für den täglichen Denkvorgang eines Handwerkers, der die Absicht hat (finalis), etwas herzustellen und sich überlegt, was er alles benötigt.

Besitzt die Geschichte, die 1870/71 auf französischem Boden von Menschen gemacht wurde, eine Finalität, eine Zweck- oder Zielbestimmtheit? Zumindest beinhaltet sie menschliche Intentionen und stellt keine geschichtliche Kausalkette dar. Natürlich unterscheidet sich diese Auffassung von einer religiösen, die die Menschheitsgeschichte als Teil einer Heilsgeschichte auffasst. Aber hier waren Menschen am Werk. Sie lassen sich ihr

Handeln nicht einfach von fremder Seite vorgeben, sondern formieren und gestalten ihr Handeln selbst. Wir müssen also, wenn es auch schwierig ist, in der Lage sein, aus der Geschichte der Commune de Paris lesen zu können, wo sich Fehler und Nachahmenswertes manifestieren, um dann fruchtbar mit diesem Teil der Menschheitsgeschichte achtungsvoll umgehen zu können. Die Kommunarden sind nicht in die Talebsche-Falle getapst und haben keine großartigen menschlichen Ideale formuliert oder noch ausarbeiten lassen, denen sie folgen oder zu deren Durchsetzung sie einladen. Damit stehen sie in einer Tradition der Revolutionäre der Großen Französischen Revolution, der Menschheit ein Beispiel geben zu wollen, das man für eigene Bedürfnisse gestalten sollte und am Ende eine Vielzahl von kulturell unterschiedlichen Modellen entstehen sehen, die als Bereicherung der Menschheit gelten. Das schlägt sich in Paris nieder, wo sich die Ausübung der direkten Demokratie in den einzelnen „quartiers" (Stadtteilen) vollzog. Dennoch sei im Nachhinein mit gebührendem Abstand eingewendet, dass auch in einem nicht gewählten Krieg der Sieg abhängig ist von militärischen Erfordernissen, die der Basisdemokratie recht konträr gegenüberstehen, wenn nicht sogar kontradiktorisch sind.

So kann heute, wer sich mit der Commune de Paris beschäftigt, interessiert vermerken, wie frei entschieden wurde, wer wo den Soldaten spielen soll. Man kann anerkennen, wie bereits zu dieser Zeit die Frauen sich ganz selbstverständlich als den Männern ebenbürtig verhielten und man kann erfreut notieren, dass gelebt wurde und Freude am gemeinschaftlichen Handeln entstand – was eben, eine Kommune zu einer Kommune macht.

# III. Anhang: Daten zum französisch-preußischen Krieg 1870/71

Die nachfolgenden dürren Daten mögen eine Orientierung über den Verlauf der Kriegshandlungen geben, sie fordern aber auch zu einer Bewertung auf. Nüchtern betrachtet fällt auf, dass, bis auf seltene Ausnahmen, die Kriegführung des Norddeutschen Bunds deutlich „erfolgreicher" war als die der Gegner. Da Frankreich die größte und beste Armee auf dem Kontinent besaß und Preußen mit seinen Verbündeten als Neuling unter den europäischen Rivalen auftrat, müssen Faktoren eine Rolle gespielt haben, die sich in Folge auch auf den Bürgerkrieg zwischen der Versailler Regierung und der Commune de Paris auswirkten.
So ließe sich vorschnell die Hypothese aufstellen, dass die Kriegführung der Commune, der der kaiserlichen Armee ähnelte und umgekehrt die neue Armee der Versailler sich der Ausbildung des Norddeutschen Bundes näherte. Natürlich ist diese Hypothese sehr oberflächlich, aber sie ist ein Indikator dafür, wer von wem „gelernt" hat, um erfolgreich zu sein.

Abbildung 17:

König: Nun, Herold, sind die Toten gezählt? / Herold: Hier ist die Anzahl der erschlagnen Franken. / (Übergibt ein Papier) (...) / König: Der Zettel sagt mir von zehntausend Franken / Erschlagen auf dem Platz (...)

Wo ist von unsern Toten das Verzeichnis? / (Der Herold überreicht einen anderen Zettel) / Von Namen keine sonst und von den andern / Nur fünfundzwanzig! O Gott, dein Arm war hier,/ Und nicht uns selbst, nur deinem Namen schreiben / Wir alles zu. (...) / Fluellen: Ist es nicht rechtmäßig, mit Euer Majestät Erlaubnis, / zu sagen, wie viele geblieben sein? / König: Ja, Hauptmann, doch mit dieser Anerkennung, / Dass Gott für uns gefochten.

*Shakespeare, König Heinrich V., IV, 8* (Schlacht bei Azincourt)

*Stärke der Armeen*

Französische Armeen:

a) vor dem Krieg unterhielt Napoleon III. eine Heeresstärke von ca. 400.000 Soldaten in Frankreich und ca. 100.000 außerhalb Frankreichs (Algerien, Mexiko, Rom etc.); 1866 wurde geplant, eine Heeresstärke von 900.000 Soldaten zu erreichen;
b) zum Zeitpunkt der Kriegserklärung waren 200.000 bereit; die Garde Mobil war nicht mobilisiert worden;
c) zum Zeitpunkt der ersten Schlacht, 14 Tage später, waren 260.000 Soldaten eingesetzt
Armée de Lorraine unter Bazaine

- Armée d'Alsace unter Mac-Mahon
- Armée du Rhin unter Napoleon III. und Marschall LeBœuf
- 12.000 Marinesoldaten
- Nationalgarde in Paris unter Trochu
- Reservearmee unter Canrobert

* * *

Nach dem Ende des Kaiserreichs und bei Ausrufung der Republik der Nationalen Verteidigung wurden vom Kriegsminister Gambetta nach dem Verlust der Armeen d'Alsace, de Lorraine und du Rhin die Loire-Armee Anfang Oktober 1870 (im Oktober 40-50.000, im November 120.000 Soldaten) aufgestellt:

Armée de la Loire unter Aurelle de Paladines

- Zouaves pontificaux unter Charrette
- „Vogesenarmee“ von Garibaldi (italienische Volontäre, Franctireurs der Rhône, Ägyptische Jäger, Spanische Legion, Guerilla d'Orient, Kompanien von Algerien, Franctireurs von Genua etc., ca. 15.000 Mann)

Von Gambetta nach dem Verlust von Orléans und dem Rücktritt von Aurelle de Paladines am 6. Dezember 1870 beschlossene Dreiteilung der Loire-Armee:

- Armée de l'Est: unter Bourbaki
- Armée de l'Ouest unter Chanzy
- Armée du Nord (unterschiedliche Zusammensetzung) – in Folge – unter (Faidherbe – noch in Afrika), Bourbaki, Farre, Faidherbe (ab 3. Dezember 1870)

* * *

Armeen des Norddeutschen Bundes (NDB) unter Moltke, Chef des Generalstabs (Preußen, Württemberg, Bayern, Baden)
Oberster Kriegsherr: König Wilhelm I. von Preußen

a) vor dem Krieg konnte Preußen im Krieg von 1866 gegen Österreich 700.000 Soldaten mobilisieren
b) zum Zeitpunkt der Kriegserklärung waren 450.000 Soldaten bereit (Linienregimenter und Landwehr)
c) zum Zeitpunkt der ersten Schlacht waren 1,1 Mio. Soldaten in Frankreich (518.000 Linienregimenter und 340.000 Landwehr plus einer nach Bedarf eingesetzten Reserve von 400.000 Soldaten – z.T. noch auf rechtsrheinischem Gebiet)

- I. Armee von General Steinmetz
- II. Armee von Prinz Friedrich Karl von Preußen (frz. „Prince Rouge“)
- III. Armee des Kronprinzen Friedrich Wilhelm von Preußen
- IV. Armee – „Maas-Armee“ – des Kronprinzen Albert von Sachsen gebildet nach dem 19. August 1870 aus Teilen der II. Armee (Auf-

gabe: Einschließung von Metz) zur Unterstützung der auf Paris sich zubewegenden III. Armee

- „Südarmee“ (aus II. und VII. Armeekorps gebildet) unter General v. Manteuffel, 12.1.1871

* * *

*Kriegserklärung Frankreichs an den Norddeutschen Bund am 19. Juli 1870*
*Kriegshandlungen*

04.08.1870 Die ersten drei Schlachten im Elsass bei Weißenburg
06.08.1870 Schlacht bei Forbach-Spichern und
06.08.1870 Schlacht bei Fröschweiler/Wörth: *Mac-Mahons Armée d'Alsace* gegen die III. Armee von Kronprinz Friedrich (Teile der Armeen)
Resultate: Verluste (Tote, Verwundete, Gefangene): 28.100 (Fr.) und 15.500 (NDB); erzwungener Rückzug der frz. Armee auf Châlons und schließlich Nancy/Lunéville bzw. Metz; die beiden Armeen *Lorraine und d'Alsace* müssen die beiden Provinzen Lothringen und Elsass aufgeben;
das Kabinett Ollivier tritt am 9.8.1870 zurück, neue bonapartistische Regierung unter Palikao; Befürchtung eines Aufstands in Paris; Bazaine neuer Generalstabschef der *Armée de Lorraine*, verfügt über 175.000 Soldaten; Marsch über Verdun nach Châlons;
14.08.1870 Schlacht bei Colombey-Nouilly (bei den Dörfern Borny und Courcelles) mit der auf dem Rückzug nach Verdun/Châlons befindlichen *Armée de Lorraine von Bazaine*;
Resultate: Verluste: 3.600 (Fr.) und 5.000 (NDB); die frz. Truppen wurden an der Überquerung der Mosel gehindert, sie zogen sich auf Metz zurück über Rezonville, Gravelotte und Mars-la-Tour; die Schlacht bei Gravelotte / Mars-la-Tour (Saint-Privat) stellte einen Sieg der frz. Armee dar: 12.000 Verluste gegenüber 20.000 des NDB;
am 15.08.1870 besetzte die NDB-Armee Nancy; Scharmützel mit 16.700 Verlusten (NDB) und 13.750 (Fr.); Übermacht der frz. Armee von 140.000 gegen 90.000 am Abend des 17.08.1870
16.08.1870 Schlacht bei Toul: Beginn der Belagerung der Festung am 12.09.1870 von Mac-Mahons Armee gehalten

Resultat: Die wichtige Bahnlinie in den Westen wurde dem NDB zugänglich

18.08.1870 Schlacht bei Gravelotte (Saint-Privat)
Resultate: Verluste: 20.000 (NDB) und 12.000 der *Armée d'Alsace von Mac-Mahon*;
zu der Zeit besaß die *Armée de Lorraine* noch 170.000 Soldaten, zahlenmäßig die Hälfte der gesamten frz. Armee, war aber in Metz eingeschlossen und inaktiv;
*Mac-Mahons Armee d'Alsace* regruppiert sich bei Châlons mit 80.000 Soldaten, verstärkt um unzuverlässige und schlecht ausgebildete Gardes mobiles von 50.000 Mann;
Napoleon III. war am 16.08.1870 in Châlons eingetroffen; der Kriegsrat entschied, Metz zu entsetzen; Mac-Mahon entschied am 21.08.1870, auf Reims zu marschieren mit der Möglichkeit, Bazaine (Metz) oder Paris zur Hilfe zu kommen;
die Regierung stellte Mittel für die Schaffung von zwei neuen Armeen bereit;

30.08.1870 Schlacht bei Beaumont-en-Argonne (Buzancy/Villers-devant-Mouzon) gegen *Mac-Mahons Armée d'Alsace*
Resultate: Verluste: 5.000 (Fr.) und 3.400 (NDB); Änderung des Plans: statt *Bazaine* (Metz) zu helfen, Marsch auf Verdun;

01.09.1870 Schlacht bei Noisseville (8 km östlich vor Metz): Ausbruchsversuch aus Metz unter *Bazaine*
Resultate: Verluste: 3.000 (NDB) und 3.700 (Fr.)

02.09.1870 Kapitulation von Sedan; Napoleon III., *Armée du Rhin*, begibt sich nach Donchery, um Wilhelm I. zu treffen (Bismarck und Moltke sind ebenfalls anwesend) und einen Waffenstillstand auszuhandeln;
Resultate: Verluste: 9.000 (NDB) und 17.000 (Fr.) sowie 21.000 Gefangene während der Schlacht und 86.000 nach der Kapitulation, schließlich 3.000 Internierte in Belgien;
Militärisches Kräfteverhältnis: Der NDB besaß 500.000 kämpfende Truppen gegenüber 280.000 französischen;
Napoleon III. begibt sich in Gefangenschaft; in der Folge besonders in Paris Unruhen;

04.09.1870 Ausrufung der (provisorischen) III. Republik, „Gouvernement de la défense nationale," Präsident Trochu, mit dem Ziel, „Frankreich zu retten"; Abdankung von Napoleon III., Kaiserin Eugènie begibt sich nach England; erste Ausrufe nach einer „levée en masse"; die Provisorische (III.) Republik beschloss Wahlen für den 2. Oktober (zur gesetzgebenden Versammlung) und für den 25. September (Kommunalwahlen); Beginn der Schaffung der sog. *Nord-Armee* unter Farre im Auftrag der Provisorischen Regierung, der den Oberbefehl erst am 19.11.1870 erhielt; Oberbefehlshaber der Armee war zuerst *Bourbaki*, der die Bildung der Ost-Armee (*Armée de l'Est*), einem Teil der *Loire-Armee*, betreiben sollte; was scheiterte, so dass er am 1.-3. Februar 1871 mit den Resten der Loire-Armee in die Schweiz übertrat

09.09.1870 Regierungssitz nach Tours verlegt (wegen der drohenden Einschließung von Paris); Thiers verlässt Paris, um im europäischen Ausland Unterstützungen zu sondieren;

19.09.1870 Einschließung von Paris;

19.09.1870 Paris: Verlustreiche Gefechte durch Mobilgarden und Freiwillige bei Sceaux oder Petit Bicêtre oder Meudon genannt; erfolglose Verhinderung der Einschließung von Paris; Gefechte um die Hügel Clamart und Châtillon unter General *Trochu* („offensive Erkundigungen") sowie am 22.9. bei Villejuif und am 30.9. bei Chevilly und am 21.10. bei Malmaison;

21.09.1870 Regierung in Tours ruft zum Guerillakrieg auf; etwa 60.000 Kombattanten melden sich als evtl. Kern eines *Volksheeres*;

28.09.1870 Kapitulation von Straßburg;
Resultate: 17.000 Mann der Besatzung in Gefangenschaft, davon 4.000 Geflüchtete aus der Armee Mac-Mahons; die Armee des NDB, 60.000 Männer, konnte gegen Belfort eingesetzt werden;

Oktober Gründung der *Armée de la Loire*: Orléans war Sammelpunkt versprengter Truppenteile; es wurde eine Armee von 200.000 Mann unterschiedlicher Qualität geschaffen;

07.10.1870 Schlacht bei Bellevue (bei Metz) Belagerungsring von Metz konnte nicht gesprengt werden;

10.10.1870 Gefecht bei Artenay: Verteidigungslinie im Süden von Paris;
Resultate: 200 Tote und Verwundete (NDB) und 900 Tote, Verwundete und Gefangene der *Loire-Armee*; Rückzug der Franzosen auf Orléans;

11.10.1879 Erste Einnahme von Orléans; Verluste: 1.000 (NDB);

13.10.1870 Gefecht von Châtillon (Bagneux) 7 km vor Paris; trotz zahlenmäßiger Überlegenheit der frz. Angreifer, konnte kein bleibender Erfolg erreicht werden; Rückzug auf Paris;

18.10.1870 Schlacht bei Châteaudun (vor Orléans); verlustreicher Häuserkampf mit Freischärlern und Zivilisten; 2.000 Preußen getötet oder verwundet; Racheaktionen der Preußen;

28.-30.10. Schlacht von Le Bourget: Freischärler, Linientruppen, Marineverbände der *Pariser Verteidigungsarmee*; der Ort wurde von den Franzosen gehalten, Trochu verweigerte jedoch Unterstützung, so dass der Ort am folgenden Tage aufgegeben wurde;

29.10.1870 Kapitulation der *Armée de Lorraine* des Generals *Bazaine* in der Festung Metz;
Resultat: Gefangennahme von 3 Marschällen, 60 Generälen, 6.000 Offizieren, mehr als 170.000 Soldaten (Fr.); Moltkes Soldaten vor der *Loire-Armee* vor Paris;

30.-31.10.1870 Kämpfe bei Dijon (*Loire-Armee*);
Resultate: Einnahme von Dijon; Rückzugsbewegung der Loire-Armee Richtung Auxonne und Chagny;

1.-7.11.70 Waffenstillstandsverhandlungen zwischen Thiers und Bismarck scheiterten;

09.11.1870 Schlacht bei Coulmiers;
Resultate: frz. Sieg: Räumung von Orleans durch die Truppen des NDB; die Absicherung des Belagerungsrings von Paris gegen die *Loire-Armee* schlug fehl; Verluste: 1.300 NDB, 1.500 Fr.; Orléans wurde von den Frz. zu einem stark befestigten (Schiffsgeschütze) Brückenkopf ausgebaut; *Aurelle de Paladines* wollte zuerst seine Armee ausbilden, bevor er nach Paris zog;

19.11.1870 Garibaldi (Armée des Voges) siegreiches Gefecht bei Chatillon; 21.-27. November gegen Dijon; Resultate: Vogesenarmee auf dem Rückzug nach Autun;

24.-27.11.1870 Schlacht vor Amiens – erste Schlacht der *Nordarmee*;
Resultate: Verluste: 2.300 (Fr.) und 1.300 (NDB); die unterlegene *Nordarmee* konnte sich nach Arras zurückziehen; die Festung von Amiens kapitulierte am 30.11.1870;

28.11.1870 Schlacht bei Beaune-la-Rolande;
Resultate: Verluste: 9.000 *Armée de la Loire* und 650 (NDB); die Entsetzung von Paris misslang, Marsch auf Pithiviers zu; die frz. Soldaten wa-

ren unerfahren, bes. die Offiziere, Hilfe wurde nicht geschickt;

30.11.-4.12.1870 Schlacht bei Villiers-sur-Marne: Ausbruchsversuche der Truppen und der Nationalgarde von Paris mit hohen frz. Verlusten: 12.000 Tote und Verletzte gegenüber ca. 6.300 auf Seiten des NDB;

02.12.1870 Schlacht bei Loigny-Poupry (Arrondissement Châteaudun) (*Loire-Armee*); am Vortag ein Gefecht bei Villepion mit frz. Sieg; Zuaven eingesetzt;
Resultat: Sieg über die Bayern (NDB);

3.-4.12.70 Schlacht von Orléans bei Artenay und Chevilly am 3.12.) mit der *Loire-Armee*; Verluste: 1.300 (NDB) und 7.000 Tote und Verwundete, 12.000 Gefangene (Fr.)
Resultate: Verluste: 4.000 (NDB) und 12.000 (Fr.), kein Marsch mehr auf Paris möglich, Einnahme der Stadt, Teilung der *Loire-Armee* in drei Teile: *Bourbaki* (bleibt im Wald von Orléans mit 100.000 Mann), *Aurelle de Paladines* organisiert den Rückzug von Orléans, *Chanzy* (Richtung Beaugency und Blois); in Josnes (bzw. in dt. Berichten in Beaugency-Cravant) erfolgte eine Schlacht am 8.-10.12.1870 mit 120.000 Soldaten (Verstärkungen aus Orléans und Freiwillige aus Tours) gegen 27.000 des NDB, die am 10.12. ohne Entscheidung abgebrochen wurde; dieser Teil der *Armée de la Loire* von Chanzy hält sich bei Le Mans auf;

06.12.1870 Besetzung von Rouen; Gefechte bei Buchy und Ham gegen die *Nordarmee* (Armée de la Bretagne);

09.12.1870 Verlegung des Regierungssitzes von Tours nach Bordeaux;

21.12.1870 Zweiter Ausfall nach Le Bourget, um sich mit der *Nordarmee* zu vereinigen, die sich jedoch nicht vor Paris befand;

23.-24.12.70 Schlachten von Amiens (zweite Schlacht) und bei Pont-Noyelles am Fluss Hallue: Die frz. *Nordarmee* unter dem Befehl von *Faidherbe* von 50.000 Mann wollte Paris entsetzen und stieß auf Verbände des NDB von 22.000 Mann;
Resultate: Verluste: beide Seiten je 1.000 Mann, 2.100 Gefangene; die Fr. zogen sich auf Arras und Douai zurück;

31.12.1870 Beginn der Beschießung von Paris;

03.01.1871 Schlacht bei Bapaume: Resultate: Verluste: 1.569 (Fr.) und 750 (NDB); Rückzug der *Nordarmee*, obwohl kurz vor einem Sieg;

06.-.12.01.1871 Schlacht von Le Mans: Resultate: Verluste: 3.400 (NDB) und 7.000 (Fr.), zudem 22.000 Gefangene und 50.000 Deserteure;

Auf dem Rückzug der *Loire-Armee* (*West-Armee*) von *Chanzy* wurde diese verfolgt; mehrere Ortschaften wurden eingenommen: Blois und Vendôme; die in Orléans verbliebenen Kräfte der *Loire-Armee* unter *Aurelle de Paladines* schlossen sich *Chanzy* an, so dass ein Heer von 150.000 Mann entstand; Zuläufe aus bretonischen Einheiten, Mobilgarden und Freischärlern;

Resultate: Loirefeldzug (*West-Armee*) gescheitert, die *Loire-Armee* praktisch aufgelöst; Verluste: 3.500 (NDB) und 7.000 Tote und Verwundete, 22.000 Gefangene, 50.000 Deserteure (Fr.);

09.01.1871 Gefecht bei Villersexel: *Ostarmee* unter *Bourbaki* (80.000 Mann): Resultate: Das Ziel war die Sicherung von Belfort, um damit die Verbindungslinien des NDB nach Paris zu zerschneiden; die Armee des NDB musste sich zwar zurückziehen, es gelang aber, den Vorsprung der Ostarmee, Belfort zu erreichen, wettzumachen; zu der Zeit konnte *Garibaldi* seine eigenwillige „*Vogesen-Armee*“ in kleinere Gefechte in der Bourgogne gegen den NDB führen;

15.-17.01 Schlacht an der Lisaine bei Belfort (bei Héricourt oder Montbéliard): *Bourbaki* mit 150.000 Soldaten sollte das belagerte Belfort befreien; Ziel war das Kappen der Versorgungslinie mit der Bahn und das weitere Ziel, Paris zu erreichen;

Resultate: Verluste: 2.000 (NDB) und 6-8.000 (Fr.); Bourbaki konnte seine Armee nur retten, indem sie die Schweizer Grenze überschritten; der Entsatzes von Belfort durch die *Ostarmee* war gescheitert;

18.1.1871 Ausrufung des Deutschen Kaiserreiches in Versailles;

19.01.1871 Schlacht bei St.Quentin (*Nordarmee*): *Faidherbe* besiegt; Resultate: Verluste: 3.500 (Fr.), 9.000 Gefangene und 2.400 (NDB); *Faidherbe* wollte mit seiner *Armée du Nord* von Arras und Douai aus Paris entsetzen und konnte die Armee des NDB, die Nordarmee, auf St.Quentin zurückdrängen; Versuch, die Franzosen in der Stadt einzuschließen; die um ein Drittel geschrumpfte Armee konnte sich nach Cambrai zurückziehen und stellte keine Gefahr mehr dar;

19.01.1871 Schlacht bei Buzenval (zwischen Paris und Versailles gelegen), auch Schlacht um Mont Valérien genannt;

Resultate: Verluste: 4.000 (Fr.) und 610 (NDB); die Vereinigung mit der Nordarmee scheiterte;

20.01.1871 Schlacht von Buzenval: letzter Ausbruchsversuch Paris.

* * *

## Nach dem Waffenstillstandsabkommen vom 28.1.1871 (ausgeschlossen vom Waffenstillstand der nicht besetzte Süden: Der Kampf gegen die Loire-Armee wurde fortgeführt)

31.01.1871 Regierungsdelegation von Bordeaux (Gambetta) akzeptiert Waffenstillstand, erklärt aber Fortsetzung des Krieges;
01.02.1871 Übertritt der *Ostarmee* in die Schweiz;
2.-6.2.1871 Gambettas Rücktritt;
13.02.1871 Eröffnung der Nationalversammlung in Bordeaux;
16.02.1871 Wahl von Thiers zum Chef der Exekutive;
16.02.1871 Übergabe von Belfort an die dt. Armee;
26.02.1871 Unterzeichnung des Präliminarfriedens;
10.05.1871 Unterzeichnung des Definitivfriedens in Frankfurt/M.;

### *Kosten des Krieges*

Die französische Armee erlitt

- 139.000 Tote infolge der Kämpfe oder Krankheiten,
- 143.000 Verwundete[219] und
- 320.000 Kranke.

Die Armeen des Deutschen Bundes bzw. des Kaiserreichs erlitten

- 44.000 Tote, davon die Hälfte durch Krankheiten (14% der Effektivstärke der Armeen),
- 128.000 Verwundete und
- 100.000 Kranke.

219 Obwohl das Rote Kreuz schon gegründet und gegenwärtig war, wurden in der Regel die Verwundeten nach der durch den Mangel des Tageslichtes erfolgten Beendigung einer Schlacht während der Nacht nicht versorgt – oft auch nicht am folgenden Tag und der zweiten Nacht, wenn bei Tagesanbruch der Kampf wieder begann (z.B. Fontane 1873, Bd. 4, 702). Hinzukam, dass viele Verwundete Opfer der sog. „Feldhyänen“, von Raubmördern, wurden (z.B. Fontane 1873, Bd. 1, 483).

Durch gefährliche Infektionskrankheiten wie besonders Typhus verloren die Armeen des Deutschen Bundes bedeutend weniger Menschen: Von 8.500 Infizierten starben nur 450 bei entsprechenden Hygienemaßnahmen, wohingegen in der französischen Armee von 125.000 Infizierten 23.500 starben – dies trotz der Erfahrungen im Krimkrieg und im russischen Feldzug.

Kosten der Belagerung von Paris (19. Sept. 1870-28. Jan. 1871):

- Verluste des NDB / des Deutschen Reichs: 12.000 Mann,
- Verluste der Pariser Kombattanten: 24.000 Tote und Verwundete, 147.000 Kriegsgefangene, 47.000 zivile Opfer.

Kosten der Belagerung von Belfort (3. Nov. 1870-16. Febr. 1871):

- Soldaten des NDB / des Deutschen Reichs: 2.100 Mann,
- französische Verluste: 4.750 Tote, 336 getötete Zivilisten.

Finanzielle Schäden:

- Die Napoleonischen Kriege, allein unter dem Gesichtspunkt der „Wechselkurse der involvierten Länder, erzeugten eine Instabilität, wie sie nie zuvor in der Geschichte beobachtet werden konnte und es brauchte noch hundert Jahre, ehe ein vergleichbares Phänomen auftauchte.“[220]
- Der französisch-preußische Krieg hingegen (vgl. Kap. „Die Bank“) war eine im Rahmen der Durchschnittswerte aller Länder absolut ruhige Zeit, bezogen auf Parameter wir Inflation (vor der Einführung des Papiergeldes wurde staatlicher Betrug durch Senkung des Edelmetallgehaltes der Münzen praktiziert) und auch bezogen auf Währungszusammenbrüche (ebenfalls im internationalen Maßstab).[221]

Waffenproduzenten für Frankreich (u.a.):

- USA: Springfield-Gewehre,
- England: Gewehre; Feldkanonen,
- Belgien: Munition für Kanonen.

---

220 Reinhart und Rogoff, 189.

221 Ebd. 190.

Waffenproduzenten für den Norddeutschen Bund:

- Kanonen: Krupp, Essen,
- Blanke Waffen: Schnitzler und Kirschbaum, Solingen,
- Gewehre: Spangenberg, Suhl.

* * *

# IV. Auswahlbibliographie

Angelow, Jürgen: *Von Wien nach Königgrätz*, München 1996

Arnoud, Arthur: *Histoire populaire et parlementaire de la Commune de Paris*; Lyon, 1981

Bajac, Quentin: *La Commune photograpiée* (musée d'Orsay), 2000

Bakunin, Michael: *Proklamation der revolutionären Föderation der Kommunen* (26.9.1870), in: *Die Pariser Kommune 1871, anarchistische Texte*, Berlin 1979

ders. *Die Kommune von Paris und der Staatsbegriff*, ebd.

Becker, Josef: *Bismarcks spanische „Diversion" 1870 und der preußisch-deutsche Reichsgründungskrieg*, 3 Bde., Paderborn 2002

Behne, Adolf Bruno: *Beitrag zur Nationalgarde*, in: Alexander Hubert Alphons Conrady, Berlin 1921

Benders, Raymond j. und Oettermann, Stephan: *Friedrich Nietzsche – Chronik in Bildern und Texten*, München-Wien 2000

Benjamin, Walter: *Das Kunstwerk im Zeitalter seiner technischen Reproduzierbarkeit*, [1]1936, Schriften Frankfurt 1955

Bidouze, René: *La Commune de Paris dans la genèse du ministère du Travail*, in: La Commune – Bulletin de l'Association des Amis de la Commune de Paris-1871, no. 28, 2006

Birster, Yvon: *Place Thiers*, chronique des temps de la Commune de Paris vus de province, Honfleur 1971

Bismarck, Otto von: *Gedanken und Erinnerungen*, 3 Bde. (I/II 1890 ; III 1919, 1921) Stuttgart

Blanqui, Louis Auguste: *Instructions pour une prise d'armes, petit traité de guerilla urbaine*, Paris 1867/8

ders.: *Instruktionen für den Aufstand*, Wien 1968

Bourgin, George: *Histoire de la Commune*, Paris 1907

Braire, Jean: *Sur les traces des communards – Enquête dans les rues du Paris d'aujourd'hui*, Éditions Amis de la Commune, Paris 1988

Bruhat, Jean und Tersen, Émile: *Die Pariser Kommune von 1871* (unter Mitarbeit von Angrand, Bouvier, Choury, Dubieff, Gaillard, Perrot), dt. Ausgabe von Köller, Heinz (Hrg.), Berlin 1971

Buehler, Otto: *Atelier und Apparat des Photographen*, Weimar 1869 (als Reprint Hannover, 1994)

Burke, Edmund: *Vom Erhabenen und Schönen*, (*A philosophical enquiry into the origin of our ideas of the sublime and beautiful*, London 1757) Hamburg 1989

Carroll, Lewis: *Alice's Adventures in Wonderland*, London 1865

ders.: *Through the Looking-Glass*, London 1871

Cars, Laurence des: *Le silence de la peinture*, in: Courbet et la Commune, Paris, musée d'Orsay 13 mars – 11 juin 2000

Cavan, Patrick: *La Commune et les étrangers: La Commune source d'inspiration,* in: La Commune – Bulletin de l'Association des Amis de la Commune de Paris-1871, no. 28, 2006

Chanaud, Claude: *Rhapsodie pour Garibaldi*, in: La Commune – Bulletin de l'Association des Amis de la Commune de Paris-1871, no. 28, 2006

Cerf, Marcel: *Le mur des fédérés ou l'assassinat minutieusement prémédité*, in: La Commune – Bulletin de l'Association des Amis de la

Clapham, John Harold: *Economic Development of France and Germany 1815-1914*, Cambridge 1968

Clausewitz, Carl von: *Vom Kriege*, Augsburg 1990 ([1]1832)

ders.: *Ausgewählte militärische Schriften*, Berlin 1981 (Militärverlag der DDR)

Coe, Brian: *Das erste Jahrhundert der Photographie* – 1800-1900, Bindlach 1986 (München 1979; engl. The Birth of Photography, by Ash & Grant, [1]1976)

Coetzee, John Maxwell/Michael: *Warten auf die Barbaren*, London [1]1980; dt. Frankfurt/M. 2001

Condorcet, Marie Jean Antoine Nicolas de Caritat, marquis de Condorcet: *Cinq mémoires sur l'instruction publique*, Paris, 1792

Conrady, Alexander Hubert Alphons: *Die Kommune*, in: *Das Freiheitsbild in der Kunst und seine Vorgeschichte*, in: Ježower, Ignaz: *Die Befreiung der Menschheit* IV, Berlin 1921

Craig, Gordon A.: *The Politics of the Prussian Army, 1640-1945*, New York 1964

Darwin, Charles: *Die Abstammung des Menschen*, [1]1874; dt. fotomechanischer Reprint, voltmedia Paderborn

Davidson, Basil: *The Lost Cities of Africa*. Boston / Toronto 1959

Debuchy, Victor: *La vie des Parisiens pendant le siège 1870-1871*, in: Histoire & sociétés, No. 79-juillet-août Paris 1999

Dees, Morris: *Gathering Storm – America's Militia Threat*, New York 1996

Déjacque, Joseph: *Utopie der Barrikaden*, Berlin 1980

Desbuissons, Frédérique: *Le citoyen Courbet*, in: Courbet et la Commune, Paris 2000

Dittmar, Gérald: *Paris sous la Commune – par un témoin fidèle: la photographie*, Paris, 2002

Dodgson, Charles Lutwidge: s. Carroll, Lewis

Duncker, Hermann: *Pariser Kommune 1871 – Berichte und Dokumente von Zeitgenossen*, ([1]1932), Archiv sozialistischer Literatur 12, Frankfurt 1969

Eder, Walter: *Die athenische Demokratie im 4. Jahrhundert v. Chr. – Krise oder Vollendung?* in: Eder, W. (Hg.), *Die athenische Demokratie im 4. Jahrhundert v. Chr.*, Stuttgart 1995

Engelberg, Ernst: *Bismarck*, München 1985

Engels, Friedrich: s. Marx-Engels-Werke (MEW)

Eslinger, Bernard: *Léo Frankel, toujours d'actualité*, in: *La Commune* – Bulletin de l'Association des Amis de la Commune de Paris-1871, no. 21, 2004

Falke, Jacob von: *Der französische Salon*, Bonn 1977

Fleury, Comte de: *Memoirs of the Empress Eugenie*, 2 Bde., New York / London 1920
Fontane, Theodor: *Der Krieg gegen Frankreich* 1870-1871, Bde. 1-4, Zürich, 2. Aufl., 1988
Fourier, Charles: *Theorie der vier Bewegungen und der allgemeinen Bestimmungen*, (Leipzig [1]1808), hrsg. Adorno, Frankfurt/Main 1966
Freud, Sigmund: Gesammelte Werke, Bd. X, Frankfurt 1914
ders.: *Vorlesungen zur Einführung in die Psychoanalyse*, ([1]1917), Frankfurt 1991
Frizot, Michel (Hg.): *Neue Geschichte der Fotografie*, Köln, 1998 (Paris 1994, 1996)
Gautrand, Jean-Claude *1870 – 1871 Les Photographes et la Commune*, in : Photo-Ciné-Revue, 2, 1972
Gehlen, Arnold: *Urmensch und Spätkultur*, Wiesbaden [5]1968 ([1]1956)
Giap, Vo Nguyen: *Mémoires, 1946-1954*, 3 Bde., Paris 2004
Gietinger, Klaus: *Der Konterrevolutionär Waldemar Pabst – eine deutsche Karriere*, Hamburg 2009
Godineau, Laure: *La Commune de Paris par ceux qui l'ont vécue*, Paris 2010
Goldhagen, Daniel Jonah: *Hitler's Willing Executioners – Ordinary Germans and the Holocaust*; London 1996
Günther, Gotthard: *Grundzüge einer neuen Theorie des Denkens in Hegels Logik*, Hamburg 1933
ders.: *Cognition and Volition – Erkennen und Wollen. Ein Beitrag zu einer kybernetischen Theorie der Subjektivität*, Opladen 1978
Hardouin, Céleste: *La Détenue de Versailles en 1871*, Paris 1879 (download der Bibliothèque Nationale de France (BnF)
Hartig, Irmgard / Hartig, Paul: *Die Pariser Kommune* 1871, Stuttgart 1978
Hartmann, Peter Claus: *Geschichte Frankreichs*, München 2007
Haupt, Heinz-Gerhard / Hausen, Karin: *Die Pariser Kommune, Erfolg und Scheitern einer Revolution*, Frankfurt/New York 1979
Hegel, Georg Wilhelm Friedrich: *Grundlinien der Philosophie des Rechts* (1821), Theorie Werkausgabe Bd. 7, Frankfurt 1970.
Hesse, Wolfgang und Starl, Timm: *Photographie und Apparatur*, Marburg 1998
Hobsbawm, Eric John Ernest: *Bandits,* New York [3]1981
ders.: *Echoes of the Marseillaise*, London-New York 1990
ders.: *The Invention of Tradition*, Cambridge ([1]1983) [15]2007
ders.: *Das Zeitalter der Extreme – Weltgeschichte des 20. Jhs., 1914-1991*, (dt. München 1998)
Hofmann, Werner in Verbindung mit Herding, Klaus: *Courbet und Deutschland*, Katalog der Ausstellungen in Hamburg und Frankfurt/Main, 1979
Horne, Alistaire: *The Fall of Paris – The Siege and the Commune 1870-71*, ([1]1965) Middlesex 1981
Hugo, Victor: *Geschichte eines Verbrechens* (*Histoire d'un crime*, 1877), Berlin 1965
ders.: *L'Année terrible*, Paris 1872
Jaurès, Jean: *L'armée nouvelle*, Paris 1910

Jellinek, Frank: *The Paris Commune of 1871*, ([1]1905) London 1937
Jerussalimski, Arkadi: *Bismarck – Diplomatie und Militarismus*, Berlin 1989
Jeschonnek, Bernd: *Revolution in Frankreich 1789 bis 1799 – Ein Lexikon*, Berlin 1989
Ježower, Ignaz (Hrg.): *Die Befreiung der Menschheit: Freiheitsideen in Vergangenheit und Gegenwart*, (ca. [1]1910), Berlin 1921 (unter Mitwirkung von u.a. Paul Adler, Adolf Behne, Eduard Bernstein, Leo Bloch, Alexander Conrady, Alfred Döblin, Veit Valentin et al.)
Jordan, David: *Die Neuerschaffung von Paris, Baron Haussmann und seine Stadt*, Frankfurt/M. 1996
Kampmeyer-Käding, Margret: *Paris unter dem Zweiten Kaiserreich*, Marburg 1985
Kant, Immanuel: *Kritik der Urteilskraft*, (KrdU), Werke in sechs Bänden, Band V, Darmstadt ([1]1786) 1963
Katz, William Loren: *Black Women of the Old West*, NY 1995
ders. *Black Indians a Hidden Heritage*, NY 2012
Koch, Ursula E. / Sagave, Pierre-Paul: *Le Charivari, Die Geschichte einer Pariser Tageszeitung im Kampf um die Republik (1832-1882)*, Köln 1984
Koetzle, Hans-Michael: *Photo Icons – Die Geschichte hinter den Bildern*, Band 1 1827-1926, Köln 2002
Kolb, Eberhard: *Der Weg aus dem Krieg – Bismarcks Politik im Krieg und die Friedensanbahnung 1870/71*, München 1990
Koselleck, Reinhart: *Preußen zwischen Reform und Revolution*, München 1989 ([1]1967, [3]1981)
Kristof, Nicholas D. / WuDunn, Sheryl: *Die Hälfte des Himmels – Wie Frauen weltweit für eine bessere Zukunft kämpfen*, München 2010
Kropotkin, Peter: *Die Pariser Kommune* (engl. 1891), in: anarchistische Texte, Berlin 1979
ders. *Gegenseitige Hilfe in der Tier- und Menschenwelt*, [1]1902; dt. Frankfurt/M. 1975
Lallaoui, Mehdi: *Kabyles du Pacifique*, Bezons 1994
Lapostolle, Christine: *De la barricade à la ruine*, in: La Recherche photographique, no. 6 Juni 1989
Lefébvre, Jean-Marc: *La Commune et la réforme de l'enseignement*, in: La Commune – Bulletin de l'Association des Amis de la Commune de Paris-1871, no. 21, 2004
LePetit, Alfred: Karikaturen in Le Grelot, Nr. 83, 2.1872
Lindner, Walter: *Der Maler Gustave Courbet und die Pariser Kommune 1871*, Vortrag 5.3.1996 im Engels-Haus Wuppertal
Lissagaray, Prosper-Olivier: *Histoire de la Commune de 1871*, ([1]1876 Brüssel) Éditions La Découverte & Syros, Paris 2000
Lord, Robert Howard: *The Origins of the War of 1870*, New York, 1966
Losurdo, Domenico: *Nietzsche der aristokratische Rebell*, 2 Bde., Argument/InkriT 2009
Lyotard, Jean-François: *Das Inhumane*, (Paris [1]1988), Wien [3]2006

MacCroll, Malcolm: (Scrutator) *Who is responsible for the War ?* London 1871
Malaparte, Curzio: *Technik des Staatsstreichs* (Paris [1]1931), Berlin 1988
Marx, Karl/Engels Friedrich:
MEW 7 (u.a. *Die Klassenkämpfe in Frankreich 1848 bis 1850 /Die Konstitution der Französischen Republik),* Berlin 1973
MEW 8 (u.a. *Revolution und Konterrevolution in Deutschland / Der 18. Brumaire des Louis Bonaparte*), Berlin 1972
MEW 11 (u.a. *Der Krieg, der sich über Europa zusammenballt / Kritik der französischen Kriegführung / Die Armeen Europas),* Berlin 1984
MEW 17 (u.a. *Über den Krieg, /Der Bürgerkrieg in Frankreich / Die Kommune*), Berlin 1973
MEW 18 (u.a.: *Manifest der Kommunistischen Partei / Zur Wohnungsfrage / Von der Autorität / Flüchtlingsliteratur*) Berlin 1973
Michel, Louise: *La Commune – Histoire et souvenirs,* [1]1898, Paris 1999
dies: *Prise de possession*, Paris 1999
Milza, Pierre: *«L'année terrible»* (I) *La guerre franco-prussienne septembre 1870 - mars 1871*, Paris 2009
ders.: *«L'année terrible»* (II) *La commune mars – juin 1871*, Paris 2009
Molinari, Gustave de: *Les Clubs Rouges pendant le siège de Paris,* ([1]1871 Paris), Elibron Classics Replica Edition 2006
Moravcsik, J.M.E.: *Aristotle,* London 1968
Neudeck, Rupert: *Jean-Paul Sartres posthume Unsterblichkeit,* in : Suhr 1987, 103-115
ders.: *Jean-Paul Sartre – Man muss für sich selbst und für die anderen leben*, Merkur 12/1979, 1208-1222, zit. in: Suhr 1987
Nietzsche, Friedrich: *Briefe April 1869 – Mai 1872, Briefwechsel,* Zweite Abteilung, Erster Band, Berlin, New York 1977
Nietzsche, Friedrich: *Werke in 3 Bänden*, Bd. 3, München 1954
Noël, Bernard: *Dictionnaire de la Commune*, 2 Bde. Paris 1978
Owen, Joseph: *Matter and Predication in Aristotle*; In: Moravcsik, London 1968
Paradis, Jacques-Henry: *Journal du siège de Paris, Septembre 1870 – Janvier 1871*, ([1]1872) Paris 2008
Parsons, Talcott: *The Social System*, New York/London ([1]1951) [3]1966
Raynaud, Isabelle: *La mémoire de la Commune au Havre*, in: La Commune – Bulletin de l'Association des Amis de la Commune de Paris-1871, no. 8, 2000
Reetz, Bärbel: *Lenins Schwestern*, Frankfurt 2008
Reemtsma, Jan Philipp: *Vertrauen und Gewalt*, Hamburg 2008 (Macht und Gewalt, 101-184)
Reinhart, Carmen M. und Rogoff, Kenneth S.: *This Time is Different – Eight Centuries of Financial Folly*; Princeton/Oxford 2009
Rihs, Charles: *La Commune de Paris*, Genf 1955
Rougerie, Jacques: *La Commune de 1871*, Paris ([1]1998) 2009
Saage, Richard: *Demokratietheorien*, Wiesbaden 2005

Sagave, Pierre-Paul: *1871, Berlin – Paris, Capitale du Reich et capitale du Monde,* Paris 1995
Said, Edward W.: *Kultur und Imperialismus*, (Culture and Imperialism, New York [1]1993); dt. Frankfurt 1994
Schrenk, Klaus (Hrg.): *Auf den Barrikaden von Paris – Alltag der Pariser Kommune*, Berlin-Hamburg 1978
Schüßler (Schüssler), Wilhelm: *Bismarck*, Leipzig 1925
Scrutator: s. MacCroll
Shultz, R.H. und Dew, A.J.: *Insurgents, Terrorists and Militias*, New York 2006
Sofsky, Wolfgang: *Zeiten des Schreckens – Amok, Terror, Krieg*; Frankfurt [3]2002
Spotts, Frederic: *The Shameful Peace – How French Artists and Intellectuals Survived the Nazi Occupation*, New Haven & London, 2010
Suhr, Martin: *Sartre zur Einführung*, Hamburg 1987
Taleb, Nassim Nicholas: *Antifragilität*, München 2018
Tausk, Peter: *Die Geschichte der Fotografie im 20. Jahrhundert*, Köln 1977
Teige, Karel: *Über die Fotomontage* (1932), in: Fotogeschichte, Beiträge zur Geschichte und Ästhetik der Fotografie, Jg. 9, Heft 32, 1989
Thompson, M.: *On Aristotle's Square of Opposition*; in: Moravcsik, *Aristotle*, 1968
Tombs, Robert: *The War Against Paris 1871*, Cambridge University Press 1981
Vacchi, Dante und Vuylsteke, Anne:
*Die Jesuiten und die Welt*, München 1991.
Vorländer, Hans: *Die Verfassung – Idee und Geschichte*, München 1999.
Weber, Max: *Die protestantische Ethik und der Geist des Kapitalismus*, [1]1904/05, in: Schriften zur Soziologie, Stuttgart 1995
Weise, Bernd: *Pressefotografie. II. Fortschritte der Fotografie- und Drucktechnik und Veränderungen des Pressemarktes im Deutschen Kaiserreich*, Fotogeschichte, Beiträge zur Geschichte und Ästhetik der Fotografie, Jg. 9, Heft 33, 1989
Weiss, Peter: *Ästhetik des Widerstands*, 3 Bde. (1972-1981), Frankfurt 1981
Wick, Rainer (Hg.): *Die Pioniere der Photographie 1840-1900* – Die Sammlung Robert Lebeck, (ital.: *I pionieri della fotografia*, Mailand, [1]1988) Freiburg 1989
Zamoyski, Adam: *Rites of Peace. The Fall of Napoleon and the Congress of Vienna*, NY 2007

## Schriften

La Commune – Brochures de l'Association des Amis de la Commune de Paris-1871
Victor Hugo et la Commune (o.N., o.J.)
Émile Duval – Général de la Commune (dito.)
La Garde Nationale (dito.)
La Commune et L'École (dito.)
La Commune et L'École – Édouard Vaillant (dito.)
La Commune et les étrangers – Amilcare Cipriani (dito.)
La Démocratie en Marche – La Commune (dito.)
Leo Frankel (dito.)
Les Clubs Communards (dito.)
L'Œuvre Sociale de la Commune (dito.)
La Culture – Gustave Courbet (dito.)
La Commune et les Femmes (dito.)

## Weitere Medien:

Ausstellungskataloge:

*La Commune photographiée*, Musée d'Orsay, Éditions de la Réunion des musées nationaux, Paris 2000 (Quentin Bajac et al.)

*Pariser Kommune 1871*, Neue Gesellschaft für Bildende Kunst, Berlin 1971 (Arbeitsgruppe: Ambrosius, Bergmann, Gorella, Hartig, Heidenreich-Brunn, Hermann, Hielscher, Mausbach, Sello, Wolf)

Digitale Medien:

*Die Anfänge der Photographie*, kleine digitale Bibliothek Nr. 33

*1871 La Commune de Paris – une Histoire Moderne – 8 conférences, 1 exposition* (Video der Veranstaltungsreihe vom 29.4.-24.6. 2011: *http://www.paris.fr/loisirs/histoire-et-patrimoine/comite-d-histoire-de-la-ville-de-paris*

Filme:

Kosinzew, Grigori und Trauberg, Leonid: *Das Neue Babylon*, mit der Musik von Schostakowitsch (1929), arte edition 2006

Peter Watkins, *Die Pariser Kommune* (Doku und Fiktion), Frankreich 2000

Anspach, Solveig: Louise Michel, 2009

Musik:

Nono, Luigi: *Al Gran Sole Carico* D'Amore, Bühnenstück 1975

**Über den Autor**

Dieter Redlich, Dr. phil., Magister in Romanistik, Philosophie, Historische Hilfswissenschaften, Staatsexamina in Anglistik, Pädagogik, Promotion in Soziologie. Lehrtätigkeiten u.a. an den Universitäten Bochum (Mittelalterliche Philosophie und Sprachwissenschaft), Dublin (Philosophie), Dortmund (Zweiter Bildungsweg, Duisburg-Essen (Lehrerausbildung; Studium Generale).

Im Haushalt meiner Eltern gab es einen enorm großen Bücherschrank, der neben den Klassikern auch viel Kulturgeschichtliches enthielt. Einiges interessierte mich, anderes überhaupt nicht. Als uns dann auf der weiterführenden Schule als Schüler besonders das europäische Theater zu Diskussionen anregte und ein philosophierender Club entstand, wuchs die Begeisterung für Vertiefung und Ausweitung der kulturellen Themen, die später auch um Vieles, sogar scheinbar Inkohärentes bereichert wurden. Im Laufe der Zeit schien Philosophie das zu bieten – was im Nachhinein betrachtet durchaus leicht elitäre Züge aufwies: Breitgefächertes (Sprachen, Geschichte, Soziologisches und Psychologisches) und Spezialisiertes (z.B. Sartre und nicht Heidegger) als Studium (wenn auch nicht an einen Broterwerb gedacht war) eine attraktive Lösung für eine Lebenstätigkeit zu taugen schien. So war es und so ist es auch bis heute geblieben.

Jasmin Engel

**Die Götter der Dämmerung**

Jahrtausendelang lebten sie mitten unter uns. Menschen aller Kulturen verehrten sie als Götter. Doch eines Tages zogen sie sich zurück – für immer?

7. Jh. n. Chr., Mittelamerika:
Eine Gruppe außerirdischer Forscher und Diplomaten reist zur Erde. In alter Tradition ihrer Vorfahren führt sie ihre Mission in das Reich der Maya. Sie ahnen nicht, dass es ihre letzte sein wird.
Xio ist als einziger Thokadier im Team zwar akzeptiert, aber ein Außenseiter. Auch der Nibiruaner Illu ist es gewohnt, eigene Wege zu gehen. Doch dann bahnt sich auf der unterirdischen Forschungsstation eine Katastrophe an, der sie nur zusammen die Stirn bieten können.
Eine dunkle Gottheit, Mord und Blutopfer gefährden nicht nur den Fortgang der Mission, sondern auch das gesamte Zeitgeschehen auf der Erde…

Science-Fiction Roman
2020, 316 Seiten, ISBN 978-3-939556-78-7, 15,50 Euro